전통법에서 天人合一

天道와 人法

Heaven Road(Natural Dharma) & Human Law

전통법에서 天人合一

天道와 人法

金池洙

인간의 법이 하늘(자연)의 도를 본받고 따라야 한다는 동양 전통법철학은 얼추 서양의 자연법사상과 '大同小異' 하다고 여겨진다.

Heaven Road(Natural Dharma) & Human Law

전남대학교출판문화원

연구일지 및 일러두기

1. 본서는 필자가 1992학년도 서울대학교 대학원 법학박사학위 청구론문으로 작성 제출한 제1초고에서 "제3장 天人合一 : 天道와 人法 – 사람은 하늘(자연)을 법 삼는다(人法天)" 편과, "제6장 常變得中 : 법의 항상성과 변화성 – 법적 안정성과 구체적 타당성" 편을 기본 근간으로 2편을 구성하고, 2001년 교수 부임 후 '전통법문화에서 분쟁의 평화 해결과 예방 법철학'이란 주제로 발표한 논문을 종합 결론으로 추가 보충해 편집한 것이다.

2. 요즘 한글 전용 세대가 주류지만, 본서 연구 주제가 주제인 만큼, 고대 한문 고전이 주류인 참고문헌 자료를 전부 한글로 표기할 수는 없고, 그렇다고 '한글漢文' 倂記도 무척 번잡해서, 부득이 한글-漢字 혼용 방식을 취했다. 이 주제에 관심을 가진 분들은 본서 한자를 대부분 읽거나 찾아 해독할 수 있으리라 기대한다.

3. 原典 자료 인용은 書名과 篇名만을 略記하고, 판본이나 출판사·출판지·출판년도 등은 일률 생략한다. 각주에 원문을 인용하지 않는 경우, 본문에 해당 원전의 편명만 ( ) 안에 적는다.

4. 原典 자료 중 書名과 人名이 동일한 諸子百家인 경우, 그 저자의 진위 및 저작(편집) 연대 등 문헌학상의 논란을 피하기 위하여, 문맥상 명백한 상황을 제외하고는 '書名'으로 사용함을 원칙으로 한다.

5. 본문 및 註에 사용되는 '§' 부호는, 律令 인용인 경우 唐律(疏議) 조문에 총 일련순서번호를 표시하며(中華書局 點校本에 의함), 老子 등 경전 인용인 경우 일반 章의 일련순서 번호를 표시한다.

6. 본서에 실린 내용 중 학술지에 발표한 논문의 원제原題、출전出典 및 발표 학술지는 다음과 같다. 필요한 분은 원래 발표론문을 필자의 블로그 "네이버: 천인대동전당天人大同典堂"과 "티스토리: 보적념불당寶積念佛堂"이나 한국연구재단 연구 성과에서 찾아 확인할 수 있다.

제1편 제1장: "고대 중국의 人法天 철학사상", 東亞法學 54(2012), 1-37면.

제1편 제2장: "先秦 시대 天命觀의 전개", 전남대 법학논총 42.3(2022), 1-38면.

제1편 제3장: "先秦 시대 전통 災異觀", 서울법학 30.2(2022), 261-314면.

제1편 제4장: "先秦 시대 君主·民本론과 저항·혁명 사상", 연세법학 40(2022.12), 87-536면.

제2편 제1장~제3장: "전통 법문화에서 法의 恒常性과 變化性", 이화여대 법학논집 27.2(2022.12.), 299-347면.

제2편 제4장: "淸末 法律修訂시 禮法論爭과 沈家本의 법사상" 중 일부(Ⅲ), 이화여대 법학논집 26.1(2021.9.), 45-60면.

제3편 "傳統 法文化의 현대적 발전 - 분쟁의 예방과 평화적 해결의 法史를 중심으로", 法史學硏究 27(2003), 283-320면.

7. 漢文 古字는 許愼의 說文解字와 王延林 編著, 常用古文字字典 외에 인터넷 사이트 "Chinese Etymology漢字字源" https://hanziyuan.net/ 검색 참조.

| 책머리에(自序) |

박사과정 도중에 國立臺灣大學 法律學硏究所 3년간(1987.9.-1990.8.) 遊學을 마치고 복학해 과정을 마친 뒤, 바로 1992년에 박사학위 청구 론문 제1초고를 起草해 제출했으니, 벌써 30년이 훌쩍 흘렀다. 1세대가 지났으니 아득한 옛날이건만, 아직도 엊그제 일만 같다. 글공부한답시고 철없이 책과 자연(山)에 파묻혀 살다보니 세상 물정도 모르고 세월 가는 줄 모르고 지냈나 보다. 하긴 "천지간 사람 한평생이 백마가 문틈을 질주해 스치는 듯 잠깐이다."(人生天地之間, 如白駒過隙, 忽然而已. 莊子·知北游)고 하니, 새삼스러울 일도 아니다.

제1초고는 보기 좋게 퇴짜 맞고, 그중 "제4장 情理中庸: 情理法 삼위일체"를 핵심 근간으로 "제5장 孝忠一貫: 효도와 충성의 법이념"을 아울러, 내용 및 형식체계 모두 대폭 확대·심화해 1년간 새로 쓰다시피 해서, "傳統 中國法에서의 情理法에 관한 연구"로 1994년 2월 박사학위를 받았다. 그리고 7년간 공채 지원 18회 끝에 전남대 전임강사에 부임한 지도 어언 22년이다. 환갑·진갑 다 넘고 정퇴도 얼마 남지 않아, 이제 그간 학문성과를 대강 마무리할 때가 된 듯하다.

당초 老母 행상에 의식주 생활을 온전히 내맡긴 채, 學道一如를 목표로 온 생명 심혈을 다 쏟아 부어 악전고투한 끝에, 내게 만성간염과 악성빈혈이란 위대한 영광스런 부상(負傷≒副賞)을 안겨준 제1초고가 아니련가? 大方廣佛華嚴經에 "初發心 때 곧 정각을 이룬다.(初發心時, 便成正覺.)"는 유명한 가르침도 있지 않은가!

전통법의 역사철학적 이념을 통관하겠다는 거창한 포부로 생명 에너지를 진심 진력한 처녀작을 그냥 死藏하기엔 너무도 아쉬워, 재직 중에 꼭 上梓하고 싶었다. 박사학위론문은 교수 부임 5년째인 2005년 겨울에 "傳統 中國法의 精神 – 情理法의 중용조화"로 585쪽 단행본을 발행해, 이듬해 문화체육관광부 우수학술도서로 선정되었다.

2021학년도에는 제1초고 중 "제1장 서론 전통법의 文史哲學적 이념, 제2장 道-法 規範源流觀, 제7장 법의 비유 개념, 제8장 결론 – 전통법의 궁극 이념"을 바탕으로, 대폭 추가 보충 연구한 학술론문 7편을 보태, "생명 도덕 법 문사철학"이란 제목으로 640쪽의 방대한 저서를 발간했다. 2021년 慈親을 간병·시봉하면서 무려 7편 학술론문을 발표하고 학술도서 1권을 발행해 스스로 깜짝 놀랐는데, 뜻밖에도 지난해 전남대 개교70주년 기념식에 용봉학술상(인문사회계)을 받는 영광이 뒤따랐다.

제1초고 중 마지막 남은 "제3장 天人合一 : 天道와 人法 – 사람은 하늘(자연)을 법 삼는다(人法天)", "제6장 常變得中 : 법의 항상성과 변화성 – 법적 안정성과 구체적 타당성"을 기본 근간으로 2편을 구성하고, 교수 부임 후 '전통법문화에서 분쟁의 평화 해결과 예방 법철학'이란 주제로 발표한 글을 종합 결론 삼아 1편 더 보충 편집해 본서를 출판하게 되었다.

이로써 본인이 대학 때 중국문학을 부전공해 대학원서 한국법제사로 석사론문을 쓰고, 대만 유학 전후 동아시아 고전문헌을 通覽 槪觀하면서 대강 구상한 전통법문화의 文史哲學을 일단락 짓는다. 주변 관련 소주제로 발표한 학술론문과 시론·수상도 다수 있으나, 따로 모아 엮어 펴낼 인연이 닿을지는 모르겠다.

지금까지는 주로 심혈을 기울여 정신두뇌로 지적 활동에 열중하면서, 체력을 지탱하고 호연지기 함양을 위해 꾸준히 등산 및 오체투지 예배에 치중해왔다. 이제는 몸을 주로 움직여 육체노동을 즐기면서 새로운 삶을 누리고 싶어서, 정년퇴임을 3년 앞둔 지난 동짓날 마침내 귀농·귀촌하러 시골집에 이사했다. 여태 학문과 修道에만 골몰하다가 뒤늦게 은퇴를 바짝 앞두고 귀촌 후보지를 물색해 3년간 찾아다니다가, 용봉학술상 수상 당일(2022.6.8.) 지금 시골집 매매정보가 나한테 들어왔고, 이튿날 개교기념일에 혼자 기차로 江景까지 가서 현장 답사하여, 조금 골치 아픈 법률문제가 있음에도 선뜻 가계약하였다.

고향 扶安과 호남 지방에 정감이 더 쏠려 수소문했으나 인연이 닿지 않았고, 마침내 百濟 古都인 扶餘 錦江 부근에 보금자리를 찾았다. 다만 농지를 대지로 전용신고하지 않아 농지취득자격증명 발급에 어려움이 있어, 대지 부분은 소유권 이전등기가 보류된 채 청구권가등기와 100년 무상 지상권을 설정해 법적 절차를 밟아 두었다. 그리고 여름부터 100일가량 치열하게 농지법·령·규칙과 관련 논문들을 연구하여 법적 문제점을 대강 파악하고, 2021년 LH사태로 불거진 농지법 강화에 때맞춰 내려진 대법원의 '농지' 정의 관련 판결의 위법·부당성을 샅샅이 파헤쳐 "판례평석" 논문을 1편 작성해 발표하였고, 이어 "농지취득자격증명 제도의 위헌성" 논문도 1편 起草해 투고했으나, 세 차례에 걸쳐 가혹한 심사평가에 걸려 전면 재구성한 원고를 제4차 투고해 심사 중이다.

사실 나는 부동산이나 주식·자동차 등을 소유한 적도 없었고, 내 명의로 그런 걸 갖고 싶지 않았다. 그래서 귀촌 준비도 전혀 안 한 것이다. 그런데 마지막 여생을 동가식서가숙 雲水行脚으로 떠돌 수도 없고, 남의 별장이나 시골집을 죽을 때까지 빌려 살 수도 어려워서, 부득이 내 명의로 집과 땅을 조금 구입하긴 했으나, 내가 세상을 떠난 뒤 특별히 누구한테 물려줄 의도나 인연은 없는지라, 가등기와 지상권 설정으로 평생 안심하고 거주하면 그만이라고 생각한다.

그런데 3년여 물색 과정에서 농촌 집과 땅에 법률관계가 몹시도 혼란스럽고 복잡해서, 규범 이상과 현실 사이의 괴리에 큰 충격과 안타까움을 느꼈다. 뜬구름 잡는 식으로나마 반평생 법과 법학을 공부한 나 같은 대학교수도 이렇듯 복잡하고 어려울진대, 정말로 법을 잘 모르는 농어민이나 귀농·귀촌 희망자들은 오죽할까? 그래서 내가 직접 목도하고 체험한 농지법 관련 한두 가지 문제나마 철저히 궁리·연구하여 법적인 해결방안을 모색하고 관철하여, 향후 관련 문제에 봉착할 국민들한테 조금이나마 도움과 보탬이 되고 싶은 것이다.

텃밭 850평과 미등기 농가주택은 8월말 이전하고 김장용 무·배추를 심었으나, 전 주인이 형편상 10월 초 이사 나갔고, 시골집이니 구들방 하나 놓고 수리 좀 해서 음력 시월 그믐(11.23.) 입주하려 예정하였다. 그러나 콘크리트 통기초에 판넬 집이라 구들 놓기가 아주 까다로운지, 전문가 너덧 명의 판단·식견이 각각 달라 결단이 어려웠고, 수리 범위와 방식도 선뜻 쉽게 정할 수 없었다. 또 학기 중이라 기본 책무가 있어서 시간과 기력상 동시 병행이 수월하지 않았다. 요리조리 궁리하고 차일피일 미루다가 한 달을 늦추었고, 막판에 지인을 통해 훌륭한 匠人을 만나 전반 수리(인테리어)를 부탁했으나, 며칠 늦어지면서 공사 개시 직전 보내온 견적서에 예상비용이 너무 커서 배보다 배꼽이 더 큰 격이라 즉시 보류한 뒤, 대단히 미안하지만 착수금 범위에서 전기·조명 공사만 마쳤다. 色身 기력이 유난히 추위에 약하기에, 단열난방 보완을 위해 최소한 페어 글라스 이중창 교체 공사는 필요하다고 판단해, 스스로 인터넷 정보를 검색해 시공업체를 정하고, 전기공사 이튿날 현장 감독 겸 보조를 자임해 무사히 마쳤다. 바로 날을 잡아 방 1개반을 韓紙로 벽만 손수 도배했다.

수리 공사를 준비하는 과정에서 세상물정과 권력 속성을 조금이나마 터득하게 되었다. 물론 내가 문외한이고 관련 변수가 많아서 쉽게 확정할 수 없는 요인도 있겠지만, 어쨌든 내가 만난 건축업자들은 견적서 제공에 흔쾌하지 않았고, 나도 선뜻 믿고 일을 맡기지는 못했다. 권력은 보통 예산권과 인사권이 핵심인데, 업자와 도급계약을 체결하는 순간 업자는 작업비용 예산과 인부 고용을 장악하면서, 작업 진행과 관련해 온전히 독점권을 누리게 됨을 알게 되었다. 그 결과 계약 전에는 건축업자가 공사를 맡으려고 부드럽게 권유하지만, 일단 계약을 체결하고 나면 업자가 완전한 '갑'이 되고 마는 현실도 감지했다. 권력 이전이 이렇게 이루어짐을 실감하는 현장학습이었다.

어떻게 이사할까 걱정은 하지 않았지만, 특별히 준비한 것도 없이 하루하루 지나고 날이 닥치자, 누나 도움으로 대강 짐을 싸고 당일 이삿짐 업주의 작업으로 순조롭게 진행했다. 기상청이 당일 降雪 예보를 하여 이삿짐 업주나 누나는 내심 적잖이 우려하여 마음을 졸였다고 한다. 나는 믿음이 견고하여 아주 태평하였다. 아침 짐을 꺼내 싣기 시작하자 함박눈이 때맞춰 펑펑 쏟아졌으나, 다행히 쌓이기 전에 다 싣고 싸서 출발하였다. 장성-정읍-김제 구간에는 정말 대설 폭설이 쏟아져 쌓였으나, 거기를 통과하자 눈은 잦아들었고 錦江을 건너면서 눈발은 보이지 않았다.

시골집에 들어가는데, 흰 두루미(鶴) 한 마리가 차창 오른편 바깥에 손에 잡힐 듯 나지막이 우리 앞을 우아하게 날아 先導하며 환영하더니, 집안에 당도해 짐을 내려 푸는데 흰 개(白狗) 한 마리가 난데없이 나타나 엄청 반가운 표정과 몸짓으로 요리조리 기뻐 날뛰는 모습이 그야말로 '歡喜勇躍' 이었다. 짐을 풀고 대강 정리한 뒤 이사비용과 사례를 드릴 무렵 바야흐로 흰 눈이 내리기 시작해 밤새 3cm가량 쌓였다. 이사 당일 '三白歡迎' 瑞祥이 나를 반긴 것이다.

이사 떡으로 간단히 점심 공양한 다음, 면사무소에 가서 전입신고를 하는데, 전 주인이 퇴거를 안 해 접수할 수 없다고 하더니, 면 직원이 전 주인과 전화 후 이사 사실을 확인하고 전입신고를 처리해주었다. 첫 전입을 환영하는 선물로 5만원권 지역화폐와 관급 쓰레기봉투 40장(20*2)을 받았다. 퇴임 1년을 앞두고 공로연수를 떠나기 직전 면장을 만나 잠시 면담을 나누고 귀가해, 마을 안골 거주민 13戶에 아몬드 1kg과 이사 떡 1-2개씩 돌리며 첫 인사를 드렸다. 누나와 姊夫가 오후에 짐정리를 돕고 시골집 첫날밤을 함께 보낸 다음, 이튿날 오전 다른 방 벽에 韓紙 도배를 대강 했다. 점심 공양 후 서둘러 江景역에 나가 무궁화 기차로 상경해 慈親을 뵈었는데, 내가 빛고을 광주를 22년만에 공식 전출한 당일부터 호남에 최대 30-40cm 폭설이 내려 누나는 2시간 거리를 눈길에 엉금엉금 3시간 반 남짓 걸려 귀가했단다.

자친을 뵙고 년말에 성적처리 등 학교업무로 광주에 내려와 머물다가 12월 31일 姊夫 차로 아흐레 만에 시골집에 다시 갔더니, 그간 추위로 管井 수도관이 얼어버렸다. 물이 안 나와 이웃한테 가서 물 좀 얻어와 식수로만 쓰고, 허드렛물은 3백m가량 떨어진 저수지에 가서 20L 물통으로 다섯 번 길어 날라 여기저기 담아 놓고 쓴다. 며칠 전에 겨울비가 솔찬히 내려 낙수를 받아 제법 많은 생활용수가 모였다. 대소변은 넓은 텃밭 대지에 放便하여 물도 절약하고 自然施肥도 보태 일석이조를 꾀한다. 제법 큰 집에 혼자서 직접 거주해보니, 난방이 장난이 아니다. 시골이라 공기는 청량하고 좋은데 차가운 기운이 역력하고, 단열이 미약해 몸과 마음까지 잔뜩 움츠러드는 분위기다. 특히 올겨울 한파가 심하여 이래저래 몸소 체험으로 문제점을 실감하고 대책방안을 강구해야겠다.

올겨울 혹한과 폭설은 어쩌면 본서에 실은 "天道와 人法" 중 특히 "전통 災異觀" 내용과 연구년 관련 인연 등이 함께 어우러져 빚어졌는지도 모르겠다. 물론 지구 온난화로 3년 연속 라니냐 현상이 발생해 지구촌 곳곳이 기록적인 혹한과 폭설로 꽁꽁 얼어붙고, 유럽은 이상

暖冬이라니, 인류 전체의 자업자득 共業 所致가 분명하다. 天道 自然의 寒氣는 인간의 寒心과 직결되어 天人感應 내지 천인합일을 여실히 보여준다.

이제 모두 내려놓고 마음을 비우면서, 하늘과 땅과 자연을 벗 삼아 맑은 물과 공기를 마시고 흙을 만지며 질박하고 소탈한 삶을 즐기고 싶다. '別有天地非人間'은 아니어도, '인간을 돌아보니 머도록 더욱 됴타'는 경지를 맘껏 누리고 싶다.

그동안 빛고을 전남대에 깃들어 학문과 수행에 치열하게 정진한 22년 인연에 깊이 감사하며, 나로 인해 알게 모르게 마음에 상처를 입었을 모든 생명에 진심으로 반성·참회하고 사과한다. 암울한 절망에서 한 줄기 희망의 서광이 비치길! 전전긍긍 자강불식 君子行으로 전화위복의 획기적 대 轉機가 이루어지길!

2023.1. 癸卯年 설을 앞두고
빛고을 용봉골 무등산 품에 안은 전남대 연구실에서
글쓴이 明鏡止水 寶積 金池洙 공경합장_()_

목차

제 2편 恒常과 變化

제 3편 평화의 법과 예방법학
- 분쟁의 평화 해결과 예방

제1편

天道와 人法

(人法天)

제 1장 고대 중국의 人法天 哲學思想

1. 머리글

오래 전부터 필자는 근대 이후 명맥이 거의 끊어진 우리 전통법의 역사철학에 관심을 가지고, 특히 서양의 '자연법(론)'에 필적할 만한 '天道와 人法'의 주제로 동양의 전통 법문화를 연구해 왔다. 본고는 이러한 연구관심의 배경에서 "사람은 하늘(自然)을 법 삼는다(人法天)."는 법사상의 큰 틀을 다루고자 한다. '자연법'은 서양법철학 사상사에서 인간사회의 법규범이 정당성을 지니기 위해 근거해야 할 절대 궁극의 법을 가리킨다. 자연법은 언제 어디에나 존재하고 있지만, 구체 내용은 시대마다 다른 모습으로 발전한다. 그리고 실정법의 독자성과 존립의의를 강조하는 법실증주의에 대립하는 자연법론의 고유명사처럼 여겨진다. 물론 이런 생각이 크게 틀린 것은 아니다. 허나, 그러한 내용의 '자연법(론)'이 서양법(학)의 역사에만 고유한 관점이나 전유의 개념은 아니며, 동양의 전통법문화와 역사에서도 그에 상응하는 비슷한 철학사상과 개념이 오래전부터 널리 쓰여 왔다. 다만, 근대화 과정에서 서양문물에 밀린 우리 전통문화가 잠시 잊혀온 것뿐이다. 다행인지, 현대 물질문명의 한계와 폐해가 극에 이르자, 그 대안으로 서양에서 동양의 전통 정신문화에 관심을 기울이게 되었다. 그러한 현실의 미묘한 시절인연에 따라, 우리도 여러 분야에서 앞 다투어 전통문화를 다시 되찾자는 움직임이 일고 있다.

인간의 법이 하늘(자연)의 도를 본받고 따라야 한다는 동양 전통법철학은 얼추 서양의 자연법 사상과 '大同小異'하다고 여겨진다. 개별적인 특수성과 차별성을 중시하는 서양의 미시적·분석적 학문방법론에 익숙한 학자들은 '小異'에 천착해, 동양 전통에는 엄격한 의미에서 서양의 자연법론 같은 게 없었다고 볼지 모르겠다. 하지만 일반적인 보편성과 평등성을 주목하는 동양의 거시적·통합적 학문에 친숙한 관점에서 보자면, 오히려 '大同'을 지향해 우리 전통 법문화에도 서양과 같은 자연법사상이 엄연히 존재했다고 생각할 수 있다.

물론 지금까지 일부 단편적인 연구들이 더러 고대 중국의 철학사상, 특히 儒家思想을 자연법 사상으로 여기는 견해를 피력하고 있지만,[1]

---

1 황산덕 교수는 "중국의 법사상을 서양의 그것과 완전히 동일한 차원에서 다룰 수 없다"는 전제 아래, Joseph Needham의 『Science and Civilisation in China』 v. 2(1956년 초판)의 연구 성과를 대폭 수용하면서, 중국 고대 법사상 연구의 출발 기초로서 긴요한 여러 법규범성 용어를 고찰한 선구적 연구에서, 유가의 禮에 해당하는 현대어로서 '自然法(natural law, Naturrecht)'이 가장 가까운 것이라고 여겼다. 아울러 "'法'과 '禮'를 마치 실정법과 자연법을 대비하는 것처럼 비교 고찰"하는가 하면, 한편으로는 현대 서양의 법철학 용어를 빌려 禮와 義를 각기 하위 자연법규범과 상위 자연법규범으로 대비하였다. 그리고 양자가 相馳할 경우에는 상위의 자연법규범인 義에 따른다는 규범 상호간의 효력위계까지 고찰했다. 나아가 황 교수는 Needham의 연구를 인용해 尹文子의 네 법(四法)을 열거하며, 제1의 '영원불변하는 법'은 확실히 자연법과 동일한 것을 염두에 두고 있고, 제2의 '상례 또는 습성으로서 법'도 '인간의 본성'(Natur des Menschen)을 전제로 하므로 역시 자연법적이라고 볼 수 있으며, 제3의 '양적 대응관계로서 법'도 명백히 자연법적 응보사상에 뿌리를 박고 있다고 볼 수 있다고 해설한다. 黃山德, "東洋古代의 法思想 -序說-", 서울대『法學』 제7권 1호(통권13호), 1965, 69-90면 참조. 이밖에도 중국 유가의 법철학사상 전통을 '자연법'의 관점에서 연구한 국내 연구로는, 심재우, "동양의 자연법사상", 고려대 『법학논집』 제33집, 1997; 이재룡, "유가의 자연법 사상", 『법철학연구』 제1집, 1998. 등이 있음.

동서양 자연법 사상의 異同을 구체로 비교 연구하는 일은 매우 該博하고 精通한 학문지식을 바탕으로 분석과 종합을 거쳐야 비로소 완성할 수 있는 博而精의 중차대한 과업이기에, 지금 당장 본고 연구범위와 역량을 벗어난, 꽤나 먼 미래 과제임을 먼저 밝힌다.

따라서 본고는 이러한 배경과 견해를 바탕으로, 서양 자연법 사상과 직접 구체로 비교하는 논증까지는 시도하지 않고, 비록 엉성하고 조촐하게 보일지는 모르지만, 법사학과 법철학의 연구지평을 조금이나마 넓히고 앞으로 연구방향과 지표를 던지는 작은 보탬이라도 될까 하는 바람에서 소박한 지적 호기심과 학문적 사명감에 스스로 鼓舞하여, 좁고 옅은 지식정보나마 성의껏 찾은 문헌자료를 大綱의 틀로 엮어 이 글을 발표한다.

2. 道家의 人法天 철학과 天論

(1) 老子의 '道法自然'論

"道가 위대하고, 하늘이 위대하며, 땅이 위대하고, 왕 또한 위대하다. 우주 안에 네 가지 위대한 존재가 있는데, 왕이 그 한 자리를 차지한다. 사람은 땅을 법 삼고, 땅은 하늘을 법 삼으며, 하늘은 道를 법 삼고, 道는 自然을 법 삼는다."[2]

이것이 老子가 인간과 자연의 규범관계를 人→地→天→道→自然의 체계로 논술한 최초의 전형적인 명제다. 이는 老子 법철학의 핵심중추가 되는 道→德→仁→義→禮→法의 규범원류관과 함께 어우러져[3] 서로 보완하고 의존하며 쌍벽을 이루는 中國法哲學의 濫觴이라고

2 老子 §25: "故道大, 天大, 地大, 王亦大. 或中有四大, 而王居其一焉. 人法地, 地法天, 天法道, 道法自然."

할 수 있다. 道 → 法 규범원류관이 객관대상(객체)으로서 규범의 발생 차원을 순차로 연역하는 관점의 명제라면, 人 → 自然의 法則(모방)론은 삶과 하늘(자연)의 주관(주체)적 의지관계를 역순으로 귀납하는 차원의 논제라고 볼 수 있다. 따라서 양자는 그 방향에서 서로 교차할 뿐만 아니라, 그 중심주제에서도 서로 대응하는 표리관계를 유지하면서 통일조화를 이루고 있다.

대다수의 전통 주석은 형식상 글자 의미와 실질상 내면의 함의를 그리 정밀하게 주의하지 않은 채, 老子의 文理的 意味를 무심코 부연 설명하는 데 그쳐 왔다. 따라서 人·地·天·道·自然 간에 점층적인 우열의 연쇄관계를 기본으로 인정하면서, 각기 法則삼는 바의 실질내용에 좀 더 주안점을 두어 왔다.[4]

그러나 老子가 전하고자 하는 본질내용에 착안한다면, 인간이 땅과 하늘과 道의 自然을 법 삼아 천하를 평화롭게 다스리는 주체 意志에서 그 진실한 본의를 찾아야 할 것이다. 땅과 하늘과 道는 주체인 인

---

3 道→德→仁→義→禮→法의 규범원류관에 관하여는 졸고, “老子 ‘無爲自然’ 法思想의 철학기초(下)”, 司法行政學會, 『司法行政』 제39권 4호(1998년 4월호), 306-309면; 심헌섭 박사 75세 기념논문집 『법철학의 모색과 탐구』(법문사, 2011, 537-565면)에 실린 졸고, “전통 중국 법철학의 규범체계” 참조. 졸저, 생명 도덕 법 문사철학, 전남대출판문화원, 2022, 612-638면 수록.

4 河上公注에 따르면, 사람이 땅을 법삼는 것은 그 安靜柔和의 속성과 만물양육의 공로를 가리키고, 땅이 하늘을 법삼는 것은 보답을 바라지 않고 베풀어 만물을 생장시키는 덕성을 지칭하며, 하늘이 道를 법삼는 것은 만물이 저절로 성장하도록 淸淨不言하는 본질을 뜻한다고 한다. 王弼注는 사람이 안전하게 생존하고 땅과 하늘이 온전하게 만물을 각기 싣고 덮는 것은 각기 상위의 존재를 법삼기 때문이라고 설명한다. 심지어 ‘人法地’의 이유를 사람이 땅만 못하기 때문이라든가, 또는 똑같이 四大에 속하지만 사람의 위대함이 천지의 위대함에는 미치지 못하기 때문이라며, 표피적 현상에 천착했다. 예컨대 蘇轍은 ‘人不若地’로, 呂吉甫는 ‘地之所至, 人亦至焉’으로, 李息齋는 ‘王之大不及天地之大’로, 각기 그 이유를 설명한다. 焦竑, 老子翼(漢文大系, 제9책)에서 재인용.

간에 대응하여 그에게 존재법칙을 그저 무심하게 보여주는 객관적 대상 존재에 불과하다. 이것이 인간의 일반경험법칙에 일치하며, 道를 의지적 주체가 아닌 객관적 자율적 실체로 묘사하는 老子의 기본입장과도 부합하는 해석일 것이다. 그러면 '自然'이란 땅과 하늘과 道의 본질특성인 공평무사한 '無爲自然'으로서, 인간이 이 삼자를 본받는 실질내용이 된다.

요컨대, 인간이 天地의 無爲自然의 道를 法則으로 삼는다는 내용이 老子의 本意일 것이다. 그리고 존재적 자연으로서 天地는 흔히 '天'의 개념에 녹아 혼연일체가 되고, 道란 곧 천지자연의 운행질서로서 존재법칙을 뜻하므로, 결국 이는 인간이 하늘(자연), 즉 天道를 본받는다는 '人法天'의 명제로 요약할 수 있다. 人法이 天道를 본받아 둘이 하나로 조화를 이루는 天人合一이 궁극의 규범이상인 것이다.

(2) 전통 중국의 天論

사실 先秦시대 天의 개념은 크게 네 관점에서 이해할 수 있다.[5]

첫째는 구체 대상인 자연 현상세계로서 하늘이다. 이것이 天의 가장 시원적인 일반개념인데, 좁게는 땅과 대비하여 天地로 竝稱하지만,

5 학자에 따라서, 天의 개념을 셋이나 또는 다섯 의미로 분류하는 견해도 있다. 馮友蘭(國哲學史, 55면)은 물질의 천, 主宰의 천, 운명의 천, 자연의 천, 義理의 천으로 5분하고; 任繼愈 主編, 中國哲學發展史(先秦), 113면에서는 의지의 인격신, 자연의 천, 義理의 천으로 3분한다. 이밖에도 관점에 따라 구체로 더욱 세분할 수 있는데, 기본상 任의 3분 의미가 최대공약수라 할 수 있다. 馮은 물질의 천과 자연의 천을 분별하고, 운명의 천을 주재의 천으로부터 분리시킨 것으로 볼 수 있다. 필자는 任의 3가지 기본의미에다 그 본질속성으로서 '無爲自然'을 덧붙인 것이다. 주의할 점은, 선진시대, 특히 노장철학에서 自然은 근대 서양의 물질현상세계 개념으로서 천지자연이 아니라, 객관적 본질속성으로서 無爲自然(인위가 없이 저절로 그러함)을 뜻한다는 사실이다.

보통은 天의 개념에 땅의 뜻까지 포함하여 單稱한다.

둘째는 그러한 자연 현상세계인 하늘을 지배하고 다스리는 주체로서 인격화하여, 의지를 지닌 최고 절대의 主宰者를 가리키는 하늘이다. 하느님·帝·天帝·上帝 등의 개념과 통용하는 天이 그것이다.[6]

셋째는 대상인 자연 현상세계로서 하늘의 객관적 '운행질서 및 존재법칙'이자, 의지주체로서 최고주재자인 하느님(帝)이 천지만물을 지배하고 다스리는 '통치원리'로서 天이다. 이른바 義理의 天인데, 우주의 최고 근본원리로서 道·眞理·法則(佛教의 法: Dharma)의 개념과 상통한다.

넷째는 그러한 하늘의 존재법칙과 하느님의 통치원리 및 객관화한 道가 지니는 본질특성으로서 天이다. 이는 人爲·人工과 대비되는 天然·無爲自然의 속성을 가리키는데, 後天에 대응하는 先天의 개념도 이에 속한다. 無爲自然으로서 天의 개념은 莊子에서 가장 빈번히 쓰이는데, 말의 재갈이나 소의 코뚜레를 人이라고 일컫는 것과 상응하여, 마소가 본디 네 발을 가지고 태어나는 것을 天이라고 규정하는 개념이 이에 해당한다.[7] 無爲自然은 人爲에 대응하여 하늘이 한다는 의미에서 '天爲'라고 일컬을 수도 있다.[8] 재밌는 것은, '無爲'는 '无爲'로도 쓰이는데, '无'가 '天'과 글씨모습이 아주 비슷하다는 점이다.

이처럼 '天'이라는 한 글자에 각기 다른 차원의 개념이 동시에 녹아든 것은, 이들 개념이 실질 의미에서 내면적으로 긴밀히 이어지기 때문이다. 물론 그 의미부여 및 개념분화의 발생순서에서 선후의 차이는 있으며, 제자백가의 철학사상 견해 및 시대조류에 따라서 특히 어

---

6 天이 인격의지의 주재자로서 帝의 개념과 상통하는 점은, 劉復, "帝與天" 및 魏建功, "讀帝與天"(古史辨, 제2책, 20-32면) 참조.

7 莊子, 秋水: "牛馬四足, 是謂天; 落馬首, 穿牛鼻, 是謂人."

8 莊子, 大宗師: "知天之所爲者, 天而生也."

느 한 개념을 두드러지게 강조할 수는 있다. 예컨대 春秋 이전에는 인격화한 의지적 主宰로서 天의 개념이 보편이었으며, 공자와 墨子는 이러한 전통 개념을 계승하면서 인간의 주체적 의지를 동시에 강조하는 것이 특징이다. 老子는 객관화한 道 개념을 널리 쓰면서, 天의 인격적 主宰性을 거의 드러내지 않는다. 장자에 이르면 무위자연의 본질속성인 天의 개념이 강하게 두드러지기도 한다. 그리고 순자는 天의 개념에서 인격적 주재성 및 객관적 법칙성의 의미보다 순수한 물질적 자연현상세계로서 측면을 두드러지게 강조한 독특한 사상가다. 한편 현대 공산주의 中國의 철학풍토는 무신론적 유물론의 이념 지배 아래, 天의 개념이 인격적 의미에서 순수한 물질적 의미로 변천하는 것을 당위적인 역사발전으로 여기고 있다.[9]

그러나 개념의 분화와 변천은 인간 철학사상의 존재적 현상이고, 이를 이해하고 연구하기 위하여 다시 역사적인 분석 방법을 활용함은 학문의 가치적 입장이다. 天의 사상적·학문적 개념은 인간을 포함하면서, 동시에 인간과 대응하는 자연적인 존재로서 天을 표현하는 도구적인 방편일 따름이다. 하나의 완전한 실체를 더욱 쉽고 명확하게 이해하기 위하여 다각적으로 다채롭게 분석하는 것이 부득이 필요하다면, 그의 진면목을 온전히 파악하기 위해서는 전체를 통일되게 종합하는 과정 또한 필수다.

이러한 관념을 가지고 天의 다층적 개념을 살펴보면, 그들이 '天' 한 글자에 일관하여 집중되어 있음을 자연스럽게 이해할 수 있다. 그리고 다시 老子의 명제를 음미해 보면, 인간이 법 삼아야 할 목표로서 地·天·道·自然도 결국은 상호 일관하는 개념임을 쉽게 짐작할 수 있다. 다만 인격적인 주재자로서 上帝만 빠져 있을 뿐이다.

---

9 任繼愈 主編, 앞의 책 및 傅佩榮, 儒道天論發微 참조.

한편 天의 다층적인 개념구조를 인간의 구체 사회현상과 대비해 보면, 그 비유적 상응관계를 확인할 수도 있다. 즉, 자연적인 천지만물은 국가와 인민에, 인격적 주재자로서 하늘인 上帝는 최고 유일의 절대적 국가통치권자인 군주에, 객관적 자연법칙으로서 天道는 인간의 사회적 규범인 禮法에, 그리고 그 道의 본질속성인 無爲自然은 법의 본질적 이념인 公平無私에 각기 대응시킬 수 있다. 인민(국가)·군주·禮法·公平無私가 인간사회의 전형적인 징표로서 각기 다른 각도에서 관찰한 개념들이라면, 이에 상응하는 천지(만물)·上帝·道·無爲自然은 자연적 天(하늘)의 다층적 관념이 된다. 天의 다층적 개념이 인간사회의 현상에 근거하여 거꾸로 구성한 비유의 산물일 수도 있지만, 그렇게 관찰하고 이해한 天의 자연적 질서를 본받아 이상적인 인간사회의 규범적 질서를 실현하는 것은 동서고금을 막론한 인류 공통의 궁극이념이라고 할 수 있다. 이러한 관점에서 天의 개념과 老子의 명제를 이해하면, 일관 회통하는 상호관련성이 더욱 뚜렷이 두드러진다.

(3) 莊子의 天論

人法天 사상은 老子에게만 고유한 독점 사상이 아니라, 先秦 제자백가에서 공통으로 거론하는 보편 주장이다. 우선, 그의 도덕철학 중 특히 道論을 계승 발전시키면서, 天의 개념을 道의 상위에 올려놓은 장자에게서도 人法天의 명제는 철학의 중심 주제를 이룬다. 장자는 하늘에 지나치게 치우쳐 인간을 모른다고 비판받을 정도로 天論에 치중하였는데,[10] 老子의 규범원류관에서 가장 시원적인 '道'의 앞머리에 '天'을 덧붙이고, 德의 개념에서도 '天德'이란 용어를 보편으로 쓰고 있다. 또, "莊子"書에 天道·天運·天地·天下의 편명들이 나란히 나오는 것만

10 荀子, 解蔽: "莊子蔽於天, 而不知人."

보아도, 장자한테 天의 비중이 얼마나 큰지 대강 짐작할 수 있다.

한편, 眞은 장자와 道家 일반에서 道를 대표하는 또 다른 개념으로서 지극한 精誠을 지칭한다. 그런데 장자는 이 眞이 하늘로부터 禀受한 自然 본성으로 쉽게 바꿀 수 없음을 지적하며, 道를 체득한 聖人은 하늘을 법삼고 眞을 존귀하게 여겨, 세속의 자질구레한 예절에 얽매이지 않는다고 강조한다.[11] 또한 聖人이나 至人이 無爲自然하는 것은, 말이 없으면서도 조리에 어긋나지 않고, 지극한 아름다움을 창출해 내는 천지만물의 근본법칙에 통달하기 때문이라고 설명한다. 이것을 "天地에서 관찰한다.(觀於天地)"고 일컫는데, 人法天을 조금 달리 표현한 말임을 쉽게 알 수 있다.[12]

물론 이렇게 天地의 道를 자세히 관찰하고 본받는 것은, 이를 인간의 法으로 삼아 천하를 잘 다스리기 위함이다. 장자는 당시 제자백가의 사상을 사분오열의 편협한 一家見으로 비판하면서, 원만하고 완전한 內聖外王의 道란 곧 天道를 본받아 실현하는 人法天의 궁극이상을 가리키는 것이다. 그래서 그는 天地之道와 聖人之德을 함께 나란히 일컫는가 하면(刻意篇), 帝道와 聖道를 天道와 동시에 거론하기도 한다. 天道가 막힘없이 운행하여 만물이 성장하는 것과 마찬가지로, 帝道가 막힘없이 운행하면 천하가 귀순하고, 聖道가 또한 막힘없이 운행하면 만인이 심복하게 된다는 것이다.[13]

---

11 莊子, 漁父: "眞者, 精誠之至也, 所以受於天也, 自然不可易也. 故聖人法天貴眞, 不拘於俗."

12 莊子, 知北遊: "聖人者, 原天地之美而達萬物之理, 是故至人無爲, 大聖不作, 觀於天地之謂也."

13 莊子, 天道: "天道運而無所積, 故萬物成; 帝道運而無所積, 故天下歸; 聖道運而無所積, 故海內服."

(4) 關尹子의 '聖人師萬物'論

한편, 정확히 어느 시기에 생존한 인물이고 언제 이루어진 책인지는 분명하지 않으나, 老莊과 비슷하게 無爲自然의 道論을 전개하여 道家로 분류할 수 있는 關尹子라는 책에는, 좀 독특하게 개별구체의 실례를 들어 펼치는 '聖人師萬物'論이 나온다. 즉, 성인이 만물을 스승으로 삼아, 만물에서 본떠 인간사회의 각종 규범제도를 만들었다는 이론이다.

> "성인이 벌을 스승 삼아 君臣관계를 세우고, 거미를 스승 삼아 그물을 세웠으며, 두더지를 스승 삼아 禮를 만들고, 싸움(일)개미를 스승 삼아 군대(병력)를 두었다. 규중은 현인을 스승 삼고, 현인은 성인을 스승 삼으며, 성인은 만물을 스승 삼는다. 오직 성인만이 만물과 하나가 되기에, 無我(의 道)에 이를 수 있다."[14]

언뜻 보아도, 老子가 말한 "사람은 땅을 법삼고, 땅은 하늘을 법삼으며, 하늘은 道를 법삼고, 道는 自然을 법삼는다."는 명제와 아주 닮은 논리구조임을 알아차릴 수 있다. 다만, 老子의 '法' 대신 '스승(師)'을 썼고, 주체와 객체도 人 → 地 → 天 → 道 → 自然의 위계 대신 衆人 → 賢人 → 聖人 → 萬物의 체계를 쓴 것이 다를 뿐이다. 즉, 老子의 '人法天' 명제가 상당히 고도로 일반추상화한 반면, 관윤자의 '聖人師萬物'은 상당히 구체로 현실화한 것이 가장 큰 특징적 차이라고 할 수 있다. 하지만, 사람이 천지자연의 도를 법삼고 스승 삼아 본받는다는 기본 철학사상은 완전히 일치한다.

---

14 關尹子, 三極: "聖人師蜂立君臣, 師蜘蛛立網罟, 師拱鼠制禮, 師戰蟻置兵. 衆人師賢人, 賢人師聖人, 聖人師萬物. 聖人同物, 所以無我."

3. 儒家의 人法天 思想

(1) 春秋 이전의 人法天 思想

老莊처럼 간명한 전형 명제로 직접 나오지는 않지만, 人法天의 철학 자체는 그 이전부터 관점과 표현을 다소 달리하면서 널리 쓰인 철학 사상사의 보편 주제이다. 우선 춘추시대 이전에는 인격적 의지를 가지고 인간에 대해 賞罰大權을 행사하는 主宰者로서 上帝가 天의 보편 개념이었다. 詩·書에 자주 나오는 天命·天罰·天意·天志 등의 개념이 대표다.(뒤에 상술한다.) 그밖에도 法의 개념을 써서 하늘과 인간을 직접 잇는 언론도 적지 않다.

武王이 殷을 정벌하고 나서 箕子를 예방해 천하통치의 방도를 묻자, 箕子는 洪範九疇로써 답하면서, 이 홍범구주는 하늘이 禹에게 洪水를 다스리고 천하를 통치하도록 내려준 위대한 法이라고 설명한다.[15] 여기서는 비록 인간이 하늘을 본받는 주체적 관점이 아니라, 하늘이 인간에게 내려주는 의지적 주재자의 시각에서 언급하고 있지만, 人法의 근원이 天道로부터 말미암음을 밝혀준다. 한 걸음 더 나아가서 箕子의 본뜻을 살피면, 이는 곧 武王으로 하여금 하늘이 내려준 홍범구주를 법삼아 공경스럽게 실행하도록 권고하는 취지임이 뚜렷하다. 또한 그 구체 조목 중 다섯째 '皇極'에 대한 해설에서는, 이는 上帝가 내려준 지상 최고의 교훈이자 법칙으로서, 군주가 上帝의 뜻에 순응하여 이를 시행하여야 함은 물론, 일반 인민들도 이를 받들어 준수하고 실행함으로써 천자의 통치에 순종하여야 한다고 강조한다.[16] 다시 말해 군주는 위로 上帝의 天道를 본받고, 이를 근거로 제정한 정당한 법령을 아

15 尙書, 洪範: "天乃錫禹洪範九疇, 彝倫攸敍."

16 尙書, 洪範: "皇極之敷言是彝是訓, 于帝其訓. 凡厥庶民極之敷言是訓是行, 以近天子之光."

래로 인민에게 시행하는 것이 이상적인 王道政治다.

皐陶가 禹와 천하 통치를 의논하는 가운데에서도, 하늘이 내려준 모든 법규범을 인간이 성실하게 준수·시행하여야 함을 역설하고 있다. 즉, 인간사회의 五典(五倫)·五禮·五服·五刑은 각기 하늘이 부여한 典·禮·德·罪에 근거하여 제정한 것으로, 인간은 이를 받들어 善政에 힘써야 한다.[17] 그리고 文王이 明德을 지니고 부지불식간에 자연스럽게 上帝의 法則에 순응하여 天命을 받았다는 詩經의 구절도 人法天의 궁극이상을 나타내는 표현이다.[18]

춘추시대에도 人法天의 사상 전통은 다채로운 표현으로 이어진다. 晋 重耳(文公)가 망명시절에 秦 穆公이 신하에게 晋國을 장차 누가 안정시킬 수 있겠느냐고 물은 적이 있다. 이때 그 신하가 重耳를 가리켜 모범적 법도와 준칙을 지닌 사람만이 나라를 평정할 수 있다고 답하면서, 文王이 上帝의 법칙에 순응한 詩를 인용하고 있다.[19] 그런가 하면 제후동맹에서 대국은 '禮로써 上天의 훌륭한 복록을 받들어' 사직을 안정시키고 인민을 잘 보살피며 소국을 이롭게 해주는 방향으로 법령을 시행하는 것이 패권의 마땅한 도리라고 강조한다.[20] 그런데 '上天의 훌륭한 복록(天休)'이란 곧 善을 상주고 惡을 벌하는 天道인데, 이를 받들어 만든 禮法典章을 잘 시행하는 것이 周王室에 면면히 이어지는 전통 통치강령이었다.[21] 이것이 天子의 사명이자 직책인데, 더러는 직접 '天法에 순응'함으로써 天罰을 초래하지 않는 것이 先王의

17 尙書, 皐陶模: "天叙有典 勅我五典. 五惇哉; 天秩有禮, 自我五禮 有(五)庸哉; 天命有德, 五服五章哉; 天討有罪, 五刑五用哉!"

18 詩, 大雅, 皇矣: "帝謂文王, 予懷明德, 不識不知, 順帝之則."

19 左傳, 僖公9年: "唯則定國. 詩曰: '不識不知, 順帝之則', 文王之謂也."

20 左傳, 襄公28年: "宋之盟, 君命將利小國, 而亦使安定其社稷, 鎭撫其民人, 以禮承天之休, 此君之憲令, 而小國之望也."

21 國語, 周語中: "先王之令有之曰: '天道賞善而罰淫, 各守爾典, 以承天休'."

명령이라고 표현하기도 했다.[22]

한편, 周代의 근본규범인 禮의 제정 근원이 天地라는 사실도 人法天 사상의 반영이다. 전통적으로 禮는 天經地義로 정의해 왔다. 인간이 天明(日月星辰과 같은 밝은 천체의 분명한 운행법칙)을 법칙 삼고, 地性(高下·剛柔와 같은 땅의 본질 속성)에 순응하여 제정 실행하는, 통치기강으로서 행위규범 전체를 뜻한다.[23] 晏子는 齊 景公에게 禮의 필요성과 효용을 논하면서, 禮는 先王이 天地로부터 부여받아 인민을 다스리는 규범이기 때문에 숭상한다고 강조한다.[24] 또한 吳가 魯에게 百가지나 되는 지나친 禮物을 요구하자, 景伯은 周王이 禮를 제정할 때 그 수가 12를 넘지 못하도록 최고한도를 정한 것은, 12가 하늘의 가장 큰 수이기 때문이라고 변론하기도 하였다. 그러면서 하늘의 度數를 버리고 근본에 어긋나는 무례한 吳가 장차 망할 것이라고 예언했다.[25]

周 靈王 때에 두 강물이 범람하여 서로 맞부딪쳐 소용돌이치면서 왕궁을 삼키려고 위협하자, 왕이 물줄기를 막으려고 하였다. 이에 태자가 극구 만류하면서, 그 이유로 天地에서 법도를 구하고, 때에 순응하여 움직이며, 인민과 귀신에 화목하고, 사물의 법칙을 본받는 것이 왕의 정치 도리라고 간언했다. 위로 하늘을 법삼고 아래로 땅을 본받으며, 가운데로 인민에게 화합하고, 사방으로 때에 순응하며, 귀신을 공경하는 것이, 다섯 가지 큰 법칙(五則)이다. 그런데 역대 왕조의 말세에는 한결같이 이를 무시하고 내팽개쳐 멸망에 이르렀다고 한다.[26]

---

22 左傳, 昭公26年: "奬順天法, 以從先王之命, 毋速天罰."

23 左傳, 昭公25年: "子產曰: '夫禮, 天之經也, 地之義也, 民之行也.' 天地之經, 而民實則之. 則天之明, 因地之性, 禮, 上下之紀、天地之經緯也, 民之所以生也, 是以先王尙之."

24 左傳, 昭公26年: "(禮) 先王所稟於天地以爲其民也, 是以先王上之."

25 左傳, 哀公7年: "周之王也, 制禮, 上物不過十二, 以爲天之大數也. 今棄周禮, … 吳將亡矣, 棄天而背本."

그리고 越 句踐이 즉위 초에 병력과 패기로 吳를 정벌하려고 하자, 范蠡(범려)는 시기상조임을 이유로 만류하면서, 국가를 다스리는 근본은 하늘과 땅과 인간을 법삼는 것이라고 강조한다. 특히, 하늘에서는 원만하고 왕성하면서도 넘치거나 교만하지 않는 天道를 법삼고 天時에 순응하여 움직이는 것을 뜻한다. 왕이 듣지 않고 吳를 정벌하다가 패한 뒤에 스스로 자문을 구해 오자, 范蠡는 다시 전에 말한 내용을 되풀이하였다. 국가를 다스림에는 천지의 일정한 법칙과 四時陰陽의 변화에 순응하며, 인민을 살생하는 형벌도 천지의 법에 따라야 한다. 뿐만 아니라 兵戰도 반드시 天道에 순응하여야만 승리할 수 있다는 것이다. 이에 따라 20여 년 臥薪嘗膽의 부국강병을 도모한 끝에 마침내 吳를 멸망시키고 설욕할 수 있었다.[27]

(2) 孔·孟·荀의 人法天 사상

한편, 유가는 보통 人道를 중시하여, 도가처럼 天道를 전문으로 거론하지는 않는다. 그러나 유가 역시 하늘을 법삼는 궁극 이상은 도가나 마찬가지다. 공자가 일찍이 堯임금이 군주로서 위대함을 찬탄하면서, 지극히 위대한 하늘을 오직 堯임금만이 법칙으로 삼았으며, 그렇기 때문에 형용할 수 없는 혁혁한 공덕과 찬란한 문화를 이룰 수 있었다고 거론한 사실은 유명하다.[28] 한번은 공자가 더 이상 말하고 싶지

---

26 國語, 周語下: "度於天地而順於時動, 和於民神而儀於物. 王無亦鑒于黎苗之王, 下及夏商之季, 上不象天, 下不儀地, 中不和民, 而方不順時, 不共神祇, 而蔑棄五則."

27 國語, 越語下: "夫國家之事, 持盈者与天, 定傾者与人, 節事者与地. 天道盈而不溢, 盛而不驕, 勞而不矜其功. 夫聖人隨時以行, 是謂守時. 因陰陽之恆, 順天地之常, 死生因天地之刑, 天因人, 聖人因天. 古之善用兵者, 因天地之常, 與之俱行. 凡陳之道, 必順天道."

28 論語, 泰伯: "大哉! 堯之爲君也. 巍巍乎! 唯天爲大, 唯堯則之. 蕩蕩乎! 民無能名焉. 巍巍乎! 其有成功也, 煥乎其有文章."

않다고 하자, 子貢이 그러시면 제자들은 어찌 서술하겠느냐고 여쭈었다. 이에 공자는 하늘이 무슨 말을 하더냐면서, 四時가 운행하면 만물이 저절로 성장하는 天道(自然法則)를 거론하여 자신을 넌지시 비유한 적이 있다.[29] 여기에는 물론 공자 자신이 天道(天意)를 법삼아 몸소 실행하는 자부심이 짙게 배어 있다.

맹자도 공자의 말을 인용하여 堯의 위대함이 지극한 하늘의 법칙을 본받아 실행한 데에 있음을 지적한다.[30] 특히 그는 "하늘에 순응하는 자는 생존하고 하늘에 거스르는 자는 망한다."는 격언과 "誠은 하늘의 道이고, 誠을 생각하는 것은 인간의 道다."는 명제를 남긴 것으로 유명하다.[31] 여기에서 하늘은 의지적 주재자인 上帝로서 이해하든, 아니면 순수한 자연의 존재법칙으로서 파악하든 간에, 본질 의미는 크게 달라지지 않는다. 자연의 존재법칙으로서 天道에 순응하여, 이를 생각하고 실행하는 것이 인간의 당위규범으로서 人道라는 요지다.

순자는 '天論'이란 독립의 편을 두어 하늘(자연)을 논할 만큼 깊은 관심을 보였는데, 특히 의지적 주재자의 天 개념을 부정하고 순수한 물질 현상세계의 自然으로서 天을 부각시킨 점이 눈에 띄는 특징이다. 그러나 이는 인간 의지(이성)의 자율성과 주체성을 강조함으로써 절대적 주재자로서 하늘에 맹목적으로 믿고 기대려는 나약한 宿命論을 타파하기 위해서였다.[32] 비록 天 개념의 실질 의미야 다소 다르긴 하

---

29 論語, 陽貨: "予欲無言. 子貢曰: 子如不言, 則小子何述焉? 子曰: 天何言哉? 四時行焉, 百物生焉, 天何言哉!"

30 孟子, 滕文公上: "大哉! 堯之爲君也. 惟天爲大, 惟堯則之. 蕩蕩乎民無能名焉."

31 孟子, 離婁上: "順天者存, 逆天者亡"; "誠者, 天之道也; 思誠者, 人之道也". 뒷 구절은 中庸과 孔子家語 권4, 哀公問편에도 나오는데, 다만 '思誠者'를 '誠之者'로 바꿔 적고 있다.

32 이는 순자, 天論편의 내용에도 직접 나타나지만, 또한 사람의 관상술을 비판하는 非相편에서 더욱 뚜렷이 밝혀진다. 심지어 天志와 귀신을 지극히 숭상

지만, 인간이 천지자연의 존재법칙에 순응하여야 한다는 기본원칙에는 순자도 예외가 아니다. 하늘의 운행에는 항상 불변의 법칙이 있는데, 인간이 이에 순응하여 다스리면 길하지만, 이를 어겨 어지럽히면 흉하다. 그래서 군자는 하늘의 常道와 땅의 常數를 항상 체득하여, 天地에 同參하는 三才一體를 人道의 궁극이상으로 삼는다.[33] 다시 말하면, 위로는 天時에 순응하고, 아래로는 地利를 상실하지 않으며, 가운데로 인민의 화합을 얻는 것이 정치의 요체가 된다.[34]

(3) 유가의 禮論

특히, 순자는 자기 철학사상의 핵심인 禮論에서도, 모든 생명의 근원으로서 天地와 함께 인류의 근본인 조상과 통치의 근본인 君師를 나란히 禮의 세 가지 근본(三本)이라고 규정한다.[35] 순자는 또 천지는 만물의 시원이고, 禮義는 통치의 시작이며, 군자는 禮義의 근원이라고 정의한다. 천지가 군자를 낳은 까닭은 군자로 하여금 천지를 다스리도록 하기 위해서라고 설명한다. 즉, 군자는 天地의 자연법칙을 參究하여 법칙으로 삼음으로써, 만물을 통솔하는 백성의 부모가 된다.[36] 요컨대, 군자가 되었건 君師가 되었건 간에, 인간이 天地의 자연법칙

한 墨子도 非命편에서 운명론을 비난한다. 이들은 모두 이미 화석화한 前代의 숙명론적 天命觀을 반대하고, 인간의 자율의지와 주체의식을 각성하기 시작한 춘추전국시대의 보편 철학사상을 대표하는 주류로 보인다.

33 荀子, 天論: "天行有常, 應之以治則吉, 應之以亂則凶. 天有常道矣, 地有常數矣, 君子有常體矣."

34 荀子, 天論: "天有其時, 地有其財, 人有其治, 夫是之謂能參."; 王覇 :"上不失天時, 下不失地利, 中失人和, 而百事不廢, 是之謂政令行."

35 荀子, 禮論: "禮有三本. 天地者, 生之本也; 先祖者, 類之本也; 君師者, 治之本也."

36 荀子, 王制: "天地者, 生之始也; 禮義者, 治之始也; 君子者, 禮義之始也. 天地生君子, 君子理天地. 天地之參也, 萬物之摠也, 民之父母也."

을 본받아 禮義라는 사회규범을 제정해 천지를 다스리는 것이다.

이러한 순자의 기본사상은, 유가의 禮를 총정리한 것으로 여겨지는 禮記와 大戴禮記에도 그대로 나타난다. 禮記·大戴禮記와 순자의 禮論 사이에는 문헌고증학상으로는 어느 것이 앞서고 어느 것이 뒤지는지에 관해 선후 계승 내지 영향관계에 다소 논란의 여지가 있을 수 있지만, 어쨌든 순자 禮論의 기본핵심인 천지·조상·君師의 '禮三本'說이 大戴禮記에 그대로 나타나 독립의 한 篇名으로까지 나오는 사실은 흥미롭다. 이밖에도 일반적 禮의 근원이나 구체적 禮의 제정동기에 관한 주요한 언론을 예시해 보면, 예의 본질 특성이 저절로 명확해진다. 몇 토막 주요 禮論을 옮겨 소개하면 다음과 같다.

> "무릇 禮란 선왕이 天道를 받들어 人情을 다스린 방편규범이다. 그래서 이를 잃으면 죽고, 얻으면 산다. 무릇 禮란 반드시 하늘을 근본으로 삼고, 땅을 법칙으로 삼아야 한다. …무릇 禮란 반드시 大一(太極의 道)에 근본한다. 大一이 분화하면 天地가 되고, 다시 전환하면 陰陽이 되며, 변화하면 四時가 되고, 나열하면 귀신이 된다. 무릇 禮란 반드시 하늘에 근본하며, 이것이 움직이면 땅에 나타난다. 그래서 禮義란 인간의 위대한 특징으로서, 天道에 통달하고 人情에 순응하는 커다란 통로가 된다. … 그래서 성인이 법칙을 제정함에는, 반드시 천지를 근본으로 삼고, 음양을 단서로 삼으며, 四時를 요강으로 삼는다. 천지를 근본으로 삼기 때문에 만물을 총망라할 수 있고, 음양을 단서로 삼기 때문에 모든 정황을 살펴볼 수 있으며, 사시를 요강으로 삼기 때문에 만사를 때에 맞춰 추진할 수 있다."[37]

---

37 禮記, 禮運: "夫禮, 先王以承天之道, 以治人之情. 故失之者死, 得之者生. 夫禮必本於天, 殽於地. … 夫禮必本於大一, 分而爲天地, 轉而爲陰陽, 變而爲四時, 列而爲鬼神. 夫禮必本於天, 動而之地. 故禮義也者, 人之大端也, 所以達天道順人情之大竇也.… 故聖人作則, 必以天地爲本, 以陰陽爲端, 以四時爲柄. 以天地爲本, 故物可擧

"위대한 音樂은 천지와 함께 조화를 이루고, 위대한 禮는 천지와 더불어 질서를 이룬다. 조화를 이루기 때문에 만물이 그 본성을 잃지 않고, 질서를 이루기 때문에 천지에 제사를 지낸다. 밝은 세상에는 禮樂이 있고, 어두운 세계에는 귀신이 존재한다. 음악이란 천지의 조화고, 禮란 천지의 질서다. 조화롭기 때문에 만물이 자라나고, 질서정연하기 때문에 만물이 나눠진다. 음악은 하늘로부터 (선천으로) 이루어지고, 禮는 땅으로부터 (후천으로) 만들어진다. 그러므로 천지를 밝게 알아야만 禮樂을 창제할 수 있다. 음악은 조화를 도탑게 여겨서 神明을 거느리고 하늘로부터 내려오고, 禮는 적합성을 분별하여 陰鬼와 함께 땅으로부터 나온다. 그래서 성인은 음악을 지어 하늘에 순응하고, 禮를 만들어 땅에 배합한다. 禮樂이 두루 갖춰지면 천지가 모두 순조로워진다."[38]

"禮란 天時에 적합하고, 地利에 따라 설정하며, 귀신에 순응하고, 人心에 부합하며, 만물을 다스리는 것이다. 그래서 하늘이 낳지 않고 땅이 기르지 않는 물건은, 군자가 禮로 여기지 않으며, 귀신도 이를 흠향하지 않는다."[39]

"무릇 禮의 근본원리는, 천지를 근본으로 삼고, 사시를 법삼으며, 음양을 본받고, 인정에 순응하는 것이다. 그래서 禮라고 일컫는다."[40]

也; 以陰陽爲端, 故情可睹也; 以四時爲柄, 故事可勸也."

38 禮記, 樂記: "大樂與天地同和, 大禮與天地同節. 和故百物不失, 節故祀天祭地. 明則有禮樂, 幽則有鬼神. 樂者, 天地之和也; 禮者, 天地之序也. 和故百物皆化. 序故羣物皆別. 樂由天作, 禮以地制. 明於天地, 然後能興禮樂也. 樂者敦和, 率神而從天; 禮者別宜, 居鬼而從地. 故聖人作樂以應天, 制禮以配地. 禮樂明備, 天地官矣."

39 禮記, 禮器: "禮也者, 合於天時, 設於地財, 順於鬼神, 合於人心, 理萬物者也. 故天不生, 地不養, 君子不以爲禮, 鬼神弗饗也."

40 禮記, 喪服四制: "凡禮之大體, 體天地, 法四時, 則陰陽, 順人情, 故謂之禮."

"선왕은 禮가 천하에 널리 퍼지지 않을까 염려하여, 郊外에서 上帝께 제사를 올림으로써 天位를 안정시키고, 나라 안에서 社稷神께 제사지냄으로써 地利를 진열하였다."[41]

"社(社稷神에 대한 제사)는 땅에 지내는 제사로 陰氣를 위주로 한다. 천자의 大社는 반드시 비바람과 이슬서리를 받아 천지의 기운에 통달한다. 社의 제사는 땅의 신을 섬기는 도리다. 땅은 만물을 싣고, 하늘은 삼라만상을 드리운다. 땅에서 재물을 획득하고 하늘에서 법칙을 본받기 때문에, 하늘을 숭상하고 땅을 친애하는 것이다. 하늘은 삼라만상을 드리우고, 성인이 이를 법칙으로 삼는데; 하늘에 올리는 郊의 제사는, 天道를 밝히기 위함이다. 만물은 하늘에 근본하고, 인간은 조상에 근본하기 때문에, 上帝께 제사를 올려 배합한다. 郊의 제사는 크게 근본에 보답하고, 시초로 되돌아가는 것이다."[42]

"옛날에 선왕이 禮를 제정함에는, 현실의 재화와 물건에 근거하여, 그 의의를 부여할 따름이었다. 그래서 큰일을 거행함에는 반드시 天時에 순응하였다. 하늘에 근거하여 하늘을 섬기고, 땅에 근거하여 땅을 섬겼다."[43]

"지극히 가까운 친족의 喪은 期年(만1년)으로 마친다. 이는 무슨 까닭인가? 1주년이 지나면 천지가 이미 바뀌고 사시도 이미 변하여,

---

41 禮記, 禮運: "先王患禮之不達於下也, 故祭帝於郊, 所以定天位也; 祀社於國, 所以列地利也."

42 禮記, 郊特牲: "社祭土而主陰氣也. 天子大社必受霜露風雨, 以達天地之氣也. 社所以神地之道也. 地載萬物, 天垂象. 取財於地, 取法於天, 是以尊天而親地也. 天垂象, 聖人則之, 郊所以明天道也. 萬物本乎天, 人本乎祖, 此所以配上帝也. 郊之祭也, 大報本反始也."

43 禮記, 禮器: "昔先王之制禮也, 因其財物而致其義焉爾. 故作大事, 必順天時. 因天事天, 因地事地."

천지 가운데 있는 만물이 새로이 시작하지 않는 것이 없기 때문이다. 期年喪은 바로 이를 상징한다. 그러면 부모에 대한 三年喪(25개월, 만 2년)은 무슨 의미인가? 융숭하게 존경하는 뜻에서, 그 기간을 배로 늘려 만 2년(두 번의 期年)으로 한 것이다. 9개월(大功) 이하는 어째서인가? 親情이 다소 소원하여, 期年에까지 이르지 못하게 한 것이다. 그러므로 3년상은 융숭히 높인 가중(天)이고, 緦麻와 小功은 다소 낮춘 감경(地)이며, 期年과 9개월(大功)은 중간(人)에 해당한다. 위로는 하늘에서 그 형상을 본받고, 아래로는 땅에서 법삼으며, 가운데는 인간에서 법칙을 구하면, 인간이 평화롭고 질서 있게 사회생활을 할 수 있는 규범 도리가 모두 갖춰진다."[44]

"鄕飮酒禮의 의의는 손님을 세워서 하늘을 상징하고, 주인을 세워서 땅을 상징하며, 주객 간의 禮를 보조하는 중개인을 설정하여 해와 달을 상징하고, 세 가지의 손님(주빈·보조중개인·일반손님)을 세워 해·달·별의 三光을 상징한다. 옛날에 禮를 만듦에는 천지를 경위로 삼고, 해와 달을 기강으로 삼으며, 三光으로 보조를 삼았으니, 이것이 정치교화의 근본이다."[45]

이상 여러 예론을 종합하면, 일반보편으로 禮의 제정근거가 天地의 운행질서, 즉 자연의 존재법칙일 뿐만 아니라, 개별구체의 禮도 각기 나름대로 천지를 법삼아 만들어진다는 기본원칙이 뚜렷이 나타난다. 이러한 기본원칙은, 인간의 사회규범인 禮가 자연의 존재법칙에 근원

---

44 禮記, 三年問: "至親以期斷, 是何也? 曰 : 天地則已易矣, 四時則已變矣, 其在天地之中者, 莫不更始焉, 以是象之也. 然則何以三年也? 曰 : 加隆焉爾也, 焉使倍之, 故再期也. 由九月以下, 何也? 曰: 焉使弗及也. 故三年以爲隆, 緦小功以爲殺, 期九月以爲間. 上取象於天, 下取法於地, 中取則於人, 人之所以羣居和壹之理盡矣."

45 禮記, 鄕飮酒義: "鄕飮酒之義, 立賓以象天, 立主以象地, 設介僎以象日月, 立三賓以象三光. 古之制禮也, 經之以天地, 紀之以日月, 參之以三光, 政敎之本也."

한다는 객관적 규범 상호간의 관점에서뿐만 아니라, 그 禮를 제정하는 인간으로서 성인군자나 천자군주의 주체적인 관점에서도 마찬가지로 펼쳐진다. 즉 禮를 만들고, 만들어진 禮로 천하인민을 다스리는 정치교화의 차원에서도, 人法天의 의미는 강하게 두드러진다.

군자는 天道에 부합하며, 성인의 지극한 덕은 天道의 지극한 교화와 나란하다.[46] 또한 천자는 그 德이 천지와 더불어 삼위일체가 되어 만물을 널리 이롭게 다스릴 뿐만 아니라, 그 현명함이 해나 달과 같아서 아무리 미세한 사물도 빠뜨림 없이 천하를 두루 밝게 비춘다는 것이다.[47] 즉, 성왕의 덕이 천지와 더불어 삼위일체가 됨은, 사사로이 덮음이 없는 하늘과 사사로이 실음이 없는 땅과 사사로이 비춤이 없는 일월을 법칙으로 삼아, 천하를 공평무사하게 다스린다는 의미가 된다.[48] 요컨대, 정치는 반드시 천지자연에 근본을 두어야 하는데, 더러는 군왕이 天時 및 地利와 함께, 사람을 낳아 주는 부모와 가르치는 스승의 인간적 덕성까지 겸비할 것을 요구하기도 한다.[49]

어쨌든, 天地人 三才一體는 전통 철학사상의 핵심이자 정치교화의 궁극이상임에 틀림없다. 그래서 이 세 가지는 다방면에서 나란히 거론하는 경우가 많다. 天德·地德·人德은 성인이 숭상하는 三德이 되며, 天道로써 보이고 地道로써 이행하며 人道로써 살피는 것이 국가통치의 기강이다.[50] 또한 天名·地事·民德을 바르게 함으로써, 위로는 하늘

---

46 禮記, 祭義: "君子合諸天道"; 禮器: "天道至教, 聖人至德".

47 禮記, 經解: "天子者, 與天地參. 故德配天地, 兼利萬物; 與日月並明, 明照四海而不遺微小."

48 禮記, 孔子閒居: "三王之德, 參於天地, 奉三無私以勞天下. 天無私覆, 地無私載, 日月無私照."

49 禮記, 禮運: "夫政必本於天. 故聖人參於天地, 並於鬼神, 以治政也. 天生時而地生財, 人 其父生而師教之, 四者, 君以正用之."

50 大戴禮記, 四代: "有天德, 有地德, 有人德, 此謂三德. 天道以視, 地道以履, 人道以稽.

을 받들고 아래로는 땅을 밟아, 인민을 다스리는 政事에 순응하여야 한다. 天事는 밝고 地事는 창성하며, 人事는 이 둘을 본받아 조화를 이루어야 하는 것이다. 그렇게 함으로써 天福과 地福을 불러들이고, 民德을 일으킬 수 있게 된다.(大戴禮記, 虞戴德) 그리고 하늘이 만물을 낳는 仁과, 땅이 만물을 기르는 富와, 성인이 양자를 때에 맞게 조절하는 治가, 동시에 나란히 등장한다. 그래서 天政·地政·人政의 삼자가 나란히 일컬어진다.[51]

그런데 天地가 天의 개념에 함께 스미면, 天地人 三位一體는 곧 天人合一로 대체할 수 있다. 정치가 하늘(천지자연의 존재법칙)을 준수하지 않고, 인간(사회의 당위규범·民心)에 순응하지 않으면, 결코 어떠한 일도 이루기 어렵다고 하거나; 天明(분명한 자연법칙으로서 天道)에서 밝게 법칙을 삼아, 백성에게 현명한 교화를 베푼다는 天化의 사상은, 이러한 天人合一의 관념을 대표한다.[52] 한편, 천자가 타는 수레의 모습도 천지자연을 본받았다는 이론은, 人法天의 사상이 일반 정치철학 속에 얼마나 철저하게 삼투했는지 반증하기에 충분하다. 수레 위의 차일용 둥근 덮개(지붕)는 하늘 형상을 본뜨고, 그 덮개를 받치는 28개 버팀목(서까래)은 28별자리(星宿)를 뜻하며, 수레 몸통의 사각형은 땅의 모습을 법 삼고, 30개 바퀴살은 한 달 30일을 뜻한다는 것이다. 이는 천자의 정치교화가 항상 天文地理를 관찰하고 사시운행을 살펴서 자연의 법칙에 순응해야 함을 상징한다.(大戴禮記, 保傅)

이러한 天地人 삼위일체나 天人合一의 人法天 사상에는, 그 밑바탕

廢一日失統, 恐不長饗國."

51 大戴禮記, 誥志: "天生物, 地養物, 物備興而時用常節曰聖人. 天作仁, 地作富, 人作治."; 少閒: "天政曰正, 地政曰生, 人政曰辨."

52 大戴禮記, 誥志: "政不率天, 下不由人, 則凡事易壞而難成."; 虞戴德: "明法于天明, 開施教于民, 行此以上明于天化也."

에 인간이 천지 가운데 가장 존귀한 만물의 영장이라는 주체의식이 깔려 있다. 즉, 인간은 五行의 精氣가 모여 음양이 교류하고 神靈이 깃들었는데, 게다가 천지의 덕성까지 부여받은 존재이므로, 천지의 마음(핵심)이라고 일컬을 수 있는 만물의 영장이다.[53] 그렇기 때문에, 인간만이 오직 천지를 관찰하고 본받아, 자연의 존재법칙에 부합하는 사회의 당위규범을 제정하여, 인간을 다스리고 만물을 지배하며, 천지자연에 합일할 수 있는 것이다.

天人合一은 인간만이 향유하는 독특한 자격이자 독점 능력인 반면에, 다른 한편으로 人法天은 그에 상응하는 인간의 의무이자 직책이기도 하다. 다시 말해, 인간은 천지자연의 존재법칙을 본받을 수 있을 뿐만 아니라, 반드시 본받아 그에 순응하여야 한다. 그래서 인간이 범할 수 있는 다섯 가지 큰 죄 중에서, 천지의 자연법칙을 거역하는 행위가 가장 무거운 벌을 받을 으뜸 중죄가 된다.

> "천지(자연의 도)를 거역한 자는 죄가 5代에 미치고, 文武 성왕을 비방하는 자는 죄가 4대에 미치며, 인륜을 거스른 (부모 살해와 같은 패륜) 자는 죄가 3대에 미치고, 귀신을 모함(터무니없다고 존재를 부정)하는 자는 죄가 2대에 미치며, 사람을 살해한 자는 죄가 자신(1대)에 그친다. 그래서 큰 죄악이 다섯 가지 있는데, 그 가운데 살인죄가 가장 가볍다."[54]

세속에서 가장 극악무도한 범죄로 일컬어지는 살인죄도, 천지자연의 도와 진리와 성인을 거스르고 비방한 죄악에 비하면, 오히려 자신(1대)의 형벌책임에서 그치는 가장 가벼운 죄가 되는 사실을 보라!

---

53 禮記, 禮運: "人者, 其天地之德, 陰陽之交, 鬼神之會, 五行之秀氣也. 人者, 天地之心也, 五行之端也."

54 大戴禮記, 本命: "大罪有五 : 逆天地者, 罪及五世; 殺人者, 罪止其身. 故大罪有五, 殺人爲下."

이 얼마나 엄청난 소식인가? 사실 천지자연의 법망은 몹시 엉성하여 마치 없는 것 같지만, 그를 위배하여 빠져나갈 수 있는 자가 결코 없다는 老子의 명제나,[55] 하늘에 죄를 지으면 빌 곳이 없다는 공자의 警句도,[56] 바로 人法天의 존재적 필연성 및 당위적 의무성을 있는 그대로 드러낸 진리말씀일 따름이다.

(4) 周易의 人法天 사상

禮 뿐만 아니라, 禮와 함께 유가 철학사상의 또 다른 핵심을 이루는 易에도, 人法天의 철학은 매우 강하게 두드러진다.[57] 하늘과 땅을 각기 상징하는 陽(— : 숫자로는 九)과 陰(-- : 숫자로는 六) 두 爻의 다채로운 순열·조합으로 펼쳐지는 64卦에, 천지자연의 운행법칙과 인간사물의 변화원리를 상응시킨 易은 그 본질 성격상 천지자연과 인간사회 사이의 규범관계를 중심 주제로 삼는다. 비록 易經 자체는 추상 원리나 본체에 관한 체계적 사상을 직접 거론하지는 않지만, 구체 상황에 대한 객관 변화의 인식과 길흉에 대한 주관적 가치판단을 표현하는 言辭 중에, 그러한 철학사상이 기본전제로 깔려 있다. 그리고 그에 대한 체계적·이론적 해석으로 덧붙여진 易傳에 이르면, 人法天의 사상이 분명하게 직접 나타난다.

> "무릇 易은 넓고도 크도다. 하늘(乾)은 고요할 때는 오롯하며 움직일 때는 곧바르기 때문에 크게 낳고, 땅(坤)은 고요할 때는 오므라들며 움직일 때는 펼쳐지기 때문에 넓게 낳는다. 넓고 큼이 천지에 짝하고, 변화융통이 사시에 버금하며, 음양의 뜻에 합하고, 평이

---

55 老子 제73장: "天網恢恢, 疏而不失."

56 論語, 八佾: "不然. 獲罪於天, 無所禱也."

57 이재룡, "주역의 법자연의 도덕철학과 법가적 '률'의 사회정의", 심헌섭 박사 75세 기념논문집 『법철학의 모색과 탐구』, 법문사, 2011, 567-586면 참조.

하면서도 간단한 훌륭함은 지극한 덕에 필적한다. 그래서 공자는 말하였다. '易은 정말로 지극하도다. 무릇 易은 성인이 덕을 숭상하고 공적을 넓히는 방편의 도다. 지혜는 높으면서 禮는 낮은데, 높음은 하늘을 본받고 낮음은 땅을 법삼은 것이다. 하늘과 땅이 각기 위 아래에 위치하는데, 易은 그 중간을 운행한다. 만물의 본성을 이루면서 그 존재를 있게 하는 道義의 문이다.' … 易은 천지와 나란하기 때문에, 천지의 道를 널리 망라할 수 있다. 위로 우러러서는 天文을 보고, 아래로 굽어서는 地理를 살피기 때문에, 그윽하고 밝은 사정을 모두 알며; 처음을 고찰하고 끝을 궁구하기 때문에, 생사의 원리를 알 수 있다. … 易에는 太極이 있는데, 태극이 음양의 兩儀를 낳고, 兩儀가 四象을 낳으며, 四象이 八卦를 낳고, 八卦가 길흉을 정하며, 길흉이 큰일을 도모하게 한다. 이러한 까닭에 법칙을 본받는 데에는 천지보다 위대한 것이 없으며, 변화융통은 사시보다 나은 게 없고, 분명한 모습을 나타내는 것은 일월보다 훌륭한 게 없으며, 숭고함은 부귀보다 좋은 것이 없고, 사물을 편리하게 이용하여 기구를 만들고 공덕을 세움으로써 천하인민의 이익을 도모함은 聖人보다 위대한 자가 없다. 그러므로 하늘이 신령스런 사물을 낳으면 성인이 이를 법삼으며, 천지가 변화하면 성인이 이에 순응하고, 하늘이 형상을 드러내어 길흉을 보이면 성인이 이를 본받으며, 黃河에서 그림이 나오고 洛水에서 글이 나온 것을 성인이 법으로 삼았다. 易에 四象이 있는 것은 이러한 현상들을 보여주기 위해서다."(周易, 繫辭上)

"옛날에 복희씨가 천하를 다스림에는, 하늘을 우러러 그 현상을 관찰하고, 땅을 굽어 그 법칙을 찾아내며, 새나 짐승의 활동 및 식물의 생장을 살폈다. 가까이는 몸에서 취하고 멀리는 사물에서 취하여 비로소 八卦를 만들었는데, 이로써 신명의 덕성에 통달하고 만물의 실정을 분류하였다. … 易이라는 책은 몹시 넓고 커서 모든 것을 두루 갖추고 있다. 天道가 있고 人道가 있으며 地道가 있다. 이 三材를 겸비하여 두 번 반복함으로써 여섯이 된다. 여섯(한 卦를 이루는 六爻)은 다름이 아니라, 바로 三材의 道다."(周易, 繫辭下)

"옛날에 성인이 易을 지은 것은 性命의 이치에 순응하기 위해서였다. 그래서 하늘의 道를 세워 음과 양이라고 일컫고, 땅의 道를 세워 柔와 剛이라고 부르며, 사람의 道를 세워 仁과 義라고 이름 붙였다. 三才를 겸비하여 두 번 반복하기 때문에, 易은 여섯 爻를 그어서 한 卦를 이룬다. 음과 양으로 나누어 剛과 柔를 번갈아 사용하기 때문에, 易은 여섯 자리로서 괘의 모습을 이룬다."[58]

위에서 인용한 易傳의 언론들을 살펴보면, 성인이 易을 제작한 기본원리와 근본동기가 천지만물의 존재적 자연법칙을 본받은 것임을 쉽게 알 수 있다. 또한 그 궁극목적도 易의 원리를 통하여, 천지자연의 법칙을 현실의 일상생활에 적용하기 위함이다. 따라서 후세의 君子와 大人도 성인이 易을 제작한 이념을 본받아 이를 효율적으로 활용함으로써, 구체로 천지자연의 법칙을 실현해 나가야 한다.

"무릇 大人이란 천지와 더불어 그 덕이 일치하며, 일월과 더불어 그 질서가 부합하고, 귀신과 더불어 그 길흉을 같이 한다. 하늘에 앞서갈 때에는 하늘이 그에 어긋나지 않으며, 하늘에 뒤따를 때에는 그가 天時에 순응한다. 하늘도 또한 大人에 어긋나지 않거늘, 하물며 인간과 귀신인들 그를 거스를 수 있겠는가?"[59]

58 周易, 說卦 : "昔者聖人之作易也, 將以順性命之聖. 是以立天之道, 曰陰與陽; 立地之道, 曰柔與剛; 立人之道, 曰仁與義. 兼三才而兩之, 故易六畫而成卦. 分陰分陽, 迭用柔剛, 故易六位而成章."

59 周易, 乾卦 文言: "夫大人者, 與天也合其德, 與日月合其明, 與四時合其序, 與鬼神合其吉凶. 先天而天弗違, 後天而奉天時. 天且弗違, 而況於人乎, 況於鬼神乎?"

4. 墨子와 기타 諸子의 人法天 思想

(1) 묵자의 人法天 사상

제자백가 가운데 가장 독특하고 고유한 人法天 이론을 전개하는 사상가는 묵자다. 공자나 맹자도 하늘의 주체적 의지를 상당히 인정하는 것이 사실이지만, 춘추 이전만큼 그렇게 직접 강력하게 표현하지는 않는다. 순자나 老子·장자는 말할 필요도 없다. 그런데 묵자는 하늘의 주체적 의지를 '天' 자체의 개념에도 직접 뚜렷이 드러낼 뿐만 아니라, 아예 하늘의 의지라는 天意·天志의 개념을 널리 쓴다. 이 중 '天志'는 묵자의 중요한 篇名이기도 한데, 도가나 유가의 天道 개념에 상응할 정도로 비중 있는 개념이다. 동시에 하늘의 의지를 직접 표현하는 天罰·天命·天誅·天德 등의 개념이 자주 나온다. 특히 하늘의 최고 절대 주재자로서 上帝의 개념과, 上帝를 보조하여 천지자연을 관장하는 鬼神의 개념은, 묵자를 다른 제자백가와 구별하는 가장 특색 있는 징표가 된다. 묵자의 철학사상의 특색은, 전국시대 제자백가의 인간 중심적인 일반 思潮와 비교하여, 시대착오라고 여겨질 수 있을 뿐만 아니라, 춘추 이전 周初의 통치사상에 비추어도 오히려 더 복고적으로 느껴지기도 한다. 이는 아마도 그가 鬼神을 절대로 숭상하고 절검을 최고 미덕으로 삼은 夏禮를 宗主로 받들었기 때문일 것이다.[60]

우선 묵자는 천하에 어떠한 일을 하든지 규범 기준으로서 法儀가

60 孫星衍, 墨子注後敍: "墨子與孔異者, 其學出于夏禮. 淮南王要略訓云: '墨子背周道, 而用夏政.' 墨子有節用, 節用禹之敎也. 孔子曰: '禹菲飮食, 惡衣食, 卑宮室, 吾無間然.'" 孫詒讓, 墨子閒詁, 墨子附錄(614면)에서 재인용. 孫의 敍文에서는 禹임금에 대한 공자의 평론 중 절검에 관한 구절만 인용하고, 같은 문장 안의 '致孝乎鬼神' 등의 구절은 생략하고 있다. 그런데 본 구절 또한 묵자의 上帝 및 귀신 숭상이 禹임금의 夏禮에서 연원하고 있음을 알려주는 결정적 증거가 되는데, 이를 소홀히 지나친 것이다.

없을 수 없는데, 목수에게 자나 먹줄이 필수불가결 하듯이, 천하를 다스리는 천자나 군주에게도 法度가 없어서는 안 됨을 강조한다. 그 궁극 법도로서 내세우는 것이 바로 하늘인데, 사람이 하늘을 법삼아야 하는 이론적 당위성에 관하여, 그는 사람의 한계성과 하늘의 절대 궁극성을 들어 설명한다.

"그러면 무엇으로 통치의 법도를 삼아야 하는가? 만약 모두가 그 부모를 법삼는다면 어떨까? 천하의 부모인 사람이 매우 많지만 어진 이는 몹시 적으니, 만약 모두 그 부모를 법삼는다면, 이는 不仁을 법삼는 것이 된다. 그러면 모두 그 스승을 법삼으면 어떨까? 천하에 스승이 매우 많지민 이진 이는 적으니, 만약 모두가 그 스승을 법삼는다면, 이는 不仁을 법삼는 것이 된다. 그러면 모두 그 군주를 법삼는다면 어떨까? 천하게 군주가 매우 많지만 어진 자는 적으니, 만약 모두가 그 군주를 법삼는다면, 이는 不仁을 법삼는 것이 된다. 不仁을 빕삼아서는 통치의 법도가 될 수 없다. 그러므로 부모·스승·군주의 삼자는 통치의 법도로서 삼을 수 없다.

그렇다면 무엇으로 통치의 법도를 삼아야 하는가? 하늘을 법삼는 것보다 훌륭한 게 없다. 하늘은 두루 유행하여 사사로움이 없고, 후하게 베풀면서도 공덕을 자랑하지 않으며, 항상 밝게 비추면서 쇠퇴할 줄 모르기 때문에, 성왕이 이를 법삼는다. 이미 하늘을 법으로 삼는다면, 인간의 모든 행위와 동작이 반드시 하늘의 법도에 부합하여야 한다. 하늘이 바라는 바는 행하고, 하늘이 싫어하는 바는 그쳐야 한다. 하늘은 항상 사람들이 서로 사랑하고 이롭게 하기를 바라고, 사람들이 서로 미워하고 해치는 것을 싫어한다. 그래서 사람을 사랑하고 이롭게 하는 자는 하늘이 반드시 복을 주고, 사람을 미워하고 해치는 자는 하늘이 반드시 화를 준다. 악을 범하여 화를 당한 자는 桀·紂·幽·厲가 대표이며, 사람을 사랑하고 이롭게 하여 복

을 얻은 자는 禹·湯·文·武가 전형이다."(墨子, 法儀)

물론 일반백성의 모범 법도로서 인간적 표준이 묵자에 전혀 없는 것은 아니다. 하늘을 법삼을 수 있는 성인과 하늘을 법삼아야 하는 천자가 그러한 존재다. 성인의 덕은 하늘처럼 높고 땅같이 넓게 천하를 밝히 비추며, 땅처럼 견고하고 산처럼 높아서 무너지지 않으며, 햇빛이나 달빛처럼 밝아 천지와 더불어 항상 변함없다.[61] 이처럼 성인의 덕이 천하를 두루 망라할 수 있는 것은, 천지자연의 법칙을 체득하여 본받을 수 있기 때문이다. 이러한 성인의 전형으로 묵자는 禹·湯·文·武를 드는데, 특히 尙書의 기록을 인용하여 이들 성인의 위대성을 증명하며, 자신의 兼愛說도 바로 이들 성인을 법삼은 것이라고 밝히는 것이다. 예컨대, 文王이 천하를 博大하게 겸애한 것은, 해와 달이 공평무사하게 천하를 비추는 것과 같다고 비유한다. 또한 禹가 有苗族의 포악함을 정벌하여 천하의 해악을 제거하고 인민의 이익을 도모한 사실은 겸애의 전형이다. 湯이 천하를 다스리는 천자로서 지극히 부귀로우면서도, 기꺼이 자신을 희생하여 上帝와 귀신에게 정성을 다함으로써, 인민의 복리만을 염원한 행적도 겸애의 귀감이다. 그리고 蕩平한 王道를 실행하여 상벌을 공평하게 나눠주고, 형제친척의 사사로운 정에 굽힘이 없음으로써 천하를 얻은 文王과 武王도 兼愛의 모범이다.[62]

한편, 천자는 일반적으로 천하의 가장 훌륭한 仁人으로서, 천하 만민의 행위에 통일적 기준을 제공해 주는 모범 법도가 되어야 한다.[63] 그러나 앞서 지적한 바와 같이, 천하의 모든 천자와 군주가 항상 어질

---

61 墨子, 尙賢中: "聖人之德, 若天之高, 若地之普, 其有昭於天下也. 若地之固, 若山之承, 不坼不崩. 若日之光, 若月之明, 與天地同常. 故聖人之德蓋總乎天地者也."

62 墨子, 兼愛下편 참조.

63 墨子, 尙同中: "凡國之萬民上同乎天子. 天子者, 固天下之仁人也, 擧天下之萬民以法天子, 夫天下何說而不治哉?"

지는 못하다. 따라서 천자가 항구불변의 궁극적인 근본법칙이 될 수 없다. 천자가 만민의 법도가 되는 것은, 다만 천지자연의 공평무사한 兼愛와 仁德을 본받아 몸소 실행하기 때문이며, 또한 오직 그때에만 명실상부한 천자가 될 수 있다. 다시 말해서, 지방장관이 지역주민을 통솔하여 군주(제후)에게 순종하고, 군주가 나라백성을 통치하여 천자에게 복종하듯이, 천자도 천하 인민을 잘 거느려 하늘에 순응하여야 한다.[64] 방향을 거꾸로 바꾸어 보면, 군주가 백성에게 정치를 행하고, 천자가 제후와 인민에게 통치를 행하듯이, 하늘이 천자와 인간에게 정치교화를 베푸는 것으로 이해하기도 한다.[65]

그래서 천자는 하늘의 뜻에 순응하여 인민을 널리 겸애하고 이롭게 하여야 한다. 그래야만 천하 궁극의 부귀한 자리를 유지하고 하늘의 상과 복을 받을 수 있다. 만약 천자가 하늘의 뜻에 거슬러 인민을 미워하거나 해칠 때에는 天罰을 받게 된다.(天志上) 더위나 추위 또는 비바람이 순조롭지 못한 이상기후로 흉년이 들고, 질병이 널리 퍼져 사람과 가축이 죽거나 상하는 각종 천재지변이 그것이다.(尙同上·中·下) 묵자에 따르면, 이는 마치 백성이 국법을 준수하지 않거나 군주의 명령에 따르지 않아 형벌을 받는 것과 마찬가지 이치라는 것이다.

그런데 보통 사람들은 국법을 어겨 죄를 범하면 당연히 벌 받을 줄 알면서, 이를 경계하고 두려워하는데, 하늘 뜻에 순종하지 않는 행위는 전혀 아랑곳하지 않는다. 이를 가리켜 묵자는 작은 것만 알고 큰 것은 모르는 인간의 어리석음이라고 탄식한다. 국법을 어기면 다른 나라로 망명할 수라도 있지만, 天意를 거역하면 도피할 곳이 없음을

---

64 墨子, 尙同下: "天下旣已治, 天子又總天下之義, 以尙同於天."

65 墨子, 天志上: "昔三代聖王, 欲以天之爲政於天子, 明說天下之百姓, 以祭祀上帝鬼神, 而求祈福於天. 我未嘗聞天下之所求祈福於天子者也, 我所以知天之爲政於天子者也."

알지 못한다는 것이다.(天志上·下) 이러한 그의 지적은 앞에 나온 老子의 '하늘 그물(天網)'이나 공자의 '빌 곳 없다'는 말씀과도 일관 회통하는 것이다. 인간의 실정법규범은 人情과 예외라도 있지만, 천지자연의 존재법칙은 피눈물도 없이 준엄한 원칙만 관철할 뿐이라는 양자의 본질상 차이를 조금씩 달리 표현한 것이다.

요컨대, 묵자는 하늘의 뜻(天志·天意)을 최고의 통치법도이자 사회법규범의 궁극 근원으로 보았다. 매우 흥미롭고 눈에 띄는 사실은 다른 제자백가들이 자나 먹줄·수준기 등의 구체적인 度量衡 개념을 들어 인간의 규범적 표준인 法의 본질 특성을 비유하는데, 이에 상응하여 묵자는 天志가 궁극의 근본규범임을 비유하는 데 이들 개념을 인용하는 점이다. 즉, 그가 말하는 天志라는 개념은 목수가 사용하는 자나 컴퍼스와 같다는 것이다. 자로써 직선을 긋고 컴퍼스로 원을 그리듯이, 천자나 제후는 天志로써 천하인민을 통치해야 한다. 자를 대보면 선이 곧은지 굽었는지 알 수 있고, 컴퍼스를 돌려보면 원이 바른지 여부를 확인할 수 있다. 마찬가지로 천자나 제후가 천하인민을 다스리는 법령이 좋고 나쁜지는 天志에 비추어 보면 곧바로 드러난다. 그래서 묵자는 자신의 天志 개념으로써 천하 모든 군주의 통치행위와 법규범은 물론, 일반 사대부의 사상언론과 행실까지 모두 비추어 판단할 수 있다고 강조한다. 天意에 순응하고 부합하면 곧 善이고 仁이며, 天志에 거스르고 어긋나면 바로 惡이고 不仁이 된다. 그래서 天志·天意는 正義의 經이자 法이라고 규정하기도 하는데, 이는 天志의 실질 내용이 善·仁·義·兼愛 등의 모든 긍정적 윤리도덕과 가치규범임을 뜻한다. 다시 말해 天志란 종국에는 인간의 가치판단의 도덕규범에 의해 확인하고 결정할 수 있다.[66]

66 墨子, 天志上·中·下편 내용 전반을 참조.

한편, 人法天의 사상과 관련하여 유가에서 일반으로 天地人 三才一體의 이론을 내세움은 이미 살펴본 바와 같다. 그런데 묵자는 땅 대신 鬼神을 등장시켜, 天·鬼(神)·人의 삼위일체를 매우 자주 거론하는 것이 두드러진 특색이다. 예컨대, 옛 성왕들이 현인을 등용하여 숭상한 까닭은, 그들의 언론을 법삼고 지혜를 기용하며 그 道를 실행함으로써, 위로는 하늘을 이롭게 하고 가운데로는 귀신을 이롭게 하며, 아래로는 인민을 이롭게 할 수 있었기 때문이라고 설명한다.(尙賢下) 또한 성왕 자신들도 尙賢을 바탕으로, 하늘을 경외하고 귀신을 섬기며 만민을 널리 사랑하고 이롭게 함으로써, 비로소 천하를 통치할 수 있었다.[67] 따라서 天·鬼·人의 삼자를 모두 이롭게 하는 것은, 이들의 칭송과 축복을 보답 받는 가장 훌륭한 善政의 첩경이므로, 지혜롭고 어진 자만이 실행할 수 있는 통치의 방도다.[68] 뿐만 아니라, 天·鬼·人의 이익에 모두 부합하면 이를 '天德'이라고 일컫고,(天志中·下) 반대로 이에 어긋나면 '暴人之道'라고 규정하기도 한다.(非命上)

이는 天의 개념에서 주체적 의지를 지닌 주재자로서 上帝의 용어를 즐겨 쓰면서, 그 보조자로서 각종 山川自然을 관장하는 鬼神의 개념을 함께 드는 묵자 철학사상의 당연한 귀결일 뿐이다. 즉, 비교적 객관화한 존재로서 天地人 三才 대신에, 좀 더 주관적인 의지주체로서 天(志)·鬼神·人民의 삼자를 거론하는 것이다. 여하튼, 묵자는 제자백가 중 가장 독특한 人法天 이론을 펼친 사상가임에 틀림없다.

(2) 管子와 法家 및 呂氏春秋의 人法天 사상

법의 궁극 근원으로서 道를 강조하는 管子도 그 道를 인간이 법삼

---

67 墨子, 尙賢中편 및 尙同中편 참조.

68 墨子, 非攻下편 및 公孟편 참조.

아야 할 天道, 즉 천지자연의 법칙으로 거론한다. 하늘에는 常象이 있고 땅에는 常形이 있으며 사람에게는 常禮가 있는데, 한번 세워서 바꾸지 않으니 이를 三常이라 부르고, 이 세 가지를 아울러 갖추는 것이 人君의 道라고 한다.[69] 또한, 하늘이 四時를 낳고 땅이 만물을 낳는데, 천지가 만물을 기르면서도 스스로 취함이 없는 것처럼, 明主는 德으로써 짝한다고 말하여 天地人 三才의 統一性을 강조한다.[70] 한편 정치와 명령은 人道로써 행하고, 爵祿은 地道로써 베풀며, 大事는 天道로써 일으키므로, 군주의 구체적 통치규범 안에 天地人의 법칙이 하나로 융합하기도 한다.[71] 위로는 天時의 상서로움을 살펴 가뭄이나 홍수가 없게 하고, 아래로는 地道의 적합성을 살펴 기근이 없게 하며, 가운데로는 人道의 순응을 살펴 혼란이 없도록 하는 것이 정치의 요체인 三度로서, 관자가 중시하는 것도 같은 맥락이다.[72]

때로는 天人合一의 관점에서 天道만 말하기도 하는데, 실질의미는 마찬가지다. 明主가 天道를 법으로 본받고, 天道를 가지고서 백성을 다스리면, 백성이 한 마음으로 군주를 받들어 천하를 오래도록 통치할 수 있다.[73] 뿐만 아니라 天道는 人和와 함께 통치권 존립에 필수불가결의 전제조건이기도 하다. 天道를 본받지 않아 잃으면, 아무리 강성한 권세라도 반드시 쇠퇴하며, 위아래가 人和를 이루지 못하면, 비

---

69 管子, 君臣上: "天有常象, 地有常形, 人有常禮. 一設而不更, 此謂三常. 兼而一之, 人臣之事也."

70 管子, 形勢解: "天生四時, 地生萬財, 以養萬物, 而無取焉. 明主配天地者也."; 樞言 : "天以時使, 地以材使, 人以德使."

71 管子, 覇言: "立政出令用人道, 施爵祿用地道, 擧大事用天道."

72 管子, 五輔: "上度之天祥, 下度之地宜, 中度之人順, 此所謂三度. 故曰 : 天時不祥, 則有水旱, 地道不宜, 則有饑饉; 人道不順, 則有禍亂. 此三者之來也, 政召之."

73 管子, 形勢解: "明主法象天道, 主有天道, 以禦其民, 則民一心而奉其上, 故能貴富而久王天下."

록 안정된 지위라도 반드시 위태롭게 된다. 天道를 얻으면 그 통치가 자연스럽게 잘 이루어지지만, 이를 잃으면 군주의 지위는 항상 불안하고 유명무실할 뿐이다. 따라서 천하를 통치하고자 하는 군주는 반드시 먼저 天道를 얻어 이를 계속 법삼아야 한다.[74] 특히 桓公을 보필하여 春秋天下를 처음 制覇한 管仲의 자화상이라도 마치 그리듯이, 覇權과 王業을 이루어 인민을 교화하고 왕조를 창업하며 禮法을 창제하여 천하를 다스리기 위한 가장 중요한 선결조건으로, 하늘을 본받고 땅을 법 삼는 걸 강조하는 점이 인상 깊다.[75]

한편, 상앙이나 한비자와 같은 순수한 법가의 경우에는, 비록 법의 궁극 근원으로서 道를 거론하지만, 군주가 법삼아야 할 천지자연의 법칙으로서 天道는 그리 강조하지 않는 편이다. 우선, 실질내용상 법가도 법의 궁극 근원은 道로 인식한다. 『黃帝四經』의 첫 편인 "經法"편의 첫 구절이 "도는 법을 낳는다(道生法)."로 시작한다. 한비자는 老子 도덕경의 중요한 道論을 자기 법치론의 기본 출발점으로 삼아, 老子의 주요 명제를 나름대로 법치논리로 풀어 해설한 "喩老"편과 "解老"편을 중요한 이론기초로 삼는다. 한비자는 법치의 궁극 이상을 "도로 말미암아 법이 온전해진다.(因道全法: 大體편)"는 명제로 요약한다.

물론, 법치의 궁극 근원인 법가의 道가 결국 天道로 귀결하겠지만, 통치에서 法·術·勢라는 군주 자신의 주관적·객관적인 人的 요소를 특히 중시하는 법가사상의 본질 특성상, 하늘이나 자연의 道를 전면에 부각시키지 않는 것은, 서양의 법실증주의와 비슷하게 고대 중국의 법치주의에서도 당연한 모습으로 보인다. 다시 말해서, 의지적 주재자

---

74 管子, 形勢: "失天之度, 雖滿必涸; 上下不和, 雖安必危. 欲王天下而失天之道, 天下不可得而王也. 得天之道, 其事若自然; 失天之道, 雖立不安."

75 管子, 覇言: "霸王之形, 象天則地, 化人易代, 創制天下, 等列諸侯, 賓屬四海, 時匡天下."

로서 天命이든 객관적 보편법칙으로서 天道이든, 천지자연의 존재법칙은 법가사상의 핵심 중추가 되지 못하는 것이다. 인간사회의 당위규범, 특히 군주가 독점으로 제정·시행하는 실정법령의 기능과 효과를 지나치게 믿고 기댄 소치라고 여겨진다.[76]

한편, 선진 제자백가 사상을 종합하여 漢代에 편찬한 것으로 평가받는 여씨춘추도 다각도 관점에서 人法天 이상을 피력한다. 우선, 道를 체득한 성인은 天을 법으로 삼고 道를 근본 宗主로 삼아 德을 실행함으로써, 만물과 더불어 끊임없이 변화하면서 정신이 우주천지 간에 충만하여 다할 줄 모른다고 말한다.[77] 天과 道가 일체로 天道가 되고, 다시 道와 德이 일관회통으로 아우러지는 본질관계가 나타난다. 물론 여기의 天은 地까지 함축하는 天地의 개념이다. 따라서 성인이 법삼는 天道란 곧 地道까지 포함한다. 그런데 성인이 법삼는 天道와 地道의 본질 속성을 각기 둥글고 네모진 것으로 규정하는 점이 여씨춘추의 특징이다. 물론 天圓地方의 道는 여씨춘추의 독창 이론이 아니다. 이는 易傳에도 이미 뚜렷이 나오지만, 전국말기에서 秦漢 초기의 음양오행설과 함께 널리 유행한 사상이다. 그러나 天圓地方의 道가 단순한 기하학적 외형만을 그린 것은 아니다. 하늘이 둥근 것은 1차로 유형의 天球 모습과 天體의 회전운행을 가리키지만, 나아가서 천지만물의 근원인 무형 精氣의 끊임없는 上下 순환왕복 운동까지 뜻한다. 땅이 네모진 것도 유형으로 보면 지면이 평평하고 네모반듯하며 움직이지 않는 안정성을 지칭하지만, 나아가서 무형으로 보면 지상에 자라는 만물이 각기 다른 종류와 모습으로 각자의 고유한 생활방식과 직책기능

76 법가사상 전반 내용은 졸저, 『傳統 中國法의 精神-情理法의 중용조화-』, 전남대출판부, 2011재판, 제2장 제3절 "法治의 근본으로서 情과 理"(110-141면)

77 呂氏春秋, 下賢: "得道之人, 以天爲法, 以德爲行, 以道爲宗, 與物變化而無所終窮, 精充天地而不竭, 神覆宇宙而無望, 此之謂至貴."

을 나눠 맡아, 서로 간섭하거나 해치지 않는 질서정연한 생태계의 원리까지 뜻한다.[78]

하늘은 順行하여 만물을 낳고, 땅은 견고하여 안정적이며(만물을 기르며), 사람은 믿음으로써 이를 듣고 따라야 한다는 해설은 이를 뒷받침한다. 이는 黃帝가 顓頊에게 위에 있는 둥긂(大圜)과 아래에 있는 네모(大矩)를 법삼으라고 훈계한 내용으로, 곧 天地를 가리킨 것이다. 그리고 天地人의 삼자가 조화롭게 하나가 되어 무위자연으로 운행하는 궁극 이상이 된다.[79] 따라서 天道를 바꾸고 地理를 단절시키며 人倫을 어지럽히는 행위는 절대로 안 된다.[80] 인간은 본래부터 자연의 일부로서 천지와 더불어 일체를 이루며, 만물은 비록 그 겉모습이 다르지만 그 실질은 한결같다. 천지만물이 본디 인간의 한 몸에 모두 갖추어져 있는 것이다. 이러한 '大同'과 '一體'의 관념에 따르면, 자신을 수양하여 천하를 다스리기 위해서는, 먼저 반드시 천지자연을 법삼아야 한다는 사상은 이론상 당연한 귀결이다.[81] 사람의 몸을 소우주로 보는 도가의 수련법도 같은 맥락에서 나왔다.

그러나 人法天 사상을 조금 시각을 달리하여 표현하면, 인간의 有爲的 意志의 유한함과 하늘의 無爲的 自然의 무한함 및 초월적 절대성으로 대비할 수도 있다. 만물의 생명을 처음 부여하는 자가 하늘이며, 생명이 주어진 만물을 양육하는 것이 사람이다. 그런데 하늘의 先天性

---

78 呂氏春秋, 圜道: "天道圜, 地道方, 聖王法之, 所以立上下. 精氣一上一下, 圜周復雜, 無所稽留, 故曰天道圜; 萬物殊類殊形, 皆有分職, 不能相爲, 故曰地道方."

79 呂氏春秋, 序意: "爰有大圜在上, 大矩在下, 汝能法之, 爲民父母, 是法天地. 上揆之天, 下驗之地, 中審之人. 天曰順, 順維生; 地曰固, 固維寧; 人曰信, 信維聽. 三者咸當, 無爲而行."

80 呂氏春秋, 孟春紀: "無變天之道, 無絶地之理, 無亂人之紀." 禮記, 月令편에도 보임.

81 呂氏春秋, 情欲: "人與天地也同, 萬物之形雖異, 其情一體也. 故古之治身與天下者, 必法天地也."; 有始 : "天地萬物, 一人之身也, 此之謂大同."

과 사람의 後天性이 통일조화를 이룸으로써 천하가 평안할 수 있다. 여기에서 인간은 바로 하늘의 無爲自然의 天性을 본받아 만물을 해치지 않고, 그저 온전하게 유지하기만 하면 된다. 이렇듯이 하늘의 道를 체득하여 덕성이 원만한 全德之人, 즉 성인만이 명실상부한 하늘의 아들로서, 천하를 다스릴 수 있는 天子가 된다.[82] 사람은 천지자연을 법삼을 수 있을 뿐이지, 이를 초월하거나 극복할 수는 없다. 예컨대 농사를 비유로 들면, 토질과 기후에 알맞은 식물을 골라 때에 맞춰 심고 가꾸며 거두는 것은 인간이 할 수 있고, 또 하여야 할 일이다. 그러나 싹트고 자라며 무르익는 일은 궁극으로 하늘과 땅의 소관이다. 이것이 耕作의 道다.[83] 하늘이 時節을 운행하고 땅이 만물을 자라게 하는 일은, 결국 인간의 의지나 소원과는 본래 무관한 無爲自然의 道일 뿐이다.[84]

5. 法制史에 나타나는 人法天의 思想

한편, 법제사에서도 역대 律令 제정의 근본이념이 천지자연의 법칙을 본받았음은 물론이다. 우선, 漢書 刑法志는 "인간의 육체 모습이 천지를 닮았다"고 말문을 연다. 이어서 성인이 반드시 천지의 마음을 통달하여 禮敎와 法刑을 제정하는 것이, 하늘을 법삼고 땅을 본받는 일임을 밝힌다. 아울러 左傳과 尙書의 구절을 인용하여 그 논거를 보강하고 있다. 특히, '象形'이 범죄인의 옷을 일반인의 옷과 다르게 입

---

82 呂氏春秋, 本生: "始生之者, 天也; 養成之者, 人也. 能養天之所生而勿攖之謂天子. 天子之動也, 以全天爲故者也. 聖人之制萬物也, 以全其天也, 精通乎天地, 神覆乎宇宙, 若天地然, 此之謂全德之人."; 行論: "得天之道者爲帝."

83 呂氏春秋, 審時: "夫稼爲之者人也, 生之者地也, 養之者天也, 此之謂耕道."

84 呂氏春秋, 任地: "天下時, 地生財, 不與民謀."

혀 수치를 자극하는 명예형이라는 전통 견해에 반대하는 荀子(正論篇)의 주장을 인용하면서, 이는 곧 天道를 본받아서 刑을 제정했다는 의미라고 부연설명하기도 한다.[85]

그 뒤로도 이러한 사상 전통은 줄기차게 이어진다. 군왕은 하늘을 법삼아, 형법을 제정·시행함에 공평무사한 天道에 순응하여야 하며, 사사로운 뜻을 개입시켜서는 안된다.[86] 또, 황제는 천지를 받들고 四時에 순응하며 성인을 법삼고 경전과 법률을 따라야 한다.[87] 唐 太宗은 개국공신의 사형을 감경해 준 뒤에, 상벌은 군주가 하늘을 대신하여 법을 시행하는 방편인데, 이를 감경한 자신의 행위는 법을 어겨 하늘을 거스른 것이라고 자책하기도 했다. 아울러 신하가 죄를 지으면 군주에게 형벌을 받아야 하듯이, 천자가 잘못을 범했으면 마땅히 하늘에 벌을 자청해야 한다고 거론하기까지 하였다.[88] 그리고 明 太祖는 북두칠성을 본뜬 감옥을 만들어 '天牢'라고 이름 붙인 뒤에, 이는 天道를 법삼아 만든 것이므로, 刑官들도 마땅히 공평무사한 天道를 법삼아 직책을 신중히 수행하여, 감옥 안이 텅 비는 刑政의 이상을 이룩해 달라고 당부하기도 하였다.[89]

한편, 전통 중국 실정법의 금자탑이라고 할 수 있는 唐律의 기본 입

85 漢書, 刑法志: "夫人宵大地之貌. 聖人天地之心, 制礼作教, 立法設刑, 動緣民情, 而則天象地. 故曰 : 先王立禮, 則天之明, 因地之性也. 所謂象刑惟明者, 言象天道而作刑."

86 後漢書, 郭躬傳: "君王法天, 刑不可以委曲生意."; 宋史, 刑法一: "聖王行法, 必順天道."

87 後漢書, 張敏傳: "王者承天地, 順四時, 法聖人, 從經律."

88 唐書, 刑法志: "賞罰所以代天行法, 今朕寬仁弘死, 是自弄法以負天也. 人臣有過, 請罪於君; 君有過, 宜請罪於天."

89 明史, 刑法二: "貫索七星如貫珠, 环而成象名天牢. 中虛則刑平, 官无邪私, 故獄无囚人. 今法天道置法司, 爾諸司其各愼乃事, 法天道行之, 令貫索中虛."

법정신도 人法天 사상에 뿌리를 둔다. 唐律疏議는 첫머리에서 天地人三才一體를 천명한 뒤에, 하늘이 보여주는 자연현상을 성인이 법칙으로 본받았다는 周易의 명제를 인용한다. 천둥과 번개를 보아 위엄 있는 형벌을 제정하고, 가을 서리를 본떠 사형을 두었다는 실례를 든다.[90] 결국 당률도 이처럼 하늘의 위대한 법칙을 받들어 제정한다는 해설인 셈이다. 그리고 군주는 덕이 천지와 더불어 합일하고, 현명함이 일월과 같이 나란하며, 하늘을 본받아 법령을 제정·시행함으로써, 천하를 통치하고 인민을 교화한다는 기본관념도, 당률소의의 편찬 동기를 밝히는 表文이나 그 본문내용 도처에 시종일관하고 있다.[91]

법제사에 나타나는 좀 더 구체적인 '人法天' 사상의 전개 모습은 앞으로 연구를 더욱 확대 심화할 필요가 있겠다.

6. 맺음말

위에서 차례로 살펴본 바와 같이 사람이 하늘을 법삼고 본받는다는 '人法天' 사상은 고대 先秦 경전과 제자백가의 전통 법철학사상의 핵심주제일 뿐만 아니라, 전통 왕조의 실정법규범인 율령체제의 실천적 지도이념으로서도 매우 중요하였음을 알 수 있다. 흔히 전통법문화의 중요한 핵심 특색으로 일컬어지는 天理·人情·國法의 삼위일체 정신도 실은 天道와 人法의 밀접한 관계를 '情理'라는 다른 범주로 바꾸어

90 唐律疏議, 卷第一, 名例: "疏議曰 : 夫三才肇位, 萬象斯分. 易曰 '天垂象, 聖人則之.' 觀雷電而制威刑, 睹秋霜而有肅殺. 奉天之大法, 法亦律也."

91 長孫無忌, 進律疏表: "皇帝陛下, 體元纂業, 則天臨人, 覆載並於乾坤, 照臨運於日月, 坐青蒲而化光四表, 負丹扆而德被九圍." 唐律疏議, 附錄, 578면 인용. 당률, 名例, §5: "死刑二, 絞斬. 疏議曰: 古先哲王, 則天垂法, 輔政助化."; 賊盜, §248: "疏議曰 : 人君者, 與天地合德, 與日月齊明, 上祇寶命, 下臨率土."

살핀 것에 지나지 않는다. 물론, 忠孝 및 仁義의 인정 윤리를 반영하고 온갖 事理와 事情을 참작하여, 仁政을 펼치고 王道를 실천하려는 갖가지 전통 예법 제도도, 사실 알고 보면 天道와 天理에 뿌리를 두고 화려한 꽃을 핀 '人法天' 철학사상의 精華일 따름이다.

'人法天'은 인간의 사회규범이 천지의 자연법칙인 天道에 일치하도록 노력하는 인위적 지향을 나타내며, 서양의 현대법철학 용어를 빌리자면 존재규범인 Sein에서 당위규범인 Sollen을 도출하는 논리연역에 비견할 수 있을지도 모르겠다. 두 철학사상 모두 하늘의 존재법칙을 인간 사회규범의 상위에 두는 위계체계는 똑같지만, 접근방법에 따라 방향성이 서로 정반대로 나타남을 알 수 있다.

즉, 동양의 '人法天'의 사상은 인간이 출발점의 주체가 되어 천지자연의 존재법칙(Sein)인 천도를 사유하고 그리워하여 본받아 당위규범(Sollen)인 예법을 정립하려는 有爲의지의 修行으로서 逆上의 방향을 띤다고 할까? 반면, 서양의 법철학에선 아무래도 神을 중심으로 자연의 존재법칙에서 인간의 당위규범을 당연한 논리로 도출해 내려는 有爲가설의 天賦로서 順下의 방향을 취하는 듯하다. 동서양 두 법문화와 철학사상의 체계를 제대로 비교하자면, 앞으로 다양한 학자들이 나서서 충분히 많은 연구를 이루어 튼실한 토대가 다져지길 기다려야 할 것이다.

필자 자신은 앞으로 본고에 이어 '天命과 天罰'을 주제로 삼아 천도에 어긋난 악법에 대한 하늘의 징벌 문제를 전통 災異觀으로 살펴보고, 그 다음에는 '君主와 民本'을 주제로 삼아 역시 포악한 임금과 악법에 대한 인민의 저항권 문제까지 차례로 살펴보려고 생각한다. 사실 본고는 그러한 법철학사상을 펼치기 위한 기초전제로서 '人法天'의 총론을 다룬 셈이다. 비록 고대 경전과 제자백가 사상 및 법제사의 문헌기록을 위주로 정리하여 다소 단조롭고 따분한 감도 없지 않았을 것이다. 허나 우리 전통법문화의 기반이 되는 고대 중국의 법철학사상에 대한 연구와 소개가 아주 드문 학계현실에서, 철학사상의 역사로서 자세한 기록정보를 되도록 충실하게 정리 소개하는 걸 본고의 첫째 주요 목표로 삼은 것이 사실이기도 하다.

필자 개인 평론은 지면 관계상 자세히 부연하지 않은 편이다. 주제의식과 관점 자체에 이미 본고의 견해가 간접적으로나마 어느 정도는 드러났으리라고 본다. 역사의 생명과 가치는 '사실' 그 자체에 있으며, 특정 사실을 두드러지게 비추어 살피는 관점과 시각에 따라 역사가와 역사학자의 정신은 뚜렷이 나타나기 때문이다. 간디가 강조했듯이, '사실은 법의 3/4'이란 명제도 있으니[92], 전통법의 철학사상사에서도 사실을 있는 그대로 밝히는 일도 연구의 중요한 사명일 것이다. 사실에 대한 평가는 사실을 밝히는 가운데 일부 이루어지며, 그리고 나머지 일부는 사실이 소상히 밝혀진 뒤에 비로소 이루어질 수 있기 때문이다. 앞으로 기초 연구가 좀 더 쌓이게 되면, 언젠가 거시적인 종합평가를 시도해볼 수 있는 때가 오리라 기대한다.

92 상세한 내용은 졸저, 『傳統 中國法의 精神–情理法의 중용조화–』, 제4장 제2절 318–319면에서 인용한 간디자서전, 제2부, 소송의 준비, 함석헌 역, 삼성출판사, 1979년 23판 149면 이하 참조.

제 2장 先秦 시대 天命觀의 전개

1. 머리글

'인간이 하늘(자연)을 법 삼는다'는 人法天 철학사상은 중국 전통법문화에 궁극 이념이라고 할 수 있다. '人法天'은 본디 老子가 "사람은 땅을 법삼고, 땅은 하늘을 법삼으며, 하늘은 도를 법삼고, 도는 자연을 법삼는다.(人法地, 地法天, 天法道, 道法自然.)"고 천명한 유명한 무위자연 道論을 바탕으로, 하늘과 사람의 기본관계를 일반추상화한 범주명제이다.

'人法天'의 근본명제를 더 분명한 개념으로 부연·서술한다면, 통치주체인 성인·군주가 위로 자연의 존재법칙인 天道를 본받아, 이를 근거로 국가 실정법을 제정해 아래로 인민을 다스린다고 표현할 수 있다. 마치 불교에서 대승보살이 위로 無上正覺인 菩提(진리)를 추구해 아래로 중생을 교화·제도하는 "上求菩提, 下化衆生"과 비슷한 개념이다. 따라서 人法天의 명제를 구조상 분석하면, 우선 주체 관점에서 성인·군주가 위로 하늘(자연)과 아래로 인민을 연결하는 중개자로서 天-君-民 삼자의 수직 관계가 성립함을 알 수 있다. 또 군주의 주체적 행위를 기준으로 하면, 天道를 관찰·체득·통달하여 본받는 절차와, 天道에 근거해 제정한 人法(실정법)으로 인민을 다스리는 과정으로 양분할 수 있다. 그 사이에 天道와 人法을 合一로 연결하는 작업이 성인·

군주의 고유한 사명·직책으로서, 人法天의 중추적 핵심이다.

본고는 이해의 편의상 분석 단계에 따라 먼저 하늘과 군주의 관계를 중심주제로, 선진시대 天命觀의 전반적인 변화 과정을 탐구해보고자 한다. 우선 천명과 천도의 기본 개념을 간략히 살펴본다. 이어 중국대륙에서 발표된 주요 연구론문에서 근래 개혁개방과 함께 천명한 사회주의 시장경제라는 획기적 시대 변화에 따라 분석·평론의 관점이 가히 혁명적인 획기적 전환을 보이는바, 대표적 연구 업적들을 요약 정리해 소개하여 큰 흐름의 추이를 살펴본다. 마지막으로 고전문헌 자료를 바탕으로 殷·周 및 춘추전국 시기 천명관 및 천도론의 구체 내용을 필자 나름대로 해독해보고, 평론과 함께 천명관의 역사적·우주적 연원 가능성을 덧붙인다.

2. 天命과 天道, 그 위반에 대한 天罰

'人法天'의 기본원칙은 인간이 주체인 명제인데, 하늘과 군주의 세부 관계는 하늘이 주체가 되는 점이 다르다. '天'의 개념은 자고로 관심 있게 토론해온 주제로, 춘추시대 첫 패권을 보좌한 管仲은 자연천과 주재천으로 양분하고, 송 주희는 여기에 理法天을 덧보탰다. 근대 梁啓超 이후 천에 대한 관심이 고조되면서, 馮友蘭은 물질천과 운명천을 덧보태 5분하고[1], 勞思光은 자연천·인격천·형이상학천·운명(필연)천으로 4분하며, 任繼愈는 주희와 비슷하게 의지(인격)천·자연천·義理天으로 3분한다.[2]

물론 본 주제가 되는 天命·天罰의 개념범주에서는 절대적 주재자로

1 馮友蘭, 中國哲學史(上冊), 中華書局, 1961 제1판, 1984 제2쇄, 55면 참조.

2 김성재, "선진시대 중국 天命사상의 변화(Ⅰ)" 단군학연구 43(2020), 7-14면; 任繼愈 主編, 中國哲學發展史(先秦), 人民出版社, 1983, 113면.

서 의지적 하늘이 크게 부각되는 점이 특색이다. 후술하듯이, 殷周 시기에 먼저 천명관이 등장해 정치도덕으로 풍미하다가, 시대 흐름에 따라 천문학과 인문사유가 발전함에 따라 자연의 규율원리에 主眼하는 '천도관'이나 道論이 우세해지는 역사적 변화를 확인할 수 있다. 이러한 변화추세를 포함하여 넓게 관찰하자면, 天命의 개념도 다소 다른 두 관점에서 이해할 수 있다.

우선, 천지자연의 존재법칙이라는 天道·天法의 의미를 지닌다. 군주가 제정하는 통치규범을 객관적으로 표현하면 法 또는 律이 되고, 군주의 주체적 관점에서 보면 命 또는 令이 된다. 마찬가지로 객관적 자연법칙으로서 天道·天法을 하늘의 의지적 주체의 시각에서 표현한 개념이 天命이다.

다음으로, 하늘이 선악에 대한 상벌시행의 의지적 주재자로서, 仁德 있는 성인에게 天道를 법삼아 인민을 다스리도록, 군주의 지위와 사명(직책)을 부여하는 개별·구체적 명령행위의 의미를 가진다. 天道에 순응하여 善을 행하는 자가 천하를 지배한다는 전통 철학사상에 일반적 天命論이 이것이다. 그러나 이 두 가지 의미는 본래 상호 표리관계를 이루는 통일적 개념이다.

한편, 天命과 天罰은 한 주체의 단독 행위에서는 원인과 결과라는 인과응보 자연법칙이 인격화된 표현이 되며, 다른 한편 두 당사자의 쌍방적 사건에서는 순응과 거역, 선과 악, 승리와 패배, 능동과 피동, 주체와 객체(대상)라는 상호 대립적 표리관계를 이룬다. 즉, 하늘의 법칙이든 명령이든 간에, 천명을 어기는 자에 대한 인과응보 제재가 곧 천벌로서 내려지는 자연 災異나 사회 환란이 된다. 또한 두 사회집단의 대립경쟁관계에서, 천명에 순응해 선을 행하는 자는 능동적으로 승리 주체가 되며, 반면에 천명을 거역해 악을 저지르는 자는 피동적으로 패배의 대상이 된다. 이는 특히 易姓革命이라는 왕조교체에서 가장 현저하게 부각되는 사상적 특징이다.

역사상 춘추이전 周初에는 주로 양당사자 간의 천명과 천벌 사상이 주류를 이루고, 춘추전국 이후에는 특정 군주의 덕성과 행실에 대한 하늘의 보답으로서, 특히 부정적 天罰·天禍 사상이 비교적 강하게 부각된다. 漢代 이후 안정적 중앙집권 통일왕조에 들어서서는, 통치행위의 暴惡, 특히 虐政이나 가렴주구, 峻刑嚴罰로 인한 民怨으로 천재지변이 초래된다는 자연적 災異論이 주로 거론된다. 따라서 법제사로 보면, 천명과 천벌의 사상은 인간의 법령과 형벌 이론에서 핵심 지표가 된다.

여기서는 내용분량과 편폭 문제로, 선진 시대 천명관의 큰 흐름을 관찰하면서 부수로 천명의 거역에 대한 천벌로서 재이(天災地異)를 약간 언급하는 정도에 그친다. 춘추전국 시대 災異觀은 따로 독립된 연구가 필요하다.

3. 선진 천명관 발전의 3단계 - 학설들의 변화[3]

(1) 殷周 교체기 사회·종교문화 변혁에 관한 기존 학설

夏殷周 三代에서 특히 殷周 왕조 교체기는 중국 고대사에서 상당히 중요한 변혁기로 주목받는다. 先秦 시기 천명관의 전반적 발전을 탐구하기에 앞서, 먼저 殷周 교체기 변혁의 성격을 살펴보면 큰 도움이 될 것이다.

청말 王國維가 殷周 간 대변혁을 중국 정치문화 변화에 가장 획기적 사건으로 규정하며, 周의 적장자 계승 봉건제, 廟數, 동성불혼을

3 이 章에 소개한 최근 중국 논문들은 고맙게도 주로 전남대 대학원 박사과정 조선족 유학생 朴成敏 동학이 찾아주었다.

거론했는데, 중공 건국 후 마르크시즘 학자들은 이 시기 사회변혁을 각자 다르게 본다.

① 씨족제 → 노예제(郭沫若 초기) ② 미발달 노예제 → 발달한 노예제(侯外廬) ③ 노예제 → 봉건제(范文瀾·剪伯贊·呂振羽) ④ 씨족제 周가 노예제 殷을 정복하면서 발생한 거대한 변화(李亞農)

이에 관련해 종교사상의 변혁은 관점이 더욱 다양하게 분기한다.

① 郭沫若: 은인은 자기 토템을 천상으로 옮겨 독특한 至上神(帝 → 上帝, 天) 관념을 창조했는데, 周는 殷 유민을 회유·무마하는 우민정책상 은의 天 관념을 계승해 통치도구로 쓰되, 자기는 天에 다분히 회의적 태도로 주관적 '敬德保民'의 人力을 강조해 새로운 사상을 발명했다.(靑銅時代, 9-22면)

② 侯外廬: 은인은 토템숭배보다 진보한 일원적 조상신 숭배로, 父權을 확립한 초기 노예제 특징과 사회분업이 결여된 낙후한 씨족제를 반영한다. 주는 은의 조상신을 일반 主宰神(天神)으로 개량하고 자기 조상신과 함께 이원제를 형성했다. 선왕이 德으로 상제에 짝하며 천명을 받아, 사회성 강한 능동적 도덕규범을 확립해서, 천상 조상신에 완전 복종하는 은과 현격히 다르다.(中國思想通史, 제1권상편, 제2·3·4절)

③ 范文瀾: 분봉제와 종법제로 된 周 봉건제는 '敬天保民'과 조상숭배 및 효도로 특징짓는 중국봉건제문화에 최초 기초로 가장 중요한 왕조다.

④ 剪伯贊·呂振羽: 봉건 등급제에 따라 상제를 위시한 산천 百神의 종교가 형성되어, 천자는 천지에, 제후는 산천에, 그 이하는 각자 관할 신명께 제사지내는 신권정치의 종교체계를 이룬다.

⑤ 李亞農: 殷은 이미 발달한 노예제로 혈연적 종법관계는 해체되었지만, 원시사회의 자연숭배와 조상신숭배 신앙은 간직했는데, 양자

를 통합해 절대권을 지닌 지고무상의 신(上帝=天)을 창조했다. 周는 당시 씨족제 단계였는데, 은을 정복해 은의 노예제 사회조직을 보류하고 자기네 씨족기구를 국가기관으로 전환하여 온전한 종법제를 창조하고, 은 유민에게 세뇌했다.

⑥ 楊榮國: 殷周 모두 종족노예제로, 정권의 기본성질과 통치사상은 같다. 다만, 周는 통치권 안정을 위해 殷의 天관념은 정책상 계승하되 자기네는 부정하는 태도를 지니고, 殷의 德·禮·孝 사상은 더욱 잘 발휘했다.

⑦ 陳夢家: 卜辭로 보면, 은인은 天帝·자연·조상신 셋을 숭배해, 周禮 大宗伯에 보이는 周人의 숭배대상과 일치한다. 天帝가 은인의 조상이란 신념은 없지만, 自然天象을 주재해 실질상 농업생산의 神인 上帝를 존숭한 것은 틀림없다. 上帝는 人王과 부자관계는 아니라서, 직접 비와 풍년을 祈求하지 못하고 조상신을 통해 간접으로 했다. 天·天命·天子 관념은 西周 때 비로소 출현해, 殷周 종교 관념에 최고 중요한 분별이다.[4]

⑧ 任繼愈: 근래 周原 고고 발굴 결과 대량 갑골문이 나와, 周도 殷처럼 갑골 占卜을 쳤고, 은의 부용국으로 은 조상신께 제사지낸 기록이 나온다. 하·은·주 삼대에 걸쳐 천신과 조상신을 함께 숭배한 이원적 신권이론은, 원시 씨족사회에 공통된 종교신앙을 통치도구로 개조한 결과이다.(陳夢家에 동의) 다만 사회는 '미발달 노예제→발달한 노예제'로 변혁이라,(侯外盧) 단지 혈연관계에 근거한 殷의 저급한 부권 종법제를 국가기구 및 정치제도로 개조한 周의 적자계승·廟數·동성불혼 종법제는 발달한 노예제 국가에 근본대법으로서 획기적 변혁에 속한다.(王國維) 이에 은의 천신 및 조상신 숭배 종교를 이어받아 完整

4 이상 내용은 任繼愈 主編, 中國哲學發展史(先秦), 78-81면 요약 정리함.

한 종교 의식형태로 개조함이 周의 실질적 변혁이다. 은인은 각종 자연력을 통솔하는 최고 주재로서 천신을 추상화하여, 지상 專制 왕국을 천상에 투영해 일월풍운우뢰 등 신하를 거느려 지상인간도 주재하는 상제를 창조했다. 상제는 변화무상하고 절대권위를 지녀 무조건 복종해야 하며, 은인과 혈연관계도 없어서 자기 조상신을 통해 祈求하는 지상신이었다. 周代에 이르러 인간 세상에 관심 갖는 이성적 최고 주재자로서 조상신처럼 선의를 지닌 친밀한 천신 관념으로 변화해, 정치·도덕적 의미의 '天命' '天子' 관념이 비로소 출현했다. 조상신 숭배도 殷의 자연혈연적 의미와 달리 정치도덕적 의미에서 조상신을 이성화해 천신의 충실한 대리인으로 상상하고, '以德配天'의 신권이론을 제기했다. 천신은 군왕한테 강토와 신민의 통치권을 위임(천명)하고, 그 직책을 잘 수행하는지 수시로 감시해 덕을 심각하게 잃으면 천명을 회수한다. 도덕 중심의 왕권신수론이다.[5]

이러한 기존 전통적 견해를 바탕으로, 개혁개방을 전후한 중공 대륙 학자들이 선진시대 천명관의 발전을 어떻게 보아 왔는지, 그 획기적 관점변화를 살펴보며 필자의 평론을 곁들인 뒤, 개인 식견을 펼치고자 한다

(2) 張松輝의 "先秦天命觀發展 3단계" 학설[6]

우선 개혁개방이 막 걸음마를 시작해 본격 진행에 돌입하기 전인 1990년에 기존의 사회주의 변증법적 유물론 역사학이론을 종합해 발표한 張松輝의 先秦天命觀發展의 3단계를 살펴보자.

선진시대 천명사상은 정치경제윤리 등 생활 전반에 영향을 미쳤는

5 任繼愈 主編, 앞의 책, 82-109면 내용 참조.

6 張松輝, "談先秦天命觀發展的三个階段", 南都學壇(社會科學版), 제10권 제5기, 1990, 27-32.

바, 시기에 따라 대체로 3단계 양상을 보인다. 첫째, 殷商까지는 신을 사람보다 중시해, 사람의 모든 행동은 上帝의 안배를 받았다. 둘째, 서주 시기에는 신과 사람이 함께 존중되어, 사람이 신을 회의하기 시작했는데, 신을 공경하면서 人事도 중시했다. 셋째, 춘추전국시기에는 사람을 신보다 중시해, 신이 사람에 附庸적 지위로 내려왔다. 상제귀신의 힘이 갈수록 약화되었다.

첫째, 商代 통치자도 의식적으로 상제를 통치에 이용했다는 일반 인식은 역사사실에 부합하지 않는다. 그들은 巫史문화로 생산력이 낮고 인식능력과 문화가 낙후해 대자연의 신비를 파헤칠 수 없었고, 상제의 존재를 부정할 수 없었다. 천명론은 당시 사람들이 자연과 사회 각 현상에 대해 내린 가장 원만하고 권위 있는 해석이다. 상제를 가지고 인민과 자신을 속인 미신 수준에 머물렀다. 商 귀족은 지극한 곤경에서도 상제가 자기네 조상이라 무조건 절대 자기를 보호해주리라 믿고, 자기네도 무조건 상제에 절대 복종해야 한다고 여겼다. 심지어 멸망하는 과정에서도 紂는 상제만 절대 믿고 포학무도를 감행했다. 물론 盤庚·武丁처럼 인사를 중시한 군주나, 武乙처럼 천신을 모독한 자도 있었지만, 대체로 商은 상제를 절대 신뢰해 가장 어리석었고, 인민이나 통치자 자신 모두에게 해로운 인식론을 견지했다.

둘째, 서주 초 주공을 비롯한 현명하고 지혜로운 정치사상가가 천명관을 개조했다. 商을 대신한 서주는 밖으로 하늘이 商을 버리고 周를 선택한 이유를 찾아, '天命無常'을 내세우며 有德者가 公有하는 上帝觀을 주장했다. 안으로는 통치계급의 근신공경과 자기절제를 강조하며 '敬天保民'과 '明德愼罰'을 내세웠다. 인권의 기반이 확장하고 신권의 기반은 축소했다. 상제는 절대 권위를 잃고 의식적인 통치도구로 이용되었다. 서주 말기에는 사람들이 하늘에 불경하고 상제를 저주하며 통치자를 욕하기 시작했다.

셋째, 춘추시기에 사람들은 卜筮를 운용해도 결정적 근거로 믿지 않고 그저 참고할 뿐이었다. 전국시기에는 인민을 신보다 앞세워 주객이 뒤바뀌게 되었다. 전국 말기 순자가 군권신수설의 천명론을 더욱 부정하고, 한비자가 상제귀신을 어리석은 미신으로 예리하게 비판하면서 그 발생 원인까지 탐구했다. 당시 상제귀신이 회의와 존중을 함께 받은 모순 현상은, 한편으론 낮은 생산력과 자연과학의 미발달로 전통의식의 영향을 온전히 벗어나지 못했고, 다른 한편 사람이 귀신을 존중한 주요인은 사람 자신을 위한 것이기 때문이다. 공자의 인본주의 귀신관은 '敬而遠之'의 지혜를 강조하며, 귀신을 가까이 하거나 모욕하는 어리석음은 범하지 말라는 중용으로 해석된다. 공자도 천명귀신에 회의하면서 정치적 목적을 위한 수단으로서 제사를 확고히 견지했다. 宋 司馬子魚는 "제사는 사람을 위한 거"라고 총결론을 내렸고, 묵자는 자작품인 '천하 明法'에 상제의 외투를 입혀 신성시하며 정치사상적 목적을 펼쳤다. 순자는 일식을 구제하고 가뭄에 기우제를 지내며 卜筮로 대사를 결정함은, 모두 군자의 文(文化·文飾)일 뿐인데 백성은 신령스럽게 여긴다며, 천명론의 속내를 그대로 드러냈다.

신(하늘)과 사람 관계의 3단계 발전추세는, 先秦은 물론 전체 역사에 공통된 흐름이다. 중간에 곡절과 반복은 있어도, 신의 권위와 영향력은 갈수록 약화하고, 사람의 자신감은 부단히 증장했다.[7]

이상이 張松輝 논문을 충실히 압축 요약한 내용인데, 마르크시즘의 역사발전관에 완전히 부합하고 전형적 사회주의 유물론 시각에서 당시 시대분위기에 걸맞게 정리한 학설이다. 참고로, 저자는 1953년생으

7 張松輝, "談先秦天命觀發展的三个階段", 南都學壇(社會科學版), 제10권 제5기, 1990, 27-32면.

로 湖南師範大學을 졸업하고 湖南大學岳麓書院 교수로 道家·道教를 비롯한 중국사상사 전반을 연구하며, 40권 남짓 방대한 저술활동을 해오는데,[8] 근래 종교관에 괄목할 만한 변화가 있는지는 잘 모르겠다. 최근 그 지도를 받은 박사학위론문에서 선진 시기 (특히 道家) 천명사상을 다루어 눈길을 끈다.[9]

(3) 趙法生의 "荀子 天論과 先秦 儒家 天人觀의 轉折"[10]

그로부터 4반세기가 지난 최근에는 개혁개방의 성과와 사회주의 민주법제의 기반을 확립해, 명색은 사회주의나 실질은 자본주의나 진배없는 환경변화를 반영한 듯, 종교학 이론을 바탕으로 획기적인 과감한 시각 전환을 꾀한 변신이 눈에 띄어, 인간성의 본질을 회복하는 듯해 매우 흥미롭다.

우선 2015년에, 전국시대 순자의 天論을 중심으로 先秦 천인관계의 큰 변화흐름을 인상 깊게 짚은 趙法生의 식견이 괄목할 만하다. 저자는 중국 사회과학원 세계종교연구소 부연구원으로, 종교학 입장에서 유가 천론 및 천명관의 큰 흐름을 살피며, 순자 천론의 괴팍한 일탈을 아주 적확하게 짚고 핵심요해처를 예리하게 분석·평론했다. 이하 그 내용을 요약한다.

유학은 天人之學으로 불린다. 유가는 역대 人道를 천명·천도와 긴밀한 상관관계에서 논의해와, 천명과 천도는 유가 도덕형이상학에 기초다. 선진 최후 유학 대사인 순자의 천론에는 근본적 전환이 발생했다. 천인의 구분을 강조하고, 천을 질료화한 자연의 천으로 정의해, 전

---

8 https://baike.baidu.com/item/%E5%BC%A0%E6%9D%BE%E8%BE%89/7003415.

9 張海英, "先秦道家天命鬼神思想研究", 湖南大學博士學位論文, 2012, 15-87면.

10 趙法生, "荀子天論與先秦儒家天人觀的轉折", 清華大學學報(哲學社會科學版), 2015, 제30권 제2기, 97-106면.

통 유학사상 중 신성성과 초월성을 해소해 유가 도덕형이상학의 기초를 와해시켰다. 그 천론은 유가 천인관계에 내재적 관계에 균열과 절단을 초래해, 공자 천명관과 易傳 천도관의 형이상학을 전복시켰다. 그렇지만 그의 천론은 과학적 자연관에 길을 개척하지도 못했다. 자연의 심오한 신비와 법칙에 대한 호기심과 궁리가 과학발생에 필요조건인데, 이런 태도를 순자는 결연히 배척했기 때문이다. 동시에 천인관계의 균열단절로 말미암아, 표면상 인문주의 최고봉에 이른 것처럼 보이는 그 철학은 천도의 지지를 잃은 寡頭인문주의로 전락하고 말았다. 과두 인문주의는 그 자체 정반대로 돌아설 가능성이 있고, 한비자 법가사상에 사상적 빌미와 구실을 제공했다.

우선, 순자는 전국시대 변화에 걸맞게 급진적 혁신자로서 유가 전통적 천인관을 철저히 전복한 자다. 그 천론의 핵심은 하늘을 완전히 물질화 공리화해, 공맹의 형이상적 천명관을 완전히 해소하고, 도가나 묵가와도 근본상 다른 독특한 철학사상으로, 인성론과 공부론의 획기적 전환도 수반했다.

가. 천명부터 천도까지: 선진 유가 천론의 사상 단서

천명사상은 서주 초부터 나오는데, 시경·서경 내용을 보면 인격적 지상신을 가리킨다. 周초 통치자의 誥辭에는 은·주 왕조교체가 천명의 실현임을 상소한다. 천명의 핵심내용인 덕은 천인관계에 주요 표상으로, 경덕보민이 서주 정치철학에 기본원칙이다.

공자의 천은 주로 사회와 자연 배후에 결정자로서 인격신이다. 공자는 지상인격신에 친밀감과 경외감을 함께 느낀다. 공자가 천을 언급한 말에는 감성이 강렬하여, 천의 중요성이 분명히 드러난다. 은·주 시대 인격화한 천명관을 계승해 도덕화로 진일보했다. 천명에 대한 신앙이 내면 정신생명 깊숙이 녹아들어, 지극히 고명하고 중용을 일깨우는 성현인격에 기초가 되었다.

맹자는 공자 천명관을 계승해 우주인생에 주재자로서 색채가 강하다. 다만 어떻게 천명을 알고 증명하는지에 대해, 공자는 하학이상달을 강조했으나, 맹자는 진일보해 사람의 심성과 하늘의 관계를 언급했다. 심선으로 성선을 말하여, 盡心 → 知性 → 知天, 存心養性으로 事天을 설했다. 자기 내재 심성으로 천명을 장악한 셈이다. 공자의 천명관은 중도의 초월방식으로, 천인 사이에 특유의 긴장감(장력)이 유지되어, 하늘과 사람 모두 어느 일방을 삼켜버리지는 않는다. 반면, 맹자는 인격화 색채는 줄고 이성화가 진일보해, 자기 심성 안에서 하늘을 알아, 천명과 심성의 합일로 나아간다.

선진 사상사에서 道 개념의 출현은 학술 典範의 중요한 전환을 의미해, 상당한 정도로 기존 '命' 개념의 지위를 대체한다. 어느 학파도 자기 사상과 도의 관계를 성찰해, 그 합리성을 증명해야 했다. 유가도 자기 형이상학을 새로 구성해 도덕관의 합리성을 증명해야 했는데, 그 대표적 성과가 易傳을 중심으로 한 천도관의 형성이다. 유가 형이상학의 구성은 우선 命과 道의 관계를 처리해야 했다. 老子는 命의 至上性을 부정해 道의 지위를 특출하게 부각시켰으나, 유가는 천명의 내용을 천도에 연계시켜 옮김으로써, 명과 도의 연속적 발전을 실현하고 사상전범의 전환을 완성했다. 천명의 핵심가치는 덕인데, 천도가 덕에 위배하지 않고 오히려 덕에 일치함을 증명할 수 있다면, 유가식 연계 전이가 완성되기 때문이다.

이 전환 과정에서 유가의 도덕형이상학 관념의 표현형식도 상응하는 변화가 따른다. 천명보다 천도에서 인격적 색채가 약해진다. 일찍이 자공은 "부자의 문장은 얻어들을 수 있지만, 性과 천도를 말씀하심은 얻어들을 수 없다."고 탄식했다.[11] 이 구절을 주자 집주는 이렇게 풀이한다. "부자의 문장은 겉으로 드러나 학자라면 함께 듣지만, 性과

天道는 드물게 말씀해 얻어듣지 못한 학자가 있다. 성인 문하 가르침은 등급을 초월하지 못해, 자공도 이때 비로소 들어 찬미하고 경탄한 것이다." 근래 새로 출토한 문헌도 유력한 방증이 된다. 帛書 易傳에 자공의 만년과 자공이 易을 논한 편장이 있는데, 천도가 중요한 내용이다. 공자의 천도사상은 주로 만년의 易傳을 반영한다. 또 공자와 맹자 사이에 기록된 '郭店楚簡'에 유가문헌은 70제자와 그 제자들 작품인데, 천도를 탐구한 내용이 많다. '명'과 '도'의 관계, 천도와 인도의 관계를 다수 논하는데, 유가 도덕사상이 새로운 형이상 기초를 탐색한 것이다. 또 성인과 천도의 관계, 덕과 천도의 관계도 다수 나오는데, 공자가 친히 말하지 않았다면, 그 제자나 손제자들이 어떻게 풍부한 천도 사상을 토론했을까?

유가 천도관의 대표는 易傳이다. 천명사상도 易傳에 여러 번 나오나, 가치의 시원으로 언급될 뿐, 새 사상구조에 근간은 아니다. 역전에 가장 중요한 도의 개념은 "一陰一陽이 道"라는 말이다. 대자연의 장엄한 광경에 내심 찬탄을 발하면서, 자연내부에 깊이 사유하여 우주만물의 생성소멸을 주도하는 원동력이 음양으로 이루어진 천도임을 알아차린 것이다. 천도에는 자연법칙(규율)이 담긴 것이다. 천도는 자연적이지만, 동시에 덕성을 지닌다. 바로 '生'이다. 천지에 대덕을 生(好生之德)이라 하고, 生生이 易이다. 천지자연의 功能에서 天德을 발견해, 역전은 천도의 오묘함을 드러낸다. 사람은 천지 所生으로, 우수 생

11 論語, 公冶長: 子貢曰: "夫子之文章, 可得而聞也; 夫子之言性與天道, 不可得而聞也." 이 구절을 아주 기발하게 찬탄으로 풀이하기도 한다. "부자가 말씀하시는 문장은 다른 데서도 쉽게 얻어들을 수 있지만, 性과 천도에 관한 말씀은 다른 곳에서 쉽게 얻어들을 수 없고, 오직 부자한테서만 독특하게 들을 수 있는 희귀한 가르침이다." 杜甫 시 '贈花卿'에 나오는 시구 "이 곡은 단지 천상에나 있으리니, 인간 세상에서 몇 번이나 들을 수 있으리?(此曲只應天上有, 人間能得幾回聞?)"의 詩境과 비슷하게 본다. 任繼愈 主編, 앞의 책, 196면 각주.

생지덕에 심성의 자각을 이루어, 천도를 스승으로 법삼고, 대지에 평안히 인에 돈독하면서 崇德廣業으로 자신의 덕성인격을 성취하는 과정에서 천인합일에 도달한다. 역전은 사람한테 天地相參을 기대하여, 天地合其德이 유가 인생수양에 최고 목표이다. 천도는 인도에 기초이고, 천덕은 인덕에 목표이며, 천인관계가 이렇게 트여 통한다. 역전은 유가 도덕관을 천도의 기초 위에 건립해, 도와 덕의 통일을 실현한다.

나. 천과 인의 분별에 밝다. 천의 물화로 천과 도가 갈라지다

공자부터 역전까지 인성 및 도덕에 대한 유가의 사고는 줄곧 천명 및 천도와 밀접히 관련되었으나, 순자의 천인관은 근본적 전향을 보인다. 유가 전통적 천에서 매력을 제거해, 천도와 인도, 천문과 인문을 철저히 분리하고 천과 인의 내재관계를 절단해서, 천인합일이 아니라 천인양분으로 새로운 定位이다. 순자 천인관의 핵심인즉, 천인지분에 밝아야 至人이다. 각자 직분, 규율이 분별인데, 천 운행은 객관규율이다.

순자에 천은 일반적 자연의 천이 아니라, 순수한 물질적 자연이다. 心도 물질기관의 부속물로, 心은 中虛에 거해 오관을 다스리는 天君으로서 심장이다. 인류 사유도 물질기관인 심장의 산물이다. "형체가 갖춰져 神이 생긴다." 神思(정신사유) 기능도 형체 기능의 산물이다. 천의 속성을 새로 규정함은 하늘에 대한 사람의 합리적 태도를 탐구하기 위해서다.

① 오직 성인만 하늘을 알려고 추구하지 않는다. 천의 형이상 의미 추구를 반대한다. 천인은 서로 다른 자질과 도를 지녀, 천을 알 필요도 없고, 천의 형이상 의미 탐구도 불필요하다.

② 천을 경외할 필요가 없다. 천재지변도 괴이한 자연현상일 뿐, 경외할 대상은 아니다. 이런 순자 견해는 자연과학적 의미는 있으나, 인

문사상 관점에서 크게 의문이다. 자연 문제와 인문 문제를 혼동·혼합한 소치다. 공자처럼 자연현상의 격물치지와 천지에 대한 경외가 반드시 모순일 필요는 없다.

③ 사람이 하늘을 흠모할 필요가 없다. 군자는 자기한테 있는 걸 공경할 뿐, 하늘에 있는 걸 흠모하지 않는다. 소인은 그와 정반대다.

④ 不怨天. 서주 말 춘추시대 인민들이 세상 혼란에 하늘을 원망·저주·책망하는 분위기가 지배했는데, 하늘을 원망할 필요나 이유가 없다. 다만, 공자는 지상 주재인 천의 보우를 얻지 못해도 원망하지 않는 의미인데 반해, 순자는 똑같은 자연환경 조건에서 누구는 잘 다스려 성공하는데, 너는 왜 혼란을 자초해 실패하는가? 그 원인과 책임은 순전히 인간 자신에 귀속하므로, 하늘을 원망할 필요도 당위도 없다. 물질화한 자연 하늘이기 때문에.

⑤ 관상술·귀신 등 원시종교에서 비롯한 모든 신앙형식을 반대한다. 모습이 마음만 못하고, 마음이 (기)술만 못하다. (觀相不如心相?) 공자가 경원시한 귀신의 존재를 순자는 부정해, 주관적 환각으로 규정했다. 다만, 비좁고 천박한 유물주의 입장을 뛰어넘는 공자 견해가 훨씬 훌륭한 사고이다.

종교사에서 두려움(畏懼)은 각종 신앙에 최초 정신적 動因이다. 경외로 신령에 대한 갈앙·흠모가 생기고, 신령 의지를 해독하려는 지성의 요구도 생긴다. 각자 복덕이 달라 기도·제사 후 효과를 별로 못 보는 경우, 인간계에 나타나는 불공정 현상에 대한 실망·원한도 표출할 수 있다. 순자는 분석에 능통한 유학대사로서, 인류 종교발전사에 주요 심리궤적인 경외·흠모·지성·원한을 잘 통찰했으나, 지고 신령존재를 위한 범주를 완전히 무시하고 완전 물질화한 천을 내세워, 천의 정신성과 신성성을 철저히 해소해버렸다. 천과 인의 정신적 연계를 완전히 단절해, 하늘을 단지 이용 가능한 자연천으로 대상화했다. 하늘의 제어·이용·사역·변화를 주창한 순자의 물질적 공리적 자연 천론은, 문혁시기 유물주의 천도관의 最高音이라고 최고도로 평가를 받았다. 허나 인류생활이 항상 문혁처럼 전투적 혁명일 순 없지 않은가?

순자에 이르러 '천'의 용법에도 큰 변화가 보인다. 전통 천명론에서 보통 사람은 '천'과 無緣한데, 순자는 정감·감관·인지·봉양·정사 등에 '천'을 붙여, 天情·天官·天君·天養·天政·天功·天職이라 불렀다. 사람 신체도 천직·천공의 작용결과라니, 언뜻 天人相合처럼 보인다. 하지만 분류와 논리에 뛰어난 순자의 분석력이 사람 지위를 고양하지 않고 하늘 지위만 끌어내려, 천이 신성성만 잃고 인간과 평등해진 셈이다. 易傳·中庸에 天人相參과 달리, 순자는 독특한 天地人相參을 주장해, 天時·地財·人治의 相參이다. 천지를 인간의 복리추구를 위한 공리적 물질적 수단으로 여긴 것이다.

순자는 천과 도 사이에도 명확한 거리를 두었다. "잘 양생하고 때맞춰 움직이면 하늘도 병 줄 수 없고, 도에 따라 어긋나지 않으면 하늘도 禍 내릴 수 없다." 천과 도를 고의로 양단에 대치시킨 것이다. 수많은 '天○'의 신 개념을 창안한 순자에 오직 '天道'만 전혀 나오지 않는다. 천과 도는 완전 무관한 격리된 고립개념으로, "도는 하늘의 도도 아니고 땅의 도도 아니며, 사람의 도일 뿐이다." 순자는 천명관도 부정하고 천도관도 부정해, 공자와 70제자 등이 구축한 원시 유가의 형이상 기초에 마침표를 찍으려 했다. 尙書 이래 천인합일지도에 人道만 덜렁 남긴 셈이다.

다. 인간에 가려 하늘을 모르다. 천인이 결렬된 과두 인문주의!

순자가 공자의 정통 전승자라 하지만, 그 천론은 공자 형이상 철학과 완전히 대립한다. 이런 평가는 2가지 고려에 영향을 준다. 첫째, 순자 천론과 과학사상의 관계이고, 둘째, 순자 천론과 인문주의의 관계이다.

순자의 천론은 牟宗三도 긍정했듯이, 과학정신과 연계성으로 인해 상당히 숭고한 지위를 향유해왔다. 허나 이는 投鼠忌器의 혐의가 짙다. 徐復觀이 자세히 분석한 것처럼, 첫째, 과학지식과 도덕의 연결 중간에 정신상 처리상 전환이 필요하다. 순자 정신은 지식 성취가 가능하지만, 그 목적은 지식이 아닌 도덕에 존재한다. 윤리도덕에 기초하다 보니, 양자 모두 한계다.

둘째, 과학지식은 경험세계에 기초하나, 일반인의 감관접촉에 국한하진 않는다. 보이지 않고 헤아릴 수 없는 물건을, 보이고 헤아리게 변화시키는 부단한 노력이 과학의 사명이다. 경험현상 배후에 추구할 만한 근거가 잠복한다는 가정을 전제로, 지식의 형이상하이 과학 향상발전에 추진력이 된다. 종래 순자 천론에 대한 긍정평가는 과학 의미를 과장 강조한다. 기실 순자 사상은 완전히 도덕과 사회질서 위에 입각해서, 새로운 객관 공정한 평가가 필요하다. 순자 천론은 오히려 과학발전에 불리한 장애가 되었다.

첫째, 순자의 천은 통상의 물질화한 자연적 천이 아니다. 자연의 천 개념은 道家인 老子가 처음 제기했다. 老莊 자연은 사람이 본받을 만한 형이상의 자연인데, 순자 천은 선험성이 전혀 없이, 형이상의 의미를 상실한 물질적 자연으로, 도가 자연의 유물화와 퇴화에 불과하다. 문혁 시기 교과서에서 유물주의 자연관의 대표적 걸작으로 극찬했으나, 안타깝게도 완전 물화한 천은 결코 과학을 발전시키지 못한다. 고대 희랍문명이 유일한 과학발전을 이루었는데, 철학의 핵심개념은 로고스로, 대자연 배후에서 인간의지에 좌우되지 않는 내재규율을 탐구하는 원동력이었다. 내재규율에 대한 호기심과 驚歎이 자연의 심오한 신비를 탐구하려는 고희랍 철학과 과학 발전에 최초 정신적 원동력이다. 공리적 목적으로 완전 물화한 천은 본래부터 과학의 대상이 될 수 없는 운명이다.

둘째, 순자는 천의 형이상 성격을 부인하고, 사람들한테 천을 알려고 하지 말라고 외쳤다. 천을 자연현상으로 설정하고, 과학적 탐구정신은 반대해 과학정신과 유리되었다. 중화문명에 과학정신이 결핍된 인연으로, 20세기에 순자의 물질화 천에 지나친 희망과 기대를 걸은 것이다. 기실 순자는 도가나 형이상 천에 관심을 가진 전통 유가보다도 훨씬 더 과학에서 유리되었다. 형이상 사상의 源頭인 道와 理를 갖춘 도교의 연단술이나 주희의 격물치지 이론이 오히려 과학적 탐구정신에 가깝다. 순자는 아예 도와 천을 분리해버려, 그 천론은 과학정신에 낄 수도 없다.

20세기 순자사상에 대한 긍정평가는, 천에서 도깨비(매력)를 제거한 인문주의 가치 때문이다. 徐復觀은 서주 초 원시종교로부터 해방되기 시작하며 잉태한 인문정신이 순자 인성론에 이르러 완전히 성숙한 걸로 보는데, 이는 종교를 순전히 인문정신의 질곡으로 보는 시각(편견) 탓이다. 5.4운동 전후 형성된 지나친 종교부정 문화의식에서 비롯한 유풍 탓이다. 이는 공자 사상의 기본성격은 물론, 공자가 고대종교와 춘추 인문주의 사이에 실현한 중도의 역사적 의미를 제대로 이해하지 못하고, 순자의 편파적 인문주의 대한 객관적 평가도 못 내리는, 지나치게 일방적이고 편협한 문화관에 불과하다. 종교의 과도한 발전이 인문이성을 억압할 수는 있다. 그렇다고 종교 자체가 본래 인문이성과 대립하거나, 인류에게 종교가 불필요한 것은 아니다. 민족마다 방식은 다를지라도, 인류 본성은 필연코 세계의 형이상 의미를 탐구하고 자기의 궁극 관심을 찾게 한다. 또, 종교와 인문정신이 반드시 모순되는 것도 아니고, 양자가 相補相成 관계를 구성할 수 있다. 허나 순자는 선험가치의 문명에 대한 의미를 완전 몰각해, 인문가치와 선험관심을 완전히 대립시켜, 그 천인관과 인문주의에 심각한 문제가 도사린다.

① 서주 이래 형성된 유가도덕의 형이상학 기초를 해체한 순자의 천론사상은 기본상 유가가 아니다. 위대한 成德의 가르침은 반드시 선험적 성향을 지니며, 영원한 생명력을 갖게 하는 정신적 특징을 가진다. 論語에 天命, 易傳에 天道, 理學에 天理가 그렇다. 유학은 본질상 天人之學인데, 천의 인격화 색채가 점점 감소·약화하고, 반면 이성화가 증장하는 방향으로 발전했다. 性과 天道는 유학에 안심입명 효과를 부여한다. 그런데 순자 천론은 선진 유학의 전통 천도관의 기초를 해체해, 유가사상 빌딩(大廈)을 와해 전복시킨 셈이다. 비록 유가의 禮義 가치를 유지했으나, 유학 천도관의 기본정신을 벗어나 유학이 아니다.

② 공자 인문주의는 강렬한 형이상 성향을 지녀, 유가도덕의 仁禮·忠恕·民本 등 기본정신은 인문가치와 궁극 본원 사이의 관계에 주목한다. 순자 도덕사상은 더욱 철저한 인문주의 성격을 지닌 걸로 보인다. 天命·귀신·관상술에 대한 완전 부정과 달리, 卜筮에 대한 평가는 상당히 온화한데, 아마도 순자가 易을 잘한 인연일지 모른다. 허나 순자는 복서로 대사를 결정함도 신의 뜻을 구함이 아니라, 군자의 문화(문식)일 뿐인데, 인민이 신령으로 여기는 거라고 단정한다. 占조차도 神意가 아니라 人文으로 규정한 것이다.

허나 문화사 관점에서 복서는 고대 종교의 유물(유풍·문화)로서, 귀신·천명과 같이 사물 배후에 초자연적 역량을 찾는 예의다. 순자는 卜筮를 神道와 철저히 분리해, 문명과 신앙을 대립시켜, 역사상 형성된 신앙형식이 문명에서 갖는 의의를 완전히 부정한다. 천인을 철저히 구분해 천의 형이상 의미를 부정하고, 人爲 작용의 극대화를 꾀한 것이다. 표면상 유가 인문주의 발전에 최고봉처럼 보일지 모르나, 공자가 개척한 사상 궤도를 일탈한 것이다. 원시 유가는 천도·천명에 대한 궁극 신앙으로 도덕의 최종 근거를 삼는 신앙적 인문주의다. 사람이 도덕주체의 지위를 가지며, 천명신앙과 도덕이성이 유기적으로 결합해, 양자간에 중도 균형을 유지한다. 허나 순자는 한쪽 극단으로 치우쳐, 두 지점에서 한 지점을 없앤 寡頭 인문주의로 전락했다. 궁극 관심(이상)을 결여하여 천도에 의탁을 잃은 인문주의로, 사람 지위를 지나치게 돌출시켜 인도와 천도, 인문과 천문의 연관을 절단한 절름발이다! 순자가 일찍이 장자를 "하늘에 가려 사람을 모른다(莊子蔽於天而不知人: 荀子, 解蔽편)"고 폄하했는데, 정작 자신은 "사람에 가려 하늘을 모른 셈이다.(蔽於人而不知天)"

셋째, 순자 과두 인문주의가 고대 사상변화에 미친 영향은 아주 심각하다. 순자 사상 핵심은 예의다. 초기 유가는 예의와 천명 관계를 강조하고, 맹자는 예의의 심성기초를 발전시켜 도덕법칙의 내재근거를 강조했다. 정치를 초월한 정치의 지도원칙을 중시해, 도통을 군통위에 두었다. 허나 순자는 천명도 부정하고, 인성의 선량한 잠재성도 부정해, 그 예의는 오직 정치적 (수단) 의미밖에 남지 않았다. 明分使群의 사회질서 도구로 전락한 것이다. 현실에서 예의의 도구적 기능·효과가 현저히 약화할 때, 더욱 실용적인 도구로 대체될 수밖에 없다. 그 제자 한비자가 법가를 집대성한 인연이다.

순자 인문주의는 초월성과 심성기초를 상실한 누란지세로, 천명·천도의 쇠미와 천의 물질화·공리화가 빌미·구실을 제공한 소치이자 필연적 추세였다. 순자의 제자 한비와 李斯에 의해 현실화한 법가사상은, 중국 역사상 최악의 반인문주의 극단적 전제 사상으로, 모든 전통가치와 성현 가르침을 유린하고, 적나라한 공리와 暴政을 공개 숭배하였다. 이는 순자 본의는 아닐지라도, 그 과두 인문주의의 필연적 결과이다. 유가 최고 인문주의가 가장 철저한 반인문주의로 反轉한 셈이다. (양 극단은 상통하는 법!)

순자의 총체적 방략은 예법 중시, 통일 분류, 언행 정제, 제도 분명을 통해 예의에 기초한 유가 사회질서를 확립하는 것이었다. 한비자는 자율적 예보다 강제적 법이 국가통제 강화에 훨씬 유리함을 알고, 법으로 예를 대체해버렸다. 法·術·勢를 제왕의 도구로 공개 천명해, 적나라한 군왕남면지술로 변모했다. 한비는 "현명한 군주의 제도 시행은 天이고, 인재기용은 鬼인데, 天은 아님(그름)이 없고, 鬼는 곤궁하지 않다."라고 주장했다. 순자가 극력 부정한 天이 시체를 빌어 혼이 되살아나, 군주의 곤룡포를 걸치고 군주 자신이 天이 된 셈이다. 순자가 부정한 鬼도 靈明을 잃지 않고 군주 몸에 들러붙어 더욱 활개를 쳤다. 과두 인문주의가 천명과 천도의 신성한 의미를 완전 부정함으로써, 범속한 육신 군주 자신이 神壇에 떠밀려 올라가 天帝로 추대되이, 더 이상 도덕적 정통성 근거가 필요하지 않게 된 것이다. 그러니 진한 이후 2천여년 황제 절대권력 왕조의 흥망교체에는 순자의 극단적 천론이 결정적 원인으로 작용한 셈이다.[12]

(4) 李培健의 "天命과 政權: 先秦 天命觀 발전의 논리적 노정"

바로 이듬해 2016년 李培健이 발표한 "天命與政權: 先秦天命觀演進的邏輯路徑"은 한 걸음 더 나아가 종교학 이론을 직접 원용하여, 선진시대 천명관의 변천논리를 예리하게 분석·평가해 더욱 눈길을 끈다. 특히 저자는 역사학박사로 西安科技大學 馬克思主義學院 부교수인데, 마르크시즘 연구 관점에서도 이러한 추론과 결론을 도출할 수 있다는 게 더욱 괄목할 사회주의 중국의 학술풍토 변화로 놀라울 따름이다. 그 구체 내용도 간략히 요약 정리해 아래에 소개한다.

인류사회 초기 천명관은 정권유지의 주요 이론도구로서, 선험적 근거와 종교적 해석을 제공했다. (선진 시기 천명관의 변화를 3단계로

12 趙法生, "荀子天論與先秦儒家天人觀的轉折", 清華大學學報(哲學社會科學版), 2015, 제30권 제2기, 97-106면.

구분함은 같으나, 그 논리과정의 전개는 크게 다르다.)

가. 殷周시기 종교천명관

殷대 至上神은 上帝라 호칭했는데, 그 권위가 미치는 주요 대상은 天時·왕·我·邑의 넷이다. 모든 건축에 貞卜으로 상제께 자문을 구해 선의·악의를 판단했는데, 제사권을 통해 권력을 농단했다. 周대에는 상제 대신 天개념이 등장했는데, 작은 나라 周가 대읍 商을 멸하고, 새 정권을 어떻게 유지할지 우환의식이 강렬해, 천명과 통치권 관계를 깊이 사유한 결과, 천명무상 가운데 항상적 원칙을 찾았다. 天命有德·敬德保民·明德愼罰이 그것인데, 시간성과 원칙성의 통일, 신성성과 인문성의 통일을 보인다.

특히, 서주 천명관이 함축한 인문윤리적 색채가 중국문화의 특색을 형성하여, "어떻게 종교학·철학·사상사의 각도에서 서주 시대 천명관의 변화를 볼 것인지는, 중국문화 형성역사 이해에 아주 중요하다."는 陳來("古代宗教與倫理", 北京 三聯書店, 2009)의 주장처럼, 인류 역사·문화상 수많은 중요한 변화는 모두 종교를 축으로 이루어진 사실을 인정해야 한다.

또, 陳啓雲(中國古代思想文化的歷史論析, 北京大學出版社, 2002)의 견해에 따르면, 춘추전국 제자백가의 '초월적 돌파' 이전에 殷周 교체기에 중국 고대문명의 종교 原義는 1차 '초월적 돌파'에 가까운 변화를 거쳤는데, 이는 중국 초기 사회종교문화전통에 일대 대전환이다.

인류 사상사에 原義(Archetypal Meaning)는 중요한 가치를 지니는데, 후세 사상문화 발전에 견인차로서, 재발성 의의와 중발성 의의를 형성한다. 은·주 교체기 천명관의 변화는, 어떻게 천명을 유지할지? 天命有常의 역사적 규율은 무엇인지? 후세에 양대 영향력을 끼쳤다.

사상문화사의 원발성 중발성 관점에서 간단히 요약해보자면,

원발성 제1의: 천명에 대한 신앙에서 기원하는 天命不移.

원발성 제2의: 전통 천명 신앙을 새로 인식한 뒤 天命不移에 대한 회의.

중발성 제1의: 哲理상 심사숙고한 천명 유지방법 → 西周 天命有德.

중발성 제2의: 天命移轉의 구체적 규칙, 천명의 定數. → 춘추 자연천도관, 전국 오덕종시설.

후세 천명관에 대한 사색은 대체로 중발성 의미 중심으로 진행한다.

나. 춘추시기 자연천도관

天象(천문)은 천명과 정치를 연결하는 중개자로 일정한 객관성을 띠나, 너무 구체화 세밀화한 흠이 있다. 서주 昭王 이후 통치권이 쇠미해지고 조정이 부패하면서, 자연재해와 민생고난이 잇따르자, 인민의 원망호소가 매우 커졌다. 통치자의 失德으로 천명유덕의 정치합법성(정통성) 이론에 회의가 일면서, 천명과 정치권력의 연관성이 끊기게 되었다. 천지자연에 대한 인식수준이 높아져 객관적 운행규율이 밝혀지고 신비성이 약화했다.

전통 天學은 天數(역법·월령·농사)와 天意(천문현상에 대한 해석, 점성학)로 크게 양분할 수 있다. 江曉原에 따르면, 중국 고대 천문학과 점성학의 정치문화적 기능 및 성격지위는 천인관계 주제 중 핵심부분으로, 정치천문학이다. 점성학에 기본원칙은 "하늘이 현상을 드리워 길흉을 보인다.(天垂象, 示吉凶.)" 일월성신 운행은 궤도 따라 규칙적이고, 天象도 관찰 가능한 구체 현상이므로, 천명관도 일정한 객관성을 띤다. 이 시기 자연적 천에 대한 이해가 깊어져 천문지식이 풍부히 누적되어도, 천은 여전히 至上神으로 여기는 전통이 이어졌다. 天象은 천명과 정권을 중개해 天意를 전하는 도구이고, 天道는 인간사회가 준수할 보편적 객관 법칙이다. 점성학 안에 천인감응 사상이 함축되어,

人間事가 天道에 영향 주고, 하늘은 天象을 통해 인간정치에 의지를 전달한다는 원리는, 홍범구주 때부터 유구한 전통이다.

점성학은 日占·月占·行星占·恒星占·流彗星占·瑞星妖星占·天象占의 7종류로 나뉜다.

천명관 추산방식 중 중요한 원칙은 分野원리로서, 12次와 28宿를 제후국 영역으로 나누어 상관시킨 다음, 분야별로 해당 국가에 정치 길흉을 예측하는 것이다. 규칙성과 객관성을 띠나, 너무 구체화·세밀화·精緻化하다 보니, 전국시대 아주 복잡해진 국제관계 형세에 부응하지 못하게 되어, 새로운 천명관의 출현을 보게 되었다.

다. 전국시기 五德始終설

춘추시대 천하 共主의 명의와 천자 명맥을 근근이 유지하던 周 왕실이, 겸병전쟁으로 패권을 다투는 전국시대에 들어서서는 사실상 조그만 제후국으로 전락해 천하를 잃은 상황이 되자, 누가 周 대신 천명·정권을 이어받을지, 하늘이 어떤 방식으로 천명을 전할지, 인류역사 변화에 규율은 있는지, 초미의 관심사가 되었다. 특정 분야별 점성학에 의존해 제후국의 길흉을 판단하던 기존의 자연천명관은 이러한 문제에 답변하기 어려워, 새로운 보편적 규율을 지닌 이론해석이 필요해졌다. 이러한 정치형세에 鄒衍이 오덕종시설을 제시했다. 추연의 원저서 "鄒子終始" 56편은 사라졌으나, 史記 등 고전 기록을 보면, 대강 세 가지 소식정보를 알 수 있다.

첫째, 오덕종시는 黃帝 때부터 시작했다. 둘째, 정권교체는 5행(덕) 相勝(克)의 순서에 따라, 1代에 속하는 1덕에 따라 통치수단도 정해진다. 셋째, 새 정권의 정치적 합법성(정통성) 유무는 하늘이 본 정권에 부합하는 징험을 내려주는지 여부를 본다.

呂氏春秋 기록에 의하면, 黃帝는 土, 禹는 木, 湯은 金, 文王은 火인

데, 周를 대신할 왕은 水氣에 속한다고 한다. 추연이 보기에, 인류사회에 객관적 규율은, 氣가 운동에 재료이고, 五行相勝(相克)이 운동 원리로, 사회는 오덕종시 원칙에 따라 교체되어가며, 이에 부응하는 징험이 나타나면 天命(天意)으로 본다.

천명에 항상성이 있음은 불변의 원칙이다. 命數는 비록 하늘이 정하지만, 군왕이 정치적 합법성을 지닌 진정한 '천자'인지는 주로 '덕'에 의거하여, 군주 개인의 자주적 능동적 행위에 속한다. 요컨대, 반드시 仁義節儉에 의지해 군신·상하·육친한테 선정을 베풀어야 한다. 천인관계에서 사람은 아무런 자주성도 없는 완전 피동이 아니라, 자신의 능동성으로 덕행을 장악하는 주체가 된다. 서주 '天命有德' 사상의 기초 위에 역사발전의 일반규율을 흡수해 제시한 천명관으로서, 이전 천명관에 대한 종합정리다. 덕을 강조하며 규율성과 보편성을 지닌다.

추연이 제시한 새로운 천명관은 진시황이 최초로 채용해, 周의 火德을 이길 水德으로 문물전장제도를 개정했다. 西漢도 이어받아, 당초 水德을 표방했으나, 무제가 土德으로 改制했다. 그 후 동한은 火德, 唐은 土德, 宋과 明은 火德, 清은 水德을 각각 내세웠다. 역대 왕조는 통치권의 정통성을 천명에 귀속하고자, 오덕종시설에 따라 정권이 천명에 부합함을 강조했다.[13]

역사철학을 공부하는 필자로서, 여기서 문득 아쉬움이 맴돈다. 약육강식 겸병전쟁이 치열한 대혼란 전국시대 상황에서 어쩔 수 없이 추연이 五行相勝(相克) 순서로 왕조의 덕이 교체한다고 이론체계를 구성한 것일 텐데, 당초 '土 ← 木 ← 金 ← 火 ← 水'의 역순으로 정벌·시해의 상극성 역성혁명 방식이 아니라, '木 → 火 → 土 → 金 → 水'의 상

---

13 李培健, "天命與政權: 先秦天命觀演進的邏輯路徑", 武漢理工大學學報(社會科學版), 2016, 제29권 제2기, 156-161면.

생순서로 祖·父에서 子·孫으로 대물림하듯 상정해 평화로운 생명계승 전통으로 발현했다면 얼마나 좋았을까?

아무튼, 사회주의 중국에서 인민의 자주성과 의지를 마비시키는 아편 같은 독극물로 단정해 혁명숙청의 대상으로 죄악시하던 종교를, 어느덧 인류 역사철학에 핵심축으로 복권시키는 정신적 철학사상적 혁신변화를 보여주는 것 같아, 참 귀중한 학술론문이 아닐 수 없다. 사실 근래 사회주의 중국 학자들이 추상적·형이상학적 '天'과 '天命' 자체에 대해 부쩍 관심을 갖고 학술연구 주제로 삼는 것 자체가 대단한 혁신변화이다. 이 정도면 자유중국 臺灣이나 한국·일본의 학술적 관점과 크게 다를 바 없는 건전한 견해로, 전통문화의 온전한 부활을 상징한다고 보아도 크게 무리는 아닐 것이다. 아무튼 종교 못지않게 중독성과 편집성이 강한 이데올로기로서 마르크시즘 공산주의 변증법적 유물론의 마취와 광란에서 깨어나 제 정신을 차려가는 사회주의 중국의 학풍 변화에 지지와 기대를 보낸다.

(5) 최근 이와 비슷하게 선진 天人관계 이론의 형성·발전을 3단계로 구성한 글이 나왔는데, 天命→天道→道論으로 구성한 게 조금 다르다. 글의 구성과 내용 모두 앞 두 편에 비해 많이 떨어지지만, 참고로 핵심 요점만 간추려 소개한다.

첫째, 有德한 자가 천명을 얻어 천자가 된다는 천명관은 은·주 교체기 또는 서주 초기에 확립된 산물로 본다. 권력의 연원이 하늘에 있다는 천명사상은 서주 초기에 출현한다는 일반 관념과 달리, 이 견해는 문헌상 商대에 이미 천명획득 기록이 있음을 인정한다. 다만, 商대 상제는 人王과 아무런 혈연관계가 없었던 데 반해, 西周 초에는 '하늘이 뭇 인민을 낳았다(天生烝民)'는 명제처럼 일반 서민도 하늘과 혈연관계가 있으며, 그 매질이 德이라고 믿을 만큼 천명의식이 강했다. 종족

수령은 경천보민의 덕을 바탕으로 천명을 받들어 천자가 된다. 서주 왕실의 통치권이 안정된 초기에는 제후국이 유일한 천명을 받들어 왕실을 보좌하는 '천명유일' 의식이 지배했는데, 춘추시기에 들어서면 왕권이 약화 분산함에 따라, 제후국도 하늘과 혈연관계가 있는 종족의 일원으로서 천명을 받들어 邦國을 건립한다는 天命多元 의식이 강하게 대두해, 패권경쟁을 벌이며 천명도 이전할 수 있다는 의식이 점차 싹트기 시작했다. 이와 함께 하늘을 공경(敬天)하며 인간을 존중하는, 인민이 신의 주인이 되는 인본주의 천인관계가 형성되었다.

둘째, 춘추시대 天象은 無常하다는 천도관의 기원과 발전이다. 좌전의 여러 기록을 근거로 天象으로 國運을 해석하는 구체 사례들을 예시하면서, 당시 천문관측 기술의 발전이 천상을 분야별로 나누어 국가와 관련시키는 천도관이 발전했다고 본다. 天數의 계산이 천상관측을 떠나 성립할 수 있는 수준에 이르러, 국운이 지속할 世數까지 예측하게 되었고, 마침내 천도관의 예측 대상이 제후국(군주)에서 경대부와 개인의 운명까지 확대했다. 아울러 추상화 사유방식을 제공해, 사람들은 단순한 물질적 比附에서 벗어나 사람과 하늘·자연의 관계까지 추상적으로 사유하게 되고, 마침내 道論觀으로 발전했다.

셋째, 전국시대 들어와 물질의 생장운행 법칙에 기초해 천인관계를 새롭게 해석하는 이론으로 등장한 게 도론관이다. 老莊의 무위자연 도론을 바탕으로 도와 생명의 관계에서 양생을 중시하고 학습관도 변화했다. 이 견해는 전국시대 오행학설을 餘論으로 조금 언급하고 만다.[14]

한편, 공자의 '時中'을 실마리로 공자의 천명관의 특성을 새로이 탐

14 曲柄睿, "天命、天道與道論: 先秦天人關係이론的形成與發展", 史學理論研究, 2021년 제4기, 46-60면.

구해 선진 천명관의 획기적 발전계기를 밝히려는 설명도 주목할 만하다. 2008년 晁福林의 "'時命'與'時中': 孔子天命觀的重要命題"가 그것인데, 핵심내용만 간추려 소개하면 다음과 같다.

공자는 이미 '時' 개념을 천명관과 연계해 時遇·時運을 깊이 탐구했다. '時命'이란 어휘는 비록 늦게 출현했지만, 기본사상은 이미 중용에 중요한 '時中'으로 등장한다. 선진 천명관은 은·주 교체기에 중요한 변화를 겪어, 천명이 바뀌지 않는다는 관념에서 천명도 人'德'으로 轉移할 수 있다고 믿게 되었다. 이러한 거대한 변혁 발전도 근본상 천명의 권위는 건드리지 못했다. 천명은 여전히 사람 머리 위에 높이 걸린 철판 같아, 그 앞에 사람들 자유는 여전히 없었다. 단지 머리를 조아리고 절대 순종하여, 개인의 고상한 德操로 천명의 보살핌을 얻으라고 강조할 뿐이다. 공자의 '時命' 관념은 개개 생명체에 총체적 천명 관념 아래 일정한 정도의 자유공간을 열어주었다. 더 이상 천명의 절대에 골몰하지 않고, 개체의 상대적 자유를 강조하여, 선진시기 천명관의 중대한 진전을 이루었다.

論語에는 공자가 때를 중시한 어록이 여럿 나온다. 특히 중용에 '時中'은 아주 중요한 개념으로, '中'을 '的中'으로 보면 時運에 적중하다는 '中時'로도 해석 가능해 실질상 천명에 부응하는 의미로 볼 수 있다. 공자의 '時命' 관념은 천명관의 연장으로, '명'은 '시우'를 포함하고 '시'는 '명'의 안배이니, '시'안에 '명'이 있고, '명'안에 '시'가 있는 관계다. 공자에게 '시명'의 명은 인간의 인지와 실천범위를 초월하는 외재적 절대권위이나, 그 권위 성격은 '時'의 제한을 받아 역사적 運轉과정에서 일정한 변화를 발생한다. 易傳에서 특히 때를 중시하여, 易理를 통달한 대인은 "하늘에 앞서 행해도 하늘이 그에 어긋나지 않고, 하늘에 뒤따라 천시를 받들어 행한다.(先天而天弗違, 後天而奉天時.)" 莊子 山木편에는 "하늘의 손해를 받지 않기는 쉬워도, 인간에 이익을 받지 않기는 어렵다.(無受天損易, 無受人益難.)"는 공자 말이 나온다. 不遇한 시운에 안빈락도는 쉬워도, 세속에 공명복록 유혹은 떨치기 어렵다는 뜻이다.

요컨대, 첫째, 공자는 천명의 위대함과 진실함을 굳게 확신하고 찬양했다. 둘째, 천명은 성인·대인·지자와 상통한다.(천인합일) 셋째, 사람은 천명을 경외하고 받들어 행해야 한다. 넷째, 하늘은 부단히 사람한테 機遇(기회)를 주는데, '쇠뿔도 단김에 빼라'고, 이러한 時命을 사람은 제때 장악해 적극 진취해야 한다. 공자는 '喪家之狗'란 조소를 들으면서도 천하를 주유하며 제후를 유세했고, 자기는 진흙탕에서도 물들지 않는 연꽃 같지, 넝쿨에 매달려 움직이지도 먹지도 못하는 쓴 개똥참외가 아니라고 자부했다.[15]

郭沫若은 "先秦天道觀의 進展"에서 商의 천명항상성이 周에 덕으로 이전 가능한 변화를 언급하면서, 서주 초 여러 誥辭에서 "천명을 극단으로 존중한 말들은 殷과 그 부용국에 대한 것이고, 회의적 발언은 周人 자신한테 언급한 것으로, 매우 중요한 핵심관건이다. 周가 殷의 천사상을 정책상 계승해, 종교사상은 우민정책으로 보았다."고 평한다. 이 언급이 경덕 사상을 강조함은 합리적이나, 천을 지극히 존중한 大誥·康誥·酒誥·梓材 편 등은 殷人이 아니라 周人을 상대로 한 말이다. 천명관을 우민 도구로 봄은, 주 통치자가 천명을 별로 믿지 않았다는 이야기이나, 언필칭 천명을 논한 실제와는 거리가 멀다. 오히려 郭沫若이 "青銅時代"에서 "周人이 전력을 다해 하늘에 대한 신앙을 유지하려 했다"고 기술한 언급이 정확한 견해다. 周初 천명관은 춘추시기에 약화는커녕 오히려 증강된 편이다.

---

15 論語, 陽貨: 子曰: "然, 有是言也! '不曰堅乎, 磨而不磷; 不曰白乎, 涅而不緇.' 吾豈匏瓜也哉? 焉能繫而不食?"

殷·周 교체기에 천명관은 殷의 天命有常에서 周의 天命無常으로 변화했으나, 천명의 권위 자체는 꿈적도 하지 않고 약화하지도 않았다. 서주 말기 詩歌에 나타난 하늘은 완고하고 판에 박히고 災禍나 내리는 至上신령으로 여겨져, 온갖 원망·공격·비판·불만이 쏟아졌지만, 하늘의 권위는 동요하지 않고 오히려 강화했다. 그런데 개인의 '敬德'으론 어찌할 수 없는 요지부동 천명론이, 공자의 '時命' 관념에 의해 근본적 동요를 일으킨다. 천명에 역사성이 부여되면서 실질상 천명의 권위는 역사성 앞에 도전받게 되고, 상당 정도 권위가 약해진다. 천명이 때에 따라 사람한테 조우 기회를 줄 수 있다는 시명론이, 원망과 비판의 대문을 활짝 열어주면서, 인간에게 제법 능동적 자유의지와 선택 여지를 제공한다. 공자 천명론의 최대 특징이자 공헌이다. '명'은 과정의 필연을 구현하고, '시'는 과정의 우연을 투영한다.

맹자가 공자를 극찬한 평어 '聖之時'는 행할 때 행하고 멈출 때 멈추는 때(시대조류)를 잘 아는 성인일 뿐만 아니라, 時命을 잘 장악하고 천의에 부응하여 적극적 진취적 신묘한 변화자재까지 함축한다.[16]

공자의 천명관에 '時中'과 '時命'으로 적극적 진취적 해석을 가한 게 독특한데, 20세기를 대표할 석학 곽말약의 견해에 분명한 취사선택으로 시대변화를 반영함도 주목할 만한 특징이다. 이밖에도 선진 천명관에 관한 최근 연구들이 몇몇 눈에 띈다.[17] 한중일 여러 분야 학자들

---

16 晁福林, '時命'與'時中': 孔子天命觀的重要命題, 清華大學學報(哲學社會科學版), 2008, 제23권 제5기, 39-47면.

17 張海英, "先秦道家天命鬼神思想研究", 湖南大學博士學位論文, 2012. 李德龍, "先秦時期'德'觀念源流考", 吉林大學博士學位論文, 2013.(제4장 西周時期'德'觀念에서 천명관의 개조를 주로 다룸.) 乙小康, "君子知命: 先秦命論的演變與君子人格的確立", 浙江大學博士學位論文, 2021. 潘虹, "先秦儒家天命思想的三重境界", 孔子研究, 2020년 제3기, 93-100면, 공자의 畏天命, 맹자의 順天命, 순자의 制天命 3단계로 풀이함.

의 天命 관련 연구들이 상당히 많으나 낱낱이 인용·소개할 수 없어 아쉽다. 지금까지 先秦 천명관의 전개를 바라보는 다채로운 시각들을 살펴보았다. 이를 기본 바탕으로 전제하면서, 이제 고전문헌 자료 원문을 근거로 필자 나름의 시각에서 선진 시대 천명관의 주요 내용을 직접 검토해보고자 한다.

4. 殷代 천명과 천벌재이 사상

殷周 시대 천명사상은 주로 書經과 詩經에 잘 나타난다. 특히 商書·周書에 상당 편은 천명론으로 일관할 정도다. 우선 서경 商書에 보이는 천명사상의 동기목적과 내용을 살펴보면, 商이 夏를 대체함은 夏代 桀의 포학한 亂政을 정벌하고 천하를 새로이 평정한 것이라며, 商 왕조의 정치적 革命을 정당화하는 합리적 명분론이 핵심이다. 특히, 商書 湯誓편은 탕이 걸을 정벌하는 원인을 밝힌 출사표인데, 포군 桀을 방벌하고 商왕조를 연 湯의 역성혁명을 정당화하는 찬사에서 이렇게 선언한다.

> "夏王이 德을 멸하고 권위를 부려 만방백성을 널리 학대함에, 만방백성이 그 흉포한 해악을 당해 혹독함을 더 이상 참을 수 없어 무고함을 천지상하 신명께 하소연하니, 天道는 善을 복 주고 음란에 화를 내리는지라, 재앙을 夏에 내려 그 죄악을 크게 드러냈다."

殷이 夏를 革命한 것은, 湯이 천명을 경외하여 桀의 포학한 죄악을 토벌하지 않을 수 없었던 필연적 천벌의 소치임을 천명한 것이다. 따라서 천명을 이어받은 자기는 백성들 善을 감히 은폐하지 않을 것이며, 자기 몸소 감당할 죄는 감히 스스로 사면하지 않을 테며, 오로지 上帝 마음에 간택을 받을 거라고 다짐한다. 만방에 죄악은 바로 통치자로서 자기 1인에 귀책하고, 자기 1인 죄악은 만방에 떠넘기지 않을 거라고 맹서한다.[18] 湯이 桀을 방벌하면서 천하에 서약한 誥詞는 論語 마지막 堯曰편에도 거의 같은 내용이 원용되어, 그 역사적 진실성과 신빙성은 높다고 여겨진다. 여기서 하늘이 내린 재앙은 주로 桀의 포학무도하고 음란한 失政과 그에 상응해 나타난 온갖 천재지변과 흉흉한 민심이반을 가리키며, 끝내 탕의 역성혁명으로 왕조교체를 당한 역사적 비운도 포함할 것이다.

이런 논조는 商 太甲을 보필한 伊尹의 훈계경종에도 똑같이 되풀이한다.

> "오호라! 옛날 夏后씨 조상은 당초 공덕이 무성해, 天災도 없고 산천귀신도 모두 안녕해 鳥獸와 물고기조차 죄다 기뻐하더니, 그 자손이 불초해 皇天이 재앙을 내려 우리한테 천명을 넘겨주셨다. 이에 우리 商王이 聖武를 널리 펼쳐 관용으로 포학을 대신해, 억조인민이 진실로 신망을 품었다."

이러한 역사적 교훈을 되새겨, 이윤은 왕한테 "오직 上帝(의 도)는 항상 불변하지 않아, 善을 행하면 온갖 길상을 내려주지만, 不善을 저지르면 온갖 재앙을 내리는 법"인지라, 왕의 德망은 아무리 작아도 萬邦이 경축하지만, 不德은 크지 않아도 종묘를 무너뜨릴 수 있으니, 경각심을 놓지 말라고 훈계한다.[19] 이어 맹자가 인용해 아주 유명해진

---

18 書經, 商書, 湯誥: "夏王滅德作威, 以敷虐于爾萬方百姓. 爾萬方百姓, 罹其凶害, 弗忍荼毒, 並告無辜于上下神祇. 天道福善禍淫, 降災于夏, 以彰厥罪. …爾有善, 朕弗敢蔽. 罪當朕躬, 弗敢自赦. 惟簡在上帝之心, 其爾萬方有罪, 在予一人. 予一人有罪, 無以爾萬方."

19 古文尙書, 伊訓: "嗚呼! 古有夏先后, 方懋厥德, 罔有天災. 山川鬼神, 亦莫不寧, 曁鳥獸魚鼈咸若. 于其子孫弗率, 皇天降災, 假手于我有命. 造攻自鳴條 朕哉自亳." 惟我商王, 布昭聖武, 代虐以寬, 兆民允懷."…"惟上帝不常, 作善降之百祥, 作不善降之百殃. 爾惟德 罔小, 萬邦惟慶. 爾惟不德罔大, 墜厥宗."

교훈이 등장한다.

"하늘이 내린 재앙은 오히려 어길(피할) 수 있지만,
스스로 지은 재앙은 돌이킬(되살릴) 수 없다."[20]

伊尹은 민심화합과 국론통일의 중요성을 강조하며, 하늘이 商에 천명을 사사로이 주신 게 아니라, 오직 민심합일의 복덕을 보우하심이라고 말한다.

"德이 오롯이 순일하면 움직임에 길하지 않음이 없지만,
덕이 두셋으로 갈라지면 움직임에 흉하지 않음이 없다.
무릇 吉凶은 사람에 따라 달라지지 않고,
하늘이 災앙과 길祥을 내리심은 德에 달렸다."[21]

반경이 殷으로 천도를 단행하면서 반발 민심을 설득하도록 관리들을 독려하며 내린 강력한 경고에는, 관리들이 백성들을 평화롭게 길한 말로 인도하지 않으면 스스로 해독을 낳을 것이며, 만약 간사하고 엉뚱한 흉계로 국가대사를 낭패에 빠뜨린다면 스스로 재앙을 초래할 거라고 엄중 위협한다. 아울러 사람은 오래 묵은 구관이 명관이고, 그릇은 옛 것이 아니라 새 것을 찾는다는 속담을 인용해, 훈구공신의 세습 자손인 관리들이 어떻게 처신하느냐에 따라 조상 대대로 영광을 이어받을 것이며, 복덕을 짓든 재앙을 짓든 각자 알아서 하되, 자신은 감히 사적 감정을 동원하지 않을 거라고 선언한다.[22] 국가 대사정책 결행을 위해 천명을 가탁한 재앙으로 경고한 것이다.

마침내 은말 紂가 포학무도하게 비간의 심장을 가르고 기자를 囚禁

---

20 古文尚書, 太甲中: "天作孽, 猶可違; 自作孽, 不可逭." 孟子, 公孫丑上.('逭' → '活')

21 古文尚書, 咸有一德: "德惟一, 動罔不吉. 德二三, 動罔不凶. 惟吉凶, 不僭在人. 惟天降災祥, 在德."

22 尙書, 盤庚上: "汝不和吉 言于百姓 惟汝自生毒. 乃敗禍姦宄 以自災于厥身. …作福作災. 予亦不敢動用非德."; 盤庚中: "汝不謀長, 以思乃災."

하자, 微子는 거짓 미친 척하며 말세를 한탄하며 외쳐댔다.

> "하늘이 지독한 재앙을 내려 殷을 황폐케 하니,
> 바야흐로 술 도가니에 빠져 심취하도다…
> 商은 지금 재앙을 당하리니, 내 일어나 기꺼이 그 낭패를 받으리.
> 商은 이제 망하리니, 내 이제 그 신하가 아니라네!"[23]

이렇듯 尙書 商書에 구체 내용을 살펴보면, 商代 천명관이 항상 불변에 고정된 것은 결코 아니며, 초기 湯이나 중간에 伊尹이나 말기에 箕子나 할 것 없이, 국운천명은 인민에 대한 선정의 공덕으로 내려 받으며, 악덕으로 민심을 잃고 말면 천명도 상실하고 온갖 천재지이 재앙을 당한다고 객관 공정한 일반론으로 일관함을 알 수 있다. 더러 殷末 紂의 포학무도한 광란의 호언장담만 내세워, 마치 은이 전 시기에 걸쳐 天命의 恒常不移만 외친 것처럼 평가함은, 일부를 전체로 확대하는 선부른 일반화의 오류이다.

특히, 殷·周 교체기에 시선을 집중하여, 망하는 은과 홍성하는 주를 극적으로 대비해, 은의 天命有常 관념이 周의 天命無常으로 극적인 역사적 대전환을 이룬 것처럼 오해함은, 역사 발전의 일반 규율원리에도 반하는 협착한 편견에 불과함을 알 수 있다. '모든 것이 변화무상하다'는 진리만이 불변이듯, 덕에 따라 천명이 옮겨가는 원리만이 항상 불변인 것이다.

5. 西周 시기 천명과 천벌재이 사상

商湯이 夏桀을 방벌하며 내세운 천명론과 천벌재앙론은, 殷·周 교

23 尙書, 微子: "天毒降災, 荒殷邦. 方興沈酗于酒.… 今殷民 乃攘竊神祇之犧牷牲. 用以容將食無災. …商今其有災, 我興受其敗. 商其淪喪 我罔爲臣僕."

체기에 周가 殷紂를 방벌한 역성혁명을 정당화하는 사상이론으로 답습된다. 尙書 牧誓편은 바로 무왕이 紂를 정벌하는 이유를 밝힌 출사표이고, 酒誥편은 殷民이 술에 탐닉해 멸망한 역사 교훈을 강조하고 있다. 즉, 殷의 紂가 酒池肉林과 女色에 빠져 악독한 죄인들을 거느리고 백성들에게 虐政과 酷刑을 일삼았기 때문에, 武王이 天命을 받들어 天罰을 대행한 것이라고 설명한다.[24] 이러한 정신은 周 무왕이 紂를 토벌하러 출정하는 泰誓에서 새삼 확인하고 있다.

> "지금 商王 受가 上天을 공경하지 않아 천하인민에게 재앙을 내렸다. 주색에 빠져 포학무도를 감행해, 광범위한 연좌제로 잔인한 형벌을 자행하고, 궁실·누대·연못·사치복장 등 호화생활로 만백성을 잔혹하게 해치며, 선량한 충신을 불로 지지고 임신부 배를 갈라, 皇天이 진노해 우리 문왕한테 엄숙한 天威를 실행하도록 천명을 내렸으나, (문왕께서는) 미처 위대한 공훈을 이루지 못하였다."[25]

이러한 기본 논조로 역성혁명을 정당화하는 천명론은 이후 맹자를 비롯한 정통 유가에 기본 철학사상으로 전승된다. 그런데 周初 통치자들은 이러한 前代의 역사적 사실을 원용하여 자신의 혁명을 정당화하는 합리적 필연성의 근거로 제시한 점이 매우 특징적이다.

예컨대, 周가 새 도읍을 건설한 뒤, 이주를 반대하고 원망하는 殷의 유민들에게 다음과 같이 경고한다. 즉, 하늘이 殷에게 큰 재앙을 내려, 周한테 하늘의 위업을 받들어 천벌을 행하도록 명령했으니, 殷의 멸망은 천명에 의한 것이므로 周를 원망하지 말고 오히려 하늘의 뜻을 경외해야 한다. 이는 마치 夏가 음란포학으로 천명을 상실함으로써, 殷

---

24 尙書, 牧誓편 "今商王受–" 및 酒誥편 전반 내용을 참조.

25 尙書, 泰誓上: "今商王受, 弗敬上天, 降災下民. 沈湎冒色 敢行暴虐. 罪人以族 官人以世. 惟宮室臺榭陂池侈服 以殘害于爾萬姓. 焚炙忠良 刳剔孕婦. 皇天震怒 命我文考 肅將天威 大勳未集."

의 선조인 成湯이 혁명한 것과 같은 이치다. 이는 殷의 역사 典籍에도 명백히 기록된 사실로, 천명을 받든 혁명은 周가 처음 수행한 자의적 폭력이 결코 아니다. 따라서 周의 새로운 통치에 복종함이 천명에 부합하며, 이에 순응하지 않으면 마땅히 천벌을 받게 된다고 말한다.[26] 또 周公은 제후국, 특히 殷의 후예들에게 마찬가지 역사교훈을 거론하면서 천명과 周의 통치에 순종하라고 경고했다.[27]

여기서 주목할 사실은, 천명과 천벌의 궁극 근원이 맹목적 숙명론적인 하늘의 恣意가 아니라, 인간의 주체적 의지적인 선악, 특히 백성에 대한 통치의 득실로 귀결함을 강조하는 점이다. 즉, 周의 혁명이 紂의 暴亂虐政으로 자초된 천벌임을 강조해 그 합리적 정당성을 부각시킨다. 그러면서도 한편으로 殷의 成湯이 夏桀을 혁명한 이래 帝乙까지 明德愼罰로써 천명을 향유한 역사적 사실은 매우 긍정 평가한다.[28] 시비선악에 대한 공평하고 균형 있는 객관적 평가기준을 분명히 제시함으로써, 殷 유민을 회유하고 포섭해야만 새 왕조의 통치기강이 안정될 수 있기 때문이다. 요컨대, 周初에 천명과 천벌 사상은 혁명에 의한 왕조교체를 합리화 정당화하는 天命移轉의 歷史觀으로서, 역사변천이 요구하는 시대적 산물이라고 할 수 있다.[29] 그리고 이점은 앞서 살핀 바와 같이, 商湯이 夏桀을 방벌해 역성혁명을 할 때도 똑같이 펼쳐진 선행학습이었고, 周는 그대로 계승해 복습·이행한 것이다. 사실, 周 武王이 殷을 붕괴시켰으나, 殷의 잔존세력은 상당히 컸고 문화수준도 오히려 周보다 높았으므로, 周가 殷 유민을 적절히 회유·제압하는 방법으로 殷의 상제신앙을 내세워 천명에 의한 거라고 선전한 정치적 수

26 尙書, 多士편이 바로 그러한 요지의 내용이다.
27 尙書, 多方편의 내용이 그것이다.
28 尙書, 多士편과 多方편 내용 참조.
29 任繼愈 主編, 中國哲學發展史(先秦篇), 1983, 97-100면 참조.

단성도 다분한 편이다.[30]

그러나 周의 천명이론은 殷의 멸망과 자신의 혁명을 정당화하는 데서 만족하지 않고, 자손들한테 이를 교훈삼아 왕업을 계승·유지하도록 경고하는 역사적 귀감으로까지 발전한다. 다시 말해서, 과거의 역사적 영광을 찬미하는 합리화와 함께, 미래의 발전적 계승을 지향하는 이념화를 동시에 일관해 함축한다. 어린 成王 대신 섭정했던 周公이 成王과 제후들에게 이러한 천명이전의 역사적 교훈을 특히 강조한다. 周가 비록 천명을 받들어 殷을 혁명하여 維新 創業하였지만, 천명을 상실해 멸망한 殷도 처음에는 천명을 받아 夏를 혁명하였고, 夏 또한 일찍이 천명에 순응해 천하를 얻었지만 후에 이를 거역해 혁명당한 역사적 사실을 간과해서는 안 된다. 반복되는 역사 속에서 교훈삼아야 할 것은, 德을 쌓으면 천명을 얻고 덕을 잃으면 천벌을 받는다는 불변의 진리다.[31]

따라서 일단 받든 천명을 계속 이어서 천하를 통치하기 위해서는, 德政을 행해 民心을 잃지 않아야 한다. 周公이 왕과 제후에게 거듭 훈계하는 敬德恤民과 明德恤罰이 바로 그것이다. (이러한 기풍은 조선왕조 개국 초기에 용비어천가로 계승되기도 했다.)[32] 특히 殷 유민을 포

---

30 鄭日童, "先秦에 있어서 讖緯的 경향과 논리적 구조에 대하여", 사총 57, 2003, 79면 참조.

31 尙書, 召誥편의 주요 내용이 그것이다. 제1장 주5 참조.

32 주지하듯이, 朝鮮이 高麗를 역성혁명한 후 자신들의 개국창업을 周의 고사에 빗대 자화자찬하며 송축한 용비어천가에도 보면, 마지막에 자손들의 공경근신을 신신당부하는 비슷한 경종 誥詞가 나와 눈길을 끈다. "천세 우희 미리 정ᄒᆞ샨 한슈 북에 累仁개국ᄒᆞ샤 卜年이 ᄀᆞᇫ업스시니 성신이 니ᅀᆞ샤도 경천근민ᄒᆞ샤ᅀᅡ 더욱 구드시리이다 님금하 아ᄅᆞ쇼셔 낙수예 산행가이셔 하나빌 미드니잇가" 조규익, "용비어천가의 시경 수용 양상-史詩적 본질과 天命담론", 우리문학연구 60, 2018, 157-197면 참조.

섭·회유하여 周의 새로운 인민(新民)으로 교화하는 일은 周 王室의 안정과 통치기강의 확립을 위한 필수불가결한 선결요건인데, 이를 위해서는 明德恤罰보다 더 훌륭하고 효율적인 방편이 없다.[33] 창업도 쉽지 않지만 守成은 더욱 어렵다는 말이다. 천명은 얻기도 어렵지만 변화무상하여 유지하기도 쉽지 않다는 '天命不易'의 명제로 정형화한다.[34] 이는 皇天이나 天道가 사사로이 친함이 없이 오직 善과 德에 더불어 준다는 명제와 실질상 같은 의미다.[35]

한편, 시경에도 천명과 천벌로서 재이에 관한 내용이 나온다.[36] 가장 긴 詩인 閟宮은 魯 僖公이 淮夷를 정벌한 뒤 개선해 종묘에 고한 제례를 인연으로 조상 대대로 이어온 공덕을 찬송한 樂歌이다.

"신비한 궁실종묘 청정하니, 널찍하고 견실하며 섬세하여라! 혁혁한 시조모 姜嫄, 그 德 간사하지 않아, 오직 上帝를 믿고 의지해, 災난 없고 害악 없어, 열 달 차서 지체 없이 后稷을 낳으셨네. 상제께서 후직한테 百福(백곡) 내리시어, 기장과 고량 선후로 익어가고, 콩과 보리 때맞춰 차례로 파종하더니, 마침내 천하국가를 다스려 인민들 농사를 가르쳐 도왔네. 기장도 있고 고량도 있고, 벼도 있고 흑기장도 있어, 마침내 천하 영토를 다스려 禹임금 공적을 이어받았네."[37]

---

33 尙書, 康誥·召誥·君奭편의 요지가 모두 그 내용이다.

34 예컨대, 尙書, 大誥: "天命不易"; 康誥: "惟命不于常"(左傳 襄公23년과 大學에 인용), 大誥: "天命不易"; 君奭: "天命不易 天難諶. … 天不可信."; 詩, 大雅, 文王·大明편과 周頌, 敬之편에도 나온다.

35 左傳, 僖公5년: "皇天無親, 惟德是輔."; 國語, 晉語6: "天道無親, 惟德是授."; 老子 79장: "天道無親, 常與善人."

36 王先謙, 詩三家義集疏, 中華書局, 1987년 제1판; 高亨, 詩經今注, 上海古籍出版社, 1980년 제1판; 金啓華, 詩經全譯, 江蘇古籍出版社, 1984년 제1판 참조.

37 詩, 魯頌, 閟宮: "閟宮有侐, 實實枚枚. 赫赫姜嫄, 其德不回, 上帝是依, 無災無害, 彌

여기서 周 왕조 시조가 夏 왕조 초기 농사를 담당한 후직임을 밝혀 가계혈통의 도덕적 정당성 및 애민공덕을 천명함과 동시에, 후직의 탄생이 그 모친 강원의 순후한 덕성과 상제 뜻(천명)에 순응함에서 비롯하여, 아무 탈이나 재해가 없이 天人共讚하는 상서로운 복덕으로 결국 후손들의 周 왕조 개국까지 발전했음을 찬송하고 있다.

한편, 서주 말에 이르면 천재지변을 한탄하는 시가 등장한다. 大雅 雲漢 시는 유왕 직전 宣王(전827-전782)이 해마다 이어진 혹심한 한발 재해를 맞아 심각한 우환의식에서 천지신명께 비를 간구하는 기우제를 묘사한다. 하늘이 喪亂을 내려 기근이 펍진하는 대가뭄은, 8장 시구 중 6장 모두에 "한발 이미 크게 심각하니(旱旣大甚)"란 후렴을 되풀이할 정도로 혹독했다.

毛詩 序에는, "雲漢은 宣王이 厲王의 업적을 이어 撥亂 의지를 품고, 재해를 당해 두려움에 몸을 뒤척이며 수행해 해소하려고 노력하자, 친하 인민이 王 교화가 다시 정상 시행됨을 기뻐해, 백성들 우려를 사념하며 찬미하는 시를 지었다."고 적었다.[38]

허나 西周 마지막 幽王(전781-전771)에 이르러 포사와 간신들 농간으로 포학무도한 혼란 속에서 온갖 천재지변이 일어나며 민생이 도탄에 빠지자, 우국충정과 인민원망을 토로한 시가가 유언비어와 함께 많이 떠돌았다. 그 대표로 손꼽히는 시들 가운데, '正月' 시는 오뉴월 한여름에 무서리가 내리는 천재지변에 민심이 우환상심에 잠겨 무성한 유언비어가 떠도는 세태를 묘사하면서, 이렇듯 포학무도한 혼란정국은 "혁혁한 주 왕실을 褒姒가 멸망시키는" 거라고 탄식한다.[39]

月不遲, 是生后稷. 降之百福, 黍稷重穋, 稙穉菽麥, 奄有下國, 俾民稼穡. 有稷有黍, 有稻有秬, 奄有下土, 纘禹之緒."

38 "雲漢, 仍叔美宣王也. 宣王承厲王之烈, 內有撥亂之志, 遇災而懼, 側身脩行, 欲銷去之. 天下喜於王化復行, 百姓見憂, 故作是詩也."

또 召旻 시는 유왕 때 간신과 褒姒에 빠져 혼미하고 포학무도한 혼란정국 속에서 엄중한 천재지변과 犬戎의 침범으로 나라가 장차 멸망하리라는 우환과 개탄을 노골로 읊조린 노래인데, 여기에 '災異'에 관한 생생한 묘사가 드러난다.

"높은 하늘 날쌔고 무서워라, 하늘이 지독한 喪亡 내리시어, 우릴 饑饉으로 미치게 하니, 인민들 죄다 유랑 망명해 우리 땅 변경까지 황폐하네. / 하늘이 죄 그물(罪罟) 내리시니, 버러지 같은 정치도적들 내홍에 빠져 혼미한 정국 극심해 무너져 내릴 듯 간사한 무리 진실로 우리나라 망치네. / 완고한 무지몽매 간신배들 자기 허물 모르니 전전긍긍 두렵기만 하네. 얼마나 오래 안녕을 잃었던가? 우리 처지 비참하기 그지없네. / 저토록 가뭄 극심해 초목들 제대로 자라지 못하니, 저렇게 말라비틀어져 꺾인 곡식처럼 내 보아하니 이 나라도 무너져 내리지 않을 수 없으리! / 옛날 부귀한 자 지금처럼 나쁘지 않았고, 지금 빈곤한 자도 이처럼 막심할 수 없지. 저들 인민은 목구멍 풀칠도 어려운데 이들은 기름지게 먹네. 어찌 스스로 무너지지 않고 이 상황 연속 이어지나? / 연못 고갈하니, 변두리부터 마르지 않던가? 샘물 고갈하니 한 가운데부터 마르지 않던가? 넓게도 퍼지네 이 해악! 이 상황 더욱 커지니 내 몸까지 재앙 미치지 않겠나? / 옛 先王 천명 받으심에 召公 같은 분은 매일 나라를 百里씩 넓혔는데, 지금은 매일 나라가 백리씩 줄어드네. 오호애재라! 지금 사람들 옛 사람만 훨씬 못하네!"[40]

---

39 詩, 小雅, 正月: "正月繁霜, 我心憂傷, 民之訛言, 亦孔之將. 念我獨兮, 憂心京京, 哀我小心, 癙憂以痒. …赫赫宗周, 褒姒威之. …"

40 詩, 大雅, 召旻: "旻天疾威, 天篤降喪, 瘨我饑饉, 民卒流亡, 我居圉卒荒. 天降罪罟, 蟊賊內訌, 昏椓靡共, 潰潰回遹, 實靖夷我邦. 皐皐訿訿, 曾不知其玷, 兢兢業業, 孔塡不寧, 我位孔貶. 如彼歲旱, 草不潰茂, 如彼棲苴 我相此邦, 無不潰止. 維昔之富不如

여기서 '죄 그물(罪罟)'은 老子가 말한 '天網'과 같은 뜻으로, 후대 자연법적 '法網'과 같은 개념으로 이해할 수 있다. 또, '不烖我躬'에 '烖'는 '災'와 같은 뜻으로 동사로 쓰여, 왕의 혼미한 주색 탐닉과 간신의 정권농락이 천재지변의 자연재해와 외적침입의 인위우환을 동시다발로 초래하는 천인감응의 본질현상을 직감으로 탄식하는 우환의식의 발로이다.

특히 유왕6년(전776, 乙丑) 시월 초하루 일식·월식과 지진·山崩·하천범람 등 거대한 천재지변이 발생해 인민의 비애상심으로 엄청나게 흉흉한 세태를 노래한 '十月之交' 시는 점입가경 진면목을 보여준다. 이 詩는 먼저 十月 초하루 朔 辛卯일에 매우 추악한 日食이 생겨 달과 해가 모두 희미하니 인민들 비애와 상심이 막심함을 묘사하고, 日月운행이 흉악함은 사방국가에 善政이 없기 때문인데, 月食은 초하루 평상모습이지만 일식은 무슨 불선 때문인가 의아해 하며, 요란한 뇌성벽력으로 안녕치 못하고 모든 하천이 비등해 범람하며, 산이 무너져 내려 높은 언덕이 골짜기가 되고 깊은 계곡이 구릉 되는 천재지변에, 인민들이 어찌 참담해 경각하지 않겠느냐고 탄식한다. 이어 당시 집권자 皇父 무리들의 온갖 추악한 권력농단을 근본원인으로 적시해 질타한 다음, 정직한 관리인 시인 자신의 신세한탄을 이렇게 술회한다.

"근면히 공무에 종사해도 감히 수고로움을 말할 수도 없고,
죄도 없고 허물도 없으면서 억울한 비방 구설수만 요란히 이니,
아래 서민들 요사한 재앙(孽)은 하늘서 떨어진 게 아니라,
면전에서 희희락락하고 돌아서서 증오하는 인간들 때문이네!"[41]

時, 維今之疚不如茲, 彼疏斯粺, 胡不自替, 職兄斯引? 池之竭矣, 不云自頻? 泉之竭矣, 不云自中? 溥斯害矣, 職兄斯弘, 不烖我躬? 昔先王受命, 有如召公, 日辟國百里, 今也日蹙國百里. 於乎哀哉! 維今之人, 不尙有舊."

41 詩, 小雅, 十月之交: "十月之交, 朔日辛卯, 日有食之, 亦孔之醜. 彼月而微, 此日而

이러한 詩들은 비록 작가를 구체로 특정할 수 없이 민심 전반의 시대상을 반영하는 民歌지만, 그 詩境은 앞서 殷末에 箕子가 은의 멸망 조짐을 한탄하며 읊조린 우환의식과 다를 바 없다.

특히, "한 아낙이 원한을 품으면 오뉴월에 서리가 날린다.(一婦含怨, 六月飛霜.)"는 속담처럼,[42] 특이한 천재지변은 인간사회 부정부패 및 포학무도한 혼란정국과 밀접히 상호관련성이 있다고 보는 전통 천인감응의 당연한 소치다. 특히 일식·월식은 음이 양을 덮어 가리는 자연현상으로 인간사회에 소인배가 득세해 정인군자를 핍박 구축하는 정치세태와 밀접히 관련지어 해석했다. 이는 단순한 미신으로 치부하기보다는, 인도나 서양에 고금 점성천문학에서도 일식·월식 때는 해·달의 인력 증강 및 태양에너지의 일시적 차폐로 초래한 우주 천체 에너지의 균형상실이 소우주인 인간의 심리 및 정신·신경 계통에 부정적 영향을 미칠 수 있다는 해석과도 부합하므로, 시대적 한계를 감안해 온고지신의 현대적 합리해석이 필요해 보인다.

6. 춘추전국시대 천명론과 정치도덕상 의미

한편, 周 王室의 宗主 통치권이 사실상 붕괴하고 제후들의 실력쟁패가 노골화하기 시작한 춘추시대에 이르면, 周初에 혁명을 정당화한 천명론은, 유덕한 제후한테 패권을 수여하고 부도덕한 자한테 재앙을

微, 今此下民, 亦孔之哀./ 日月告凶, 不用其行, 四國無政, 不用其良. 彼月而食, 則維其常, 此日而食, 于何不臧?/ 爗爗震電, 不寧不令, 百川沸騰, 山冢崒崩. 高岸爲谷, 深谷爲陵, 哀今之人, 胡憯莫懲?/… 黽勉從事, 不敢告勞, 無罪無辜, 讒口囂囂. 下民之孽, 匪降自天, 噂沓背憎, 職競由人./…"

42 구체 표현은 조금씩 다르지만, 朝鮮王朝實錄 原文에 "~六月飛霜" 격언속담 인용이 무려 31회다. https://sillok.history.go.kr/search/searchResultList.do

부과한다는 관점으로 전환한다. 앞서 소개한 여러 학자의 연구학설에서 언급한 것처럼, 尊周攘夷로 왕실을 보필해 제후를 통솔할 패권의 귀속과 관련해 특별히 천명을 거론하는 것이다. 물론 전국시대에 이르면 각 제후국들이 독자적 권력으로서 생사존망을 걸고 겸병전쟁에 몰입해, 오로지 누가 周를 대신해 천하를 통일 지배할 천명품수자인지 각축을 일삼았고, 이때 시대적 발전변화에 따라 지금까지 '천명'론은 '천도'론으로 명분이론상 전환을 보인다.

예컨대, 춘추5패 중 두 번째 패권을 차지하게 될 晋 왕자 重耳(후에 文公)가 내란으로 망명하여 鄭에 이르렀을 때, 鄭 文公이 무례하게 푸대접하자, 한 신하가 그 신분 및 덕행이 장차 晋國을 중흥시킬 것임을 알고, '하늘이 이끌어 주는 바는 인간이 미칠 수 없다'며 그를 예우하도록 충간한 적이 있다. 이어 晋 重耳가 楚에 이르자, 한 신하가 중이를 살해해 후환을 미리 없애자고 말하자, 成王은 '하늘이 장차 홍성시키려는 사람을 누가 감히 폐할 수 있느냐?'고 도리어 호통 치고, 하늘을 거역하면 반드시 재앙을 받을 것이라고 경계하며 후대하였다.[43] 또 楚 莊王이 宋을 포위했을 때, 晋 景公이 이를 구원하려고 하자 신하가 만류했다. 천명이 바야흐로 楚에 수여되고 있으므로, 그와 다툴 수 없다는 이유였다. 비록 晋이 강성하긴 하지만 하늘을 거슬러서는 안 된다는 것이었다.[44] 이밖에 하늘이 이끌어 주는 자는 10세대 이상 쇠퇴하지 않는다는 말도 있다.[45] 이들은 모두 덕과 실력을 갖춘 제후가 패권을 쥐는 것이 곧 하늘 뜻임을 강조하는 언론들이다.

이와 반대로, 덕과 실력이 없는 자는, 하늘이 돕지 않아 환란과 패망의 운명에 처하게 된다. 하늘이 버리는 자는 누구도 일으켜 세울 수

---

43 左傳, 僖公23년: "臣聞天之所啓, 人弗及也.…天將興之, 誰能廢之? 違天, 必有大咎."
44 左傳, 宣公15년: "天方授楚, 未可與爭. 雖晉之强, 能違天乎?"
45 國語, 晉語4: "天之所興, 誰能廢之?"; 鄭語: "天之所啓, 十世不替."

가 없는데, 우선 당장은 작은 일을 성취해 기뻐할지 모르지만, 장기적으로 반드시 큰 우환이 뒤따라 멸망에 이르게 된다.[46] 따라서 하늘이 지지하는 자는 무너뜨릴 수 없으며, 반대로 하늘이 무너뜨리는 자는 지탱할 수 없다.[47] 결국 제후 국가의 흥망성쇠도 하늘의 명에 달린 것이다.[48] 그래서 衛가 晋 文公에게 정벌당한 것이나, 鄭이 晋과 楚의 양 강대국 사이에 끼어 진퇴양난의 곤경에 처한 경우 등은 天禍라고 탄식하기도 한다.[49] 물론 하늘의 재앙이 까닭 없이 무원칙으로 자행되는 것은 아니다. 하늘이 인간의 죄를 분명히 알아서 벌을 내리는데, 그 죄란 天道를 어기고 天命을 거스르는 행위다.[50]

특히 주목할 점은, 이러한 천명과 천벌이 국가 최고통치자로서 군주에 집중해 강조된다는 사실이다. 이는 신하나 백성과 달리, 국법의 구속을 받지 않는 군주가 유아독존 절대 권력으로 자칫 범하기 쉬운 자의·방종을 제약하는 견제장치에 해당한다. 특히, 周 天子의 宗主權이 사실상 와해한 춘추 이후에는, 제후의 부도덕과 不義를 제재할 사회적 권위조직이 더 이상 존재하지 않게 되었다. 오직 대의명분을 앞세운 실력만이 패권의 향방을 가늠하는 유일한 지표가 되다시피 했다. 따라서 周禮의 지배는 물론, 스스로 발포하는 법령의 구속으로부터 자유로운 제후가, 인간 실정법의 死角地帶에서 안일과 방종을 자행하지 못하도록 구제하는 방법은, 다만 그보다 더 근원적인 절대적 자연법

46 左傳 襄公23년: "天之所廢, 誰能興之?" 國語, 吳語: "夫天之所棄, 必驟近其小喜, 而遠其大憂. …其亡之也, 亦有以棄之."

47 國語, 周語下: "天之所支, 不可壞也. 其所壞, 亦不可支也."

48 左傳, 成公16년: ""國之存亡, 天也."; 國語, 晉語6: "國之存亡, 天命也."

49 左傳에는 僖公28년: "天禍衛國, 君臣不協, 以及此憂也."; 襄公23년: "天禍鄭國, 使介居二大國之間, 大國不加德音, 而亂以要之." 좌전에 '天禍'가 총 7회 나온다.

50 國語, 吳語: "天若不知有罪, 則何以使下國勝?"; 周語下: "水火之所犯, 猶不可救, 而況天乎?"

칙으로서 천도와 천명, 그리고 천벌이라는 규범체계를 도입하는 길뿐일 것이다. 예컨대, 신하가 국법을 어기거나 불충한 경우에는 군주의 형벌을 받지만, 군주가 부당하게 인민을 살상하거나 괴롭히면 하늘의 재앙을 당한다는 것이다. 더욱 중요한 점은, 군주의 형벌은 고작해야 개인적 사형에 그치지만, 하늘의 재앙은 후손이 없어 대가 끊기는 종족적 중벌이라고 강조되는 사실이다.[51] 그래서 군주는 하늘을 두려워할 줄 알아야 하며, 禮로써 천도에 순응하여 인민을 잘 보살피는 길이 국가와 통치권을 확고히 유지하는 방도가 된다.[52]

공자는 이러한 天命論을 개인의 도덕인격 수양에 궁극이상으로 삼았다. 스스로 50세에 천명을 알았다고 말하는 그는, 천명을 아는 것이 군자의 기본 전제조건이라고 규정한다.[53] 군자가 천명을 알게 되면 자연히 이를 두려워할 줄 알기 때문에, 이를 어기거나 속이는 일은 생각조차 할 수 없게 된다. 사실 일반인들이 천명과 이를 알아 가르쳐 주는 성인의 말을 두려워하지 않고 오히려 업신여기는 것은, 바로 천명을 모르기 때문에 범하는 어리석음의 소치다.[54] 그래서 공자는 "하늘에 죄를 얻으면 빌 곳이 없다."고 지극한 경외를 토로한다.[55] 사실 공자는 천명을 알고 두려워할 뿐만 아니라, 하늘의 뜻과 도덕에 합치하

---

51 國語, 晉語3: "不謀而諫, 不忠; 不圖而殺, 不祥; 不忠, 受君之罰. 不祥, 罹天之禍; 受君之罰, 死戮; 罹天之禍, 無後."

52 左傳, 文公15년: "禮以順天, 天之道也. 己則反天, 而又以討人, 難以免矣. 詩曰: '胡不相畏?不畏于天.' 君子之不虐幼賤, 畏于天也. 在周頌曰: '畏天之威, 于時保之.' 不畏于天, 將何能保?"

53 論語, 爲政: "五十而知天命"; 堯曰: "不知命, 無以爲君子也."

54 論語, 季氏: "君子有三畏: 畏天命, 畏大人, 畏聖人之言. 小人不知天命, 而不畏也. 狎大人, 侮聖人之言."; 子罕: "吾誰欺? 欺天乎?"

55 論語, 八佾: "王孫賈問曰: '與其媚於奧, 寧媚於竈, 何謂也?' 子曰: '不然! 獲罪於天, 無所禱也.'"

여 천인합일의 경지에 든 성인으로 보인다. 당위의 예법에 머무는 것이 아니라, 존재의 법칙 天道·天德의 경지에 노닌 것으로 보인다. 제자 자로한테 "내가 '아니다'고 부정하는 바는 하늘도 싫어한다, 하늘도 싫어한다!"고 거듭 반복해 맹서하듯 천명한 것이다.[56]

어쨌든, 小人이 天命을 몰라 경외하지 않고 大人을 업신여기며 聖人의 말씀을 모욕하는 어리석은 짓은, 보통사람이 道를 들으면 크게 비웃는다는 老子 말과 일맥상통한다.[57] 이는 天命과 天道가 본질상 별로 다르지 않고 실질 내용상 상통함을 알려주는 반증이기도 하다. 즉, 공자는 의지적 주재자의 개념에서 천명을 말하는데, 老子는 객관적 자연법칙의 관점에서 천도로 표현함이 다를 뿐이다. 그리고 시대적 변화 추세로 보면, 공자는 夏·殷·周 삼대 이래 인격적 의지의 천(上帝)을 바탕으로 한 전통적 '天命'관에 주로 기초해 周禮를 근간으로 하는 사회질서 회복유지를 희망했다면, 老子는 객관적 규율원리로서 무위자연의 천에 기초한 도(덕)론을 펼쳐 춘추말 전국시대에 새로운 천도관 내지 도론관의 일반보편화를 주도한 점이, 각자 서로 다른 '천명'을 수행한 차이로써 나타났을 것이다.

7. 천명관의 역사철학적 우주적 연원 가능성

우리나라 단군신화나 유태인의 성경, 그리고 그리스로마신화처럼 세계 각지에 天孫 신화가 참 많고, 그에 대한 연구는 부지기수로 많다.[58] 공통 특징은 민족의 자긍심을 고취하기 위한 選民의식이 강하여,

56 論語, 雍也: "子見南子, 子路不說. 夫子矢之曰: '予所否者, 天厭之! 天厭之!'"

57 老子 제41章: "下士聞道, 大笑之, 不笑不足以爲道."

58 糸滿 盛信, "天孫降臨考", 國學院雜誌 67-6(1966), 90-99면; 高藤 晴俊, "古事記"天孫降臨段"考", 國學院雜誌 72-8(1971), 2-23면; 왕희자, "한·일 양국 天孫降

심한 경우 독선적 배타적 민족우월주의까지 표출한다는 점이다. 우리 단군신화도 국가민족이 존망 위기나 극심한 시련에 당하여 민족정신의 고양을 위해 역사적 사명을 적극 수행한 것은 사실이나, 다행히 독선적 배타성의 폐해는 별로 기억나지 않는 편이다.

先秦 시대 천명관의 전개를 통관하면서, 문득 천명관의 역사철학적 연원이 세계 각지에 보편 전승하는 天孫 신화와 밀접한 관계가 있을까? 라는 영감이 든다. 어쩌면 우주적 연원이 있을지도 모른다. 갑자기 무슨 말인가? 의아할지도 모르겠다. 그렇다. 우리 지구상 인류는 너나 할 것 없이, 모든 민족이 시초에는 하늘에서 내려와 정착한 우주적 연원을 가지는지 모른다. 상세히 논증하기에는 아직 턱없이 부족하지만, 우선 간략히 몇몇 근거 자료를 제시해보겠다.

商(殷)이 우리와 같이 단군 후예로 동이족임은 거의 분명하다. 紂가 죽고 은이 망한 뒤 기자가 조선으로 가서 팔조법금으로 다스린 사실은, 자기 종족의 본거지로 회귀함을 뜻한다. 아무 연고도 없는 망국유민이 무슨 능력으로 어떻게 곧장 통치권을 장악할 수 있단 말인가? 근대 중국 사학자 傅斯年도, 金이 망한 뒤 원래 混同江변 女眞族으로 귀환하고, 元이 망한 뒤 蒙古族 고토로 복귀했듯이, 箕子도 殷 先王의 본거지 朝鮮으로 귀향한 것일 뿐이라고 아주 적확히 평했다.[59] 朝鮮이

臨 신화 비교 고찰", 비교한국학 10.1(2002), 185-203면; 김종성, "성경의 세계관과 상고시대 천손민족의 세계관", 국학연구론총 4(2009), 1-23면; 김광린, "한중일 삼국의 천손문화와 평화사상", 선도문화 11(2011), 97-129면; 김상규, "古事記의 構想-天孫의 婚姻과 壽命神話", 동북아시아문화학회 국제학술대회 발표자료집, (2019), 131-134면.

59 傅斯年, 夷夏東西說(1933): "紂殁後, 殷人以亡國之余, 猶得憑箕子以保朝鮮, 朝鮮如不早在其統治之內, 甚難以亡國余燼, 遠建海邦. 然則箕子之東, 只是退保遼水之外, '從先王居'而已, 猶之金亡後猶在混同江邊保其女眞族, 元亡後猶在漠南北保其蒙古族." https://www.douban.com/group/topic/31275999/?type=rec&_i=8025582FPdQJwc

세력을 확장해 殷을 세워 중원을 지배하다가 시운이 다해 철수한 것이다. 周도 본디 동이족임은 중국 정사인 晉書에만 무려 5곳이나 분명한 문자기록으로 전해진다.[60]

殷商이나 周나 자신들을 하늘의 자손으로 여기고 천명에 대한 지극한 자부심으로 왕조 통치권을 유지하려고 노력한 마음과 정신은, 어쩌면 단군 신화를 공유한 동이족으로서 당연한 道統·法統의 문화유전자 덕분인지도 모른다. 개국창업 초기에는 천명의 영광을 송축하면서 천명무상의 가변성으로 왕권을 계승할 후손들에 경종을 울리다가, 국운이 다한 말년에는 부덕한 자가 나와 천명의 절대성과 항상성을 과신해 포학무도를 자행하다가 결국 역성혁명으로 천명을 고스란히 잃기도 하였다.

최근 인류학적 연구보고에 따르면, 아프리카 도곤 부족은 시리우스 별로부터 왔다는 전설이 내려온다고 한다.[61] 또 고대 인도에 오래된

박문기, "솟대문화와 천손민족", 대한기계학회 춘추학술대회, 2006.3, 4-9면.

60 晉書, 卷52 列傳第22, 華譚: "秀異固産于方外, 不出於中域也. 是以明珠文貝, 生於江､鬱之濱; 夜光之璞, 出乎荊、藍之下. 故以人求之, 文王生於東夷, 大禹生於西羌. 子弗聞乎? 昔武王克商, 遷殷頑民於洛邑, 諸君得非其苗裔乎?"; 晉書, 卷63 列傳第33, 邵續: "周文生於東夷, 大禹出於西羌, 帝王之興, 蓋惟天命所屬, 德之所招, 當何常邪?"; 晉書 卷101, 載記第1 劉元海(劉淵): "夫帝王豈有常哉, 大禹出於西戎, 文王生於東夷, 顧惟德所授耳."; 晉書 卷108, 載記第8 慕容廆: "君中州大族, 冠冕之餘, 宜痛心疾首, 枕戈待旦, 柰何以華夷之異, 有懷介然. 且大禹出於西羌, 文王生於東夷, 但問志略何如耳, 豈以殊俗不可降心乎!"; 晉書 卷117, 載記第17 姚興上 : "琳琅出於昆嶺, 明珠生於海濱, 若必以地求人, 則文命大夏之棄夫, 姬昌東夷之擯士. 但當問其文彩何如, 不可以區宇格物."

61 관련 정보를 확인할 수 있는 자료로, Roberts Allen F. "The Serious Business of Dogon Cosmology A Review of: The Pale Fox by Marcel Griaule and Germaine Dieterlen (Book Review)" Archaeoastronomy: 148.
https://mysteriesrunsolved.com/ko/2018/01/dogon-tribe-their-visitors-star-sirius-nommos.html

종교·신앙 전통을 계승한 것인지 모르지만, 佛經에 의하면, 부처님은 지구상 인류 기원이 광음천에서 지구에 소풍 나온 天人(천상인간)들이 향긋하고 부드러운 달콤한 地皮를 많이 찍어먹은 탓에 빛(광명)의 몸에 살이 생겨나 肉重해진 까닭에 다시 천상으로 날아올라가지 못하고 지상에 정착한 데서 비롯했다고 설한다.[62] 앞으로 관심 있는 분들의 확대심화 연구를 기대한다.

8. 맺음말

지금까지 동아시아 전통 천명관의 원류를 알아보기 위하여 先秦 시대 천명관의 전개추이를 대강 살펴보았다. 먼저 '천명'이 포함하는 개념을 나름대로 정리한 다음, 이어 근래 사회주의 중국에서 개혁개방 전후에 나타난 학술연구상 중대한 획기적 변화를 감지해 대표적 논문을 몇 편 요약 정리해 소개하면서 핵심 관건을 지적하였다. 20세기까지는 주로 마르크시즘 유물론에 충실하게 종교신앙은 통치수단으로서 도구성만 강조해 부정 측면을 강하게 부각하더니, 개혁개방 사회주의 시장경제 민주법제의 확산으로 21세기 들어서는 종교·학술에도 자유로운 생기가 나타나는지, 인민의 건전한 정신을 마비시키는 아편 같은 마약으로서 종교를 죄악시하던 이데올로기에서 과감히 벗어나, 인류 역사문화 발전에 공헌한 종교의 건전한 긍정적 순기능도 중시해, 객관 공정의 관점에서 선진 천명관을 새롭게 조망하는 학자와 연구들이 부쩍 등장하여, 주목할 만한 획기적 전환으로 감지된다.

다음으로 고전문헌 원전의 내용분석을 중심으로, 필자 나름의 관점

62 佛說長阿含經卷第二十二, 後秦弘始年佛陀耶舍共竺佛念譯, 第四分世記經 世本緣品第十二; 起世經卷第十, 隋天竺三藏闍那崛多等譯, 最勝品第十二之餘; 起世因本經卷第十, 隋天竺沙門達摩笈多譯, 最勝品下 등의 내용 참조.

에서 殷·周·春秋·戰國 시기 천명관의 변천 흐름을 짚어보면서, 천벌로서 재이사상의 실마리를 약간 언급하고 특히 춘추전국 시기 천명관의 정치도덕상 의미를 분석·평가해보았다. 마지막으로 조금 거시적 관점에서 필자의 영감에 떠오른 화두로서, 천명관의 역사철학적 우주적 연원 가능성을 간략히 언급함으로써, 앞으로 관심 있고 유능한 분들의 확대심화 연구를 은근히 勸請·기대하면서 마무리했다.

선진 천명관은 漢 景帝 때 조정에서 儒-法 논쟁으로 획기적 전환을 맞이한다. 법가 대표 黃生이 '湯·武는 천명을 받은 것이 아니라, 弑逆한 것이다.'고 말하자, 유가 대표 轅固生이 부정하며, 桀·紂가 포학·음란해 천하 민심이 湯·武에게 귀순하므로, 부득이 천하인민과 함께 걸주를 주륙해 천자가 된 것이니, '천명을 받지 않았다면, 어찌 그러할 수 있겠는가?'라고 반문했다. 이에 황생이 '갓은 해져도 머리에 쓰며, 신발은 새것이라도 발에 신는다.'는 명분론을 내세우며, 걸·주가 부도덕해도 君上이고 탕·무는 성현일지라도 臣下이거늘, 신하가 忠諫으로 바로잡지 않고 과실을 빌미로 정벌해 왕위에 오른 게 弑逆이 아니고 무어냐고 따졌다. 말문이 막힌 원고생이 '자네 말대로라면 漢 高祖가 秦 대신 천자가 된 것도 그런가?'라고 맞받았다. 아닌 밤중에 홍두깨를 만난 景帝는 얼른 재치 있게, '고기 먹는데 말의 간을 안 먹는다고 맛 모르지 않듯이, 학자가 탕·무 혁명을 말하지 않아도 어리석지 않다.'고 얼버무렸다. 그 뒤로 누구도 감히 혁명과 시역을 따질 수 없었다.[63] 그렇게 2천년이 흘렀다.

"順天者는 存하고 逆天者는 亡한다"는 맹자 말처럼, 천명의 거역에 대한 천벌로서 천재지이(災異) 관념은 바로 다음에 이어진다.

---

63 史記, 卷121, 儒林列傳; 漢書, 卷88, 儒林傳의 轅固條. 졸저, 전통 중국법의 정신, 260-261면 참조.

제 3장 先秦시대 전통 災異觀

본고는 춘추 경전에 나오는 蟲害·큰물·가뭄·기우제·눈·우박·서리·日食·雷電·彗星·火災 등 주요 災異 기록들을 자세히 정리하면서, 先秦 시대 재이 현황과 기본 관념을 살펴본다. 漢代 위자 가능성에도 불구하고 선진 역사현실을 상당히 반영하는 禮記와 周禮의 내용을 중심으로, 천재지이의 사전 예방책과 사후 구제책도 소개한다. 天時에 순응하는 정치·권농 원칙으로서 月令은 재이의 예방과 농업 생산력 향상에 중요한 행정시책이자 사상이며, 천재지이의 사후 구제책도 민생안정을 위한 주요 정책이다.

이어 先秦 시대 인본주의 천인감응 災異觀을 춘추3傳 및 國語 등 여러 고전문헌자료에 기초해 두루 살펴본다. 전통 재이론의 최초 남상이자 기본원칙인 尙書 洪範九疇에 '庶徵' 내용을 소개하고, 이어 춘추시대 일반적 재이론을 살펴본다. 다음으로 천재지이는 아니겠지만 최악의 人災로서 전쟁재앙론을 넓은 범주로 살펴보고, 제후국 상호간에 평화공존과 안정질서를 위한 동맹서약과 환난상휼의 재이관과 함께, 그밖에 특별한 재이론도 소개한다. 아울러 제자백가의 적극적 전화위복 天論과 재이관도 대강 살펴본다.

현재 인류는 지구 생태계 전반에 걸쳐 전대미문의 극단적 기후위기와 환경재해로 생존을 위협받으며, 의식 및 행동에서 환골탈태의 혁명적 虎變·豹變이 필요한 획기적 전환기에 놓였다. 이런 때 溫故知新·

法古創新의 마음가짐으로 전통 역사철학의 지혜를 배우고 본받으려는 겸허한 자세가 필요하리라. 이런 문제의식에서 살펴본 선진시대 전통 재이관이, 인류미래를 위협하는 기후재앙 위기의 슬기로운 해결대책 강구에 보탬이 되길 바란다.

1. 머리글

수천년 인류 역사에서 산업혁명 이후 1-2백년 근대화 시기만큼 급격한 변화를 겪은 적이 없다. 눈부신 과학기술문명의 발전에 비례해 자연환경 훼손이 날로 극심해져, 최근에는 급속한 지구온난화로 해수면상승과 집중호우·태풍·가뭄·혹한·혹서 같은 온갖 이상기후가 지구촌 곳곳을 수시로 위협하고 있다. 게다가 빈발하는 강한 지진 및 화산폭발, 지자기장 급변으로 인한 지축이동과 혹성충돌 가능성까지 예측되어, 전 지구적 재난과 인류의 멸망에 가까운 대재앙까지 우려하는 예언(종말론)도 적지 않다. 천재지변의 총출연을 예고하는 듯싶다.

해마다 연말이면 '다사다난했던 올해'라는 표현이 단골로 등장하듯, 인류 역사상 천재지변 자연재해와 전쟁이 끊인 시기도 아주 드물 것이다. 더구나 지구과학 차원에서 보면, 생명을 멸종시킨 수준의 빙하기나 대홍수, 지축이동 같은 지극한 재앙도 주기적으로 되풀이해왔다고 한다. 시간상 공간상 객관적 비교대조를 떠나서, 인간은 주관적으로 자신이 현재 처한 재난 곤경이 가장 고통스러운 걸로 느낄 터이다. 오늘날 우리 인류도 온난화 등 지구적 재앙에 유난히 호들갑을 떠는 건지도 모른다.

중요한 것은 온난화 등으로 인한 자연재해에 근본 원인을 성찰하고 그 해결책이나 완화방도를 강구해 실천하는 인류의 지혜와 결단일 것이다. 불교에는 인류가 직면한 고통과 그 원인을 찾아 그 소멸(해탈·

열반)에 이르는 길(방법)까지 포괄하는 苦集滅道라는 四聖諦가 있다. 개개인 차원이든 인류 공동체 전체 차원이든, 생로병사·우비고뇌의 온갖 고통을 발본색원해 해탈열반의 즐거운 행복에 이르고자 하는 방법을 모색함이 가장 요긴하고 의미 있는 일이다. 요즘 흔히 말하는 '나비효과(butterfly effect)'가 아니더라도, 지구온난화로 인류 전체의 자연환경 훼손과 생태계 파괴로 인한 공통의 재앙(共業)들은 개개인의 삶과 생활(別業)에 깊숙이 영향을 미치기 마련이다. 삼라만상은 알게 모르게 서로 긴밀히 연관되어 있기 때문이다.

이러한 시대적 상황배경과 의미맥락에서, 하늘(자연환경)과 인간이 서로 긴밀히 연결되어 교감·반응한다는 천인감응 이론을 바탕으로, 천재지변과 자연재해의 근본 원인을 인간의 의지적 행동에서 찾아, 잘못을 바로잡고 원인을 해소해 천지자연에 긍정적 반응변화를 기대했던 고대 성현들의 반관성조 정신을 살펴본다면, 매우 유익하고 상당히 유의미한 교훈을 얻을 수 있을 것이다. 이러한 문제의식에서 본고는 동양 철학사상과 전통법문화에 보편으로 부각되는 선현들의 災異觀 전반을 고찰하고자 한다. 주된 자료와 대상은 詩書易 三經을 비롯한 先秦 古典과 제자백가, 특히 춘추경전에 나오는 災異관련 주요 기록·평론 등이 중심이 될 것이다.

근대화와 함께 들이닥친 서양의 과학기술문명과 합리주의는 물질세계의 현상에 작동하는 운동 원리에 치중한 나머지, 인간의 정신의지와 자연환경 사이에 교감작용 원리는 확인할 수 없는 미신으로 치부해 왔다. '지성이면 감천'이란 속담도, 서양 기독교나 이슬람교에서는 공통으로 확신하건만, 역시 확인할 수 없는 종교신앙으로 차치하며, 인간의 이성지혜로 추론·사유하는 합리주의 영역에선 배제한다. 그러나 현대 과학기술이 눈부시게 급속도로 발전하면서, 전형적인 형이상학에 들던 적외선과 자외선, 가청주파수 밖의 초음파 등의 실재를 확인하고 현상화에 성공함으로써, 未知의 영역이 已知로 드러나고, 불가지(불가사의) 영역도 점차 이해 가능한 사유관찰 영역으로 내려오게 되었다. 과학기술이 조금만 더 발달한다면, 머지않아 귀신의 존재를 포착해 확인할 수 있는 현상화(사진)에도 성공할지 모른다.

필자는 학문연구에 들어서면서부터 이러한 전통 철학사상을 의심할 나위 없이 저절로 믿고 받아들였지만, 인류의 집단지성이란 미명으로 회의주의 과학이성의 은산철벽에 가로막혀 홀로 내적으로 사색통찰만 해왔으나, 이제 이러한 시절인연을 맞이하여 공적인 학문교수를 마무리하기 전에, 조금이나마 세간 이성이 납득할 만한 근거 자료와 情理를 동원·구사해, 전통 천인감응이론에 기초한 災異觀의 본래 진면목을 되도록 쉽게 풀이해 보이고자 한다. 아무쪼록 전통철학사상과 법문화에 담긴 선현들의 정신지혜에서, 인류가 당면한 지구적 재앙의 슬기로운 해결에 한 줄기 밝은 희망의 빛을 발견해 절망을 헤쳐나갈 수 있기를 기대한다.

2. 춘추 경전에 주요 災異 기록

천명과 천도를 거역하는 죄에 대한 천벌의 구체적 표현으로 특별히 이론화한 것이 바로 '災異' 관념이다. '재이설'은 흔히 동중서의 천인감응이론에서 비롯한다는 견해가 많으나, 문헌상 서경에 보면 箕子가 무왕한테 전수했다는 홍범구주에서 시원해, 詩·書에 西周대 天(命)과 관련한 재이 기록이 다수 나오며,[1] 춘추 경전에는 부지기수로 본격 등장한다. 전국시대에 풍미한 음양오행설과 다시 결합하면서 漢 동중서의 춘추번로에서 집대성(정립)된 것일 따름이다.[2] 또 고대 중국 천문학의

1 홍승현, "중국 고대 災異說의 기원과 성립", 사총 102(2021), 155-166면.

핵심근간인 曆法은 日·月과 5행성의 공전주기 및 궤도 계산에 근거한 천체 위치로 국가 및 군주의 운명을 판단하는 점성학이 주목적이라, 천명과 길상·재이 관찰을 총망라하는 광범위한 천인감응 체계를 이루어 왔다.[3]

재이란 본디 항상적인 천지의 운행법칙, 특히 四時의 변화질서에 크게 어긋나는 異常적 자연현상을 총칭하는 개념이다. 요즘은 흔히 천재지변이라 부르지만, 예전에는 天災地異라고 일컬었다. 특히 불과 관련해 인위적 불(작은 불)은 火고, 자연적 불(큰불)은 災라고도 한다.[4] 보통 천지 운행질서가 四時에 어긋나는 것을 '災'라 부르고, 토지와 기후(자연생태)에 맞지 않는 사물의 출현을 '妖(異)'라고 일컬으며, 인민이 도덕에 어긋나면 '혼란'이라 하는데, 인간에 혼란이 일면 妖(異)와 災가 생겨난다고 여겼다.[5] 여기서 천지자연에 '災妖'와 인간사회에 혼'란'의 개념정의 및 상호(인과)관계가 간명히 잘 나타난다.

춘추성전 등 역사기록에 의하면, 큰비(홍수)·바람·눈·우박·가뭄 같은 이상기후나 지진·병해충(메뚜기·멸구) 등은 물론, 널리 흉년·기근을 초래하는 모든 비정상적 자연현상이 재이에 해당한다. 자연에 거의 전폭 의지하던 농경사회에서 天時의 이상 변동은, 만물 생장뿐만 아니라 인간 생존까지 위협하는 가장 큰 재난이었다. 春秋를 위시해

---

2 홍승현, 앞의 논문, 151-197면; 이석현, "중국 재이관의 성립과 변용", 인문사회과학연구 22.4(2021): 251-277면 등 참조.

3 이성규, "Ancient Chinese Astrology: Its Characteristics and Influences on Chinese Thought. 고대중국의 점성학 -그 특성과 중국사상에 대한 영향-", 한국과학사학회지 6.1(1984): 15-45면.

4 春秋左傳, 宣16: "凡火, 人火曰火, 天火曰災." 公羊傳, 襄9년은 작은 불을 火, 큰 불을 災라 정의한다. 흔히 화재로 일컫는 것은 이 때문이다.

5 左傳, 宣15: "天反時爲災, 地反物爲妖, 民反德爲亂. 亂則妖災生. 故文, 反正爲乏. 盡在狄矣."

역대 史書에서 天災地異를 반드시 기록한 所以다. 허나 선진 시대 天論·天命觀과 秦漢대 재이관 및 동중서에 관한 연구는 비교적 많으나,[6] 유독 선진 災異에 관한 연구는 미미한 현실이다.[7] 여기서는 춘추전국 시대를 중심으로 전통 재이관을 통관하고자 한다. 먼저 춘추3전에 주요 재이기록과 평론을 정리한다.

(1) 蟲害

春秋 經文에 災異 수준의 메뚜기(蜚) 피해는 장공29년에 딱 1번 나온다.[8] 좌전 隱公1년에는 메뚜기(蜚)가 '災'난은 아니라 경문에 적지 않았다고 전한다.[9] 說苑에는, 隱公이 이익을 탐하고 천자 八佾舞를 행하는 참람함으로 어떻게 국민을 의롭게 교화하겠느냐고 반문하면서, 덕망보다 욕망을 앞세워 災害가 일고 신하가 편벽해져서, 춘추 원년부터 메뚜기(螟, 蜚) 번성을 기록해 재해가 장차 일고 국가가 혼란해질 조짐

6 권민균, "漢代 洪範의 재탄생과 班固의 五行志 저술 배경", 中國史硏究 121(2019): 1-28면; 권민균, "漢代 五行學說史에서 洪範五行傳의 문헌적 가치와 의미", 중국고중세사연구 60(2021): 1-35면; 金東敏, "董仲舒 春秋學의 天人感應論에 대한 고찰-祥瑞·災異說을 중심으로", 東洋哲學硏究 36(2004): 313-348면; 김예신, "後漢 左傳學의 자연관과 災異說—服虔의 春秋左氏傳解誼를 중심으로—", 중국고중세사연구 37(2015): 151-195면; 정일동, "春秋繁露에서의 天人相關論", 中國史硏究 54(2008): 1-33면. 이석현, 앞의 논문, 251-277면; 임정기, "秦漢代의 災異思想", 哲學論叢 105.3(2021): 275-298면; 오청식, "동중서의 천인감응설과 음양오행에 관한 연구: 爲政之道를 중심으로", 원불교사상과 종교문화 66(2015): 247-279면.

7 홍승현, 앞의 논문 155-166면; 鄭日童, "先秦에 있어서 讖緯的 경향과 논리적 구조에 대하여", 사총 57(2003): 77-107면; 원용준, "上博楚簡『柬大王泊旱』의 재이설 연구", 陽明學 44(2016): 357-378면.

8 左傳, 莊29: "秋, 有蜚, 爲災也. 凡物, 不爲災, 不書."; 公羊傳, 莊29: "秋, 有蜚, 何以書, 記異也."

9 左傳 隱1: "有蜚. 不爲災, 亦不書."

을 보였다고 평한다.[10]

春秋 經文에 마디충(螟)은 隱5·8, 莊6년 가을에 3회 나오고, 누리(螽)는 桓5, 僖15, 文3·8, 宣6·13·15, 襄7, 哀12·13(2회) 등 모두 11회 나온다. 모두 재해 수준이라 기록했는바, 그해 蟲災가 심한 곳은 한 달가량 지속되고 심하지 않은 곳은 잠시 그랬다고 전한다.[11] 莊29년 가을 메뚜기(蜚) 극성과 僖15년 8월 누리(螽) 기록도 비슷한 蟲災라고 전한다. 특기할 내용은, 宣15년 가을에 누리(황충)가 번성해 기아가 왔는데, 인민이 당해야 싸다고 기뻐한 때문에 누리새끼(蝝) 생김을 언급하지 않은 점이다. 당시 군주가 통상 세제인 십일세를 바꿔 가중한 탓에, 이러한 '天災'가 발생한 걸로 여겼다고 公羊傳이 전한다. 다만, 곡량전은 누리새끼(蝝)도 재해가 아니고 세제로 인한 재해도 아니라고 한다.[12]

文3년 가을 宋에 죽은 벌레 비가 내렸다. 公羊傳은 외국 특이 현상이라 적을 필요는 없지만 殷의 후예라 기록했다고 하고, 穀梁傳은 재해가 심해 지붕 위아래가 온통 벌레였다고 한다.[13]

---

10 說苑, 貴德: "今隱公貪利而身自漁, 濟上而行八佾, 以此化於國人, 國人安得不解於義, 解於義而縱其欲, 則災害起而臣下僻矣, 故其元年始書螟, 言災將起, 國家將亂云爾."

11 公羊傳, 隱5: "螟, 何以書? 記災也."; 穀梁傳, 隱5년: "螟, 蟲災也, 甚則月, 不甚則時." 公羊傳, 桓5: "螽, 何以書, 記災也."; 穀梁傳, 桓년: "螽, 蟲災也, 甚則月, 不甚則時." 穀梁傳, 僖公15: "八月, 螽. 螽, 蟲災也. 甚則月, 不甚則時."

12 公羊傳, 宣15: "秋, 螽. 冬, 蝝生, 未有言蝝生者, 此其言蝝生何? 蝝生不書, 此何以書, 幸之也. 幸之者何? 猶曰受之云爾, 受之云爾者何? 上變古易常. 應是而有天災. 其諸則宜於此焉變矣. 饑."; 穀梁傳, 宣15: "秋, 螽, 冬, 蝝生, 蝝非災也, 其曰蝝, 非稅畝之災也."

13 公羊傳, 文3: "雨螽于宋, 雨螽者何? 死而墜也. 何以書, 記異也, 外異不書, 此何以書, 爲王者之後記異也."; 穀梁傳, 文3: "雨螽于宋, 外災不志, 此何以志也, 曰災甚也, 其甚奈何, 茅茨盡矣. 著於上, 見於下, 謂之雨."

(2) 큰물

한편, 隱9년 3월 때 아닌 큰비에 천둥번개가 심하게 치고 철늦은 폭설이 내려, 재난은 아니지만 이상기후라고 전한다.[14] 桓1년 가을 큰물로 재난이 발생했는데, 고지나 저지대 모두 水災가 난 大水였다.[15] 莊7년 가을에는 큰물로 밀·보리와 벼 싹이 모두 피해로 수확할 수 없게 된 재해였다.[16] 오곡 중에 밀·보리와 벼가 가장 중요한 식량인데, 하나도 아니고 둘 다 엄청난 피해를 당해 특별히 적은 기록이란다. 莊11년 가을 宋에 큰물은 국제적 관심을 불러일으킨 큰 재해로 후술한다.

재해의 긴급 구제조치와 관련해 흥미로운 기록도 눈에 띈다. 莊25년 가을 큰물에 社와 門에 북과 희생을 사용한 비정상 조치를 행했는데, 무릇 "天災에는 폐백만 바치고 희생은 없으며, 일식월식이 아니면 북을 쓰지 않는 예법"을 어겨 힐난한 것이다. 일식에는 병력을 동원하러 북을 치고, 수재에는 군중을 동원하러 북을 치는 법인데, 그밖에는 대중을 놀라게 하지 않기 위해 북을 쓰지 않는다.[17]

(3) 가뭄과 기우제

가뭄도 큰 재해가 된다. 桓5년 성대한 기우제는 재난 기록인데, 가

---

14 公羊傳, 隱9: "三月, 癸酉, 大雨震電, 何以書? 記異也, 何異爾? 不時也. 庚辰, 大雨雪, 何以書? 記異也, 何異爾? 俶甚也."

15 公羊傳, 桓1: "秋, 大水, 何以書? 記災也."; 穀梁傳, 桓1: "秋, 大水, 高下有水災曰大水."

16 公羊傳, 莊7: "秋, 大水. 無麥苗, 無苗, 則曷爲先言無麥, 而後言無苗. 一災不書, 待無麥, 然後書無苗. 何以書, 記災也."

17 左傳, 莊25: "秋, 大水, 鼓用牲于社于門, 亦非常也. 凡天災, 有幣, 無牲. 非日月之眚不鼓."; 穀梁傳, 莊25: "秋, 大水, 鼓用牲于社于門, 高下有水災, 曰大水, 旣戒鼓而駭衆, 用牲可以已矣, 救日以鼓兵, 救水以鼓衆."

뭄을 언급하지 않았다. 왜일까? 기우제만 기록해도 큰 가뭄이 전제로 포함되지만, 가뭄만 적으면 기우제를 반드시 지냈다는 보장은 없기 때문이다. 논리적 포함관계까지 자상히 설명한 점이 특이하다.[18]

莊31년 겨울 가뭄과 僖21년 여름 큰 가뭄은 특이한 재해였다.[19] 僖2년 시월부터 3년 봄까지 비가 없다가 6월에야 비가 내렸다. 公羊傳은 3회나 적은 '不雨' 기록을 이상기후로 보는데, 좌전은 재난은 아니라 '가뭄(旱)'이라 적지 않았다고 본다.[20] 文1년 12월부터 이듬해 7월까지 비가 오지 않았는데, 公羊傳은 大旱은 지속기간이 짧아도 재해가 되면 災로 적는 법이나, 오래 비가 오지 않았어도 별 재해가 없어 이상기후로 적었다고 한다.[21]

큰 가뭄으로 인한 큰 기우제(大雩)는 춘추 經文에 21회 나오고, 3傳에 모두 19회 나온다. 대개 음력 가을8-9월에 지내나, 특이하게 겨울에 지낸 적도 있다.[22] 기우제는 당연히 가뭄을 전제로 지내므로 '가뭄'을 기록할 필요가 없고, 가뭄만 적으면 기우제가 드러나지 않는데, 재해가 발생해 적었다.[23] 기우제를 지내 비가 오면 '기우제(雩)'라 적고,

---

18 公羊傳, 桓5: "大雩, 大雩者何? 旱祭也. 然則何以不言旱. 言雩, 則旱見, 言旱, 則雩不見. 何以書, 記災也."

19 公羊傳, 莊31: "冬, 不雨, 何以書, 記異也."; 公羊傳, 僖21: "夏, 大旱, 何以書, 記災也."

20 公羊傳, 僖2: "冬, 十月, 不雨, 何以書, 記異也."; 僖3: "三年, 春王正月, 不雨. 夏, 四月, 不雨, 何以書, 記異也."; 左傳, 僖3: "春不雨, 夏六月雨. 自十月不雨至于五月. 不日旱, 不爲災也."

21 公羊傳, 文2: "自十有二月不雨, 至于秋七月, 何以書, 記異也. 大旱以災書, 此亦旱也, 曷爲以異書, 大旱之日短而云災. 故以災書, 此不雨之日長而無災, 故以異書也."

22 桓5, 僖11, 僖13, 成3, 成7(겨울), 襄5, 襄8, 襄16, 襄17, 襄28, 昭3, 昭6, 昭8, 昭16, 昭24, 昭25, 定1, 定7(2회), 定12, 哀15.

23 公羊傳, 桓5: "大雩, 大雩者何? 旱祭也. 然則何以不言旱. 言雩, 則旱見, 言旱, 則雩不見. 何以書, 記災也."

끝내 비가 오지 않으면 '가뭄(旱)'이라 적는다는 개념정의도 있다.[24] 經文에 '큰 가뭄(大旱)' 기록은 僖21년과 宣7년에만 보인다. 흥미로운 평론은, 昭25년 가을 두 차례 기우제에 대해, 좌전은 가뭄이 심했다고 전하나, 공양전은 두 번째는 기우제를 빙자해 군중을 모아 계씨를 축출한 것이라고 전한다.[25]

겨울부터 8개월 가물고 비가 온 경우에도 농작물에 별 해가 없어, '가뭄'이라 적지 않고 비가 오지 않았다고 적었다. 가뭄이 짧아도 재해가 되면 '災'로 적고, 가뭄이 길어도 재해가 없으면 그냥 '異'로 적는다.[26] '大旱'과 관련해 좌전 기사 두엇이 특별히 눈에 띈다.

僖19년 가을 衛가 복수전으로 邢을 치려 하자 큰 가뭄이 들어, 山川에 나가 점을 쳤으나 不吉한 괘사가 나왔다. 허나 甯莊子가 "옛날 周가 몹시 가물었으나 殷을 쳐서 이기고 풍년이 들었는데, 지금 邢이 無道하나 제후에 패자가 없어 하늘이 혹여 우리 衛한테 邢을 토벌하라는 뜻이 아닐까?"라고 해석했다. 꿈보다 해몽이라고, 과연 군사를 일으키자 비가 내렸다.[27]

僖21년 魯에 큰 가뭄이 들어 희공이 巫와 尫을 화형에 처하려 하자, 臧文仲이 말렸다. "이는 가뭄 대책이 아닙니다. 성곽을 수리하고 음식과 비용을 절감하며 농사와 나눔에 힘써야 할 때입니다. 巫와 尫이 무슨 죄가 있으며, 죽인들 무슨 보탬이 되겠습니까? 하늘이 죽이고자 한다면 살리지 말아야 하지만, 만약 가뭄 탓이라면 이들을 불사르면 더

24 穀梁傳, 僖11: "秋八月, 大雩, 雩, 月正也. 雩得雨曰雩, 不得雨曰旱."

25 公羊傳, 昭25: "秋七月, 上辛, 大雩, 季辛, 又雩. 又雩者何? 又雩者, 非雩也, 聚衆以逐季氏也."

26 左傳, 僖3: "三年春不雨, 夏六月雨. 自十月不雨至于五月. 不曰旱, 不爲災也."; 公羊傳, 文2: "自十有二月不雨, 至于秋七月, 何以書, 記異也. 大旱以災書, 此亦旱也, 曷爲以異書, 大旱之日短而云災. 故以災書, 此不雨之日長而無災, 故以異書也."

27 左傳, 僖19: "昔周饑, 克殷而年豐. 今邢方無道, 諸侯無伯, 天其或者欲使衛討邢乎?"

욱 심해질 것입니다." 희공이 조언을 따랐는데, 그해 좀 굶주리긴 했으나 큰 재해는 아니었다.[28]

로 소공16년(전526) 鄭에 큰 가뭄이 들어 세 관리한테 桑山에서 기우제를 지내게 했다. 이들이 나무를 잘라내고 비는 오지 않자, 자산이 그들 관작을 빼앗으며 말했다. "산에서 제사를 지냄은 비를 내려 산림을 무성하게 자라도록 함인데, 오히려 벌목하다니 그 죄가 크다."[29]

昭25년 여름 鸜鵒이 날아와 둥지를 틀었는데, 중국 새가 아니고, 움혈에 깃들어야 하나 둥지까지 튼 특이현상이라고 公羊傳은 전한다. 하휴는 국가멸망 조짐으로, 권신이 국가를 가로채려는 상징이라고 풀이한다. 그해 가을 7월 상·하순에 연거푸 기우제를 지냈다고 한다.[30]

(4) 눈·우박·서리

춘추 경문에 눈 기록은 隱9년 춘3월, 桓8년 시월, 僖10년 겨울(公羊傳은 대우박으로 적음)에 3회 나오고, 桓14년 겨울에는 얼음이 얼지 않았는데, 때 아닌 이상기후라 적었다.[31] 대우박은 3회 나오는데, 僖29년 가을 대우박이 재난이었다.[32] 특기할 사항은, 昭3년 겨울 및 4년 춘정월 연거푸 내린 대우박의 방어 방법에 대한 답변으로서, 左傳에 나

---

28 左傳, 僖21: "夏 大旱. 公欲焚巫尫.…非旱備也. 脩城郭貶食省用務穡勸分, 此其務也. 巫尫何爲? 天欲殺之, 則如勿生; 若能爲旱, 焚之滋甚. 公從之. 是歲也, 饑而不害."

29 左傳, 昭16: "九月, 大雩, 旱也. 鄭大旱, 使屠擊祝款豎柎有事於桑山. 斬其木, 不雨. 子産曰: '有事於山, 蓺山林也; 而斬其木, 其罪大矣.' 奪之官邑."

30 公羊傳, 昭25: "有鸜鵒來巢, 何以書, 記異也, 何異爾, 非中國之禽也, 宜穴又巢也. 秋七月, 上辛, 大雩, 季辛, 又雩." (重刊宋本) 十三經注疏, 제7책, 公羊傳 301면.

31 公羊傳, 桓8: "冬, 十月, 雨雪, 何以書, 記異也, 何異爾, 不時也."; 桓14: "無冰, 何以書, 記異也."; 公羊傳, 僖10: "冬, 大雨雹, 何以書, 記異也."

32 左傳, 僖29: "秋, 大雨雹, 爲災也."

오는 우박 재해론이다.

"聖人이 위에 있으면 우박이 없고, 비록 있더라도 재해가 되진 않는다. 예전에 겨울에 얼음을 저장할 적엔 흑색 숫양과 기장으로 司寒신께 제사 지내고, 꺼내 쓸 적엔 복숭아나무 활과 대추나무 화살을 내걸어 한기 재해를 제거한다. 얼음을 법도에 맞게 저장·사용하면, 겨울에 이상온난이 없고 여름에 숨은 음기가 없으며, 봄에는 처량한 바람이 없고 가을엔 쓴 비(苦雨)가 없으며, 천둥번개나 서리우박의 재해가 없고 질병온역이 돌지 않아 인민이 요절하지 않는다. 지금 저장한 하천 얼음을 내버리고 쓰지 않아, 바람이 흩어지지 않아 초목이 시들고, 천둥이 울리지 않아 사람과 가축이 상하며, 얼음우박이 내려 재해가 되니, 누가 막을 수 있겠는가? 七月 詩 끝 章은 얼음 저장 도리다."[33]

서리는 2회 나오는데, 僖33년 12월 때 아닌 서리가 심하게 떨어졌으나, 초목이 죽지 않고 자두와 매실이 제대로 결실해 이상기후라고 적었다.[34] 定원년 10월 서리가 내려 콩을 죽여 재해가 심했는데, 災가 아니라 異로 적은 것은, 운명적 천재라기보다는 인간 의지로 개선 가능한 이상기후로 판단했기 때문이다. 형벌보다 교화를 중시하는 경계귀감으로, 災해보다 異상을 크게 본 해석이 눈에 띈다.[35] 농경이나 일상생활에 실질상 피해가 없는 경미한 경우에는 언급하지 않음이 원칙이었다.[36]

---

33 左傳, 昭4: "聖人在上, 無雹. 雖有, 不爲災.… 其藏之也, 黑牡秬黍以享司寒. 其出之也, 桃弧棘矢以除其災.… 今藏川池之冰棄而不用, 風不越而殺, 雷不發而震. 雹之爲菑, 誰能禦之? 七月之卒章, 藏冰之道也."

34 公羊傳, 僖33: "實霜不殺草, 李梅實, 何以書, 記異也, 何異爾, 不時也."

35 公羊傳, 定元年: "冬十月, 實霜殺菽, 何以書, 記異也. 此災菽也, 曷爲以異書. 異大乎災也." (重刊宋本) 十三經注疏, 제7책, 公羊傳 317면 참조.

36 左傳, 隱元年, 9년, 莊公29년, 僖公3년, 僖公29년 등 참조.

(5) 日食·雷電·彗星

한편, 日食·雷電·彗星 같은 특이한 자연현상의 출현은 비록 실질적 재해를 수반하지 않더라도 반드시 기록하고 敬畏함이 일반이었다. 다만, 월식은 일식보다 빈번하고 그 주기가 이미 관측되어 예견할 수 있었기 때문에, 天災로서 그다지 크게 중시한 것 같지는 않다.(史記, 天官書) 춘추시대 일식은 모두 37회 기록이 전하는데, 보통 日辰과 朔을 적는다.[37] 日食에 날짜만 적고 朔을 언급하지 않은 경우는 그믐날 발생해 월력과 차이가 난 까닭이고,(隱3.2.) 날짜가 없으면 기록관의 실수이며,(桓17.10.좌전) 날짜와 朔을 모두 적지 않은 경우는 밤에(지구 반대편에) 일어난 일식인데,(莊18.3.곡량전) 개기일식은 '旣'로 표시했다.(桓3.7; 宣8.7.)

흥미로운 사실은, 일식은 달(태음)이 해(태양)를 덮어 음기가 치성해져 소인배들이 발호한다고 여겨, 인위적 양기를 북돋우기 위해 전쟁 진격 때처럼 큰북을 사직에서 치는 예법이 행해졌다. 천자는 깃발·병력·북을 각각 5씩 진열하고, 제후는 각3씩 썼다. 허나 희생을 바침은 非禮였다.(莊25.6.곡량·곡량·좌전) 당시 제후들은 日食의 재앙을 누가 감당하는지 天文관찰과 해석이유가 초미의 관심사였다. 昭7년4월 日食에 晉侯가 시경 十月之交 시에 3월삭 일식의 의미를 묻자, 士文伯이 대답한 내용이 전한다. 衛君과 魯 上卿이 당할 건데, 詩에 '저 日食은

---

37 곡량전과 공양전에는 共히 '日有食之'가 모두 37회씩 나오나, 좌전은 10회에 그친다. 隱3年2月, 桓3년7月, 桓17년10月(*), 莊18年3月, 莊25년6月(*), 莊26년12月, 莊30년9月, 僖5년9月, 僖12年正月, 僖15년5月(*), 文1년2月, 文15년6月(*), 宣8년7月, 宣10년4月, 宣17년6月, 成16년6月, 成17년12月, 襄14년2月, 襄15년8月, 襄20년10月, 襄21년9月, 襄21년10月, 襄23年2月, 襄24년7月(旣), 襄24년8月, 襄27년12月(*좌전은 11월로 기록), 昭7년4月(*), 昭15년6月, 昭17년6月(*), 昭21년7月(*), 昭22년12月, 昭24년5月(*), 昭31년12月(*), 定5年正月, 定12년11月, 定15년8月이다. *는 좌전 기록.

무슨 不良 탓인가?'란 구절은 '不善政'을 가리킨다. 국가에 정치가 선량하지 못해 日月의 재앙을 스스로 취함을 뜻한다. 그래서 정치는 신중하니 세 가지에 힘써야 하는데, 인재선발과 민심순응과 시의 적절이다.[38]

다만, 하지·동지·춘분·추분에 日食은 재앙이 아니다. 日月 운행궤도가 춘추분에는 같이 겹치고 동하지에는 서로 멀리 떨어지기 때문이다. 기타 달에는 양기가 음기를 이기지 못해 재해가 되어 큰물이 곧잘 난다. 日食에 통곡한 자는 비정상이라 곧 죽을 거란 예측이 맞기도 했다.[39]

혜성이 출현한 때에도 군주가 두려운 마음으로 제사를 지내는 것이 일반이었던 같다.(左傳, 昭23) 한편, 공자는 심한 천둥과 비바람이 치면 반드시 용모를 단정히 하고 하늘을 경외했다고 한다.(論語, 鄕黨) 僖15년 9월 夷伯의 廟에 천둥번개가 쳤다. 左傳은 하늘이 죄를 내린 거라고 하는데, 공양전과 곡량전은 그날이 그믐인 사실도 적시해 하늘의 경고라며, 구체 내용을 상세히 해설해 눈길을 끈다.[40] 僖16년 춘정월 초하루에 운석 5개가 宋에 떨어지고, 그믐날 鷁조 여섯 마리가 뒤로 날아 宋 도읍을 지났다. 자세한 경위와 함께, 초하루는 사서에 명시하지만 그믐은 적지 않는 관례인데, 殷의 후예라 특이한 현상을 기록했다고 전한다.[41]

---

38 左傳, 昭7: "夏四月甲辰朔, 日有食之.'詩所謂'彼日而食, 于何不臧'者, 何也?' 對曰: '不善政之謂也. 國無政, 不用善, 則自取謫于日月之災, 故政不可不愼也. 務三而已, 一曰擇人, 二曰因民, 三曰從時.'" 說苑 第7卷 政理편에도 나옴.

39 左傳, 昭21: "秋七月壬午朔, 日有食之. …二至二分, 日有食之, 不爲災. 日月之行也, 分, 同道也; 至, 相過也. 其他月則爲災, 陽不克也, 故常爲水." 예외로 5月 일식 후 양기가 쌓여 8월까지 큰 가뭄으로 큰 기우제 지낸 기록은 좌전 昭24년.

40 左傳, 僖15: "九月 震夷伯之廟, 罪之也. 於是展氏有隱慝焉."公羊傳·穀梁傳 참조.

41 公羊傳, 僖16: "春王正月, 戊申, 朔, 霣石于宋五, 是月, 六鷁退飛, 過宋都. 曷爲先言

公羊傳은 莊7년 여름 4월 辛卯일 밤에 恒星이 보이지 않고 밤중에 성운이 비처럼 쏟아진 특이한 천문현상을 전한다.[42] 고대 천문점성학에서 각 별이 천자 제후들을 상징하는데, 당시 천자 실권이 약해지고 제후가 침범하는 인간사회관계가 천문현상과 밀접히 상관된다고 보아 이상 징후로 기록했다. 文14년 7월 긴 꼬리 혜성이 北斗로 들어간 특이 천문현상도 전한다.[43] 昭17 겨울에 또 꼬리 긴 혜성이 大辰을 쓸고 지났다. 大辰은 大火인데 北辰도 가리키는바, "혜성은 옛것을 쓸어버리고 새것을 펼치는 천문 상징인데, 지금 大火를 쓸어버리니 제후국에 화재가 일겠다."는 해석이 특이하다.[44]

한편, 公羊傳은 文9년 9월 癸酉일 地震을 전하며, 땅이 진동하는 이상 현상으로 적었다.[45] 참고로 지진은 공양전에 6회, 곡량전에 5회 나오나, 좌전에는 전혀 안 보인다. 僖14년 8월 황하 상류 沙鹿이 갑자기 함몰해 붕괴했는데, 외국 이상 지변은 본디 적지 않는데 천하를 위해 기록한 것이라고 전한다.[46] 成5년 황하 상류에 큰 산 梁山이 붕괴해 황하가 가로막혀 사흘간 흐름이 멈춘 대이변이 생겨, 국외 일이지만 천하를 위해 기록했다. 그해 가을 큰물이 나고 11월 천왕이 붕어했다. 천인감응 이론에 근거해 사전 조짐이 된 성격이 짙다.[47]

霣而後言石? 霣石記聞, 聞其磌然, 視之則石, 察之則五. … 何以書, 記異也. 外異不書, 此何以書, 爲王者之後, 記異也."

42 公羊傳, 莊7: "夏四月辛卯, 夜, 恒星不見, 夜中星霣如雨. … 何以書, 記異也."

43 公羊傳, 文14: "秋七月, 有星孛入于北斗, 孛者何? 彗星也. … 何以書, 記異也."

44 公羊傳, 昭17: "冬, 有星孛于大辰, 孛者何? 彗星也."; 左傳, 昭17: 申須曰: "彗所以除舊布新也. 天事恒象, 今除於火, 火出必布焉, 諸侯其有火災乎!"

45 公羊傳, 文9: "九月, 癸酉, 地震, 地震者何? 動地也. 何以書, 記異也."

46 公羊傳, 僖14: "秋八月, 辛卯, 沙鹿崩, 沙鹿者何? 河上之邑也, 此邑也, 其言崩何? 襲邑也. 沙鹿崩, 何以書, 記異也, 外異不書, 此何以書. 爲天下記異也."

47 公羊傳, 成5: "梁山崩, 梁山者何? 河上之山也, 梁山崩, 何以書, 記異也, 何異爾, 大也, 何大爾, 梁山崩, 壅河三日不流. 外異不書, 此事以書, 爲天下記異也. 秋, 大水.

(6) 火災

일부 天災도 있으나 인위적 화재도 주요 재난으로서 매우 비중 높고 관심 있게 다뤄졌다. 桓14년 8월 군주곡창(御廩)에 화재가 나고, 사흘 뒤 종묘에 새 곡식을 맛보이는 嘗祭를 지냈는데, 좌전은 별 해가 되지 않는다고 적었다. 公羊傳은 종묘제사용 곡식 저장소에 재해가 닥쳐, 평소 적지 않을 嘗제를 굳이 적은 까닭은 힐난 의도이며, 화재로 생략해야 맞다고 평한다. 天子가 親耕으로 종묘 제사용 곡식을 마련하고 왕후가 친히 누에 쳐 祭服을 마련하는 예법은, 나라에 선량한 농공부녀가 없어서가 아니라, 자기 조상에 지극 정성을 다해 인민에 솔선수범하기 위해서다. 그 곡식창고에 불이 나 타고 남은 곡식으로 사흘만에 신곡 추천 제사를 지낸 것은, 조상에 대해 공경심이 없음을 힐난한 거라고 穀梁傳은 평한다.[48]

僖20년 5월 西宮 화재에 관해, 公羊傳은 西宮이 제후의 3宮 가운데 小寢이라 소개하고, 穀梁傳은 新宮인 閔宮이라고 소개한다.[49] 宣16년 여름 東周 宣宮(廟)에 화재는, 公羊傳과 穀梁傳이 악기 보관소라 중요하고 주 왕실 일이라 기록했다고 전한다. 허나 左傳은 그 화재가 人火이며, 실화·방화(人火)는 '火'고 하늘·자연 불(天火)은 '災'라고 말한다.[50] 成3년 新宮(廟)에 불이 나서 사흘간 통곡했는데, 새로 조성한 宣

冬, 十有一月, 已酉, 天王崩."

48 左傳, 桓14: "秋八月壬申, 御廩災. 乙亥, 嘗. 書, 不害也."; 公羊傳, 桓14: "御廩者何? 粢盛委之所藏也. … 此何以書, 譏, 何譏爾, 譏嘗也. 日, 猶嘗乎. 御廩災, 不如勿嘗而已矣."; 穀梁傳, 桓14: "此其志, 何也, 以爲唯未易災之餘, 而嘗可也, 志不敬也, 天子親耕, 以共粢盛, 王后親蠶, 以共祭服. 國非無良農工女也, 以爲人之所盡, 事其祖禰, 不若以已所自親者也. 何用見其未易災之餘而嘗也?"

49 公羊傳, 僖20: "五月乙巳, 西宮災, 西宮者何? 小寢也, … 何以書, 記異也."; 穀梁傳, 僖20: "西宮災, 謂之新宮, 則近爲禰宮, 以諡言之, 則如疏之然, 以是爲閔宮也."

50 左傳, 宣16: "夏, 成周宣榭火, 人火之也. 凡火, 人火曰火, 天火曰災." 宣公16年 公羊

公의 궁묘를 新宮이라 적은 것은 차마 말하지 못한 공경심이고, 궁묘 화재에 사흘 통곡은 禮에 부합한 비애라고 전한다.[51]

襄9년 봄, 宋에 화재는 본디 국외화재라 적지 않는데 殷 후예인 故 宋이라 적는다고 穀梁傳은 전한다. 公羊傳은 불이 크면(何休 주: 정침·사직·종묘·조정) '災'고, 작으면 '火'인데, 국내 작은 불을 '火'라 안하고 '재'라 부른 까닭은 심히 책망한 의도라며, 여기서는 큰불이라 災를 기록하고 국외 사건이지만 왕자의 후예라 기록한 거라고 전한다. (唐 徐彦 疏는 '사물을 해치면 災고 해치지 않으면 異'라는 오행서를 인용해, 눈·서리·홍수·가뭄·바람·곤충 같은 무리도 불은 아니지만, 사물을 해칠 정도면 '災'고 경미하면 '異'로 적는다고 풀이한다.)[52]

左傳에는 宋 화재에 집권자(司城) 樂喜(子罕)가 진화·소방 대책을 지시해, 작은 집은 헐고 큰 집은 흙 바르며, 인력과 도구를 최대한 동원해 신속히 대처하고, 周禮대로 사방 신명께 제사지낸 상황이 상세하다. 晉侯가 宋 화재에서 天道를 알 수 있는지 묻자, 士弱이 답한 내용도 있다.

"고대 불 담당관(火正)은 더러 鶉火星인 柳宿에나 더러 大火星인 心宿에 제사지내 불을 내고(사용) 들이는데(금지), 陶唐氏의 火正인 閼伯이 商丘에 거주해 大火성에 제사지내 운행궤도로 시절을 판단했다. 옛 商도 大火를 주성으로 삼아, 화근·실패 조짐을 반드시 화성에서 관찰했다. 그래서 불이 화성과 관련된 天道를 알 수 있다.

傳·穀梁傳 참조.

51 公羊傳, 成3: "甲子, 新宮災, 三日哭, 新宮者何? 宣公之宮也. 宣宮則曷爲謂之新宮, 不忍言也. 廟災三日哭, 禮也. 何以書, 記災也."; 穀梁傳, 成3: "新宮者, 禰宮也. 三日哭, 哀也, 其哀, 禮也, 迫近不敢稱謚, 恭也. 其辭恭且哀, 以成公爲無譏矣."

52 穀梁傳, 襄9: "春, 宋災, 外災不志, 此其志何也, 故宋也."; 公羊傳, 襄9: "春, 宋火, 曷爲或言災, 或言火? 大者曰災, 小者曰火. 然則內何以不言火. 內不言火者, 甚之也. 何以書, 記災也, 外災不書, 此何以書, 爲王者之後記災也."

허나 꼭 확정된 것은 아니며, 국가 정치도덕에 달렸다. 국가 혼란이 하늘에 조짐이 없다면 알 수가 없다."[53]

고대에는 하늘에 오행을 관장하는 별과 그에 상응하는 담당관이 있어, 천인감응 원리로 주요 민생 자재인 오행을 관리했다. 화재도 하늘에 화성 운행과 밀접히 관련되며, 또한 지상 인간사회(국가)에 정치도덕(치란)과 상호 감응하는 걸로 여겼다. 천재지변을 하늘의 경종 조짐으로 여겨 정치도덕을 반성하는 각성 기회로 삼았음을 알 수 있다. 이는 현대까지 인도나 서양에서 즐겨 애용되는 점성술과도 일맥상통하는 원리방법이기도 하다. 요즘 우리나라를 비롯해 세계 각국 도처에서 수시로 발생하는 거대한 산불이나 화재 등도, 이러한 고대 천문학-점성술 원리를 시험 삼아 관찰 적용해본다면 상당한 긍정효과를 거둘 수 있을지 모른다. 선조들을 미개하다고 여기고 옛 전통을 미신이라고만 치부해 교만하게 自作聰明할 일은 아니다.

襄30년 宋 大廟와 亳社에서 '희희출출' 소리가 나더니, 단오 밤 伯姬 거처에 실화로 큰불이 나서 伯姬가 보모 기다리다 타 죽었다. 옆에서 얼른 피하라고 권했으나, 백희는 부인이 밤에 傅母 없이 堂을 나서지 않는 법이라며, 사부는 왔으나 보모는 오지 않았다고 끝내 고사해 불타 죽었다. 公羊傳은 현명함을 칭송하고, 穀梁傳은 거기다 정절행실이 지극한 婦道라고 극찬했다. 좌전은 달랐다. "처녀는 보모를 기다리지만, 시집간 부녀는 상황판단해 일을 처리하는 법"이라며, 융통성 없이 고집으로 죽었다고 탄식했다.[54] 그해 겨울 제후들의 대부가 송

53 左傳, 襄9: "春, 宋災, 樂喜爲司城以爲政, 使伯氏司里. 火所未至, 徹小屋, 塗大屋, … 晉侯問於士弱曰: '吾聞之, 宋災於是乎知有天道, 何故?' … 對曰: '在道, 國亂無象, 不可知也.'" 春秋左傳注, 楊伯峻, 中華書局, 1983년 第2刷, 제3책 961-964면.

54 公羊傳, 襄30: "五月甲午, 宋災, 伯姬卒. …何賢爾? 宋災, 伯姬存焉. 有司復曰, 火至矣, 請出, 伯姬曰, 不可, 吾聞之也, 婦人夜出. 不見傅母不下堂. 傅至矣, 母未至也, 逮

화재에 위문품을 전하려고 모였으나, 별 결론 없이 끝나 신뢰를 쌓지 못했다.[55]

昭6년 6월 丙戌에 鄭에 화재가 났다.[56] 昭17년 겨울 혜성이 大辰을 쓸고 지나자, 申須는 제후국에 화재가 나겠다고 예언하고, 梓愼은 宋·衛·陳·鄭 4국이 되겠다고 거들었다. 鄭 裨竈도 맞장구치며, 子産한테 자기가 보옥을 바쳐 제사지내면 鄭은 화재를 모면할 수 있다고 청했으나 묵살했다. 이듬해 5월 壬午일, 과연 宋·衛·陳·鄭 4국에 동시에 화재가 발생했다. 裨竈이 자기 말 듣지 않아 결국 불이 났다고 말하자, 누가 지금이라도 얼른 제사지내자고 청했으나, 子産은 또 거절했다. "천도는 멀고 인도는 가까워서 서로 미칠 수 없거늘, 어떻게 알겠습니까? 비조가 어찌 천도를 알겠습니까? 이 사람 말이 많은데, 어찌 그중에 더러 맞는 게 없겠습니까?" "하늘은 신명인데 그대가 어찌 안단 말인가? 이는 인간 잘못으로 같은 날 4국에 화재가 난 걸세."[57] 子産은 즉각 晉 公子와 公孫을 동문 밖에서 사절하고, 司寇한테 새 손님은 내보내고 묵은 빈객은 객사 밖 출입을 금했다. 궁궐을 두루 순찰감시하며, 큰 거북을 옮기고, 종묘 안에 신위 모시는 석곽을 周廟로 옮겨 선군께 알리게 했다. 관리들은 각자 직분을 충실히 지키고, 궁지기는 옛 궁녀를 불길이 닿지 않게 대피시켰다. 사마와 사구는 진화를 맡고, 성

乎火而死."; 穀梁傳, 襄30: "伯姬曰: '婦人之義, 保母不在, 宵不下堂.' 遂逮乎火而死, 婦人以貞爲行者也, 伯姬之婦道盡矣, 詳其事賢伯姬也."; 左傳, 襄30: "宋伯姬卒, 待姆也. 君子謂宋共姬, '女而不婦. 女待人, 婦義事也.'"

55 左傳, 襄30: "爲宋災故, 諸侯之大夫會, 以謀歸宋財. … 信其不可不愼乎!"

56 左傳, 昭6: "六月丙戌, 鄭災."

57 公羊傳, 昭18: "夏, 五月壬午, 宋·衛·陳·鄭災. 何以書, 記異也, 何異爾, 異其同日而俱灾也, 外異不書, 此何以書, 爲天下記異也."; 左傳, 昭18: "天道遠, 人道邇, 非所及也, 何以知之? 竈焉知天道? 是亦多言矣, 豈不或信?"; 穀梁傳, 昭18: "夏, 五月壬午, 宋衛陳鄭災, … 子産曰: 天者神, 子惡知之, 是人也, 同日爲四國災也."

아래 사람들을 안전하게 성 위로 인도했다. 이튿날 교외 사람들의 협조로 도성 북쪽에 제단을 만들고, 물신·불신과 사방 신명한테 제사·기도를 올렸다. 소실된 집을 기록해 조세를 감경하며 집 지을 목재를 주었다. 사흘간 통곡 철시하고, 제후한테 화재 소식을 알렸다. 송·위도 이렇게 했으나, 陳은 화재를 구제하지 않고, 許는 화재에 조문하지 않았다. 그래서 陳과 許가 먼저 망할 줄 알았다. 화재로 산만해진 국가 안보를 다지려 자산은 병기를 내주고 국경 경계를 강화하자, 晉 변방 관리가 힐난했다.

"정에 화재가 발생해 우리 군주와 대부는 감히 평안치 못해 거북과 시초로 점치고 사방 명산대천에 희생과 보옥을 아끼지 않았습니다. 정에 화재는 저희 군주에 우환인데, 지금 귀국 집정자는 병기를 내주어 성위에 오르게 하니, 장차 누구를 죄 주려 두렵게 하십니까?"

"귀하 말씀대로 폐읍 화재가 귀국 군주에 우려를 끼쳤습니다. 폐읍이 실정해 하늘이 화재를 내리셨는데, 간특한 무리가 틈을 타서 탐욕스런 자를 부추겨 폐읍에 불리한 짓을 꾸민다면, 귀국 군주의 우환을 더욱 가중시킬 것입니다. 정이 진을 섬기는데, 어찌 감히 두 마음 품겠습니까?"[58]

화재를 빌미로 국내외 혼란이 발생할까봐 철통같은 유비무환 대책을 시행하며, 능숙한 외교언사로 해명한 자산의 지략이 돋보인다.

定2년 5월 雉門과 兩觀에 화재는, 비록 兩觀에서 비롯해 雉門까지 번졌지만, 雉門이 더 크고 중요해 존중 차원에서 먼저 언급했다고 전한다.[59] 哀3년 4월 甲午일 地震에 이어, 5월 辛卯일에는 司鐸 관서에서

58 左傳, 昭18: "七月, 鄭子産爲火故, 大爲社, 祓禳於四方, 振除火災, 禮也."
59 公羊傳, 定2년과 穀梁傳, 定2년 기사 참조.

불길이 치솟아, 허물어졌다가 복원한 桓公·僖公 궁묘에 화재가 번졌다. 진화자는 모두 창고를 먼저 구하라고 외쳤으나, 季桓子가 애공을 象魏 밖에 모셔 나와, 진화에 사람이 부상하면 그만 멈추라고 명했다. 재산은 다시 만들면 되지만 옛 전장은 불타면 안 되니, 象魏 보존이 급선무라고 말했다.[60] 일찍이 공자도 자기 마구간에 불이 났는데, 퇴청해 다친 사람 있냐고 물으며, 말은 묻지 않았다고 전한다.[61] 급박한 재난상황에서 사람과 역사문물을 중시한 인본주의 문화정신이 돋보인다. 哀4년 6월 辛丑에 망국 사직인 蒲(亳)社에 화재 발생 사건을 公羊傳과 穀梁傳이 귀감경계로 함께 전해 눈길을 끈다.[62]

3. 천재지이의 사전 예방책과 사후 구제책

전국시대 음양오행이론이 체계화되어 널리 유행하면서 기존 천명관과 밀접히 결합하여 중원통일에 대한 철학사상적 준비와 함께 새로운 재이관도 등장해 눈길을 끈다. 현전하는 禮記나 周禮는 비록 漢代 문자화한 걸로 알려지나, 그 주요 내용은 구전을 통해 내려온 周의 예법이거나 늦어도 춘추전국시대 예제와 사상을 반영한 걸로 보인다.[63] 禮記 月令편 내용은 전국시대 편찬된 管子나 呂氏春秋에 거의 같은 내용이 확인되기 때문이다. 천재지이와 관련해 月令의 사전 예방책과 周禮의 사후 구제책을 대강 소개한다.

60 穀梁傳, 哀3년 및 公羊傳, 哀3년 참조. 左傳, 哀3: "夏五月辛卯, 司鐸火. 火踰公宮, 桓僖災. 救火者皆曰顧府. … 季桓子至, 御公立于象魏之外, 命救火者傷人則止, 財可爲也. 命藏象魏, 曰: '舊章不可亡也.'"

61 論語, 鄕黨: "廐焚, 子退朝, 曰: '傷人乎?' 不問馬."

62 公羊傳, 哀4: "六月辛丑, 蒲社災. 蒲社者何? 亡國之社也." 穀梁傳, 哀4년 참조.

63 장동우, "禮記의 成立에 관한 一考察", 哲學 69(2001): 31–56면; 김준현, "周禮의 저작 시기 및 저자에 대한 시론", 태동고전연구, 45(2020), 223–245면.

(1) 天時에 순응하는 정치·권농 원칙으로서 月令[64]

禮記 月令에는 사계절 달마다 각각 할일들이 자세히 나오는데, 천시를 거스르면 온갖 재앙이 뒤따르니 예방하라고 경고한다. 주요 내용만 소개한다.

孟春(정월)에는 兵을 언급할 수도 없으니, 稱兵하면 반드시 天殃이 따른다. 天道 변화와 地理 단절, 人紀 혼란을 초래한다. 孟春에 夏令을 행하면 雨水가 때맞춰 내리지 않아 초목이 조락하고 국가에 공포가 오고, 秋令을 행하면 인민에 大疫병이 돌고 광풍폭우가 몰아쳐 온갖 잡초가 무성하며, 冬令을 행하면 홍수가 범람하고 큰 雪霜이 내리며 파종 발아가 안 된다. 仲春(2월)에 춘분이 들어 천둥번개가 처음 발동해 칩거 동물이 꿈틀거리는데, 용모와 행동거지를 조심하지 않으면 불구자식을 낳고 凶災가 생긴다. 仲春에 秋令을 행하면 큰물과 寒氣와 외적침입이 닥치고, 冬令을 행하면 陽氣가 부족해 밀보리가 익지 않고 인민이 서로 노략질하며, 夏令을 행하면 한발과 무더위와 병충해가 닥친다. 季春(3월)에 冬令을 행하면 寒氣가 수시로 발해 초목이 위축해 국가에 공포가 닥치며, 夏令을 행하면 인민이 疾疫에 걸리고 비가 오지 않아 수확이 감소하며, 秋令을 행하면 천기가 음침하니 비가 자주 내리고 병란이 발생한다.

孟夏(4월)에 秋令을 행하면 쓴비(苦雨)가 자주 내려 오곡이 부실하고 外侵 우려가 있으며, 冬令을 행하면 초목이 조락하고 큰물로 성곽이 상하며, 春令을 행하면 병충해와 폭풍이 닥쳐 이삭이 부실해진다. 仲夏(5월)에 冬令을 행하면 우박이 곡식을 해치고 도로가 막히고 병란

---

64 안종수, “예기 월령에 나타난 중국인의 자연관”, 哲學硏究 43(1998): 47-70면; 이천승, “月令의 사유와 제사를 통한 자연과 인간의 소통”, 儒學硏究 19(2009): 131-152면; 진희권, “예기의 월령에 나타난 유교의 자연 질서와 자연법”, 사회사상과 문화 21(2010): 181-204면.

이 닥치며, 春令을 행하면 오곡이 더디 익고 벌레(螣)가 일어 기근이 닥치며, 秋令을 행하면 초목이 조락해 과실이 조숙하고 인민이 질병재앙을 당한다. 季夏(6월)에는 초목곡식이 왕성한 神農 시절이라, 大事를 일으키면 天殃이 따른다. 季夏에 春令을 행하면 곡식이 익기도 전에 떨어지고 바람이 잦아 인민이 이사하며, 秋令을 행하면 구릉까지 물이 넘치고 벼가 익지 않고 女災(임신재해, 失女)가 많으며, 冬令을 행하면 때 아닌 風寒과 맹금류가 잦고 외침이 우려된다.

孟秋(7월)에 冬令을 행하면 陰氣가 왕성해져 甲蟲이 곡식을 해치고 병력이 침입하며, 春令을 행하면 가뭄이 들고 陽氣가 되살아나 오곡이 익지 않으며, 夏令을 행하면 화재가 잦고 추위와 더위가 부적절해 인민이 학질에 걸린다. 仲秋(8월)에는 특히 공정한 형 집행이 요긴해 억울한 斬殺이나 남형으로 재앙을 초래하기 쉬우니 각별히 흠경해야 한다. 仲秋에 春令을 행하면 가을비가 내리지 않아 초목이 번영하고 국가에 공포가 돌며, 夏令을 행하면 가뭄이 들고 곤충이 칩거하지 않고 오곡이 다시 자라며, 冬令을 행하면 風災가 자주 일고 천둥이 일찍 잦아들어 초목이 조락한다. 季秋(9월)에 夏令을 행하면 나라에 큰물이 나고 겨울저장이 재앙을 당하고 인민은 감기기침에 잘 걸리며, 冬令을 행하면 나라에 도적이 많고 변경이 불안하고 영토가 분열하며, 春令을 행하면 훈풍이 불어와 인민이 해태해지고 병란이 생기기 쉽다.

孟冬(10월)에 春令을 행하면 얼음이 굳게 밀폐하지 않아 地氣가 위로 새고 인민이 많이 떠돌며, 夏令을 행하면 나라에 폭풍이 많고 날씨가 춥지 않아 칩거한 곤충이 다시 나오며, 秋令을 행하면 눈서리가 때에 맞지 않고 자잘한 병침으로 토지가 잠식된다. 仲冬(11월)에 夏令을 행하면 나라에 가뭄이 들고 음산한 안개 자욱 끼고 천둥이 치며, 秋令을 행하면 자주 진눈깨비가 내려 오이나 박이 익지 않고 국가에 큰 병란이 일며, 春令을 행하면 蝗蟲이 무성해 낭패를 보고 샘물이 모두 말라 인민이 피부병에 고생한다. 季冬(섣달)에 秋令을 행하면 白露가 일찍 내리고 갑충이 요괴한 짓을 보이고 외침이 잦으며, 春令을 행하면 유산·낙태 등 임신상해가 많고, 나라에 고질병이 많이 돌아 '逆'이라 부르며, 夏令을 행하면 물난리가 나고 눈이 제때 오지 않고 얼음이 모두 풀려버린다.[65]

國語에는 주 선왕 때 적전을 폐지하자, 太史가 곡식신(稷)께 고한 말 가운데, 2월 초하루까지 양기가 올라 토양윤기가 움직이려 하는 때므로 잘 발동하도록 처리하지 않으면, 기맥 울결로 災疫이 되어 곡식이 번식하지 않는다는 경고가 나온다.[66] 呂氏春秋에도 모든 질병은 정기 울결로 비롯한다며, 물이나 초목이 막히면 썩듯이, 나라도 울결로 군주의 덕과 인민욕구가 서로 통달하지 못해 오래 막히고 쌓이면 온갖 재해가 총생한다고 경고한다. 그래서 聖王은 豪士와 충신을 존중해 감히 충직한 간언을 할 수 있도록 언로를 터줘 국가 울결을 예방한다.[67]

"順天者存, 逆天者亡."이란 유명한 격언에서, 天은 국가정권 차원에선 주로 천명을 가리키지만, 민생 차원에선 天時로서 특히 農時가 중요하다. 농경사회에서 농시에 관한 정책명령은 國富와 국력 증강에 최우선 과제로서, 月令이란 예법으로 정착된 것이다.

---

65 禮記, 月令: "孟春之月, … 不可以稱兵, 稱兵必天殃. 兵戎不起, 不可從我始. 毋變天之道, 毋絶地之理, 毋亂人之紀.… 孟春行夏令, 則雨水不時, 草木蚤落, 國時有恐. …(중략)… 季冬行秋令, 則白露蚤降, 介蟲爲妖, 四鄙入保. 行春令, 則胎夭多傷, 國多固疾, 命之曰逆. 行夏令, 則水潦敗國, 時雪不降, 冰凍消釋."

66 國語, 周語上: "自今至于初吉, 陽氣俱蒸, 土膏其動. 弗震弗渝, 脈其滿眚, 穀乃不殖."

67 呂氏春秋, 恃君覽, 達鬱: "病之留惡之生也, 精氣鬱也. 故水鬱則爲汚, 樹鬱則爲蠹, 草鬱則爲蕢. 國亦有鬱. 主德不通, 民欲不達, 此國之鬱也. 國鬱處久, 則百惡竝起, 而萬災叢至矣. … 故聖王之貴豪士與忠臣也, 爲其敢直言而決鬱塞也."

(2) 천재지이의 사후 구제책으로서 周禮

천재지이도 물론 사전예방이 최고 이상이다. 그래도 발생하면 사후에 구제하는 차선책을 강구해야 한다. 周禮에 다양한 구휼대책과 예법이 나온다.

우선, 王의 食飮膳羞 예제가 나오는데, 大喪·大荒·大札(역질)·천지재해 등 나라에 큰 변고가 있으면 희생을 잡지 않고, 吉凶衣服 예법에 따라 王뿐만 아니라 공·후·백·자·남작 모두 素服을 입는다.[68] 喪事가 있으면 왕의 藉田 농경을 담당한 甸師가 왕 대신 허물과 잘못을 신명께 고하며 재해를 받겠다는 기도를 올린다.[69]

春官 大宗伯은 天神·人鬼·地示의 禮를 관장하는데, 나라 우환에는 凶禮로, 사망에는 喪禮로, 凶札(역질)에는 荒禮로, 禍災에는 弔禮로, 포위패전에는 禬禮로, 외구혼란에는 恤禮로 각각 애도한다. 小宗伯도 建國의 神位를 담당하여, 大災나 국가 禍災의 예에 참여하고, 특히 天地의 大災는 社稷宗廟에 준하여 예를 행하였다.[70]

예와 함께 음악도 국가통치에 중요한 방편도구인데, 일식·월식·산사태·大傀異災·제후사망 같은 큰 변고에는 음악을 제거하며, 大札(역질)·大凶·大災·大臣사망 같은 국가 우환에는 악기 줄을 풀어 놓는다.[71] 제례 실무를 담당한 관직들도 재이 기도제사에 각자 참여한다.

---

68 周禮, 天官冢宰: "王齊日三擧. 大喪則不擧. 大荒則不擧. 大札則不擧. 天地有災則不擧. 邦有大故則不擧. 司服掌王之吉凶衣服. … 大札大荒. 大災素服."

69 周禮, 天官冢宰: "甸師掌帥其屬而耕耨王藉. … 喪事. 代王受眚災."

70 周禮, 春官: "大宗伯之職. 掌建邦之天神人鬼地示之禮. … 以凶禮哀邦國之憂. 以喪禮哀死亡. 以荒禮哀凶札. 以弔禮哀禍災. 以禬禮哀圍敗. 以恤禮哀寇亂. 以賓禮親邦國. … 小宗伯之職. 掌建國之神位. 右社稷. 左宗廟. … 大災. 及執事禱祠于上下神示. 王崩大肆. 以秬鬯渳. 及執事蒞. … 凡天地之大災. 類社稷宗廟. 則爲位."

71 周禮, 春官: "大司樂掌成均之法. 以治建國之學政. … 凡日月食. 四鎭五嶽崩. 大傀異災. 諸侯薨. 令去樂. 大札. 大凶. 大災. 大臣死. 凡國之大憂. 令弛縣."

大祝은 六祝을 축사를 맡는데, 국가 大故·天災에 사직기도제사를 한다. 小祝은 작은 祭祀를 맡아 재앙을 제거하고 福祥을 祈求하는데, 순조로운 풍년을 위해 단비를 빌고 風旱과 災兵을 잠재우며 罪疾을 멀리하는 제사다. 司巫는 巫에 관한 政令 일반을 맡아, 나라에 큰 가뭄이 들면 巫를 거느려 기우제를 지내고, 大災가 있으면 특히 선례를 찾아 참고한다. 男巫는 望祀望衍을 맡아 봄에 질병제거를 기도하고, 女巫는 歲時祓除釁浴을 담당해 가뭄에 기우제를 지내는데, 나라에 大災가 있으면 신께 가무와 통곡으로 청한다.[72]

특이하게 빈객을 맞는 외교 담당관이 법률형벌과 함께 秋官에 속한다. 최고수장인 大行人은 제후 관리가 주요 직책인데, 수시로 제후와 우호를 맺으며, 제후의 의지를 묻고 福과 희사를 경하하며 재해 구조를 지원한다. 小行人은 빈객외교 관련 전적을 담당해, 제후국에 札喪에는 부의를, 凶荒에는 구휼을, 병역에는 지원을, 복덕에는 경하를, 禍災에는 애도조문을 각각 하도록 조치한다. 掌客은 사방빈객의 대접을 담당하는데, 신흥국가·凶荒·札喪·禍災 시에는 예의를 축소하고, 야외에서도 감축한다.[73]

---

72 周禮, 春官: "大祝掌六祝之辭. 以事鬼神示. 祈福祥. 求永貞. … 國有大故天災. 彌祀社稷禱祠. … 小祝掌小祭祀. 將事侯禳禱祠之. 祝號. 以祈福祥. 順豐年. 逆時雨. 寧風旱. 彌災兵. 遠罪疾.… 司巫掌群巫之政令. 若國大旱. 則帥巫而舞雩. 國有大災. 則帥巫而造巫恒.… 男巫掌望祀望衍. …春招弭. 以除疾病. 王弔. 則與祝前.… 女巫掌歲時祓除釁浴. 旱暵則舞雩. 若王后弔. 則與祝前. 凡邦之大災. 歌哭而請."

73 周禮, 秋官: "大行人掌大賓之禮.… 歸脤以交諸侯之福. 賀慶以贊諸侯之喜. 致禬以補諸侯之災.… 小行人掌邦國賓客之禮籍.… 若國札喪. 則令賻補之. 若國凶荒. 則令賙委之. 若國師役. 則令槁禬之. 若國有福事. 則令慶賀之. 若國有禍災. 則令哀弔之.… 凡禮賓客. 國新殺禮. 凶荒殺禮. 札喪殺禮. 禍災殺禮. 在野在外殺禮."

4. 先秦 시대 인본주의 천인감응 災異觀

異常적 天災地異 기록에서 주목할 사실은, 그 자체가 수반하는 결과적 재해보다는 그러한 이상 현상을 초래한 원인의 究明에 더 큰 의미가 부여된다는 점이다. 특히 그 원인은 독립적 자연현상의 우연한 변화로서가 아니라, 자연의 일부로서 인간의 주체적 의지와 행위가 천지자연의 운행질서에 영향을 주어 초래되는 인과법칙의 관점에서 구명된다.

인간이 자연법칙으로서 천도와 천명을 본받지 않고 거역하면 천벌이라는 인과응보를 받는다는 기본 사상이다. 주체적 의지를 지닌 천도와 천명은 곧 인간을 통해서 인식되고 실행되는데, 人道가 천도의 일부로서 그 연장선상에서 실질적 인식판단에 기준이 된다. 즉, 인간의 도덕적 善만이 천도와 천명에 부합하고, 惡은 이에 거스르는 것이다. 따라서 도덕적 죄악을 저지르면 천벌을 받는데, 그 결과적 현상으로 재이가 발생하게 된다. 하늘이 비록 말은 하지 않지만, 구체적 행동과 사실로 천명과 천벌을 인간에게 보여주는 것이다.[74] 그 행동과 사실에는 인민들의 사회적 반응과 함께 천지만물의 자연적 현상이 포함된다. 전자는 인민의 불복종으로 인한 혼란을 의미하며, 후자가 곧 여기에서 말하는 災異다.

천도를 본받고 천명을 받드는 주체가 군주인 만큼, 천벌의 책임과 재이의 근본원인도 군주에게 집중됨은 당연하다. 물론 일반 인민의 부도덕도 문제가 되지만, 특히 군주의 惡德과 暴政이 재이에 직접 요인으로 거론된다. 인간의 행위가 도덕에 위배되는 것이 혼란인데, 혼란으로 인해 天災地妖가 발생한다.[75] 천지운행은 질서를 잃지 않는데,

---

74 孟子, 萬章上: "天不言. 以行與事, 示之而已矣."

75 左傳, 宣1: "天反時爲災, 地反物爲妖, 民反德爲亂. 亂則妖災生. 故文, 反正爲乏. 盡

만약 그 질서가 어긋남이 있다면 이는 인간이 어지럽힌 것으로, 지진도 이러한 원인으로 생기는 것이다.[76]

현대 물리학으로 보면, 만물과 에너지가 각자 독특한 파동을 발하여 같은 파동끼리 공명·동조하는데, 요즘 흔히 '끌어당김의 법칙'으로 말하기도 하나, 주역에서 이미 '同聲相應, 同氣相求'의 감응원리를 밝혀 놓았다. 빛깔과 냄새와 맛뿐만 아니라, 소리와 생각·마음까지 類類相從 원리에 따라, 우주적 공명동조와 감응을 일으킨다. 이심전심이나 텔레파시도 그러하다.

(1) 尙書 洪範九疇의 재이론[77]

이러한 재이관의 濫觴은 멀리 尙書의 洪範九疇까지 소급한다.

은이 멸망하면서 기자가 동방 조선으로 떠나기 전, 주 무왕 요청에 의해 자고로 전해오던 洪範 9疇라는 통치방도를 전해주었다고 한다. 하늘이 禹에게 하사해준 洪範 9疇에 보면, 여덟째로 자연 날씨(天氣)와 인간 정치 사이에 상관관계를 밝힌 여러 징조가 나온다. 洪範이란 큰 법도란 뜻으로, 요즘 헌법이란 개념과 상통한다.[78] 다섯 기후조건은 비(雨)·맑음(暘)·더위(燠)·추위(寒)·바람(風)인데, 5요소가 때맞춰

在狄矣."

76 國語, 周語上: "夫天地之氣, 不失其序; 若過其序, 民亂之也. 陽伏而不能出, 陰迫而不能烝, 於是有地震."

77 홍범의 구조와 사상체계는, 南明鎭, "洪範思想研究", 인문학연구 3.1(1976): 239-266면; 임병학, "洪範 五行의 본질적 의미", 退溪學報 150(2021): 127-156면.

78 "洪範十四條"는 고종31년(1894) 12월 갑오개혁 때 제정해 이듬해 1월 시행한 정치혁신 기본 강령으로, 대한제국 헌법의 성격을 띤 것으로 볼 수 있다. 갑오개혁이 성공했더라면, '洪範'이 지금의 '憲法' 개념(호칭)을 대신했을지 모르겠다.

적절히 조화를 이루면 산천초목과 만물이 무성히 번식할 수 있는 理想的 날씨다. 그중 어느 하나라도 지나치게 강렬하거나 오래 지속되든지, 또는 너무 부족하게 되면, 異常氣候로서 災異를 초래해 흉년이 들고 민심도 흉흉해진다.

이들 기상조건은 군주의 德性과 爲政에 따라 결정적으로 좌우된다. 군주가 선하고 어질면 기후가 상서로운 징험을 나타내고, 반대로 포학무도하면 불길한 조짐을 보인다. 좋고 상서로운 징험으로는, 군주가 공경하고 정치가 정숙하면 때맞춰 비가 적절히 오고, 政令이 유순하여 잘 다스려지면(乂) 때맞춰 햇볕이 적절하며, 정치가 명철하면 때맞춰 따뜻하고, 총기 있고 사려(謀)하면 때맞춰 추우며, 거룩하면(聖) 바람이 부드럽고 순조롭다. 반대로 나쁜 징조와 불길한 재앙으로는, 군주가 망령되어 정치가 미치면(狂) 비가 지나치고, 정치가 참람하면 가뭄이 들며, 정치가 안일하면 더위가 심하고, 정치가 조급하면 추위가 심하며, 정치가 몽매하면 바람이 심하다.[79] 이 원리에 따른다면, 2022년 여름 서울 강남에 100여년에 최악의 폭우홍수는 정치적 광기가 초래한 거고, 지구촌 각지가 무더위가 심한 것은 정치가 무사안일하기 때문이며, 초강력 태풍의 엄습은 몽매한 정치 탓이라는 해석이 가능할 것이다.

洪範의 이러한 기후징험 이론은 五行·五事와 결합하여, 춘추전국 이후 다양한 재이론의 전개와 漢대 천인감응 재이설 정립에 기본 전형을 이룬다.[80] 또 천기 조짐은 역대 왕조에서 정치득실을 토론하

79 尙書, 洪範: “八. 庶徵 曰雨 曰暘 曰燠 曰寒 曰風 曰時. 五者來備 各以其叙 庶草蕃廡. 一極備 凶 一極無 凶. 曰休徵. 曰肅 時雨若. 曰乂 時暘若. 曰哲 時燠若. 曰謀 時寒若. 曰聖 時風若. 曰咎徵. 曰狂 恒雨若. 曰僭 恒暘若. 曰豫 恒燠若. 曰急 恒寒若. 曰蒙 恒風若.

80 권민균, “漢代 洪範의 재탄생과 班固의 五行志 저술 배경.” 1-28면.

는 언론·상소에서 아주 빈번히 등장하는 대표적 천인감응 철학사상이다.[81]

(2) 춘추시대 일반적 재이론

'天賦'의 홍범 정치철학은 춘추전국 시대에도 면면히 이어진다. 춘추시대 사서 기록에 주요 언론을 살펴보면, 군주들이 천재지이를 하늘 경고로 받아들여 삼가 공경·근신한 흔적이 잘 나타난다. 莊11(전683)년 가을 宋에 홍수가 나자, 魯 莊公이 위로사절을 보내 위문한다.

> "하늘이 지독한 호우로 종묘제사용 곡식을 해쳤으니, 어찌 조문하지 않을 수 있겠습니까?"

이에 宋 군주는 자신이 불공한 탓이라고 겸양으로 답례했다.

> "고아(과인)가 진실로 공경하지 못해 하늘이 재앙을 내리시고, 또 군주께 심려를 끼쳤으니, 부끄럽지만 慰勞하심을 절하여 받겠습니다."

송 군주의 답사를 들은 臧文仲이 감탄했다.

> "宋이 장차 흥성하겠다! 禹와 湯은 자기 죄를 책망해 이내 크게 발흥했고, 桀과 紂는 인민을 죄 주더니 창졸간에 망했다. 제후국에 흉사가 생기면 고아(과인)라 자칭함이 禮다. 언사가 두려워할 줄 알고 명칭이 禮에 합당하니, 그 아니 흥성하겠는가?!"

이 말을 전해 듣고 公子가 언설변사에 능숙하다고 칭찬하자, 장문중이 "인민을 구휼하는 마음을 지니신 군주께 합당한 말씀"이라고 사양했다.

---

81 조선시대도 예외는 아니며, 조선왕조실록에만 '洪範九疇'가 5회(태종9년8월9일, 중종16년12월14일, 숙종3년1월12일, 영조대왕시책문, 고종27년1월5일), '洪範'은 태조 때만 4번 등 모두 208회 나온다.
http://sillok.history.go.kr/search/searchResultList.do 한국사데이터베이스 검색.

이에 穀梁傳은 宋이 王者(殷)의 후예라서 적은 것이며, 高下 모두 水災가 발생해 大水라 부른다고 전한다. 반면 公羊傳은 宋에 큰물은 재난이긴 하지만, 통상 외국재난은 적지 않는 법인데, 자기 나라와 관련되어 기록했다고 전한다.[82] 좌전 기록상 魯가 조문사절을 보낸 우호관계로 기록했을 가능성이 크다. 허나 공양전 漢 何休 注에 따르면, 당시 魯에도 수재가 발생했는데, 자기 나라 수재만 기록하면 宋 수재가 드러나지 않고, 두 나라 모두 기록하자니 번거로워서(당시 죽간 기록 한계 참작!) 송 수재 기록으로 자국 수재까지 포함한 취지라고 해석한다. 또 수재 발생원인은, 당시 양국이 병력을 일으켜 전쟁하느라 백성 피해와 원망이 커서 친인감응 인과보응 원리에 있으며, 몹시 경외하라는 춘추필법 정신에서 적은 걸로 본다.[83]

鄭에 큰 화재가 났을 때, 子産은 晋의 사신에게 失政으로 인해 하늘이 재앙을 내렸다고 겸손히 근신했다.[84] 전술했듯, 日食 재앙을 누가 당하겠느냐는 晋 平公 질문에, 士文伯은 善政을 행하지 않는 나라가 받는다며, 善政의 3대 급선무로 현인등용·利民·天時순응을 꼽았다.[85]

반면, 정치적 덕행이 떳떳하다면 천문 자연현상은 재이가 될 수 없다는 당당한 언론도 등장한다. 宋에 떨어진 隕石이 무슨 조짐이냐는 질문에, 周 內史는 隕石이 천지음양의 자연현상으로서 길흉과는 관계

---

82 左傳, 莊11: “秋, 宋大水. 公使弔焉, 曰: ‘天作淫雨, 害於粢盛, 若之何不弔?’ 對曰: ‘孤實不敬, 天降之災, 又以爲君憂, 拜命之辱.’ 臧文仲曰: ‘宋其興乎! 禹湯罪己, 其興也悖焉; 桀紂罪人, 其亡也忽焉. 且列國有凶, 稱孤, 禮也. 言懼而名禮, 其庶乎!’”; 公羊傳, 莊11 秋 및 穀梁傳, 莊11 秋 기록 참조.

83 (重刊宋本) 十三經注疏, 清 嘉慶20(1815)年 江西南昌刻印, 藝文印書館, 1982년 9版(影印本). 春秋公羊傳, 漢 何休注, 唐 徐彦疏, 제7책, 90면 참조.

84 左傳, 昭18: “若吾子之言, 敝邑之災, 君之憂也. 敝邑失政, 天降之災, 又懼讒慝之間謀之, 以啓貪人, 荐爲敝邑不利, 以重君之憂.”

85 左傳, 昭7 기사 참조.

없다고 답하며, 질문이 잘못되었다고 지적했다. 길흉은 인간 자신으로부터 생긴다고!86 또 齊에 彗星이 출현하자, 景公이 불길하게 여겨 하늘에 제사지내려고 하는데, 晏子가 만류한다. 하늘에 혜성이 출현함은 더러움을 쓸어 없애기 위해서니, 군주에게 惡德이 없다면 혜성을 두려워해 제사지낼 필요도 없고, 만약 군주가 덕에 어긋나는 행실이 있다면 제사를 지내도 소용없다고!87

한편, 宋에 큰 화재가 발생하자, 晋 悼公이 心宿(大火: 불을 관장하는 별)와 관련해 天道를 알 수 있느냐고 물었다. 이에 士弱이 당시 천문학 이론에 근거해 대강 설명한 다음, 필연적 인과관계는 아니며, 천재는 국가의 정치도덕에 달려있다고 답했다. 국가 혼란은 일정한 필연적 조짐이 없어 예측할 수 없다고 한다.88 또, 楚가 鄭을 정벌하자, 晋이 소식을 듣고 전세를 의론하는데, 樂官은 樂律 이론에 의하고, 天官은 별의 운행궤도인 天道(천문학 이론)에 근거해, 각기 楚軍이 별 성과 없을 거라고 예언했다. 이에 叔向은 전쟁 승패가 군주의 德에 달려있다고 반론했다.89

이러한 災異論은 일찍부터 詩書에도 잘 나타난다.90 "인간 재앙은 하늘에서 내려오지 않고, 사람들이 모여 제 뜻에 맞으면 부화뇌동하고, 제 마음에 어긋나면 증오·비방하여 말미암는다."91 "하늘이 내린

86 左傳, 僖15: "詩曰: '下民之孽, 匪降自天, 僔沓背憎, 職競由人.'"; 左傳, 僖16: "君失問. 是陰陽之事, 非吉凶所生也. 吉凶由人. 吾不敢逆君故也."

87 左傳, 昭26: "齊有彗星, 齊侯使禳之. 晏子曰: '無益也, 祗取誣焉. 天道不謟, 不貳其命, 若之何禳之? 且天之有彗也, 以除穢也. 君無穢德, 又何禳焉? 若德之穢, 禳之何損?… 君無違德, 方國將至, 何患於彗?… 若德回亂, 民將流亡, 祝史之爲, 無能補也.'"

88 左傳, 襄9: "(宋災) 在道, 國亂無象, 不可知也."

89 左傳, 襄19: "師曠曰: '不害. 吾驟歌北風, 又歌南風, 南風不競, 多死聲. 楚必無功.' 董叔曰: '天道多在西北. 南師不時, 必無功.' 叔向曰: '在其君之德也.'"

90 詩·書에 나타난 殷·周시대 재이론은, 前章, "先秦시대 天命觀의 전개" 참조.

재난은 오히려 피할 수 있지만, 인간이 스스로 지은 재앙은 돌이킬 수 없다."[92]

하늘이 재난으로 경고를 보이는데도, 이를 무시하고 개과천선하지 않으면 반드시 더 큰 재앙을 받게 된다.[93] 예컨대, 천재지변이 발생하면 인민의 조세·부역을 경감해 民生을 안정시키고 民心을 수습하는 것이 근본적 재난해소 방책이다. 인민에게 德政을 베풀어 자연재해를 제거해야 한다. 그런데 도리어 인민의 부담을 가중시켜 민심이 離叛하면, 재난을 막는 것이 아니라 더욱 악화시킬 뿐이다. 그러면 통치기강이 흔들리고 법령이 준수되지 않으며, 국가 존망까지 위태로워진다.[94] 흉년이 드는 경우에는, 근검절약으로 생업에 더욱 힘쓰며 재화 분배를 통해 재난을 구휼하는 것이 급선무다.[95] 제후의 원한을 사지 않고 커다란 천재지변이 없도록 해야 최고 바람직한 통치이다.[96] 군신상하가 모두 화목하게 일치단결하여 큰 나라를 예로써 섬기는 것이, 天災가 없도록 하는 근본 첩경이라고 강조하기도 한다.[97]

(3) 최악의 人災로서 전쟁재앙론!

사실 제후들의 실력쟁패가 치열한 춘추전국 와중에서 약소국이 염

---

91 詩, 小雅, 十月之交: "下民之孽, 匪降自天, 僔沓背憎, 職競由人."左傳, 僖15년 인용.

92 古文尙書, 太甲中: "天作孽, 猶可違; 自作孽, 不可逭." 孟子, 公孫丑上과 離婁上 및 禮記, 緇衣(자구 표현 小異)에서 太甲의 말로 인용한다.

93 左傳, 昭元年: "有菑禍興, 而無改焉, 必受其咎."

94 國語, 周語下: "古者, 天災降戾, 於是乎量資幣, 權輕重, 以振救民. … 將民之與處而離之, 將災是備禦而召之, 則何以經國? 國無經, 何以出令? 令之不從, 上之患也,"

95 左傳, 僖21: "非旱備也. 脩城郭·貶食·省用·務穡·勸分, 此其務也. 巫尫何爲? 天欲殺之, 則如勿生; 若能爲旱, 焚之滋甚." 公從之. 是歲也, 饑而不害."

96 左傳, 昭元年: "國家不罷, 民無謗讟, 諸侯無怨, 天無大災, 子之力也. 有令名矣."

97 左傳, 定9: "上下猶和, 衆庶猶睦, 能事大國, 而無天菑, 若之何取之?"

려해야 할 가장 큰 災害는, 異常적 자연현상으로서 천재지변이 아니라, 정치외교적 잘못으로 兵禍를 입거나 멸망당하는 人災로서 戰亂일 것이다. 올해 초 러시아의 우크라이나 침공 전쟁만 봐도, 유럽이나 세계 어느 곳 기후재앙보다 더 처참하지 않은가?

宣9년(전600) 晉 郤缺이 鄭을 구원하자, 鄭伯이 楚군을 柳棼에서 격파해 國人이 모두 기뻐했으나, 오직 子良은 우려하며 "이는 국가에 재앙이다, 내 죽을 날이 머지않았다."고 말했다.[98] 대국의 보복이 명약관화하기 때문이리라. 과연 3년 뒤, 晉이 楚한테 邲에서 패전하자, 초 莊王은 鄭을 정벌해 皇門에서 승리해, 鄭伯은 어깨를 드러내고 왼손에 종묘 깃발(茅旌)을 잡고 오른손에 종묘 칼(鸞刀)을 쥔 채 莊王을 맞이해 항복했다.

"寡人이 선량하지 못해 변방 신하로서 天禍를 범해, 君王께서 친히 욕되게 敝邑에 납시었습니다. 君께서 만약 이 喪人을 긍휼히 여기신다면, 불모지를 조금 하사해 한두 늙은이를 거느려 명을 다하게 하소서. 오직 君王의 命을 청합니다."

莊王은 "君의 못된 신하가 잘못 부추겨, 과인이 君의 玉面을 대하려 사소한 일로 여기에 이르렀군요!"라고 화답하며 7리를 퇴각했다. 장군 子重이 먼 거리에 수많은 전사자를 낸 희생을 보상하기 위해서라도 가만 두면 안 된다고 거듭 간언했으나, 莊王은 대답했다.

"예로부터 사방에 출정하면 물통과 갑옷이 망가질 각오는 하는 법이오. 君子는 禮에 돈독하고 이끗에 담박하니, 사람을 뉘우치게 하지, 땅을 요구하지 않는 법! 복종하겠다고 선언하는데 사면하지 않으면 상서롭지 못하니, 내 상서롭지 못하게 인민을 인도하면 재앙이 내 자신에 미치리니, 소유한들 며칠이나 가겠는가?"[99]

98 左傳, 宣9: "鄭伯敗楚師于柳棼. 國人皆喜, 唯子良憂曰: 是國之災也, 吾死無日矣."

참으로 춘추오패답게 군자다운 포부다!

宣15년(전594), 狄의 일족인 潞 수령 嬰兒한테 시집간 晉 景公 누나가 집권자 酆舒한테 살해되고 嬰兒도 눈을 다치자, 晉侯가 정벌하려 했다. 대부들이 酆舒한테 세 준재가 있어 안 되니 후일을 도모하자고 말렸다. 伯宗은 狄의 5죄를 낱낱이 성토하며, 준재가 많아도 정벌할 정당한 이유를 역설했다.

"무릇 재주와 군중을 믿고 뻐김은 멸망의 길이다. 商 紂가 그래서 망했다. 하늘이 때에 반함이 災이고, 땅이 만물에 반함이 妖며, 인민이 德에 반함이 亂이다. 혼란하면 妖災가 생긴다. 그래서 문자상 正에 反함이 '乏'(궁핍)이니, 이 모두 현재 狄한테 갖춰져 있다."

그 말을 듣고 晉侯가 정벌에 나서 赤狄을 曲梁에서 격파해 潞는 망하고, 酆舒는 衛로 도망갔다가 붙잡혀 죽었다.[100] 여기서 천지자연에 '災妖'와 인간사회에 혼'란'의 개념정의 및 상호관계가 잘 나타난다.

(4) 동맹서약과 환난상휼의 재이관

천재지이는 수시로 도처에 번갈아가며 발생하므로, 주 왕실과 제후국 사이는 물론 제후국 상호간에도, 뜻밖에 재이에는 서로 조문·위로하고 구제·원조하는 환난상휼의 미풍양속이 일찍 확립되었다. 특히 周 왕권의 약화와 함께 제후국 간에 패권경쟁이 치열해지면서, 패자의 자격과 도량으로 尊周攘夷의 대의명분뿐만 아니라 환난상휼의 솔선수

---

99 公羊傳, 宣12: "鄭伯肉袒, 左執茅旌, 右執鸞刀, 以逆莊王曰: '寡人無良, 邊垂之臣, 以干天禍, … 請唯君王之命.' 莊王曰: '君之不令臣, 交易爲言. 是以使寡人得見君之玉面, 而微至乎此.' … '古者杅不穿, 皮不蠹, 則不出於四方. 是以君子篤於禮而薄于利, 要其人而不要其土. 告從, 不赦, 不詳. 吾以不詳道民, 災及吾身, 何日之有?'"

100 左傳, 宣15: "夫恃才與衆, 亡之道也. 商紂由之, 故滅. 天反時爲災, 地反物爲妖, 民反德爲亂. 亂則妖災生. 故文, 反正爲乏. 盡在狄矣."

범 지도력이 중시되었다. 과연 춘추 첫 패권을 차지한 관중은 齊를 다스림에 5가를 1軌로 치밀한 행정조직을 편제해, 伍人은 제사에 福도 함께 누리고 死喪도 함께 구휼하며 禍災도 함께 나누는 상부상조 정책을 시행했다. 동고동락으로 천하에 무도한 제후를 주륙해 周室을 보필하니, 제후들이 환공의 출동은 자기를 위함이 아니라 환난을 구제하고 재해를 분담하기 위해서라고 믿어 귀순했다.[101]

이러한 우량 전통은 후세 국제외교에서도 중요한 典據로 막강한 규범력을 발휘하였다. 莊28년(전666) 魯에 기근이 들자, 臧文仲이 나라에 기근이 들면 卿이 이웃나라 가서 곡식지원을 요청함이 옛 예제라고 말하며, 자청해서 鬯圭와 玉磬을 갖고 齊에 가서 고했다.

> "天災가 流行해 弊邑에 이르러, 기근이 닥쳐 인민이 초췌해 죽을 지경이며, 周公·太公의 사당에 제사도 못 지낼까 두렵습니다."

이에 齊는 보옥을 돌려주며 식량을 내주었다.[102] 老子가 강대국은 약소국을 비호함이 마땅하다고 말한[103] 그대로다. 한편, 僖1년(전659) 여름에는 邢이 夷儀로 천도하는데, 제후들이 축성을 도와 우환을 구제했다. 좌전은 "제후백작이 서로 우환을 구제하고 재난을 분담하며 죄악을 성토함은 禮다."고 평론한다.[104] 머지않아 제후국간에 이기적 경쟁이 치열해지면서, 그러한 환난상휼 전통에 금이 가기 시작했다.

僖13년(전647) 겨울 晉이 기근으로 秦에 곡식 지원을 요청하자, 秦

---

101 國語, 齊語: "管子於是制國, 五家爲軌, 軌爲之長.… 伍之人祭祀同福, 死喪同恤, 禍災共之.… 居同樂, 行同和, 死同哀.… 以方行於天下, 以誅無道, 以屛周室.… 於是天下諸侯知桓公之非爲己動也, 是故諸侯歸之." (注: 動爲救患分災也.)

102 國語, 魯語上: "國有饑饉, 卿出告糴, 古之制也. …天災流行, 戾于弊邑, 饑饉荐降, 民羸幾卒, 大懼乏周公·太公之命祀, 職貢業事之不共而獲戾."

103 老子제61장: "故大國以下小國, 則取小國, 小國以下大國, 則取大國, 故或下以取, 或下而取, 大國不過欲兼畜人, 小國不過欲入事人, 夫兩者各得其所欲, 大者宜爲下."

104 左傳, 僖1: "夏, 邢遷于夷儀, 諸侯城之, 救患也. 凡侯伯, 救患·分災, 討罪, 禮也."

伯이 줄지 말지 망설이며 조정 의견을 수렴했다. 子桑은 "은혜를 보시해 보답해오면 더할 나위 없고, 보답하지 않으면 그 민심이 떠날 테니, 성토하면 반드시 격파한다."고 답했다. 百里는 "天災가 돌아가며 내리니 국가마다 겪기 마련인데, 재난을 구제하고 이웃 나라를 구휼함은 道이니, 인도를 행하면 복이 있다."고 동의했다. 이에 秦 穆公은 "군주는 밉지만 그 인민이 무슨 죄냐?"며, 雍에서 絳까지 배를 띄워(汎舟之役) 곡식을 대주었다. 이듬해 겨울 거꾸로 秦에 기근이 들어 晉에 곡식 지원을 요청하자, 晉이 거절했다. 이에 慶鄭이 간언했다.

"배은하면 친구가 없고, 남의 재난을 기뻐하면 不仁이며, 탐착하면 不祥하고, 이웃을 격노시키면 不義다. 네 德을 모두 잃고 무엇으로 나라를 지킬 셈이오? 배은하고 재난을 기뻐하면 인민이 저버리고 근친조차 원수라 여길 텐데, 하물며 怨敵이야 오죽하겠소?"

그래도 晉이 듣지 않았다. 이듬해 秦 목공이 晉에 진입해 惠公을 사로잡아 설욕했다. 이때 穆姬는 태자와 함께 상복을 입고 사죄했다.

"上天이 재앙을 내려, 두 나라 군주가 점잖게 예로 만나지 못하고, 병력으로 맞붙어 저희가 죽을 운명이니, 알아서 처분하세요!"

이에 秦 목공은 용서하고 귀국했는데, 韓簡은 '서민의 재앙은 하늘에서 내려온 게 아니고, 사람들이 모여 쑥덕공론으로 배신과 증오를 일삼은 데서 말미암네!'라는 詩를 인용해 힐난했다.[105]

僖26(전634)년 여름, 齊 孝公이 魯 북쪽 변경을 치자, 희공 사절로

---

105 左傳, 僖13: "冬, 晉薦饑, 使乞糴于秦. …'重施而報, 君將何求? 重施而不報, 其民必攜; 攜而討焉, 無衆, 必敗.'… '天災流行, 國家代有. 救災·恤鄰, 道也. 行道, 有福.'秦伯曰: '其君是惡, 其民何罪?'秦於是乎輸粟于晉, 自雍及絳相繼, 命之曰汎舟之役."; 僖公14: "冬, 秦饑, 使乞糴于晉, 晉人弗與. 慶鄭曰: '背施, 無親; 幸災, 不仁; 貪愛, 不祥; 怒鄰, 不義. 四德皆失, 何以守國? … 背施·幸災, 民所弃也. 近猶讎之, 況怨敵乎?'" 僖公15: "晉侯之入也, … '上天降災, 使我兩君匪以玉帛相見, 而以興戎. 若晉君朝以入, 則婢子夕以死; 夕以入, 則朝以死. 唯君裁之!'"

나선 展喜가 展禽에서 齊侯를 맞이해 외교언사로 전쟁을 피한 일화도 유명하다. 齊侯가 "魯人이 두려워하나?"고 떠보자, 展喜는 대뜸 "小人은 두려워하지만, 군자는 그렇지 않다."고 답했다. 齊侯가 "뭘 믿고 두려워하지 않나?"고 되묻자, 개국 초부터 先王의 명으로 周公과 太公이 함께 周室을 보필한 이래, 두 나라가 자손대대로 서로 해치지 않기로 다짐했고, 환공이 제후를 규합해 패권을 차지할 때도 동맹서약문에 '널리 재난을 구제해 옛 직책사명을 밝힌다.'고 선언하여, 이를 믿고 두려움이 없다고 능란하게 답변했다. 齊侯가 더 이상 구실이 없어 감탄하고 귀환했다.[106]

제후 동맹서약 때와 마찬가지로, 晉 悼公은 즉위하며(전573) 패권회복을 꿈꾸면서, 재이환난 구제를 포함한 다양한 施政방책을 명시했다.[107] 과연 晉 悼公은 제후를 규합해 宋을 구하고, 雞丘에서 동맹 서약함에도 상호구원 및 우호수교를 비롯해, 朝聘의 예와 선악공유 및 災患구휼을 포함하였다.[108] 즉위 10년 뒤(전563), 鄭 子耳가 楚와 동맹해 魯 서쪽 국경을 침범하고 蕭를 포위하며 宋 북쪽 국경을 침입했다. 孟獻子는 周왕실도 감당하지 못할 잦은 출정으로 鄭이 곧 망하겠다고 예견하며, 집정자 3인을 지목했다.[109] 이듬해 4월 제후들이 鄭을 정벌해, 7월 亳에서 동맹서약을 맺었다.

"모든 동맹국은 풍년곡식을 독점하지 않고, 산천이익을 가로막지

106 左傳, 僖26: "恃先王之命. 昔周公·大公股肱周室, 夾輔成王. 成王勞之, 而賜之盟, 曰: '世世子孫無相害也!' 載在盟府, 大師職之. 桓公是以糾合諸侯, 而謀其不協, 彌縫其闕, 而匡救其災, 昭舊職也. … 恃此以不恐."

107 左傳, 成18: "二月乙酉朔, 晉悼公卽位于朝. 始命百官, 施舍已責, 逮鰥寡, 振廢滯, 匡乏困, 救災患, 禁淫慝, 薄賦斂, 宥罪戾, 節器用, 時用民, 欲無犯時.…所以復霸也."

108 國語, 晉語7: "始合諸侯于虛朾以救宋, 三年, 公始合諸侯. 四年, 諸侯會于雞丘, 於是乎布命·結援·修好·申盟而還."(注: 命謂朝聘之數, 同好惡救災患之屬.)

109 左傳, 襄10: "鄭其有滅乎! 師競已甚. 周猶不堪競, 況鄭乎! 有災, 其執政之三士乎!"

않고, 간사한 자를 보호하지 않고, 사특한 자를 두둔하지 않으며, 災患을 상호 구제하고 禍亂을 구휼하며, 선악好惡 표준을 공유하고, 王室을 보필한다."[110]

22년 뒤(전541) 정월 대보름에 宋 동맹을 재확인하는 제후 모임에서, 祁午가 晉 재상 趙文子를 설득하면서, 다시 제후 패권의 자격품질을 거론한다.

"宋의 동맹에서 楚人이 晉한테 得志해, 지금 令尹의 不信은 제후가 다 안다. 그대가 晉國을 다스려 盟主가 된 지 7년만에 제후를 다시 규합해 세 번 대부를 모으고, 齊·狄을 복속하고 東夏와 秦을 평정해 淳于에 축성하면서도, 군대가 피로치 않고 국가가 피폐하지 않으며, 인민은 비방이 없고 제후는 원망이 없어 하늘에 큰 재해가 없었으니, 이는 그대 힘이요 아름다운 명성이다. 그런데 끝내 부끄러운 지경에 이르니, 저는 몹시 두렵다. 그대 가히 경계하지 않을 수 있겠소?!"[111]

(5) 특별한 재이론

재이의 유래에 관해 독특한 견해가 보인다. 인간과 천신의 분별·질서가 혼란해져 재이가 발생하게 되었다는 내용이다. 옛날에는 서로 다른 차원에 인민과 신명이 서로 뒤섞이지 않게 구분하여, 각각 담당 관서를 설치해 질서정연했다. 인민은 忠信을 지키고, 神은 明德으로

110 左傳, 襄11: "凡我同盟, 毋蘊年, 毋壅利, 毋保姦, 毋留慝, 救災患, 恤禍亂, 同好惡, 獎王室. 或間玆命, 司愼·司盟·名山·名川·羣神·羣祀, 先王·先公·七姓·十二國之祖, 明神殛之, 俾失其民, 隊命亡氏, 踣其國家."

111 左傳, 昭元年: "宋之盟, 楚人得志於晉. … 子相晉國, 以爲盟主, 於今七年矣. 再合諸侯, 三合大夫, 服齊狄, 寧東夏, 平秦亂, 城淳于, 師徒不頓, 國家不罷, 民無謗讟, 諸侯無怨, 天無大災, 子之力也. 有令名矣, 而終之以耻, 午也是懼, 吾子其不可以不戒."

길상복덕을 내리고 재앙을 부리지 않아, 인민과 귀신이 다른 차원에서 각자 일을 맡아 서로 공경해 모독하지 않았다. 신명이 嘉生을 내리고 인민은 만물을 향유해, 禍災가 오지 않고 재용에 궁핍이 없었다. … 少皞씨가 쇠미해지면서 九黎가 혼란에 빠져 인민과 신명이 뒤섞여 엉켜, 귀신을 너무 친압하면서 정결치 못한 모독으로, 신이 嘉生을 내리지 않아 만물을 제대로 향유할 수 없어지고, 禍災가 빈번히 닥치고 흉기가 그치지 않아 천지신명과 교통이 끊기게 되었다[112]

비슷한 원리로, 남녀 간에 분별이 문란해져 사람한테 질병이란 음양 재앙이 발생한다는 식견도 경청할 만하다. 晋 平公이 밤낮을 뒤바꾼 무질서한 생활과 4인의 同姓 비첩 때문에 심한 질병을 앓아, 정 자산이 간공을 대신해 위문하러 갔다. 진 숙향이 군주 질병은 實沈과 臺駘라는 귀신 장난으로 생긴 건지 묻자, 자산이 펼친 의론이 장관이다.

"두 귀신은 군주 몸에 영향을 끼칠 수 없습니다. 산천의 신은 홍수가뭄이나 전염병 같은 재변에는 장난과 농간을 부리고, 일월성진의 신은 눈서리와 비바람이 때에 맞지 않게 이상기후를 보일 적에 장난과 농간을 부립니다. 군주 몸의 건강은 출입·음식·애락에 관련된 문제이지, 산천이나 별자리 신이 무슨 관계가 있겠습니까?"[113]

同姓 후궁과 지나친 성관계가 질병 원인이며, 치유와 건강회복은 밤낮·사계절에 맞는 절도 있는 원기함양이 군자의 양생지도라고 한다. 지나친 귀신 의존적 미신에 경종을 울리고, 인간 중심의 합리적

112 國語, 楚語下: "古者民神不雜. … 故神降之嘉生, 民以物享, 禍災不至, … 及少皞之衰也, … 神狎民則, 不蠲其爲. 嘉生不降, 無物以享. 禍災薦臻, 莫盡其氣. … 是謂絶地天通."

113 左傳, 昭元年: "晉侯有疾, 鄭伯使公孫僑如晉聘, 且問疾. …臺駘, 汾神也. 抑此二者, 不及君身. 山川之神, 則水旱癘疫之災於是乎禜之; 日月星辰之神, 則雪霜風雨之不時, 於是乎禜之. 若君身, 則亦出入·飮食·哀樂之事也, 山川星辰之神又何爲焉?"

神論은 공자의 정신과 일맥상통한다. 인간의 체력·정신력 및 국가의 병력(군대)·재력(경제력)은 유한하므로, 군주 개인의 야욕으로 무절제하게 낭비하면, 후환을 초래하고 천재지이도 수반할 수 있다는 통찰은 지극히 현명한 경험지혜이다.

재이와 관련한 국가 경제재정 정책론도 주목할 만하다. 周 景王21(전524)년 大錢 주조를 單穆公이 반대한 이유다. 옛날 하늘이 홍수·가뭄·병충해 같은 재해를 내린 비상사태에서, 화폐가치나 경중 조정으로 인민을 구휼하고 경제를 진작하는 긴급조치가 있었다. 미리 대비하지 않은 태만이나, 너무 앞선 성급함은 재앙을 부르는 첩경이다. 하늘의 禍도 지겹거늘, 게다가 민심도 저버려 재앙을 부추긴다면, 어떻게 나라를 다스릴 것인가? 聖人은 인민한테 공덕을 심어 재앙을 제거한다. 民用을 끊어 왕실을 채우면, 강물 원천을 막아 더럽히는 꼴이니 금세 마를 것이다. 민심이 떠나고 재화가 바닥나, 재난이 닥쳐 대비도 없으면 장차 어찌 할꼬? 왕은 간언을 듣지 않고 끝내 큰돈을 만들었다. 당시 왕실 관료들은 재난대비는 태만히 방기하고 인민한테 수탈만 일삼아 재앙을 부채질한 셈이다.[114] 현대에 경기와 화폐의 상호관계를 분석·설명하는 경제학 이론을 연상케 한다.

周 敬王10(전510)년 劉文公과 萇弘의 성곽축조 추진에 대해, 하늘을 어기고 道에 반하며 인민을 미치게 하는 3재앙이라며, 주도자는 주륙을 당하거나 자손이 禍를 입을 거라는 비판이 강했다. 집권자로서 常法을 저버리고 私欲을 좇아 교활한 변칙으로 天災를 크게 초래하며 百姓을 피곤하게 동원해 자기 공명을 이루려 하니, 그 재앙이 막대할 것

114 國語, 周語下: “古者, 天災降戾, 於是乎量資幣, 權輕重, 以振救民. … 可先而不備, 謂之怠; 可後而先之, 謂之召災. 周固羸國也, 天未厭禍焉, 而又離民以佐災, 無乃不可乎? … 若民離而財匱, 災至而備亡, 王其若之何? 吾周官之於災備也, 其所怠棄者多矣, 而又奪之資, 以益其災, 是去其藏而翳其人也.”

이라는 예견이었다.[115]

반면, 인간의 시의적절한 有爲의 功勞가 천재지변의 예방 및 감소에 긍정적 효과가 있음을 통찰하고 적극 강조하는 언론도 있다. 周制에는 로마 못지않은 도로정비법이 있었다. 가로수를 표지로 심고 부근에 음식 먹을 정자를 세우며, 교외에는 방목지가, 국경에는 탐망대가, 그리고 숲과 연못이 적절히 갖춰져, 기아와 병난 재해를 방어했다.[116] 옛날에 先王이 흙을 쌓아 만든 누대는 길상과 흉조 분위기를 관찰해 재해를 대비하기 위한 조망용이고, 운동장(榭)은 외적침입과 혼란을 방어하기 위한 군대 무술단련용으로, 오로지 국가 안보를 위해 인민을 이롭게 교화하는 수단방편이었다.[117]

옛날 共工이 황하 치수방도를 폐기해 안일에 빠져, 물길이 막혀 천하를 해치고 禍亂이 생겼는바, 물길을 잘 다스려 바다로 흘려보내야 8난이 없다는 재해론도 눈길을 끈다.

"하늘에는 여름철 서리·우박(伏陰)이 없고, 땅에는 겨울철 오얏·매실이 없으며, 물은 가라앉은 음기가 없고, 불은 화재연기가 없으며, 神은 간사한 음행이 없고, 인민은 음란한 마음이 없으며, 사계는 시절에 거스름이 없고, 만물은 생명을 해치지 않는다."

한편, 독특한 국보론에 재해방지 기능이 거론되어 눈길을 끈다. 국가에 가장 귀중한 보배는 현명한 인재다. 통상 국보는 여섯으로, 明王聖人은 만물을 제어해 국가 통치를 보필하는 보배며, 玉은 嘉穀을 잘

115 國語, 周語下: "敬王十年, 劉文公與萇弘欲城周 … 必有三殃: 違天, 一也; 反道, 二也; 誑人, 三也. 周若無咎, 萇叔必爲戮. 若劉氏, 則必子孫實有禍. 夫子而棄常法, 以從其私欲, 用巧變以崇天災, 勤百姓以爲己名, 其殃大矣."

116 國語, 周語中: "列樹以表道, 立鄙食以守路. 國有郊牧, 疆有寓望, 藪有圃草, 囿有林池, 所以禦災也."

117 國語, 楚語上: "故先王之爲台榭也, 榭不過講軍實, 台不過望氛祥. … 夫爲台榭, 將以教民利也." (注: 台, 所以望氛祥而備災害; 榭, 所以講軍實而禦寇亂.)

비호하여 水旱 災해를 없애는 보배고, 거북은 국가대사에 길흉을 밝혀 주는 보배며, 수정구슬(珠)은 火災를 막아주는 보배고, 황금은 병란을 막아주는 보배며, 산림천택은 민용 재화를 공급하는 보배다.[118]

5. 제자백가의 적극적 전화위복 天論과 재이관

周 왕실이 사실상 무너지고 제후들의 겸병전쟁으로 사회혼란이 막심해진 전국시대에 들어서면, 천명과 재이에 대한 식견도 새로운 발전양상을 보인다. 제후의 환심을 사기 위한 제자백가의 이론무장과 유세도 치열해지지만, 강화되는 군주의 전제권력에 舌禍를 당하지 않기 위해서도 각별하고 세심한 주의와 유력한 수단이 강구되었다. 군주들이 듣기 싫어하는 도덕군자 훈계를 벗어나 천지자연의 도와 군주의 덕 사이에 상호감응을 바탕으로 음양오행과 讖緯 사상이 크게 흥성하면서, 새로운 통일 정권의 정당성 설계를 위한 철학사상적 준비작업으로 呂氏春秋가 편찬되기도 했다. 더러는 묵자의 강력한 인격적 天志에 기초한 절대신의 부활과 본성의 형이상학적 근거로서 천명에 대한 맹자의 확고부동한 신념의 등장으로, 漢 董仲舒의 재이설 확립은 당연한 결과로 예정되었다고 보기도 한다. 실제로, 최근 발견된 전국시대 楚 竹書에는, 똑같은 가뭄에 대해 초 간왕은 묵가 방식의 지극정성 기우제 권고를 받아들여 비가 내렸고, 魯나라는 애공 질문에 공자가 刑과 德을 공정히 시행하라고 정치적 도덕성으로 답변했다는 기록이 전한다.[119] 이러한 시대배경을 염두에 두고, 老子·孔子·墨子·荀

118 國語, 楚語下: "圄聞國之寶六而已. 明王聖人能制議百物, 以輔相國家, 則寶之; 玉足以庇廕嘉穀, 使無水旱之災, 則寶之; 龜足以憲臧否, 則寶之; 珠足以禦火災, 則寶之; 金足以禦兵亂, 則寶之; 山林藪澤足以備財用, 則寶之."

119 홍승현, 앞의 글, 174-190면; 원용준, 앞의 글, 357-378면; 鄭日童, "先秦에 있

子·莊子의 말로 전해지는 주요 재이관련 사상을 간추려 소개한다.

사실 인간의 길흉화복은 특별한 문이나 일정한 길이 있지 않으며, 오직 인간 스스로 초래한다.[120] 사람이 발하는 善惡·正邪 念波에 상응하는 파동이 공명동조를 일으켜 증폭(시너지) 효과를 일으킨다. 국가 존망조차도 천명이 아닌 인간 자신에게 달려 있다.[121] 천재지변이나 妖怪도 저절로 생기지 않고, 인간이 정상궤도를 벗어나 허점을 보여 출현한다.[122] 그래서 老子는 禍福이 태극에 음양처럼 서로 잠복한다고 가르친다.

"이익을 얻으면 반드시 손해를 염려하고, 성공을 즐거워하면 반드시 실패를 돌아보라. 사람이 선을 행하면 하늘이 福으로 보답하고, 사람이 不善을 행하면 하늘이 禍로 보답한다. 그래서 禍에 福이 의지하고, 福에 禍가 잠복한다고 말하니, 경계하고 신중하라! 군자가 힘쓰지 않으면 어떻게 대비하리? 무릇 위로 하늘을 알면 때를 잃지 않고, 아래로 땅을 알면 재화를 잃지 않는다. 밤낮 근신하면 災害가 없다."[123]

"많은 正이 쌓이면 福은 오지 않을 수 없고, 많은 사악이 쌓이면 禍가 미치지 않을 수 없다. 노력은 빈곤을 이기고, 근신은 禍를 이기며, 신중은 害를 이기고, 경계는 災를 이긴다. 善을 행하면 하늘이

어서 讖緯的 경향과 논리적 구조에 대하여", 77-107면.

120 左傳, 襄23: "禍福無門, 唯人所召."; 孟子, 公孫丑上: "禍福無不自己求之者."

121 孔子家語, 五儀解: "哀公問于孔子曰 : '夫國家之存亡禍福, 信有天命, 非唯人也?' 孔子對曰 : '存亡禍福, 皆己而已, 天災地妖, 不能加也.'"

122 左傳, 莊14: "人之所忌, 其氣燄以取之. 妖由人興也. 人無釁焉, 妖不自作. 人棄常則妖興, 故有妖."

123 說苑, 敬愼: "老子曰: 得其所利, 必慮其所害; 樂其所成, 必顧其所敗. 人爲善者, 天報以福; 人爲不善者, 天報以禍也. 故曰: 禍兮福所倚; 福兮禍所伏; 戒之, 愼之!君子不務, 何以備之? 夫上知天, 則不失時; 下知地, 則不失財. 日夜愼之, 則無災害."

德으로 보답하고, 不善을 행하면 하늘이 禍로 보복한다.… 福은 미세함에서 생기고, 禍는 소홀함에서 생긴다.… 禍는 얻으려는 욕망에서 생기고, 福은 자기절제에서 생긴다. 聖人은 마음으로 耳目을 인도하고, 소인은 耳目으로 마음을 인도한다."[124]

한편, 공자는 정처 없이 70제후를 유세하며 천하를 주유해 천하인민이 적재적소를 얻게 하려 했으나, 도가 행해지지 않자 은거해 春秋를 편수했다. 터럭만한 선도 칭송하고 섬세한 악도 폄하해, 인사와 왕도를 두루 갖춰 성인의 제도에 정성껏 화합했다. 그 정성이 위로 하늘에 통해 기린이 나타났으니, 하늘이 공부자를 알아주심이다. 이에 공자는 탄식했다.

"하늘이 지극히 밝아 가릴 수 없단 말인가? 그러면 해는 왜 일식이 생기지? 땅은 지극히 안정되어 위태롭지 않단 말인가? 그러면 땅은 왜 진동(지진)하지?"

天地도 오히려 일식과 지진이 있거늘, 성현이 세상에 유세해 반드시 도가 행해지겠는가? 그래서 災異가 다투어 일어나고, 공부자는 말한다.

"하늘을 원망하지 않고 사람을 탓하지 않으며, 아래로 배워 위로 통달하니, 나를 알아주는 자는 하늘인가?!"[125]

공자도 "存亡禍福은 모두 자기에 달렸다. 天災地妖도 죽일 수 없다."며, 자업자득 자작자수 인과응보 법칙을 가리킨다. 옛날 殷王 帝辛

---

124 說苑, 談叢: "衆正之積, 福無不及也; 衆邪之積, 禍無不逮也. 力勝貧, 謹勝禍, 愼勝害, 戒勝災. 爲善者天報以德, 爲不善者天報以禍.… 福生於微, 禍生於忽; 日夜恐懼, 唯恐不卒.… 禍生於欲得, 福生於自禁; 聖人以心導耳目, 小人以耳目導心."

125 說苑, 至公: "天以至明爲不可蔽乎? 日何爲而食也? 地以至安爲不可危乎? 地何爲而動? 天地尙有動蔽, 是故賢聖說於世而不得行其道, 故災異並作也. 夫子曰: '不怨天, 不尤人, 下學而上達, 知我者其天乎!'"

때 城 모퉁이에 참새가 까마귀를 부화했다. 점쟁이는 "작은 새가 큰 새를 낳아 반드시 국가에 복이 오고 왕의 명망이 배가할 것이다."고 예언했다. 帝辛은 참새의 덕을 기뻐한 나머지 국가를 다스리지 않고 포학무도하게 굴어, 외적 침입을 초래해 망국에 이르렀다. 이는 天時를 거슬러, 궤변으로 福을 고대하다 도리어 禍를 자초한 경우다.

반대로 殷 武丁 때 先王의 道가 무너지고 형법도 해이해져, 조정에 뽕나무와 오곡이 자생하더니, 7월에 아름드리로 자랐다. 점쟁이는 "뽕과 오곡은 야생식물인데 조정에 자생하니, 조정이 들판이 된다는 뜻으로 조정이 망할 듯하다!"고 예견했다. 이에 武丁이 깜짝 놀라 두려워하며 각별히 수신에 힘써 先王의 선정을 본받아, 망국을 되살리고 끊긴 가계를 이어주며, 은일한 현자를 천거하고 養老 구휼에 힘썼다. 3년 뒤 외국 군주 여섯이 통역을 데리고 조공 왔다. 天時를 맞이해 전화위복한 사례다.

그러므로 妖孼은 하늘이 천자제후한테 울린 경종이고, 악몽은 사대부한테 보인 경고다. 妖孼은 善政을 이기지 못하고, 惡夢은 善行을 이길 수 없으며, 지극히 다스리면 전화위복이 된다. 고로 太甲에 '하늘이 내린 요얼은 어길(피할) 수 있지만, 스스로 지은 요얼은 돌이킬(피할) 수 없다.'고 일깨운다. 福은 은연자중 절제에서 생기고, 禍는 득의양양 자만에서 생긴다.[126]

전국 초 대표적 사상가 묵자는 인격적 天으로서 至上神 上帝를 각별히 존숭하며, 인간(군주)의 행실이 그 의지(天志)에 동조하는지 여부에 따라 날씨(天氣) 및 정치의 선악이 결정된다고 단언하여, 재이설 확

126 說苑, 敬愼: "孔子曰: '存亡禍福, 皆在己而已, 天災地妖, 亦不能殺也.' … 此迎天時得禍反爲福也. 故妖孼者, 天所以警天子諸侯也; 惡夢者, 所以警士大夫也. 故妖孼不勝善政, 惡夢不勝善行也; 至治之極, 禍反爲福. 故太甲曰: '天作孼, 猶可違; 自作孼, 不可逭.' … 夫福生於隱約, 而禍生於得意, 齊頃公是也."

립에 중대한 영향력을 끼친 걸로 보인다.[127] 묵자는 인민이 비록 천자에게 복종할지라도 하늘의 뜻에 同和하지 않을 때는 天災가 그치지 않는다고 강조한다. 더위와 추위가 비정상이고, 비·바람·이슬·서리·눈 등이 때에 맞지 않으며, 오곡이 익지 않고 가축이 제대로 성장하지 못하며, 역질 전염병이나 거칠고 사나운 비바람이 몰아닥친다.[128] 질병과 각종 재난이 잇따르는 것은, 바로 겸애와 仁義라는 하늘의 뜻에 따르지 않는 인간에게 내려지는 천벌의 구체적 표현이라고 묵자는 해석했다. 이와 함께 묵자는 옛 성인의 말을 인용해, 천자가 선정을 베풀면 하늘이 상주고, 잘못을 저지르면 벌준다고 강조한다. 천자가 인민에 대한 상벌을 부당하게 시행하거나 訟獄을 불공평하게 심판하면 각종 천재지변이 발생한다.[129] 자연 재해와 이변이 생기면, 군주가 부도덕하여 선정을 베풀지 않는다는 반증이므로, 마땅히 그 원인을 스스로 반성해 고쳐야 한다. 대개는 군주가 목욕재계하고 희생을 갖추어 하늘에 경건하게 정성껏 제사 올리는 것이 재이를 해소하는 첩경이라고 믿었다.[130]

한편, 재이론과 관련해 매우 독특한 이론을 전개한 사상가로 순자가 있다. 전술했듯이, 그는 의지적 주재자로서 하늘을 완전히 부인하고 순수한 자연현상의 하늘 개념을 주장하는 특별한 天論을 펼쳤다.

---

127 졸고, "墨子의 법사상", (이화여대)法學論集 18.2(2013), 303–310면.

128 墨子, 上同上·中: "夫旣尙同乎天子, 而未上同乎天者, 則天菑將猶未止也. 故當若天降寒熱不節, 雪霜雨露不時, 五穀不孰, 疾菑戾疫飄風苦雨, 荐臻而至者, 此天之降罰也, 將以罰下人之不尙同乎天者也."

129 墨子, 天志 中·下 참조. "天子有善, 天能賞之; 天子有過, 天能罰之. 天子賞罰不當, 聽獄不中, 天下疾病禍福, 霜露不時."

130 墨子, 兼愛下. 商에 큰 가뭄이 들자, 탕은 희생을 바쳐 기우제 지내면서, "짐의 죄로 인해 천하 만민에게 재난을 내리지 말려, 천하 만민에게 죄가 있으면 모두 짐에게 돌리소서!"라고 기도했다. 論語, 堯曰편; 呂氏春秋, 順民편 등.

즉, 無意志的인 객관적 순수한 자연현상으로서 天과 능동적 의지를 지닌 행위주체로서 인간을 대비시킨다. 근본을 강화하고 절약하는 사람은 하늘이 가난하게 만들 수 없으며, 규칙적으로 움직이며 건강관리를 잘하면 질병이 생길 수 없고, 道를 닦아 한결같으면 어떠한 재앙도 받지 않는다. 이러한 사람에게는 홍수·가뭄·추위·더위·요괴 등 어떠한 천재지변도 흉한 재앙을 끼칠 수 없다. 반대로 근본을 해치며 사치하는 자는 하늘도 부유하게 할 수 없으며, 게으르고 불규칙하면 건강할 수 없고, 道를 거슬러 경거망동하면 길할 수가 없다. 이러한 자는 가뭄이나 홍수가 없어도 저절로 굶주리고, 추위와 더위가 심하지 않아도 쉽게 병들며, 요괴가 나타나지 않아도 흉하게 된다. 또한 日食·月食·風雨不順·怪星 등은 어느 세상이든 항상 출현하는 천지음양의 변화현상으로서, 괴이하게 여길 수는 있을지언정, 두려워할 필요는 없다. 군주가 현명하고 정치가 태평하면 이러한 괴이한 자연현상이 아무리 많이 발생해도 결코 해가 되지 않으며, 반대로 군주가 우매하고 정치가 혼란스러우면 이러한 천재지변이 전혀 없어도 전혀 도움이 안 된다. 정치와 농경에 게을러 나라가 어지럽고 인민이 기근에 허덕이는 인간 재앙(人祆)이 그 어느 천재지변보다 더 무섭고 두려운 것이다.(天論편)

이러한 순자의 주장은 비록 하늘의 주체적 의지를 부정하고 하늘과 인간의 상호연관성을 단절시키지만, 인간의 능동적 주체성을 하늘의 객관적 절대성(숙명)보다 우선 강조하는 점에서, 전통적 일반 災異論과 궁극목적을 같이하고 있음이 분명히 확인된다. 요컨대, 재이론의 핵심요지는 사실적 자연현상에 있지 않고, 그를 통해 성찰되는 인간의 사회적 病理에 있다. 즉, 천재지변의 비정상적 자연현상이든, 아니면 兵禍戰亂의 사회적 혼란이든, 그 궁극 근원이 바로 인간, 특히 통치자로서 군주 자신에게 있다는 것이 災異論의 특색이자 요점이다. 또한 이러한 사상을 근거로 인간의 언행과 心性을 반성하고 수양하게 책려함에 중요한 가치와 의미가 존재한다. 인간의 주체적 자율적 善意志를 각성시키고 이를 실행함으로써, 국가와 인민을 잘 다스리고 인간사회를 더욱 향상·발전시키려는 숭고한 염원이 담긴 것이다.

莊子에는 "천지자연의 도를 어지럽히고 만물의 감정을 거슬러, 짐승 떼가 흩어지고 새들이 밤에 울며 초목·곤충까지 災禍가 미치는데, 이는 모두 통치인의 잘못이다!"는 말이 나온다.[131] 반대로, 天地의 道와 聖人의 德은 염담·寂寞·虛無·無爲를 존중하는데, 천지 도덕원리에 순응하면 天災·物累·人非·鬼責이 없다고 한다. 물욕과 혼잡하지 않고 정신을 온전히 지키는 순수함을 체득한 眞人이 이상이다.[132]

가죽이 유난히 아름답고 좋은 豐狐·文豹는 산림·암혈에 서식하며 야행성으로 잠복하고 강호에서 먹이를 구하지만, 그물과 덫·함정의 환난에 걸리는 것은 무슨 죄가 있어서일까? 莊子는 그게 유난히 아름답고 좋은 가죽으로 인한 재해라고 지적한다.[133] 남이 욕심낼 만한 걸 가진 죄다. 도가나 선가에선 최고 지극한 도덕으로 갓난아기에 비유한 영아행을 중시한다. 장자도 영아는 움직임에 무얼 하는지 모르고 행함에 어디로 가는지 모르며, 몸은 고목 가지 같고 마음은 불 꺼진 재와 같아서, 禍도 오지 않고 福도 오지 않아 화복이 전혀 없으니, 무슨 人災가 있겠느냐고 반문한다.[134]

---

131 莊子, 在宥: "亂天之經, 逆物之情, 玄天弗成; 解獸之群, 而鳥皆夜鳴; 災及草木, 禍及止蟲. 意!治人之過也!"

132 莊子, 刻意: "循天之理, 故無天災, 無物累, 無人非, 無鬼責. …故素也者, 謂其無所與雜也; 純也者, 謂其不虧其神也. 能體純素, 謂之眞人."

133 莊子, 山木: "君之除患之術淺矣. 夫豐狐文豹, 棲於山林, 伏於巖穴, 靜也; 夜行晝居, 戒也; 雖飢渴隱約, 隱約, 潛藏也. 猶且胥疏於江湖之上而求食焉, 定也. 然且不免於罔羅機辟之患, 是何罪之有哉? 其皮爲之災也."

134 莊子, 庚桑楚: "然則是至人之德已乎?…能兒子乎? 兒子動不知所爲, 行不知所之, 身

전국 초 변법개혁으로 法經을 편찬한 魏文侯 때[135], 寶庫에 화재가 나서 문후가 닷새나 소복 차림으로 正殿을 피했다. 群臣이 모두 소복으로 조문했으나, 公子成父만 달려와 몹시 좋은 화재라고 경하했다. 문후가 언짢아 "과인 보배창고 화재를 축하하는 이유가 뭐냐?"고 묻자, 이렇게 대답했다.

"신하가 듣건대, 천자는 四海 안에 저장하고, 제후는 국경 내에 저장하며, 대부는 집안에 저장하고, 선비와 서민은 상자에 저장하는데, 저장할 물건이 아니면 반드시 天災가 생기고 사람도 우환이 있답니다. 지금 다행히 사람에 우환 없이 天災만 있으니, 얼마나 좋은 일입니까?"

이에 문후가 한숨 쉬며 '좋다!'고 탄식했다고 전한다.[136]

일찍이 老子는 "죄는 욕심낼 만한 것보다 큰 게 없고, 허물은 얻으려는 욕심보다 큰 게 없다."며, "얻기 어려운 재화를 귀중히 여기지 않으면 도둑이 생기지 않고, 욕심낼 만한 것을 보이지 않으면 민심이 혼란스럽지 않다."고 견물생심의 차단을 일깨웠다.[137] 귀중한 보물 가진 죄로 침공 받아 망한 나라와 미녀 아내 둔 죄로 공격탈취를 당한 사람이 비일비재한 현실에서, "필부가 죄 없으나 가진 게 죄네."라는 周나라 속담이 춘추시대에도 인구에 널리 회자해 전승함은 자연스런 문화이리라.[138]

若槁木之枝, 而心若死灰矣. 若是者, 禍亦不至, 福亦不來. 禍福無有, 惡有人災也?"

135 위문후의 개혁정치와 法經에 관하여는, 졸고, "李悝의 法經", 홍익법학 제22권 4호, 2021, 113-143면 참조.

136 說苑, 反質: "魏文侯御廩災, … 公子成父趨而入賀, …曰: '臣聞之, 天子藏於四海之內, 諸侯藏於境內, 大夫藏於其家, 士庶人藏於篋櫝. 非其所藏者必有天災, 必有人患. 今幸無人患, 乃有天災, 不亦善乎!'文侯喟然歎曰: '善!'"

137 老子, 제3장: "不貴難得之貨, 使民不爲盜, 不見可欲, 使民心不亂."; 제46장: "罪莫大於可欲, 咎莫大於欲得."(판본에 따라 제46장 앞 구절 없음.)

요즘도 일상생활에서 失物數나 損財數 또는 가벼운 재난사고 같은 불운을 겪는 경우, 흔히 "액땜 했다!"고 자위하거나 위로하곤 한다. 그 위로가 단순한 심리적 안정을 도모하는 전술적 언사나 화술에 그치지 않고, 이처럼 새옹지마 전화위복의 심오한 철학적 정신 지혜를 함축하는 유구한 전통임을 알아차릴 수 있다.

6. 맺음말

지금까지 춘추 경전에 나오는 蟲害·큰물·가뭄·기우제·눈·우박·서리·日食·雷電·彗星·火災 등 주요 災異 기록들의 자세한 정리·소개를 중심으로 先秦 시대 재이 현황과 기본 관념을 살펴보았다. 비록 漢代 편찬된 것으로 전해지지만 선진 시대 역사현실을 반영하는 고전으로서 禮記와 周禮의 내용을 중심으로, 천재지이의 사전 예방책과 사후 구제책도 소개하였다. 天時에 순응하는 정치·권농 원칙으로서 月令은, 다른 고전문헌에도 자주 등장하는 일반보편 관행으로서, 재이의 예방과 농업 생산력 향상에 중요한 행정시책이자 사상이다. 또 周禮 등에 천재지이의 사후 구제책은 후대에도 자주 거론되는 중요한 민생안정 정책임이 분명하다.

본고의 핵심 중추 내용은 先秦 시대 인본주의 천인감응 災異觀인데, 춘추3傳 및 國語 등 여러 고전문헌 자료에 기초해 두루 살펴보았다. 우선 전통 재이론의 최초 始源이자 기본원칙이 되는 尙書 洪範九疇에 여덟째 '庶徵'의 내용을 소개하고, 이어 춘추시대 일반적 재이론을 살펴보았다. 다음으로 엄격히 말해 천재지이 범주에는 들지 않겠지만,

138 春秋左傳, 桓10년: 初, 虞叔有玉, 虞公求旃, 弗獻. 旣而悔之, 曰: "周諺有之, '匹夫無罪, 懷璧其罪.' 吾焉用此, 其以賈害也?" 乃獻之. 又求其寶劍. 叔曰: "是無厭也. 無厭, 將及我." 遂伐虞公. 故虞公出奔共池. 졸저, 선진 법사상사, 264-265면.

최악의 人災로서 전쟁재앙론을 廣義의 재이론으로 살펴보고, 周 천자를 중심으로 제후국 상호간에 평화공존 안정질서 유지를 위한 동맹서약과 환난상휼의 재이관도 함께 탐구하면서, 그밖에 특별한 재이론도 몇 가지 소개하였다. 아울러 춘추전국시대 백화제방의 精華인 제자백가의 적극적 전화위복 天論과 함께 관련 재이관도 간략히 살펴보았다.

고대 역사문화와 철학사상에서 천인관계는 아주 중요한 핵심주제로서, 동아시아 전통에서 天·天命·天道 일반에 관한 연구는 한·중·일·대만 등 각국에서 아주 활발히 진행되어 왔으나, 역사기록에 가장 빈번히 거론되며 사상적 관심이 집중된 천인감응의 재이관은 썩 주목받는 연구주제가 아닌 듯싶다. 특히 先秦 시기 재이론 연구는 정말 드물다. 너무 뻔한 내용이라서 그럴까? 아마도 부정적 비판의 암울한 음영보다는 긍정적 발전의 원동력이 되는 영광을 더 주시하고 싶은 성향의 표출인지도 모르겠다.

허나 상대적 현상세계에서 빛과 그늘은 함께 짝지어 나타나는 법이고, 어둠과 부정과 비판 자체도 광명과 긍정과 발전을 향한 적극적 기능효과가 있기 마련이다. 더구나 요즘처럼 지구 생태계 전반이 극단적 기후위기와 환경재해로 인류 생존을 위협하는 획기적 전환기에, 우리 인류는 의식 및 행동에서 가히 환골탈태의 혁명적 虎變·豹變을 요구받고 있다. 이런 때일수록 溫故知新·法古創新의 마음가짐으로 겸허하게 전통 역사철학의 지혜를 배우고 본받으려는 자세가 필요하리라. 이런 문제의식에서 선진시대 전통 재이관을 대강이나마 살펴본 본고의 의도가 한 점 불씨가 되어 요원에 불길로 활활 타올라 넓게 번지고, 인류미래를 위협하는 목전의 기후재앙 위기의 슬기롭고 지혜로운 해결대책 강구에 조그만 보탬이 되길 기원한다.

제 4장 君主와 民本

— 先秦 시대 君主·民本론과 저항·혁명 사상

본 장은 先秦 시대 君主론과 民本론을 살펴보고, 그 바탕 위에서 暴君에 대한 인민의 저항혁명에 관한 제자백가의 철학사상을 탐구한다.

제1절은 머리글이고, 제2절은 '君主' 관점에서 본 爲民 사상이다.

첫째, 周初에는 군주를 '인민의 주인'으로 보는 '民主' 개념이 독특하다. 둘째, '主'는 등잔 촉에 불꽃 심지로서, 군주는 인민의 등불이라는 비유가 성립하고, 인민의 부모로서 자식처럼 잘 보살펴야 한다는 비유다. 셋째, 인민의 스승으로서 비유하여, 인민을 제자 가르치듯 도의로써 자상히 인도하는 군주의 솔선수범을 강조한다. 넷째, 공자가 군자는 바람이고 소인은 풀과 같아서, 풀 위에 바람이 불면 풀이 휩쓸려 눕는다는 비유로, 君風民草론이다. 다섯째, 군주와 인민의 관계를 비유하는 周易 괘상들의 상징적 함의를 살펴본다. 여섯째, 윗물이 맑아야 아랫물도 맑다는 水原의 비유와, 임금이 마음이면 신민은 몸이라는 君心民體의 비유도 동일한 맥락에서 군주의 솔선수범을 강조한다.

제3절은 民本 관점에서 君王의 개념을 탐구한다. 첫째, 爲民·利民의 '牧民' 사상으로, 목동이 소나 양을 치듯, 임금도 인민의 생명과 안전 및 민생을 잘 보살피고 돌보아 인민의 이익을 위한 정치를 행해야 한다. 둘째, 국가·군주의 존립근거로서 民本론과 與民 사상으로, 춘추좌전과 묵자·맹자 사상에서 특히 강조한다. 셋째, '君' '王'의 문자학적

비유 개념으로, '君은 群'이라는 정의와 '王은 往'이라는 정의가 대표적 비유로, 老子 이래 전국시대 儒·墨의 일반보편 사상으로 董仲舒의 춘추번로와 許愼의 설문해자에서 종합 정리되었다. 넷째, 군주는 배이고 인민은 물과 같다는 순자의 君舟民水 비유와, 이에 상응하는 주역 괘상의 상징 함의를 살펴본다. 다섯째, 군주는 인민이라는 말을 몰아 국가라는 마차를 운행하는 마부와 같다는 마차의 비유로, 君民이 국가 운명 공동체임을 상징하며, 민심이 천심이라는 人乃天 사상과 통한다.

제4절은 춘추시대 시역 사건의 유형과 대처 방안을 춘추좌전 중심으로 연구한다. 춘추 시대 弑逆 사건은 주원인의 책임 소재에 따라 크게 양분하여, 군주의 포학무도인 경우 군주를 일컬으며, 신하의 죄악인 경우 신하 이름을 기록한다. 후자는 다시 삼분한다. 첫째, 군주가 소극적으로 신하를 제대로 통제·지배하지 못해서 야기된 경우다. 둘째, 군주가 적극적 포학무도와 호사음란 악행으로 인민의 집단 원성이나 대신의 개인적 원한을 사서 내란을 초래해 피살한 暴君放伐 혁명이다. 셋째, 군주의 특별한 죄악·과실 없이 단지 권력욕 강한 패역무도한 신하의 참람한 발호인 경우다. 이들 시역사건에 대한 국제 공조와 성토를 역사적 사례로 살펴보고, 공자의 관련 언론을 소개한다.

제5절은 暴君에 대한 人民의 抵抗과 革命 사상을 주요 제자백가 중심으로 연구한다. 첫째 晏子와 師曠의 군신관계론에 곁들여, 老子의 사상 성향도 언급하고, 둘째 묵자의 誅戮 사상이 非攻론과 모순되는지 설명하며, 셋째 포군방벌론으로 유명한 맹자의 '殘賊放伐'論을 논술하고, 넷째 물이 잔잔할 때는 배를 잘 띄우지만, 거친 파도가 일면 배를 뒤엎거나 침몰시킬 수도 있다는 순자의 '君舟民水' 혁명론을 소개한다. 다섯째, 혁명의 원인 구명에서 가장 독특한 管子의 사상으로, 군주의 인격적 부도덕과 정치적 포학무도라는 주관 요인뿐 아니라, 법령의 도덕적 정당성 및 실효성의 객관 요소도 함께 거론하여, 악법에 대한

저항권이라는 순수한 법률적 관점의 혁명론인데, 관자에게 독보적 사상이다. 여섯째, 法家의 집대성자 한비자의 君主論적 혁명 원인론으로, 弑逆의 책임과 革命의 원인을 전적으로 군주에게 귀속시키는데, 이론 근거가 민본사상보다는 君主論 시각에서 거론해 독특하다. 군주의 절대통치권과 法·術·勢의 독단적 王道를 주장하는 法家사상이다.

제6절은 맺음말로, 진한 통일 이후 동중서 사상을 소개하고, 한 景帝 때 조정에서 벌어진 유명한 '시역이냐 혁명이냐?' 토론 이후 전통왕조에서 역성혁명 담론을 금기시한 배경과 심리적 이유를 음미해 본다.

1. 머리글

세계사를 보면 인류사회는 대체로 절대왕정에서 민주법치로 발전해오고 있다. 물론 諸行無常의 진리 앞에 일시적 浮沈·등락·진퇴의 변화는 불가피하다. '인민독재'라는 미명 아래 공산당 1인 독재를 과시하던 소련도 붕괴해 다소 민주화하는 듯싶더니 푸틴의 장기집권으로 절대 권력으로 회귀해 침공전쟁을 감행하고, 모택동 공산독재가 등소평의 개방정책으로 자본시장화가 상당히 진척되던 중공도 시진핑 3연임 개헌으로 종신황제 권력으로 치닫는 분위기다. 3대 세습을 이어오는 북한(조선)의 절대왕정화는 말할 것도 없거니와, 이승만-군부 독재를 거치며 산업화를 바탕으로 민주화를 성공리에 성취한 우리나라(남한)도 지난 대선 때 손바닥에 '王'자를 써 '왕권'을 거머쥔 대통령의 행보가 절대권력화로 치닫는 어수선한 분위기다.

이러한 세계사의 시대조류에 한 줄기 역사철학의 서광을 비추어, 잠시 권력에 도취한 무지몽매한 집단에 경책의 빛조리를 던지고, 암울한 인민대중에게는 희망과 위로 및 각성의 광명 거울을 제공하고자,

전통법철학을 전공하는 필자는 동아시아 전통 왕조사회에서 '君主' '王權'의 본질속성을 역사철학 관점에서 조망하려고 한다.

군주의 필요성과 기원은 국가 및 법의 필요성이나 기원과 역사적 맥락을 같이한다.[1] 사회적·정치적 동물인 인간에게 국가란 최고도로 발달한 정치사회적 조직체의 精華임에 틀림없다. 이러한 국가 조직이 유기적으로 생존·번영하기 위해서는 그 성립요건으로서 인간과 통치주체로서 군주(통치권)의 존재가 필수불가결하다. 통치란 곧 국가의 생명활동(유지·경영)인데, 그 수단방법으로서 표현되는 것이 法이다. 국가의 역사적 실제 기원이야 어찌되었든, 일단 국가제도가 출현하면 통치자인 군주와 피치자인 인민의 상대적 관계가 형성됨은 필연적 논리 귀결이다. 이러한 군주와 인민의 본질적 상호관계는 국가론에 핵심내용이면서, 한편으로 법의 본질과 이념에 관한 철학사상의 기본출발점이기도 하다.

전통 (법)철학사상에서 君民관계에 관한 일반보편 사상은 한마디로 '君主' '民本'으로 요약될 수 있다. '君主'란 군왕의 국가통치권상 주체성을 뜻하며, '民本'이란 인민이 국가 및 통치권의 근본 바탕이라는 의미이다. 군왕과 인민이 상대적 관계에 놓여 있듯, 君主論과 民本論도 상호 보충·의존하는 표리관계에 있다. 전통 君主民本론도 시대에 따라 다양하게 전개되지만, 여기서는 先秦시대 철학사상을 중심으로 '君主'와 '民本'의 두 관점에서 나누어 살펴보고, 그 후속 연장으로 포악무도한 왕권에 대한 저항혁명 사상도 고찰한다. 君主론과 民本론은 논의와 이해의 관점상 구분하지만, 실질상 표리일체 관계로 보아도 좋을 것이다.

---

1 졸고, "전통 법문화에서 法의 起源과 必要惡性", 연세법학 38(2021), 711-752면. 졸저, 생명 도덕 법 문사철학, 263-313면 수록.

2. 君主的 爲民 사상

(1) ‘인민의 주인(民主)’으로서 군주

우선 周初에는 군왕의 주체성을 강조하는 ‘君主’의 관점에서 군민관계가 거론함이 일반 특징이다. 周公이 成王을 대신해 사방 제후에게 경고하는 훈시에, 군왕을 ‘인민의 주인(民主)’이라고 표현함이 ‘君主’ 개념의 연원일 것이다. 夏의 桀이 포학무도한 亂政으로 인민을 괴롭히자, 하늘이 새로운 ‘인민의 주인’을 구하여, 成湯이 그를 정벌하고 대신 ‘인민의 주인’이 되라고 천명을 내렸다는 것이다. 周가 殷을 대신해 ‘인민의 주인’이 된 것도 마찬가지로 천명 소산이다. 다만 成湯의 공덕을 고려하여 紂에게 5년 간 개과천선의 기회를 부여했는데도 이를 듣지 않자, 마침내 武王이 그를 정벌했다고 한다.[2]

여기서 ‘民主’란 천명을 받들어 천하를 지배하고 인민을 다스리는 통치권의 주체로서 君主를 지칭함이 명백하다. 그러나 ‘인민의 주인’인 군주 개념에서 잊어서는 안 될 중요한 점은, 그 지위의 취득 및 유지에 관한 실질 요건이다. 桀·紂가 군주 지위를 상실한 것은 안일과 음란을 일삼고 화목과 공경을 무시해 인민을 보호하지 않았기 때문이다. 그래서 周公이 ‘인민의 주인’으로서 왕권을 향유하기 위해서는 인민에게 반드시 明德愼罰의 선정으로 공경과 화목에 힘써야 한다고 강조한다.

또 殷의 伊尹이 太甲을 훈계하였다는 말에는, 군왕이 스스로 권위를 과시해 백성에게 군림하려고 교만을 부리면, 인민이 마음과 힘을 다하지 않아 ‘인민의 주인’으로서 지위와 통치를 성취할 수 없다는 경고

---

2 書經, 多方: “天惟時求民主, 乃大降顯休命于成湯, 刑殄有夏. … 乃惟成湯, 克以爾多方簡, 代夏作民主. … 惟聖罔念作狂, 惟狂克念作聖. 天惟五年, 須暇之子孫. 誕作民主, 罔可念聽.” ‘民主’는 多方편에 3번, 咸有一德에 1번 나옴.

가 나온다. 여기서도 '인민의 주인'인 군주는 인민이 아니면 통치할 대상이 없게 되고, 반대로 인민도 군주가 아니면 제대로 다스려질 수 없다는 상호 보충·의존적 관계가 전제된다.[3] 즉, 군주와 인민이 一心同德으로 서로 조화를 이루어야 한다.

(2) 인민의 등불과 부모로서 군주

사실 '主'의 어원상 본래 의미는 등잔 가운데 불꽃 심지를 가리킨다. 그 모습이 매우 미약하면서도 방안을 모두 훤히 비춰주는 매우 중요한 기능을 지니는데, 여기서 손님에 대한 主人이나 臣民에 대한 君主의 의미가 파생하였다.[4] 따라서 '인민의 주인'이라는 군주 개념에서는, 불꽃 심지처럼 한 나라 중심에서 국가와 인민 모두를 두루 밝게 비춰주고 다스리며 인도하는 기능적 의미가 핵심 본질임을 알 수 있다.

'主人'의 의미와 함께 거론되는 또 다른 군왕의 비유 개념으로 '父母'가 있다. "천자는 인민의 부모가 되어 천하의 왕이 된다."[5] 이는 尙書 洪範九疇에 중심인 다섯 번째 '皇極'에서 거론되는데, 군왕의 도리를 총괄 요약한 결론에 해당한다. 여기서 皇은 임금을 가리키며, 極은 天體 중심에 위치한 北極星과 마찬가지로 中心的 표준·中道의 의미를 지닌다. 皇極이란 국가와 인민의 中心으로서 군주가 지니고 실행할 中道로서, 無偏無黨한 蕩平正直의 王道를 가리킨다. 그 실질 내용은, 上

---

3 書經, 咸有一德: "后非民, 罔使; 民非后, 罔事. 無自廣以狹人, 匹夫匹婦, 不獲自盡, 民主罔與成厥功."

4 說文解字, 五篇上, 丶部: "主, 鐙中火主也. 從[凵下土], 象形. 從丶, 丶亦聲. 之庾切."(段注: 其形甚微, 而明照一室. 引伸假借爲臣主賓主之主.)

5 書經, 洪範: "曰天子作民父母, 以爲天下王."; 書經, 泰誓上: "惟天地萬物父母, 惟人萬物之靈. 亶聰明作元后, 元后作民父母."

帝의 법칙을 준수하여 德을 좋아하고 惡을 저지르지 않아, 인민에 모범적 표준이 되는 것이다.

여기서 '인민의 부모'로서 자격·속성은 구체로 직접 언급되지는 않지만, 실질상 '인민의 主人'과 별반 다르지 않다. 왜냐하면, 明德愼罰로써 인민을 보호하고 안정시키는 安民·保民의 정치가 자손만대 영속·계승할 유일한 방도라고 거듭 강조함이 尙書 全篇을 일관하는 핵심 사상이기 때문이다. 예컨대, 禹와 皐陶가 함께 토의한 통치의 기본방침은, 어진 사람을 현명하게 살펴 등용하는 知人과, 인민을 은혜로써 안정시키는 安民이었다.[6] 특히, 周公이 康叔을 衛에 封하면서 勸誡한 훈시는 明德愼罰의 保民으로 시종일관하고 있다.[7]

맹자는 인민의 부모로서 군주의 지위와 자격을 소극적 관점에서 특별히 강조한다. 民生과 敎化에 힘써 다스리지 않고 도리어 가혹한 수취로써 인민을 기근의 도탄에 빠뜨리는 군주는 인민의 부모가 못 된다.[8] 또, 인재등용과 형벌시행에서 좌우근신에게만 의존하지 않고 전 국민의 여론을 충분히 경청하여 반영하는 것이, 인민의 부모로서 군주의 도리라고 거론한다.(梁惠王下) 요컨대, 부모가 헌신해 자식을 보호·양육하듯, 군주도 인민을 보호하고 民生을 안정시키는 德政을 실시해야 '인민의 부모'가 된다.

(3) 인민의 스승으로서 군주의 솔선수범

군주를 지칭하는 또 하나의 중요한 비유 개념으로 '스승'이 있다. 하늘이 사람을 이 세상에 생존하게 하면서 군주를 세우고 스승을 둔 뜻

6 尙書, 皐陶謨: "在知人, 在安民. 知人則哲, 能官人; 安民則惠, 黎民懷之."
7 尙書, 康誥와 梓材편의 내용이 그것이다.
8 孟子, 梁惠王上: "獸相食, 且人惡之; 爲民父母行政, 不免於率獸而食人, 惡在其爲民父母也?"

은, 오직 上帝를 보필하여 천하인민을 사랑으로 보살피라는 천명에 불과하다.[9] 물론, 여기서 군주는 인민을 통치하는 정치적 관점에서, 스승은 백성을 교화하는 도덕적 차원에서 각각 거론된다. 이는 祭政一致와 政敎合一의 고대 정치사상에 일반 표현으로서, 도덕교화가 법령·형벌에 의한 통치와 혼연일체로 군주의 본질 사명이 됨을 의미한다. 明德愼罰이나 德主刑輔의 사상도 이러한 맥락에서 거론된다. 이 양자는 '부모'의 지위와 함께 君(主)·師·父 삼위일체 사상의 연원이 된다.[10]

그런데 스승의 본질속성이란, 제자를 강제 명령이나 위협으로 복종시키지 않고, 숭고한 도덕·학문에 근거하여 합리적 언어와 솔선수범 행동으로 敎導·감화함에 있다. 즉, 군주를 스승에 비유하는 개념적 징표는 솔선수범의 '모범성'이다. 순자는 君上이 臣下의 스승이라고 정의하면서, 인민이 군주를 본받고 따르는 것은, 소리에 메아리가 따르고 물체에 그림자가 드리워지는 이치와 같다고 비유한다.[11] 또, 군주는 음악으로 비유하면 先唱者이며, 각종 도량형으로 말하면 儀表(표준·기준)에 해당한다. 인민은 군주의 선창 소리를 듣고 따라 부르며, 그 표준을 보고 움직이게 된다. 선창자가 침묵하면 합창할 수 없고, 그 소리가 순조롭지 못하면 和音이 이루어지지 못한다. 儀表가 없으면 움직일 수가 없으며, 그 표준이 올바르지 못하면 그에 따른 행동이 흐트러질 것은 자명하다.[12] 따라서 인민의 모범적 표본이 되는 군주는

9 孟子, 梁惠王下: "書曰: 天降下民, 作之君, 作之師, 惟曰其助上帝, 寵之四方." 古文尙書, 泰誓上: "天佑下民, 作之君, 作之師. 惟其克相上帝, 寵綏四方."

10 任繼愈, 中國哲學發展史(先秦), 人民出版社, 1983, 101면 참조.

11 荀子, 彊國: "且上者下之師也, 夫下之和上, 譬之猶響之應聲, 影之像形也."

12 荀子, 彊國: "主者, 民之唱也; 上者, 下之儀也. 彼將聽唱而應, 視儀而動. 唱默則民無應也, 儀隱則下無動也. 不應不動, 則上下無以相有也. 若是, 則與無上同也, 不祥莫大焉. 故上者, 下之本也."

항상 신중하고 올바르게 행동하고 통치해야 한다. 군주가 인민의 儀表로서 禮義忠信을 올바르게 솔선수범해야 한다는 순자 사상은, 스승으로서 기능을 부연·해설하는 비유로, 각종 禮論에서도 일반보편으로 거론된다.[13]

(4) 공자의 君風民草論

사실, 군주가 스승처럼 솔선수범하여 올바르게 인민을 교화인도해야 한다는 주장은, 공자 정치사상에 핵심이기도 한데, 특히 '君風民草'의 비유가 유명하다. 季康子가 無道한 자를 죽여 有道로 나아가면 어떠냐고 묻자, 공자는 도덕정치를 지향하면서 어떻게 살인할 수 있느냐고 반문한다. 정당한 목적을 이념적 명분으로 표방하면서 부도덕한 수단방법을 가리지 않는 현실정치의 권모술수를 정면으로 부정한 것이다. 아울러 통치자가 진정으로 도덕적 善意志를 가지고 있다면, 인민은 저절로 선량해진다고 설명한다. 군자의 덕행이 바람이고 소인의 덕성은 풀과 같아서, 풀 위에 바람이 불어 스치면 풀은 반드시 순응하여 휩쓸리는 이치와 같다는 비유다.[14] 도덕에 근거한 정당한 솔선수범 교화가 최선의 통치방법이다.

공자는 또 '政'을 '正'으로 해석하여, 군주의 도덕적 正當性과 인격적 方正함을 매우 강조한다. 政治란 바르게 하는 것이니, 통치자가 바르게 솔선수범하면, 누가 감히 바르지 않을 수 있겠는가?[15] 자신이 바르

13 禮記, 緇衣: "上之所好惡, 不可不愼也, 是民之表也. 大臣不可不敬也, 是民之表也; 邇臣不可不愼也, 是民之道也."; 大戴禮記, 主言: "上者, 民之表也. 表正, 則何物不正?" (이 구절은 孔子家語, 卷1, 王言解편에도 보임.); 子張問入官: "上者, 民之儀也; 有司執政, 民之表也; 邇臣便僻者, 群仆之倫也. 故儀不正, 則民失誓; 表端, 則百姓亂; 邇臣便僻, 則群臣汚矣."

14 論語, 顔淵: "季康子問政於孔子, 曰: "如殺無道, 以就有道, 何如?" 孔子對曰: "爲政, 焉用殺? 子欲善, 而民善矣. 君子之德, 風; 小人之德, 草; 草上之風, 必偃.""

면 명령하지 않아도 인민이 저절로 순종하여 정치에 아무런 어려움이 없지만, 스스로 바르지 못하면 남을 바르게 할 수 없기 때문에, 비록 아무리 위엄 있는 명령을 내려도 복종하지 않게 된다.[16] 따라서 통치자가 탐욕을 부리지 않으면, 백성들은 비록 상을 준다고 하더라도 남의 재물을 훔치지 않을 것이기 때문에, 나라에 도적이 횡행할 염려가 없다.[17] 임금이 임금다우면 신하가 신하답고, 부모가 부모다우면 자식이 자식답다는 正名論을 정치의 요체로 거론함도, 이러한 솔선수범 교화를 강조하는 의미맥락이다.(論語, 子路) 또 정치의 세 가지 급선무로서 첫째 民信, 둘째 足食, 셋째 足兵을 거론하며, 병력과 식량은 없어 죽을지라도, 인민의 신뢰 없이는 국가나 군주 모두 존립할 수 없다고 역설한다.[18] 도덕교화에 의한 君民 상호간 신뢰화합이 으뜸이며, 다음으로 民生 안정이 대외 국방력보다 중요하다.

한편, 공자의 君風民草論은 맹자가 군주의 주체적 의지와 솔선수범 교화의 의미로 계승·인용한다. 滕 定公이 사망하자, 世子(文公)가 喪服에 관해 맹자에게 자문을 구하였다. 맹자가 권고한 대로 3년상을 행하려다가 문무백관의 반대에 부딪쳐 세자가 다시 묻자, 맹자는 바로 공자의 君風民草 비유를 그대로 인용하면서, 세자가 몸소 정성과 공경으로써 服喪하면 신하들이 함께 따르지 않을 수 없다고 주체적 의지를 격려한 것이다.(滕文公上)

---

15 論語, 顔淵: "季康子問政於孔子. 孔子對曰: "政者, 正也. 子帥以正, 孰敢不正?""

16 論語, 子路: "其身正, 不令而行; 其身不正, 雖令不從."

17 論語, 顔淵: "季康子患盜, 問於孔子. 孔子對曰: "苟子之不欲, 雖賞之, 不竊.""

18 論語, 顔淵: "子貢問政. 子曰: "足食, 足兵, 民信之矣." 子貢曰: "必不得已而去, 於斯三者, 何先?" 曰: "去兵." 子貢曰: "必不得已而去, 於斯二者, 何先?" 曰: "去食. 自古皆有死, 民無信不立.""

(5) 周易 괘상의 상징함의

한편, 易傳에서는 巽(☴)괘의 기본 卦象인 바람(風)을 군주의 교화명령으로 비유하는 해석이 빈번히 등장하는데, 이로 기본상 공자의 君風民草論을 계승한 것이다.[19] 예컨대, 下乾上巽의 小畜(☴☰)괘는 바람이 하늘 위에서 부는 모습으로, 조정에서 文德의 교화가 시행됨을 찬미하는 것이다.[20] 下巽上艮의 蠱(☶☴)괘는 산 아래에 바람이 부는 형상으로, 군자가 역시 인민에게 德政을 베푸는 상징이다.[21] 下坤上巽의 觀(☴☷)괘는 땅 위에 바람이 부는 모습으로, 군왕이 사방을 순시하면서 인민을 보살피고 교화를 베푸는 의미이며;[22] 下巽上巽의 巽(☴☴)괘는 바람이 잇따라 부는 형상으로, 군주가 명령을 내려 정치를 행하는 것이다.[23] 下坎上巽의 渙(☴☵)괘는 물 위에 바람이 부는 모습으로, 군왕이 종묘를 세워 위로 上帝를 받들어 제사 지내고 아래로 인민을 다스리는 상징이며;[24] 下兌上巽의 中孚(☴☱)괘는 연못 위에 바람이 부는 형상으로, 통치자가 獄訟을 의론함에 德教를 우선 시행하여 형벌을 감경하는 뜻이다.[25] (바람이 군주의 教化命令을 비유함에 대비해, 물과 연못이 인민을 상징함은 후술한다.)

한편, 下巽上震의 恒(☳☴)괘는 위에서 천둥치며 아래서 바람 부는 모습으로, 군주가 아래로 인민에게 德教를 베풀며 형벌(천둥)은 위(뒤)에서 사후 징계의 방패로 삼아 德主刑輔의 변함없는 통치기강을 수립한다는 비유다.[26] 반대로 下震上巽의 益(☴☳)괘는 위에서 바람 불며

---

19 高亨, "周易大傳通說", 周易大傳今注, 齊魯書社, 1983 第3刷, 17면 참조.

20 周易, 小畜: "象曰: 風行天上, 小畜. 君子以懿文德."

21 周易, 蠱: "象曰: 山下有風 蠱. 君子以振民育德."

22 周易, 觀: "象曰: 風行地上, 觀. 先王以省方觀民設教."

23 周易, 巽: "象曰: 隨風, 巽. 君子以申命行事."

24 周易, 渙: "象曰: 風行水上, 渙. 先王以享于帝, 立廟."

25 周易, 中孚: "象曰: 澤上有風, 中孚. 君子以議獄緩死."

아래서 천둥치는 형상으로, 바람과 천둥의 형세가 보통보다 훨씬 강성함을 의미하여, 잘못을 범한 자에게 형벌을 시행해 고치도록 하고 착한 사람에게는 德教를 베풀어 권장하는 통치라고 해석된다.[27] 下離上巽의 家人(☴☲)괘는 바람이 불로부터 불어나오는 모습인데, 군주의 현명함(火)으로부터 德教가 베풀어져 그 법령이 변함없이 항상 시행됨을 상징한다.[28]

(6) 水原과 君心民體 비유

이밖에도, 군왕의 모범적 주체성을 상징하는 비유개념으로 水源과 마음(心)을 들 수 있다. 군주는 인민의 水源과 같다. 윗물이 맑아야 아랫물이 맑고, 윗물이 혼탁하면 아랫물이 맑을 수 없다. 마찬가지로, 인민의 선악시비와 국가의 治亂은 모두 윗물인 군주의 솔선수범 통치행위에 달려 있다. 따라서 인민이 군주를 친애하고 법령에 복종하기 바란다면, 군주가 먼저 인민을 사랑하고 이롭게 해야 한다.[29]

또한 임금은 마음과 같다. 마음은 형체의 임금이자 神明의 주인으로서, 四肢九竅의 모든 감각기관에 명령을 내리며, 누구의 어떠한 지시도 받지 않는다. 스스로 금지하고 시키며, 빼앗기도 하고 주기도 하며, 행하기도 하고 그치기도 한다.[30] 마찬가지로, 임금도 국가 최고 통치자이자 인민의 주인으로서 법령을 공포·시행할 뿐, 누구의 간섭이나 지배도 받지 않는다. 그러나 마음과 군주의 자율적 주체성이 곧 자

26 周易, 恒: "象曰: 雷風, 恒. 君子以立不易方."

27 周易, 益: "象曰: 風雷, 益. 君子以見善則遷, 有過則改."

28 周易, 家人: "象曰: 風自火出, 家人. 君子以言有物, 而行有恒."

29 荀子, 君道: "君者, 民之原也. 原清則流清, 原濁則流濁. 故有社稷者, 而不能愛民, 不能利民, 而求民之親愛己, 不可得也." 韓詩外傳, 卷5에도 나온다.

30 荀子, 解蔽: "心者, 形之君也, 而神明之主也. 出令而無所受令. 自禁也, 自使也, 自奪也, 自取也, 自行也, 自止也."

의적 방종이나 전횡을 의미하는 것은 결코 아니다. 마음이 중용의 道를 지켜야만 모든 감각기관이 평화롭고 순조롭게 활동할 수 있음은 물론이다. 마음인 군주가 정상이어야 나라가 편안히 다스려지고, 그 명령이 정당해야 백성이 복종하게 된다. 군주가 정치적 도덕성을 상실하면, 신하가 행정에 제대로 종사할 수 없음은 물론, 인민도 복종하지 않아 나라가 혼란스러워진다.[31]

일찍이 齊 景公이 야외로 수렵 나가 보름 넘게 돌아오지 않자, 晏子가 가서 즉각 귀환하도록 간언한 적이 있다. 이에 景公이 晏子를 비롯한 다섯 賢臣이 정사를 잘 행하고 있으므로 자기는 좀 안일해도 되지 않느냐고 변명했다. 미치 四肢가 건강하게 잘 활동하면 마음이 저절로 편안한 것과 같은 이치로 비유한 것이다. 그러자 晏子는 몸이 건강해 마음이 편안한 것은 당연하지만, 그렇다고 몸에 마음이 아예 없다면 어떻게 되겠느냐고 반문했다. 마음이 몸을 떠나면 한시도 살 수 없는데, 군주가 보름이 넘도록 조정을 비워둔은 너무 길다는 것이다. 이에 景公이 함께 귀환했다.[32] 공자 말을 인용한 禮記 기록은 君心民體의 비유를 잘 요약한다.

> "백성은 임금을 마음으로 삼고, 임금은 백성을 몸으로 삼는다. 마음이 장대하면 몸이 편안하고, 마음이 엄숙하면 몸이 공경스럽다. 마음이 좋아하는 것은 몸이 반드시 편안히 여기고, 임금이 좋아하는 것은 백성도 반드시 하고자 한다. 마음은 몸이 있어 온전하지만,

31 管子, 心術上: "心之在體, 君之位也. 九竅之有職, 官之分也. 心處其道, 九竅循理. 嗜欲充益, 目不見色, 耳不聞聲. 故曰: 上離其道, 下失其事."; 心術下: "心安是國安也, 心治是國治也. 治也者心也, 安也者心也. 治心在於中, 治言出於口, 治事加於民, 故功作而民從, 則百姓治矣."; 君臣下: "君之在國都也, 若心之在身體也. 道德定於上, 則百姓化於下矣. 戒心形於內, 則容貌動於外矣. 正也者, 所以明其德."

32 晏子春秋, 內篇諫上: "若乃 心之有四支, 而心得佚焉, 可; 得令四支無心, 十有八日, 不亦久乎?" 韓詩外傳, 卷10에도 나옴.

또한 몸 때문에 상할 수도 있다. 임금도 백성이 있어 존립하지만, 또한 백성 때문에 망할 수도 있다."[33]

3. 民本的 君王 개념

지금까지 살펴본 것처럼, 君主 중심의 君民관계론은 비록 군주의 주도성을 중시하지만, 실질 내용은 德政으로 인민을 보호·교화해야 할 군주의 사명을 강조함이 보편 특징이다. 군주와 인민의 상호 보완적 의존관계를 객관 공평하게 거론하고 있다. 그런데 인민이 국가와 군주통치권에 근본이라는 '民本' 관점에서, 인민의 중요성을 더욱 강하게 부각시키는 적극적 정치사상이 춘추전국시대에 보편 주류이다. 세상이 혼란무도하고 군주도 仁義를 실행하지 않기 때문에, 王道를 행하자면 인민이 따르지 않고, 그렇다고 세상에 맞추어 살자면 道가 왜곡되는데, 어떻게 양자택일하는 것이 좋겠냐고 叔向이 물은 적이 있었다. 이에 晏子는, 스스로 낮추면서 존귀함을 잃지 않고, 자신을 굽히면서 正道를 상실하지 않는 유일한 방법은, 인민을 근본으로 삼는 것이라고 대답하였다. 인민을 유지하고 있으면 正道를 잃지 않고, 반대로 인민을 잃는다면 正道가 행해질 수 없다는 것이다.[34] 이러한 民本論은 춘추시대 정치현실에서 구체로 등장하는데, 爲民·利民의 군주론과 통치본질론이 우선 부각된다.

---

33 禮記, 緇衣: "民以君爲心, 君以民爲體; 心莊則體舒, 心肅則容敬. 心好之, 身必安之; 君好之, 民必欲之. 心以體全, 亦以體傷; 君以民存, 亦以民亡." 董仲舒, 春秋繁路, 爲人者天편에 비슷한 내용 나옴.

34 晏子春秋, 內篇問下: "叔向問晏子曰 : '世亂不遵道, 上辟不用義; 正行則民遺, 曲行則道廢. 此二者之于行何如?' 晏子對曰 : '卑而不失尊, 曲而不失正者, 以民爲本也. 苟持民矣, 安有遺道!苟遺民矣, 安有正行焉!'"

(1) 爲民·利民의 '牧民' 사상

일찍이 邾 文公이 繹에 천도하려고 점을 친 결과, 인민에게는 이롭지만 군주에게는 불리하다는 占辭를 얻었다. 이에 文公은 인민에게 이로운 것이 곧 군주의 이로움이라고 말하면서 천도를 단행하였다. 하늘이 사람을 땅에 내려 살게 하면서 군주를 세운 것은 인민을 이롭게 하고자 함이니, 군주의 사명은 인민을 이롭게 보호·양육함에 있다는 것이다.[35] 군왕이란 덕정으로써 이로움을 인민에게 널리 베푸는 자로서, 목동이 소나 양을 치듯이 인민을 잘 보호·양육하여 사악에 빠지지 않도록 인도해야 한다.[36] '牧民' 개념의 연원이다! 그래서 제후는 백성을 위한 일이 아니면 함부로 행차하지 않는다.[37]

이러한 爲民·利民의 사상은 특히 조세수취와 관련해 民生 관점에서 집중 거론된다. 일찍이 楚 令尹인 子常이 재화 축적에 관하여 묻자, 鬪且는 굶주린 이리처럼 탐욕을 부림은 멸망을 자초하는 길이라고 평론하였다. 군주가 재화를 수취함에는 인민의 의식주나 일상생활을 방해하지 않는 범위 안에서 그치는 것이 통치의 방도라는 뜻이다. 조세와 부역이 과중하여 인민이 궁핍하게 되면, 군주를 원망하고 배반하는 마음이 생겨 국가와 군주 지위까지 위태로워질 염려가 있다. 따라서 먼저 民生을 안정시킨 다음 조세를 적당히 수취해 인민을 보호하는 국고정책이 군주와 인민이 共存同生하는 정치 방도이다.[38] 한 마리 짐

35 左傳, 文公13年: "邾文公卜遷于繹. 史曰: '利於民而不利於君.' 邾子曰: '苟利於民, 孤之利也. 天生民而樹之君, 以利之也. 民旣利矣, 孤必與焉. 命在養民. 死之長短, 時也. 民苟利矣, 遷也, 吉莫如之!'"

36 國語, 周語上: "夫王人者, 將導利而布之上下者也."; 魯語上: "夫君也者, 將牧民而正其邪者也."

37 左傳, 莊公27年: "諸侯非民事不擧."

38 國語, 楚語下: "夫古者, 聚貨不妨民衣食之利, 聚馬不害民之財用. 夫貨馬郵則闕於民, 民多闕則有離叛之心, 將何以封矣. 夫從政者, 以庇民也. 先恤民而後己之富."

승이 화살에 맞으면 모든 무리가 흩어져 달아날 것은 자명하다. 한번 도망가면 다시 불러 모을 수가 없는데, 군주의 인민에 대한 통치도 마찬가지다.[39] 따라서 인민의 마음이 군주를 이반하지 않고 국가가 안정되기 위해서는, 인민이 원하는 바를 베풀고 싫어하는 바를 제거하는 爲民·利民 정치밖에 없는 것이다.[40]

일찍이 공자는 제자 冉有가 周公보다 부유한 季氏를 위하여 賦稅를 더욱 가중시키자, 다른 제자들에게 그는 자기 제자가 아니라고 단언하면서, 그를 성토·공격해도 좋다고 선포했다.[41] 가혹한 수취로 민생을 해치기 때문이었다. 哀公이 공자 제자인 有若에게 조세수취율을 높여 흉년의 국고부족을 해결하고자 묻자, 有若은 1/10 세율을 유지하라고 권하였다. 백성이 풍족하면 군주가 어찌 부족할 것이며, 백성이 궁핍하면 군주가 어떻게 풍요롭겠냐고 반문하였다.[42] 爲民政治의 근본이 민생에 있음을 강조한 것이다.

老子도 일찍이 예리한 통찰로 현실정치를 꼬집었다. 자연법칙은 남는 것은 덜어 모자라는 데 보충해 평형을 유지하는데, 인간 사회규범은 부족한 데서 착취해 남아도는 자에게 받들어 보태고 있다고 조세수취구조를 신랄히 비판했다.[43] 또, 인민의 기근이 군주의 과다한 조세수취에 있다고 직접 지적하면서, 군주가 지나치게 개인적 호화사치만 추구하면, 인민이 죽음을 무릅쓰고 저항하게 된다고 경고한다.[44]

---

39 國語, 吳語: "夫吳民離矣, 體有所傾, 譬如群獸然, 一个負矢, 將百群皆奔, 王其無方收也."

40 國語, 晉語二: "夫固國者, 在親衆而善鄰, 在因民而順之."; 吳語: "修令寬刑, 施民所欲, 去民所惡, 称其善, 掩其惡."

41 論語, 先進: "季氏富於周公, 而求也爲之聚斂而附益之. 子曰: '非吾徒也, 小子, 鳴鼓而攻之, 可也."

42 論語, 顔淵: "百姓足, 君孰與不足; 百姓不足, 君孰與足?"

43 老子, §77: "天之道, 損有餘而補不足; 人道則不然, 損不足以奉有餘."

이상적 통치자는 백성 마음을 자기 마음으로 삼으며, 사사로운 有爲的 통치수단을 포기해 인민의 이익을 백배로 증진시켜야 한다.[45]

법의 궁극이념이 인민을 위하여 해악을 제거하고 이익을 증진시키는 '除害興利'에 있다. 특히, 묵자와 관자가 국가 및 군주의 기원이나 존재의의와 관련하여 除害興利를 仁義 정치에 핵심 본질로 강조하고 있다. 인민을 위한 除害興利는 仁政의 구체적 실현이자 법의 이념인 正義의 적극적 내용이다. 묵자는 반드시 만민을 앞세우고 나서 맨 뒤에 자신을 위하는 자만이 천하에 현명한 군주가 된다고 말한다.[46]

(2) 국가·군주의 존립근거로서 民本론과 與民 사상

이러한 구체적 爲民·利民 사상이 좀 더 추상 개념으로 일반화되면, 군주의 통치권과 국가의 존망이 인민에게 근거한다는 民本論으로 나타난다. 특히 토지와 인민, 그리고 통치권(주권)의 주체로서 군주는 국가의 3요소인데, 이 중 인민이 가장 우선이고 핵심 존재라는 民本論이 춘추전국시대 정치사상에 보편주류이다. 일찍이 왕자의 난으로 망명 중이던 晋 夷吾(후일 文公)가 秦의 지원을 받아 입국을 시도하기 위하여 토지 할양을 약속하였다. 입국하여 인민을 얻는다면 약간의 토지는 그리 대수롭지 않다는 생각에서였다.[47] 인민을 얻지 못하여 망명을 계속하는 한 晋國의 전 영토도 자기가 통치할 수 없기 때문이다. 한편, 魯 昭公 때 정원을 건축함에 季平子가 서둘러 완공하려고 하자, 叔孫昭子가 낙성을 재촉하면 백성을 더욱 수고롭게 한다고 만류하였다. 정원이야 없어도 그만이지만, 백성이 없으면 나라가 존립할 수 없기 때

44 老子, §75: "民之飢, 以其上食稅之多, 是以飢. 民之輕死, 以其生生之厚, 是以輕死."
45 老子, §49: "聖人無常心, 以百姓心爲心."; §19: "絶聖棄智, 民利百倍."
46 墨子, 兼愛下: "爲明君於天下者, 必先萬民之身, 後爲其身, 然後可以爲明君於天下."
47 左傳, 僖公9年: "人實有國, 我何愛焉? 入而能民, 土於何有?"

문이었다.[48] 한편, 楚가 晋과 동맹을 어기고 鄭과 衛를 침공하자, 晋에서 응전하자는 주장이 일었다. 그런데 楚의 신의 없고 무도한 침략전쟁으로 민심이 장차 이반할 것이므로 그럴 필요가 없다는 의론도 있었다. 인민이 흩어지면 전쟁을 계속할 수 없을 것이기 때문이다.[49] 올해(2022) 러시아의 우크라이나 침공이 떠오르는 대목이다.

특히 전국시대 제자백가에 이르면, 영토 확장을 위하여 인민을 희생시키는 제후들의 침략전쟁을 비판하면서 이러한 民本論이 더욱 부각된다. 땅은 넓고 사람은 적은 당시 사회현실에서 보면, 남아도는 토지를 더 넓히려고 부족한 인민을 희생시키는 겸병전쟁은, 확실히 老子가 말한 대로 모자라는 것을 덜어 남아도는 것에 받들어 보태는 모순적 人道임에 틀림없다. 묵자는 바로 이러한 논리에서 침략전쟁을 강력히 비난했다. 기존 자기 땅도 제대로 못 다스리는 형편에, 지킬 인민도 없는 텅 빈 땅과 성을 쟁탈하는 전쟁은 무모하고 어리석기 짝이 없다.[50] 현명한 군주라면 토지는 남아돌면서 인민은 부족한 부끄러운 짓은 하지 않을 것이다.[51] 맹자도 동조하여 준엄한 비판을 가한다. 그는 국가의 기본 삼요소인 토지·인민·政事(주권)를 제후의 三寶로 정의하면서,[52] 특히 인민과 政事를 중시한다. 그런데 政事란 곧 민심을 얻고 인민을 다스리기 위한 수단방편인 통치행위에 불과하기 때문에, 궁극

48 左傳, 昭公9年: "焉用速成, 其以勦民也? 無囿猶可; 無民, 其可乎?"

49 左傳, 成公15年: "無庸, 使重其罪, 民將叛之. 無民, 孰戰?"

50 墨子, 非攻中: "土地者, 所有餘也; 王民者, 所不足也. 今盡王民之死, 嚴下上之患, 以爭虛城, 則是棄所不足, 而重所有餘也. 爲政若此, 非國之務者也." 非攻下편에도 비슷한 내용이 나옴. 이러한 무모한 전쟁은 兵法에서도 금기시된다. 呂氏春秋, 貴卒편에, 兵家 대표인물 吳起가 荊王에게 부족한 인민을 희생해 남아도는 토지를 덧보태려는 전쟁을 반대한 내용이 실려 있다.

51 禮記, 雜記下: "地有餘而民不足, 君子恥之."

52 孟子, 盡心下: "諸侯之寶三; 土地, 人民, 政事. 寶珠玉者, 殃必及身."

목적인 인민이 가장 귀중한 핵심이 된다. 滕 文公이 자기 나라가 작아서 힘을 다하여 대국을 섬겨도 환난을 면하기 어렵다고 하소연한 적이 있다. 이에 맹자는 周 大王이 狄人의 침공에 대하여 皮帛이나 犬馬·珠玉 등으로 섬겨도 요구가 끊임없자, 자기 토지를 바라는 줄 알고 땅과 인민을 狄人에게 물려주고 岐山 아래로 이주한 고사를 인용한다. 인민을 양육하기 위한 수단방편에 불과한 토지 때문에, 궁극 목적인 인민을 괴롭히거나 해칠 수 없다는 이유다. 인민을 위해서라면, 토지를 소유하고 인민을 다스리는 군주가 누구이면 어떠하냐고 양보한 것이다. 그 결과 대부분 사람이 大王을 잃을 수 없는 어진 사람이라고 칭송하면서, 그를 따라 새 도읍을 건설하였다는 周의 開國故事이다.[53] 요컨대, 나라를 통치하는 군주는 영토의 크기보다는 민심을 얻는 데 더욱 힘써야 한다.[54] 민심을 얻으면 나라를 버리려고 하여도 인민이 추종할 것이고, 나라를 지키려고 하면 백성이 목숨을 바쳐 죽음으로써 함께 지킬 것이다.[55] 이와 함께 맹자는 제후들의 겸병전쟁을 적극 준엄하게 비난한다. 토지와 성곽을 쟁탈하려고 인민 시체로 토지와 성곽을 가득 채우는 짓은, 토지에게 사람고기를 먹이는 것과 같은 야만 행위로서, 그 죄는 사형으로도 오히려 부족하다고 분개한다. 그래서 그는 兵法을 궁리하여 전쟁을 잘하는 兵家 무리가 가장 무거운 형벌을 받고, 부국강병을 들먹이며 제후들의 연합전쟁을 부추기는 縱橫家 무리가 그 다음 엄벌을 받아야 마땅하다고 주장한다.[56]

53 孟子, 梁惠王下: "狄人之所欲者, 吾土地也. 君子不以其所以養人者害人. 二三者, 何患乎無君? 我將去之." 呂氏春秋 審爲에도 인용되고 있다.

54 大戴禮記, 保傅: "國不務大, 而務得民心."

55 孟子, 梁惠王下: "與民守之, 效死而民弗去, 則是可爲也."

56 孟子, 離婁上: "爭地以戰, 殺人盈野; 爭城以戰, 殺人盈城; 此所謂率土地而食人肉, 罪不容於死. 故善戰者服上刑, 連諸侯者次之."

무엇보다도 맹자의 民本論을 특색 있게 부각시키는 것은, 군주가 모든 것을 인민과 함께 한다는 '與民' 사상일 것이다. 인민이 국가와 군주통치권의 근본이기 때문에, 통치권을 유지하고 나라를 잘 다스리기 위해서는, 근본적으로 인민과 함께 울고 웃는 仁政을 시행하여야 한다. 특히, 당시 제후들이 民生은 돌보지 않고 궁궐·정원·연못이나 女色·財貨와 같은 개인적 호사 安樂만 추구하던 병폐를 일소할 훌륭한 치유책으로 제시된다. 개인적 선호를 정면으로 비판·부정한다면, 아무리 훌륭한 사상과 정책이라 할지라도 우선 거부하는 것이 인지상정이다. 따라서 통치자의 기호와 의도로부터 출발하여, 그들 감정을 다치지 않으면서 자연스럽게 추론해 나감이 효과적 教化 방법이다.

예컨대, 양혜왕이 연못가에서 사슴을 바라보면서 성현도 이러한 즐거움이 있느냐고 묻자, 맹자는 성현만이 진정으로 이러한 것을 즐길 수 있으며, 어질지 못한 자는 설사 이를 소유하여도 즐길 줄 모른다고 답변한다. 아울러 文王이 인민과 함께 더불어 靈臺와 靈沼를 즐긴 詩句를 인용하면서, 인민과 함께 더불어 즐기는 것만이 진정한 즐거움이라고 설명한다. 아무리 훌륭한 궁궐과 정원이라도 인민이 혐오하여 함께 망하기를 바라면 즐거움은 고사하고 존립마저 위태롭기 때문이다.[57] 마찬가지 논리맥락에서, 文王 정원은 사방 70리나 되었어도 백성과 함께 사용하고 즐겼기 때문에 백성들이 오히려 작다고 여겼는데, 齊 宣王 정원은 사방 40리에 불과해도 인민 출입을 통제하여 인민들이 큰 함정으로 원망한다고 지적한다.[58]

57 孟子, 梁惠王上: "文王以民力爲臺爲沼, 而民歡樂之. 古之人與民偕樂, 故能樂也. 民欲與之偕亡, 雖有臺池鳥獸, 豈能獨樂哉?"

58 孟子, 梁惠王下: "文王之囿, 方七十里, 與民同之, 民以爲小, 不亦宜乎? 臣聞郊關之內, 有囿方四十里, 殺其麋鹿者, 如殺人之罪, 則是方四十里, 爲阱於國. 民以爲大, 不亦宜乎?"

음악이나 재물·여색도 백성과 함께 즐기면 전혀 허물이 되지 않을 뿐만 아니라, 오히려 훌륭한 군주의 요건이 된다. 재물 좋아하기를 백성과 함께 하면, 조세를 무겁게 수취하지 않아 민생이 안정될 것이다. 여색 좋아하기를 인민과 함께 하면, 노처녀나 홀아비의 원망이 없어 사회가 평화로워질 것이다.[59] 음악·수렵도 백성과 함께 즐기면 백성이 군주의 평안을 기뻐할 것이고, 군주 홀로 독점하면 백성이 모두 혐오하여 달아날 것이다. 그래서 홀로 음악을 좋아하는 것보다 인민과 함께 즐기는 것이 더욱 즐겁고, 적은 사람과 함께 즐기는 것보다 많은 사람과 함께 즐기는 것이 더욱 낫다.[60]

군주가 이처럼 백성과 더불어 동고동락하는 것은, 바로 자신의 마음을 미루어 남의 마음을 헤아려 주는 推己及人의 '恕'道에 근거한 仁政이자, 또한 王道政治의 근본이 된다. 군주가 인민의 즐거움을 기뻐하면, 인민도 군주의 즐거움을 기뻐해 줄 것이고; 군주가 인민의 우환을 걱정해 주면, 인민도 군주의 근심을 염려해 줄 것이기 때문이다. 그래서 천하와 함께 더불어 기뻐하고 근심하는 자로서 진정한 왕이 되지 못한 자는 일찍이 없었으며, 반면 군주로서 인민과 고락을 함께 하지 않는 정치는 仁政이 아니다.[61] 천하를 얻으려면 먼저 인민을 얻어야 하고, 인민을 얻으려면 곧 民心을 얻어야 한다. 그런데 민심을 얻는 최상의 방도는 바로 인민이 원하는 바는 베풀어 주고 싫어하는 바는 행하지 않는 '恕'道의 仁政인 것이다.[62] 이렇게 인민을 얻은 자는

59 孟子, 梁惠王下: "昔者公劉好貨, 故居者有積倉, 行者有裹糧也. 王如好貨, 與百姓同之, 於王何有? 昔者大王好色, 當是時也, 內無怨女, 外無曠夫. 王如好色, 與百姓同之, 於王何有?"

60 孟子, 梁惠王下: "曰: '獨樂樂, 與人樂樂, 孰樂?' 曰: '不若與人.' 曰: '與少樂樂, 與衆樂樂, 孰樂?' 曰: '不若與衆.' 今王與百姓同樂, 則王矣."

61 孟子, 梁惠王下: "爲民上而不與民同樂者, 亦非也. 樂民之樂者, 民亦樂其樂; 憂民之憂者, 民亦憂其憂. 樂以天下, 憂以天下, 然而不王者, 未之有也."

천자가 되는데, 제후는 천자에게 뜻을 얻어야 그 지위에 봉해지고, 대부는 제후에게 등용되어야 그 관직을 얻을 수 있다. 그렇기 때문에 인민이 가장 존귀하고, 사직이 그 다음으로 소중하면, 군주와 대부는 가장 경미한 존재가 되는 것이다.[63] 군주와 사직은 바뀔 수 있어도, 인민은 변함이 없기 때문이다.

(3) '君' '王'의 문자학적 비유 개념

전국 말엽에 이르면, 이러한 爲民·利民의 民本論 관점에서 君王의 의미를 새로이 규정하는 여러 개념적 비유가 등장한다.

'君은 群'이라는 정의가 대표적 비유다. 인간이 다른 동물보다 열악한데도 만물의 영장이 될 수 있는 근본원인은, 群居할 수 있는 사회성에 있다고 순자는 통찰한다. 즉, 군주란 인간의 群居共同體를 잘 통솔하는 首長이라는 의미다. 인간의 군거공동체를 잘 통솔하기 위해서는, 그 구성원인 인간을 잘 보호·양육하며, 그 조직체계를 구성하고 구성원을 각자 소질과 기능에 맞게 직책을 적절히 배분하여, 사회질서를 평화롭고 유지해야 한다. 그리하여 모든 사람이 그에게 심복하여 群居共同體의 首長으로 받들 때 비로소 君이 된다.[64]

君에 대한 개념정의와 형식상 내용상 모두 비슷한 비유 개념이 또 하나 있다. '王은 往'이라고 정의하는 것이다. 천하 사람이 모두 '가

---

62 孟子, 離婁上: "得天下有道, 得其民, 斯得天下矣; 得其民有道, 得其心, 斯得民矣; 得其心有道, 所欲與之聚之, 所惡勿施爾也."

63 孟子, 盡心下: "民爲貴, 社稷次之, 君爲輕."

64 荀子, 君道: "道者, 何也?曰君道也. 君者, 何也? 曰能群也. 能群者, 何也? 善生養人者, 人親之; 善班治人者, 人安之; 善顯設人者, 人樂之; 善藩飾人者, 人榮之. 四統者具, 而天下歸之, 夫是之謂能群."; 王制: "能以使下謂之君. 君子, 善群也. 群道當, 則羊物皆得其宜." 呂氏春秋 恃君편도 君道 기원을 群聚의 이익으로, 韓詩外傳 卷5도 君을 群으로 정의해 천하 만물을 위한 해악제거로 각각 설명한다.

서'(往) 떠받드는 우두머리가 곧 王이라는 뜻이다.[65] '王을 往'이라고 同音語로 직접 규정하는 기록은, '君을 群'으로 정의하는 것보다는 시기상 다소 늦게 여씨춘추나 한시외전에 등장한다. 그러나 전체적인 실질 내용상 개념은 일찍이 老子에 나타난다. 왕이 大道·正法을 집행하면 天下가 가서 모여들며, 귀의자들을 해치지 않으면 평안히 太平을 누린다고 말하며, 이름 없는 道를 왕이나 제후가 잘 지키면 만물이 스스로 손님으로 귀향하니, 마치 모든 시냇물이 江海로 몰려가는 것과 같다고 비유했다. 無爲而無不爲의 도를 侯王이 잘 지키면 萬物이 저절로 감화된다는 것이다![66]

맹자도 老子와 같이, 비록 개념정의의 명제 형식을 취하지는 않지만, 이미 민심의 귀향을 王의 본질 개념속성으로 명백히 거론하였다. 仁政을 실행하여 인민과 더불어 동고동락하면 천하인민이 모두 귀향하여 저절로 王이 된다는 王道政治 사상이다. 예컨대, 인민을 착취하거나 학살하지 않는 어진 자를 천하인민은 학수고대하기 때문에, 그러한 仁政을 베푸는 자가 있다면 민심이 물이 아래로 흐르는 것처럼 귀순하여 천하를 통일할 수 있다고 주장한다.[67] 또한 仁政을 행하면 천하의 士農工商 만민이 모두 그의 백성이 되기를 원하고, 자기 군주를 미워하는 모든 사람이 다 그에게 '가서'(赴) 하소연하려고 할 것이기 때문에, 자연히 천하무적의 王이 된다고 강조한다.[68] 한편, 이렇게

65 呂氏春秋, 下賢: "王也者, 天下之往也." 韓詩外傳, 卷5: "王者, 何也? 曰往也. 天下往之, 謂之王."

66 老子, §35: "執大象, 天下往, 往而不害, 安平太." §32: "道常無名, 王侯若能守之, 萬物將自賓.… 譬道之在天下, 猶川谷之於江海." §37: "道常無爲而無不爲. 侯王若能守之, 萬物將自化."

67 孟子, 梁惠王上: "如有不嗜殺人者, 則天下之民, 皆引領而望之矣. 誠如是也, 民歸之, 由水之就下, 沛然孰能禦之?"

68 孟子, 梁惠王下: "今王發政施仁, 使天下仕者皆欲立於王之朝, 耕者皆欲耕於王之野,

仁政을 행하는 王이 인국의 포학무도한 군주를 '가서'(往) 정벌하게 되면, 그 나라 모든 인민이 마치 가뭄에 단비를 만난 것처럼 기뻐하면서, 물불 속에서 자기를 건져주는 구세주를 대하듯이 物心 양면으로 王의 군대를 영접할 것이라고 설명한다. 뿐만 아니라, 다른 나라 인민들도 자기들을 늦게 구원해 준다고 원망하게 된다. 그 구체적 역사 실례로서 湯이나 武王을 들기도 한다.[69]

순자는 老子나 맹자의 宗旨와 일맥상통하게, '가다'는 '往'과 실질 내용상 같은 의미로 '돌아가다'는 '歸'의 개념으로 '王'을 규정한다. 즉, 천하민심의 向背가 王과 亡을 결정하는 핵심요인이란다. 천하민심이 귀향하여 그에게 순종하면 곧 王이 되고, 배반하여 떠나면 바로 亡한다. 王은 천하민심이 歸順하는 바 인물이라는 의미다. 민심이 돌아가서 순종하기 위해서는, 道德을 닦고 仁義를 행하며, 천하인민을 위하여 해악을 제거하고 이익을 증진시켜야 한다.[70]

이러한 철학사상 배경과 역사 발전을 거쳐, 漢代 동중서는 '君'과 '王'의 개념정의를 종합하여 잘 정리요약하고 있다.

> "王은 인민이 가서 귀향하는 바이고, 君은 그 群衆을 잃지 않는 자이다. 그러므로 만민으로 하여금 귀향하게 하여 천하 군중을 얻을 수 있는 자는 천하에 필적한 상대가 없게 된다."[71]

商賈皆欲藏於王之市, 行旅皆欲出於王之塗, 天下之欲疾其君者, 皆欲赴愬於王, 其如是孰能禦之?"

69 孟子, 梁惠王上: "王如施仁政於民, 彼陷溺其民, 王往而征之, 夫誰與王敵?"; 梁惠王下: "以萬乘之國, 伐萬乘之國, 簞食壺漿以迎王師, 豈有他哉? 避水火也."; "湯一征, 誅其君而吊其民, 若時雨降, 民大悅.今燕虐其民, 王往而征之, 民以爲將拯己於水火之中也, 簞食壺漿以迎王師."

70 荀子, 正論: "能用天下之謂王. 修其道, 行其義, 興天下之同利, 除天下之同害, 而天下歸之之謂王. 天下去之之謂亡."

71 董仲舒, 春秋繁露, 滅國上: "王者, 民之所往; 君者, 不失其群者也. 故能使萬民往之,

이와 함께, '王'과 '君'의 개념에 새로운 의미를 추가로 부여한다. 즉, 王에는 皇·方·匡·黃·往의 의미를 부여하고, 君에는 元·原·權·溫·群의 개념을 규정한다. 王은 그 뜻이 크고 넓어야(皇) 그 道가 곧고 바르고(方), 그 德이 두루 펼쳐지며(匡), 그 영광과 명예가 아름답게 빛나게 되어(黃) 비로소 천하사방의 만민이 모두 그에게로 가서 귀순한다.(往) 君은 그 뜻이 근본에 가까워야(元) 시종일관 교화를 행하고(原), 상황변화에 적절한 중용 조치를 강구함으로써(權) 그 道가 공평하고 그 德이 온화하게 된다.(溫)[72] 각각 이러한 다섯 가지 본질 속성을 두루 갖추지 못한 경우에는, 물론 王이나 君이 될 수 없다.

(4) 君舟民水 비유[73]와 주역 괘상의 상징함의

君이나 王에 대한 추상적 개념정의와 달리, 구체적 사물로써 民本的 君民關係를 거론하는 비유개념도 매우 중요하다. 군주는 배이고 인민은 물과 같다는 君舟民水 비유가 대표적이다. 배는 물이 없으면 뜰 수 없기 때문에 무용지물이 된다. 물이 배의 존재근거이듯이, 인민 또한 군주통치권의 존립기반이다. 또, 평상시에는 물이 배를 띄우고 있지만, 풍랑이 거세어져 물이 배에 들어가면 배는 가라앉거나 전복된다. 마찬가지로 군주가 仁政을 행하지 않고 부도덕하게 인민을 학대하면,

---

而得天下之群者, 無敵於天下."

72 董仲舒, 春秋繁露, 深察名號: "深察王號的大意, 其中有五科 : 皇科、方科、匡科、黃科、往科; 合此五科以一言, 謂之王. 王意不普大而皇, 則道不能正直而方, 德不能匡鉉周遍 美不能黃, 四方不能往, 則不全於王. 深察君號之大意, 其中亦有五科 : 元科, 原科, 權科, 溫科, 群科: 合此五科以一言, 謂之君. 君意不比於元, 則動而失本, 所爲不立, 不效於原, 化不行; 用權於變, 則失中適之宜, 道不平德不溫, 衆不親安, 離散不群 則不全於君."

73 졸고, "君舟民水: 임금은 배, 백성은 물-21세기 새로운 지도자 상과 정치관의 정립을 위하여", 월간선택, 1998년 9월호, 104-108면 참조.

인민이 군주를 침범하여 저항 내지 혁명을 도모하게 된다.[74] 그래서 군주가 평안하고자 하면 도덕정치를 실행하여 인민을 사랑해야 하며, 영광스럽고자 하면 禮義를 숭상하고 선비를 공경해야 하고, 공덕을 이루고자 하면 어진 이를 존중하고 능력 있는 자를 등용해야 한다.

君舟民水의 비유 이외에도 인민이 군주통치권의 근본바탕이라는 관점에서, 인민을 물에 비유하는 경우는 상당히 보편적이다. 예컨대, 춘추시대 鄭나라에 백성들이 모여 국가정치의 시비선악을 평론·비판하는 鄕校가 있었는데, 이를 허물어 없애자는 주장이 조정에서 일었다. 이에 子産은 인민이 옳다고 의론하는 것은 행하며, 그르다고 비판하는 바는 개선할 수 있기 때문에, 향교가 자신의 정치적 스승이라고 반대하였다. 그리고 인민의 여론은 강물과 같아서, 만약 통치권력으로 무조건 막기만 한다면, 그 물이 크게 모여 제방을 무너뜨리게 될 것이라는 비유로 경고한다. 그렇게 되면 걷잡을 수 없는 물살에 막대한 인명·재산 피해를 초래할 것은 자명한 일이다. 그래서 평상시 조그마한 물길을 터서 홍수 범람을 예방하는 것이 최선의 통치방도이다.[75] 여기서 물은 인민에, 제방은 군주의 통치에 비유되는데, 군주는 인민이라는 강물이 범람하지 않도록 그 물길을 잘 인도하고 그 유수량을 적절히 조절해야 한다.[76] 실제로 周 厲王은 포학한 정치에 대한 인민의 비

74 荀子, 王制: “君者、舟也; 庶人者、水也. 水則載舟, 水則覆舟, 此之謂也. 故君人者, 欲安、則莫若平政愛民矣; 欲榮、則莫若隆禮敬士矣; 欲立功名、則莫若尙賢使能矣.” 荀子, 哀公편에도 이 비유가 등장한다. 孔子家語, 卷4, 六本: “舟非水不行, 水入舟則沒; 君非民不治, 民犯上則傾.”

75 左傳, 襄公31年: “鄭人游于鄕校, 以論執政. 子産曰: 其所善者, 吾則行之; 其所惡者, 吾則改之, 是吾師也. 然猶防川. 大決所犯, 傷人必多, 吾不克救也, 不如小決使道, 不如吾聞而藥之也.”

76 呂氏春秋, 達鬱: “防民之口, 甚於防川; 川壅而潰, 敗人必多. 夫民猶是也. 是故治川者決之使導, 治民者宣之使言.”

방을 더욱 잔혹한 사형으로 억압해 불과 3년만에 왕권을 상실했는데, 그때도 召公이 강물을 막는 제방 비유로써 비방 언론을 허용하도록 간언하였다.[77]

한편, 易傳에서는 周易의 卦象을 해석하면서, 물을 상징하는 坎(☵)괘와 연못을 상징하는 兌(☱)괘를 인민으로 비유하는 경우가 적지 않다. 물 위에 바람이 부는 모습인 下坎上巽의 渙(☴☵)괘나 연못 위에 바람이 부는 형상인 下兌上巽의 中孚(☴☱)괘에서, 바람이 군주의 德敎를 상징하는 것과 대응하여, 물이나 연못이 그 통치대상인 인민을 비유함은 이미 언급하였다. 이밖에도, 下坎上坤의 師(☷☵)괘는 땅 속에 물이 있는 형상으로서, 군주가 땅처럼 겪허하게 民衆을 포용하여 양육함을 뜻한다.[78] 반대로 下坤上坎의 比(☵☷)괘는 땅 위에 물이 있는 모습으로, 군왕이 영토상 군중을 바탕으로 만국을 건립하여 제후를 책봉함으로써 천하에 평화로운 통치를 도모하는 의미이다.[79] 그리고 下兌上坎의 節(☵☱)괘는 연못 위에 물이 있는 모습인데, 물이 연못 밖으로 범람하지 않도록 제방을 쌓듯이, 군주가 禮義法度와 德政으로써 인민을 절제 교화하는 의미라고 해석한다.[80]

한편, 下兌上乾의 履(☰☱)괘는 하늘이 위에 있고 연못이 그 아래에 있는 모습으로, 군주와 인민 간의 상하질서를 잘 제정·실천함으로써 인민의 뜻을 안정시킴을 의미한다.[81] 下兌上坤의 臨(☷☱)괘는 연못 위에 땅이 있는 형상으로서, 인민을 포용하여 교화함으로써 그 왕권

77 자세한 내용은, 졸고, "동양 古典에서 죄악을 예방하는 제방으로서 법의 비유와 예방법학", 아주법학 9.2(2015): 38-39면; 졸저, 지혜의 법과 생명법학, 전남대출판문화원, 2021, 438-439면.

78 周易, 師: "象曰: 地中有水, 師. 君子以容民畜衆."

79 周易, 比: "象曰: 地上有水, 比. 先王以建萬國, 親諸侯."

80 周易, 節: "象曰: 澤上有水, 節. 君子以制數度, 議德行."

81 周易, 履: "象曰: 上天下澤, 履. 君子以辯上下, 定民志."

을 영구히 유지하고자 하는 군주의 염원에 비유된다.[82] 下乾上兌의 夬(☰☱)괘는 연못이 터져 그 물이 하늘 위로 넘실거리는 모습으로, 재야의 어질고 덕 있는 평민을 조정에 등용하여 작록을 베푼다는 의미이다.[83] 下兌上艮의 損(☱☶)괘는 산 아래에 연못이 있는 형상으로, 산이 침식되어 토사가 연못을 메우듯이, 군주가 자기감정을 억제하고 욕심을 덜어 인민에게 혜택을 끼치는 덕정을 상징한다.[84]

특히 주목되는 것은, 군주와 인민의 긴장·갈등 관계를 표현하는 卦象이다. 下巽上兌의 大過(☴☱)괘는 나무(巽: 木船)가 연못 아래에 가라앉은 모습으로, 인민의 분노와 저항이 극에 달해 급기야 군주 통치권을 전복시킨 혁명 상황을 상징하는데, 도덕군자는 이러한 대변란(大過)을 당하여 세상을 피해 은둔함으로써 홀로 뜻과 절개를 지킨다.[85] 또한 下坤上兌의 萃(☷☱)괘는 연못물이 불어나 땅위로 넘쳐흐르는 모습인데, 군주는 민중이 봉기하는 불의의 변란에 대비하여 병력과 軍器를 잘 갖추어 두어야 한다고 풀이한다.[86] 이 두 괘는 비록 관점이 다르지만, 인민이 군주 통치권에 저항하는 형상은 동일하다. 大過卦는 군주의 정치적 큰 과실로 인한 인민의 정당한 혁명 관점에서, 萃卦는 민중이 참담하게 봉기한 폭동의 시각에서 서술한다.

이 같은 각종 卦象의 해석은 확실히 '民本' 사상 관점에서 坎卦의 물과 兌卦의 연못을 인민에 비유한 것이다. 이는 '君主' 論의 시각에서 巽卦의 바람을 군주의 교화명령에 비유한 것과 훌륭한 대비를 이룬다. 공자의 '君風民草'論과 순자의 '君舟民水'說은 각기 서로 다른 관점에

82 周易, 臨: "象曰: 澤上有地, 臨. 君子以教思无窮, 容保民无疆."
83 周易, 夬: "象曰: 澤上於天, 夬. 君子以施祿及下, 居德則忌."
84 周易, 損: "象曰: 山下有澤, 損. 君子以懲忿窒欲."
85 周易, 大過: "象曰: 澤滅木, 大過. 君子以獨立不懼, 遯世无悶."
86 周易, 萃: "象曰: 澤上於地, 萃. 君子以除戎器, 戒不虞."

서, 두 가지 비유를 대표하는 전형적인 예이다. 간과할 수 없는 사실은, 이 두 비유가 시각은 완전히 상반이지만, 궁극 이념은 동일한 목표를 지향한다는 점이다. 춘추말엽 공자는 아직 명맥을 유지하는 尊周攘夷의 대의명분을 바탕으로, 긍정적 적극적 관점에서, 군주(제후)의 자율적 善意志와 주체적 德化禮敎의 정치를 강조·권장하기 위하여, 바람의 주도적 솔선수범 비유를 거론한 것으로 이해된다. 반면, 약육강식의 실력상쟁이 극도에 달하여 천하가 통일을 향해 혼전을 거듭하는 전국말기에 순자는, 부정적 소극적 시각에서, 군주의 정치적 부도덕성과 사회경제적 가렴주구가 정도를 지나치면, 급기야 인민의 저항과 혁명을 초래하여 스스로 멸망하게 될 것이라고 경고함으로써, 군주의 각성과 개과천선을 유도하고 사회의 안정·발전을 도모한 것으로 짐작된다. 군주 관점이든 民本 시각이든, 君民의 共存同生과 인간사회의 안정진화를 염원하는 성현의 안타까운 우환의식은 시대와 장소에 따라 변하지 않는다. 다만, 구체적 역사상황에 따라 그 치유책과 해결방안이 각기 다르게 진단·처방될 뿐이다.

(5) 마차의 비유와 人乃天

한편, 民本 관점에서 군주통치권의 주도적 기능을 강조하는 마차의 비유도 독특하게 시사하는 바가 크다. 인민이 말이고 국가가 수레라면, 군주는 그 말을 몰아 수레를 운행시키는 마부라는 것이다. 말이 없는 마차란 어불성설이다. 수레를 몰아 천 리 먼 길을 갈 수 있는 것은, 말이 유순하게 힘을 다해 달리기 때문이다. 말이 난포하게 굴어 수레가 요동하면, 마차에 탄 사람이 편안할 수가 없다. 마찬가지로, 서민이 불복종하여 정치를 소란하게 하면, 군주 지위가 평안할 수 없다. 말이 소동을 피우면 진정시켜야 하듯이, 인민이 정치에 불만을 품으면 仁政과 혜택으로써 안정시켜야 한다. 어진 이를 등용하고 충직과 효성을 권장하며, 가난하거나 외로운 자를 거두어 따뜻이 구휼하는 것이, 민심을 안정시키는 仁政의 요체이다.[87]

같은 말과 마차인데도, 혹은 천 리를 가고, 혹은 백 리밖에 이르지 못하는 것은, 마부의 말 다루는 진퇴완급의 솜씨가 다르기 때문이다.[88] 고삐와 재갈 등 馬具를 잘 정비하고 부담을 가볍게 하여, 옆으로 빗나가거나 한눈팔지 못하도록 정성껏 몰아야 한다. 인민을 다스림도 이와 마찬가지다. 만약 군주라는 마부가 잠시라도 방심해, 인민의 말이 길을 빗나가면, 마치 저수지 물을 천 길 가파른 계곡에 터뜨리는 것처럼, 그 위세를 수습하거나 감당할 수 없게 된다.[89]

특히, 마차의 비유는 漢代 德主刑輔 사상과 결합하여 더욱 세련된다. 德과 禮는 인민이라는 말을 모는 재갈이고, 어진 관리는 고삐이며, 형벌은 채찍에 불과하다는 비유다. 말을 잘 모는 사람이 재갈을 잘 물리고 고삐를 가지런히 정돈한 뒤, 말의 힘을 고르게 안배하고 말의 마음을 평화롭게 안정시키면, 비록 고함을 지르거나 손을 휘두르며 채찍을 사용하는 일이 전혀 없어도, 말이 순조롭게 질주한다. 마찬가지로, 인민을 잘 다스리는 군주는 德과 禮를 바르게 하고 관직을 정돈한 뒤 인민의 힘을 고르게 분배하고 민심을 평화롭게 안정시키면, 입으로 명령을 발하거나 형벌을 사용하지 않아도, 나라가 저절로 잘 다스려지며, 인민이 그 덕정을 찬미하게 될 것이라는 비유다.[90] 말을 잘 모

---

87 荀子, 王制: “馬駭輿, 則君子不安輿; 庶人駭政, 則君子不安位. 馬駭輿, 則莫若靜之; 庶人駭政, 則莫若惠之. 選賢良, 擧篤敬, 興孝弟, 收孤寡, 補貧窮, 如是則庶人安政矣.”

88 大戴禮記, 盛德: “御者同是車馬, 或以取千里, 或數百里者, 所進退緩急異也; 治者同是法, 或以治､或以亂者, 亦所進退緩急異也.”

89 呂氏春秋, 適威: “先王之使其民, 若御良馬, 輕任新節, 欲走不得, 故致千里. 善用其民者亦然. 民之走之也, 若決積水於千仞之谿, 其誰能當之?”

90 大戴禮記, 盛德: “德法者, 御民之銜也. 史者, 轡也; 刑者, 筴也. 天子御者, 內史太史

는 사람은 항상 말을 잊지 않고 세심하게 관리하듯, 천하를 잘 다스리는 군주도 늘 정성과 인애로써 인민의 복리증진을 도모하여, 천하가 한 가족처럼 화목하게 만든다.[91] 이 대목에서 영화 '벤허'에서 말과 속삭이며 마차를 몰던 주인공 벤허 모습이 생생히 떠오른다.

民本思想의 지극한 절정은, 무엇보다도 民心이 곧 天心이라는 '人乃天'의 관념이다. 天命과 天罰, 특히 災異 등의 직접적 연원이 民本的 明德愼罰의 仁政과 관련된다. 즉, 하늘이 군주의 선악을 판단하여 천명을 부여하거나 천벌(멸망·재앙)을 내릴 때에는, 그 통치행위에 대한 인민의 반응과 민심의 向背를 먼저 관찰하여, 이를 근거기준으로 삼는다. 하늘의 귀와 눈은 매우 밝은데, 바로 백성의 귀와 눈을 통하여 보고 듣기 때문이다. 하늘의 상과 벌은 매우 엄정공평한데, 곧 백성의 칭송과 비방을 통해서 심판하기 때문이다.[92] 하늘이 말은 없지만, 구체적 행적과 사실을 통해서 그 뜻과 군주의 통치행위에 대한 평가를 나타낸다는 맹자 말도 바로 이러한 의미이다.[93]

특히, '인민이 바라는 바는 하늘이 반드시 따른다.'(民之所欲, 天必從之)는 尙書 구절은, 춘추전국시대에 보편으로 통용된 격언으로, 당시 民本思想을 간명하게 대표하는 명제이다.[94] 따라서 군왕이 법삼고

左右手也. 善御馬者, 正銜勒, 齊轡策, 均馬力, 和馬心, 故口無聲, 手不搖, 策不用, 而馬爲行也. 善御民者, 正其德法, 飭其官, 而均民力, 和民心, 敬聽言不出於口, 刑不用, 而民治, 是以民德美之." 孔子家語, 卷6, 執轡편에도 같은 내용이 공자 말로 나온다. 韓詩外專, 卷3: "先王使民以禮 譬之如御也, 刑者鞭策也. "

91 韓詩外專, 卷4: "善御者, 不忘其馬. 誠愛而利之, 四海之內, 闔若一家."

92 尙書, 皐陶謨: "天聰明, 自我民聰明; 天明畏, 自我民明威."

93 孟子, 萬章上: "天不言, 以行與事示之而已矣. 太誓曰: '天視自我民視 天聽自我民聽.'" 뒤 구절은 古文尙書, 泰誓中편에 실려 있음.

94 左傳, 襄公31年과 昭公 元年에서는 大誓 구절을 인용하며, 國語, 周語中과 鄭語에서는 泰誓의 말로 인용한다. 현전 古文尙書 泰誓上편에 수록되어 있다.

가장 존귀하게 여겨야 할 하늘이란 푸른 허공이 아니라, 국가의 근본이자 통치의 대상인 백성을 바로 하늘로 삼아야 한다. 백성이 함께 더불어 협조하여야 군주와 국가가 평안하고 강성할 수 있으며, 백성이 비난하거나 배반하면 국가가 혼란해지고 군주의 지위도 위태로워지기 때문이다.[95] 인민은 하늘이 내려주었기 때문에, 하늘을 아는 자는 반드시 인민을 알고, 반대로 하늘을 알려면 꼭 인민을 알아야 한다.[96] 인민이란 군주가 법삼고 순응해야 할 하늘(자연·天道)의 일부이다.

인민이란 반드시 군주의 통치권에 복종하는 국민에 한정될 필요가 없다. 때로는 이웃나라 백성까지도 포함하는 일반 인간의 의미로 확장되기도 한다. 제후들의 文德과 武力에 의한 패권상쟁의 춘추전국시대에, 천하통일의 패권을 꿈꾸는 군주는 천하 모든 인민을 하늘로 받들어 그 마음을 얻어야 한다. 그래서 일찍이 秦 穆公은 晋에 심한 기근이 들었을 때, 惠公의 방자무도하고 배은망덕한 행위에도 불구하고, 두 번이나 거듭하여 식량을 원조해 주었다. 군주의 죄악은 가증스럽지만, 어느 나라나 당할 수 있는 天災에 그 백성이 무슨 죄가 있느냐는 것이었다. 그 통치자는 원망하고 혐오하면서도 그 인민의 고난을 긍휼히 여기는 인도주의 정신은 德政의 발현일 뿐만 아니라, 실로 天道의 代行이기도 하다.[97] 어쩌면 이러한 天道와 人德의 정치가 훗날 秦의 천하통일에 작은 밑거름이 되었는지도 모른다.

---

95 韓詩外傳, 卷4: "王者何貴? 貴天. 所謂天, 非蒼莽之天也, 王者以百姓爲天. 百姓与之則安, 輔之則强, 非之則危, 倍之則亡."

96 國語, 楚語上: "民, 天之生也. 知天, 必知民矣."

97 左傳, 僖公13年: "天災流行, 國家代有. 救災恤鄰, 道也; 行道, 有福. 其君是惡, 其民何罪?"; 僖公15年: "吾怨其君, 而矜其民."

4. 춘추시대 시역 사건의 유형과 대처 방안

군주의 지위 및 천하통치권의 득실은 천명과 천벌에 의지하는데, 천명과 천벌의 근거는 民心의 向背에 존재하며, 민심의 귀향은 군주의 도덕성 및 통치행위의 선악에 따라 결정된다. 특히, 군주의 포학무도한 亂政이 자아멸망에 직접 원인이 됨은 천명사상과 民本論에 잘 나타난다. 成湯과 武王의 易姓革命이나 君舟民水 비유개념이 대표적 예다.

근대 서양 법철학의 惡法과 저항권 관념을 전통법사상에서 그대로 확인하기란 쉽지 않다.[98] 실정법의 정당성 및 그 준수 여부를 실정법적 절차의 테두리 안에서 논한다는 사고방식은, 고도로 발달한 순수한 법 형식논리가 아니고서는 기대하기 힘들다. 사실 법적인 저항권 문제는 정치적 혁명과 밀접불가분의 관계를 지니는데, 법과 정치의 혼연일체성이 두드러진 동아시아 전통사회에서는 더욱 말할 것도 없다. 禮와 法보다도 그 근원규범이자 정당성의 근거로서 道·德·仁·義와 같은 非實定 규범이 더욱 중시되는 것이 전통법철학의 주된 특징인 것이다. 사실 법의 선악은 일반적으로 군주의 정치적 도덕성과 직결된다. 그러한 의미에서도 악법에 대한 저항권과 暴君에 대한 혁명의 한계는 법적으로나 정치적으로 모두 분간하기가 매우 어렵다. 따라서 동아시아 전통에서 악법에 대한 저항권의 문제는 暴君에 대한 혁명의 관점을 중심으로 고찰할 수밖에 없다. 물론, 비교적 순수한 법의 정당성과 실효성의 시각에서 거론하는 경우도 있겠지만, 여기서는 군주통치권의 부도덕성과 혁명의 일반적 인과관계론이 民本論 관점에서 일반보편으로 고찰할 것이다.

98 金哲洙, “抵抗權小考”, 서울대 法學 제20권 2호(1980), 174-190면.

(1) 춘추 시대 弑逆 사건의 분류

夏·殷·周 三代의 왕조교체 易姓革命은 차치하고라도, 현전하는 最古의 체계적 사실적 역사로 평가되는 春秋에 보면, 군주가 신하에게 弑害당한 내란이 36건, 이웃나라 제후에게 정벌당해 멸망한 외환이 52건이나 기록되고 있는데, 모두 군주 자신의 크고 작은 惡德과 포학무도로 말미암은 것들이다.[99] 우선, 주요한 내란적 弑逆事件의 원인과 그에 대한 左傳의 평가를 살펴보면, 혁명의 구체 동기와 일반이론이 대강 밝혀질 것이다. 춘추시대 내란적 弑逆事件은 역설처럼 貴族權臣이나 近戚, 심지어는 왕자·태자 등이 主謀하여 저지른 경우가 절대다수다. 이들을 기록하는 역사의 태도는, 원인적 책임의 주요 소재에 따라 크게 양분된다. 즉, 군주의 포학무도로 인한 경우 군주를 일컬으며, 신하의 죄악이 주원인인 때는 신하 이름을 기록한다.[100]

후자를 다시 세분하면, 대강 삼분할 수 있다. 첫째, 군주가 소극적으로 신하를 제대로 통제·지배하지 못해서 야기된 경우가 있다. 군주의 우유부단 무골호인 성격상, 또는 통치대권을 감당할 능력의 결여나 기타 왕권의 약화 등으로 인하여, 신하의 방자·무도한 죄악을 소극적으로 조장하거나 유발한 경우다. 둘째, 군주가 적극적으로 포학무도하고 호사·음란한 악행을 자행해, 인민의 집단 원성을 야기하거나 신하의 개인적 원한을 사서, 그에 대한 보복으로 내란을 초래해 피살한 경우다. 전형적인 暴君放伐의 혁명에 해당한다. 셋째는, 군주의 특별한 죄악이나 과실 없이, 단지 권력욕이 강한 패역무도한 신하의 참람한 발호로 말미암아 발생한 경우다. 이 경우도 크게 보면 첫째 유형에 포함될 수 있다. 그러한 엄청난 변란을 감행당한 군주의 소극적 책임이

---

99 董仲舒, 春秋繁露, 王道 및 盟會要편: "弑君三十二, 細惡不絶之所致也." 弑의 개념 정의는, 左傳, 宣公18年: "凡自虐其君曰弑, 自外曰戕."

100 左傳, 宣公4年: "凡弑君, 稱君, 君無道也; 稱臣, 臣之罪也."

문제될 수 있기 때문이다. 그러나 이 경우는 역사에서 특히 신하의 적극적 죄악을 부각·강조하며, 전자처럼 군주가 그 원인을 간접적·소극적으로 제공하거나 그 결과가 일반 경험법칙상 흔히 예견될 수 있지는 않다는 점에서, 별도로 언급할 만하다.

우선 첫째 유형에 해당하는 경우로는, 春秋時代 첫 번째 시역사건을 들 수 있다. 衛 莊公의 애첩 소생인 州吁가 총애를 믿고 武勇을 좋아했는데, 莊公은 이를 단속하지 않고 正妃는 그를 매우 혐오하였다. 군주의 소극적 방임은 방자무도하고 교만·사치·음란한 죄악을 조장하고, 군부인의 적극적 혐오는 원한·반감을 축적한 것이다. 이 두 요소가 20여 년 뒤 州吁가 嫡兄인 桓公을 시해하는 직접 遠因이 되었다.[101] 그리고 春秋의 첫 시발주자인 魯 隱公은, 신하 羽父가 실권을 장악하려고 桓公을 살해하자고 요청하는 것을 들어주지 않으면서, 그렇다고 그를 다스리지도 않았다. 이에 후환을 두려워한 羽父가 이제는 반대로 桓公에게 가서 隱公을 헐뜯으면서 시해하자고 요청했다. 그리하여 隱公을 시해한 뒤 桓公을 옹립하였다.[102]

鄭 昭公은 태자 때 부군인 莊公이 高渠彌를 卿에 임명하려고 하는 것을 한사코 만류해 뜻을 이루지 못한 적이 있었다. 그런데 昭公이 즉위하자, 그가 자기를 죽일까 두려워하여 먼저 昭公을 시해한 것이다. 좌전은 '昭公이 미워할(미움당할) 줄 알았다'고 평론한다.[103] 그런데 한비자는 이 사실을 인용하면서, 미워할 줄만 분명히 알았지, 그를 제거

---

101 左傳, 隱公3·4年: "公子州吁, 嬖人之子也. 有寵而好兵, 公弗禁, 莊姜惡之. 衛州吁弑桓公而立."

102 左傳, 隱公11年: "羽父請殺桓公, 將以求大宰. 羽父懼, 反譖公于桓公而請弑之. 羽父使賊弑公, 立桓公."

103 左傳, 桓公18年: "鄭伯將以高渠彌爲卿, 昭公惡之, 固諫, 不聽. 昭公立, 懼其殺己也, 弑昭公. 君子謂: '昭公知所惡矣.'"

하지 못해 피살 지경에 이른 것은, 君權이 없는 무능력을 나타낸다고 해설한다.[104] 魯 閔公은, 부군 莊公의 부인이자 자기 이모인 哀姜과 간통한 公子가, 閔公의 師傅에게 토지를 빼앗긴 신하를 시켜 시해했다.[105] 당시 閔公은 열 살 가량 어린 나이로 군주 실권이 매우 박약했는데, 그 지위를 탐낸 간사한 근친이 개인적 원한관계를 품은 인물을 하수인으로 삼아 내란을 음모한 것이다.

鄭 子公은 食指가 움직이면 별미를 먹게 되는 조짐이 있었는데, 조정에 들어가면서 마침 楚에서 靈公에게 선물한 거북이를 요리하려고 가르는 것을 보고 회심의 미소를 지었다. 子公이 웃는 까닭을 靈公이 들은 뒤에, 그 조짐이 들어맞지 않게 하려고, 요리를 먹을 때 子公에게는 일부러 주지 않았다. 이에 화난 子公이 자기 조짐을 실현하기 위해 손가락을 솥에 넣어 먼저 맛보고 나갔다. 靈公이 노해 그를 죽이려고 하자, 그가 선수를 쳐서 시해한 것이다. 좌전은 君權의 부족이라고 평론하면서, 어질기만 하고 武勇을 갖추지 못하면 君權과 仁道에 통달할 수 없다고 해설한다.[106] 한비자는 鄭 靈公이 분노하기만 하고 처형하지 않아 시해 당했다고 힐난하면서, 현명한 군주는 노여움을 밖으로 드러내지 않는 법이라고 강조한다. 신하가 자기 죄를 두려워한 나머지 더 큰 변란을 도모하면, 도리어 군주 지위가 위태로워지기 때문이다.[107] 이것이 지금까지 열거한 첫째 부류 시역사건의 본질 특징이다.

둘째로 군주의 적극적 포학무도가 인과응보의 시역을 초래한 유형

---

104 韓非子, 難四: "知之若是其明也, 而不行誅焉, 以及於死, 故曰 '知所惡', 以見其無權也."

105 左傳, 閔公2年: "公傅奪卜齮田, 公不禁. 共仲使卜齮賊公. 共仲通於哀姜, 哀姜欲立之. 閔公之死也, 哀姜與知之."

106 左傳, 宣公4年: "鄭公子歸生弑其君夷, 權不足也. 仁而不武, 無能達也."

107 韓非子, 難四: "明公不懸怒, 懸怒則臣罪輕擧以行計, 則人主危. 故食黿之羹, 鄭君怒而不誅, 故子公殺君."

이 가장 다양하고 빈번하다. 宋 殤公은 재위 10년 동안 11회 전쟁을 치르면서 민생을 도탄에 빠뜨려 원성이 자자하던 차에, 大宰 宋督이 司馬孔父를 살해하고 그 처를 빼앗은 사건에 노여움을 표시했다가, 후환을 두려워한 宋督에게 민생도탄의 대의명분으로 시해 당하였다.[108] 직접 禍因은 주범의 女色에 대한 탐욕과 후환에 대한 두려움이지만, 군주의 빈번한 전쟁수행과 민생도탄이 내면적 간접요인으로 작용했을 뿐만 아니라 표면상 구실까지 제공한 셈이다.

齊 襄公은 행실과 명령이 변화무상하고 인민을 방자무도하게 부리기를 일삼았으며, 父君인 僖公에게 총애를 받던 庶弟 公孫無知를 폄하하였다. 그러다가 두 장수의 국경방위 직무를 기한이 넘도록 교대해주지 않아 원한을 샀는데, 이들이 公孫無知와 공모해 襄公을 시해하는 내란을 일으킨 것이다.[109] 宋 昭公은 無道함을 일삼다가, 예의바르고 인덕 있는 公子鮑를 받들어 내세운 국민들에 의해 혁명 당하였다.[110] 齊 懿公은 公子 때 토지쟁송에서 이기지 못한 원한을 즉위 후 그 시체에다 분풀이하는가 하면, 남의 처를 빼앗는 등 무도한 짓을 자행하다가 시해 당하였다.(左傳, 文公18年) 그리고 莒 紀公은 태자를 폐위시키고 국민에게 무례를 무수히 저지르다가, 국민의 원성을 동원한 태자에게 살해당하기도 하였다.[111] 晋 靈公은 조세를 과중하게 수취하여

108 左傳, 桓公2年: "宋督攻孔氏, 殺孔父而取其妻. 公怒, 督懼, 遂弑殤公. 君子以督爲有無君之心, 而後動於惡, 故先書弑其君. 宋殤公立, 十年十一戰, 民不堪命. 孔父嘉爲司馬, 督爲大宰, 故因民之不堪命, 先宣言曰: '司馬則然'."

109 左傳, 莊公8年: "齊侯使連稱管至父戍葵丘, 期戍, 公問不至, 請代, 弗許. 故謀作亂. 公孫無知, 有寵於僖公, 衣服禮秩如適, 襄公黜之. 二人因之以作亂."

110 左傳, 文公16年: "宋公子鮑禮於國人, 昭公無道, 國人奉公子鮑. 書曰: '宋人弑其君杵臼', 君無道也."

111 左傳, 文公18年: "莒紀公生大子僕, 又生季佗, 愛季佗而黜僕, 且多行無禮於國. 僕因國人以弑紀公."

담장을 조각하고, 누각 위에서 탄환을 발사하여 아래 있는 사람들이 이를 피하는 것을 즐겨 구경하며, 음식을 조금 덜 익힌 요리사를 죽여 그 부인으로 하여금 夫君 시신을 싣고 조정을 지나가게 하는 등, 군주답지 못한 포학무도를 일삼았다. 이를 근심한 대신이 누차 개과천선을 간언하자 그를 죽이려다가, 도리어 신하에게 살해당했다.[112]

陳 靈公은 대신들과 함께 한 신하의 처를 간통한 뒤 조정에서 음란한 추행을 연출하고, 이를 간언하는 충신을 살해하는가 하면, 술을 마시면서 신하를 희롱하다가, 결국 그 신하에게 피살하였다.(左傳, 宣公 9·10年) 鄭 僖公도 대신들에게 누차 무례를 범하면서 이를 거듭 간언하는 신하를 살해하였다가 시해 당하였다.(左傳, 襄公7年) 그런가 하면 蔡 景侯는 태자의 처와 간통했다가 태자에게 시해 당하였고,[113] 莒 犁比公은 태자를 폐위하고 학정을 일삼다가, 태자와 국민에 의해 혁명 당하였다.(左傳, 襄公31年) 또, 楚 靈王은 신하를 죽이고 그 재산을 빼앗는 등, 탐욕과 무례로 원한을 축적하다가, 마침내 내란을 당하여 자살하는 비운을 겪었다.[114] 이밖에도, 군주는 아니지만 실권을 장악한 대부가 專權을 남용하고 不義를 자행하다가 피살한 경우도 적지 않다.[115] 이러한 적극적 혁명의 사상적 근거는, 포학무도한 자를 처치하고 도덕 있는 사람을 옹립하는 것이, 곧 국가와 인민을 위한 정치적 仁이라는 관념이었다.[116]

---

112 左傳, 桓公2年: "晉靈公不君; 厚斂以彫牆; 從臺上彈人, 而觀其辟丸也; 宰夫胹熊蹯不熟, 殺之, 使婦人載以過朝. 宣子驟諫, 公患之, 使鉏麑賊之. 晉侯飮趙盾酒, 伏甲, 將攻之. 趙穿攻靈公於桃園."

113 左傳, 襄公30年: "蔡景侯爲大子般娶於楚, 通焉. 大子弑景侯."

114 左傳, 昭公13年: "楚子之爲令尹也, 殺大司馬, 而取其室, 及卽位, 奪田. 皆王所不禮也, 因羣喪職之族作亂, 王縊. 民患王之無厭也, 故從亂如歸."

115 左傳, 襄公19年: "鄭子孔之爲政也專, 國人患之, 乃殺子孔."; 同23年: "陳侯如楚, 公子黃愬二慶於楚, 楚人遂殺, 納公子黃. 君子謂慶氏, 不義, 不可肆也. 惟命不于常."

셋째로, 역사기록상 군주의 특별한 정치적·도덕적 과오가 나타나지 않고, 신하의 무도한 반역으로 말미암은 순수한 내란인 경우도 있다. 예컨대, 宋萬이 宋 閔公을 시해한 사건이나,(左傳, 莊公12年) 衛 甯喜가 殤公을 시해한 사건,(左傳, 襄公26年) 齊 陳恒이 簡公을 시해한 사건(左傳, 哀公14年) 등이 대표적이다. 특기할 만한 사건은, 許 悼公이 학질에 걸렸는데 태자가 올린 약을 복용한 뒤 사망하자 태자가 晋으로 망명했는데, 春秋에서는 이를 시해로 기록한 점이다.(左傳, 昭公19年) 군주에게 올리는 약물은 신하가 먼저 맛보아야 하는데, 설령 맛보았다고 하더라도 醫員의 처방에 의한 경우가 아니면, 신하가 그 약물복용의 결과에 대하여 책임을 져야 한다는 춘추필법 정신의 표현이다.

(2) 시역사건에 대한 국제 공조와 성토

군주의 특별한 포학무도나 정치적·도덕적 과오가 없는 첫째나 특히 셋째 유형에 해당하는 시역사건은, 역사평론이나 정치사상에서 대개 신하의 죄책을 성토·비난하는 경우가 일반이다. 특히, 국제적 정치여론이나 법질서로도 그러한 범죄의 징벌에 공조체제를 유지하는 것이 자주 확인된다. 臣民을 다스리고 국가를 경영하는 똑같은 군주 입장에서, 이웃나라 동료 제후가 强暴한 신하에게 별고 없이 피살당하는 것을 좌시할 수만은 없다. 동맹을 맺은 우방인 경우는 말할 것도 없지만, 그렇지 않은 경우에도 자국의 君臣關係에 대한 부정적 파급효과를 염려하지 않을 수 없다. 각국의 내부적 평화와 안정이 국제질서의 기본바탕이 되기 때문이다. 물론 인국의 내란을 평정한다는 대의명분으로 정치·외교적 영향력을 강화하거나 아예 겸병하려는 패권주의 야심이 발동하는 경우도 적지 않다. 예컨대, 陳 靈公이 포학음란으로 피살

116 國語, 晉語三: "殺無道而立有道, 仁也."

되자, 楚 莊王은 그를 토벌한다는 명분으로 陳을 정벌하여 합병한 뒤 縣을 설치했다가, 신하의 지혜로운 忠諫으로 復國시킨 적이 있다.[117]

한편, 시역사건에 대한 국내외적 토벌징악의 경우는 상당히 많다. 우선, 춘추시대 첫 번째로 발생한 衛 桓公의 피살사건에서, 범인의 공모 신하인 石厚가 衛나라 원로대신인 아버지 石碏에게 사후 민심수습 방안을 여쭈었다. 이에 石碏은 陳을 통해 周王을 朝見해 승인받으라고 알려준 뒤, 밀사를 陳에 보내 州吁와 자기 아들 石厚 등 범인 일당을 모두 체포해 달라고 요청하여, 마침내 이들을 처치하는 데 성공했다.(左傳, 隱公4年) 宋 南宮牛가 閔公을 시해한 사건에서는, 曹의 군대가 원조하여 주범은 陳으로, 공범은 衛로 망명했는데, 宋에서 이들의 인도를 요청하였다. 이에 衛에서 주지 않으려고 했는데, 石祁子가 군주를 시해한 범행은 천하에 공통 죄악이라고 규정하면서 그를 인도해 주도록 주장했다. 자국에서 큰 죄악을 저지르고 도망한 범인을 보호하는 것은 아무 가치도 없으며, 특히 한 죄인을 옹호해 한 우방을 상실한다면 국익에도 전혀 도움이 안 되기 때문이다. 陳에서도 요청을 수락하여, 주범을 미인과 술로 체포한 뒤 인도해 주었는데, 宋에서는 이들을 모두 처형하여 젓 담았다.[118]

또 莒(거)의 태자가 폐위된 데 앙심을 품고 부군인 紀公을 시해한 뒤 보배를 가지고 魯에 망명하여 바치자, 宣公이 받아들여 邑에 봉하려고 했다. 이에 季文子가 司寇한테 그를 당장 국경 밖으로 내쫓도록 명령했다. 군주가 까닭을 묻자, 大史 里克은 일찍이 臧文仲이 가르친

---

117 左傳, 宣公11年: "楚子爲陳夏氏亂故, 伐陳. 遂入陳, 殺夏徵舒, 轘諸栗門. 因縣陳. 申叔時曰: '討有罪也, 今縣陳, 貪其富也. 以討召諸侯, 而以貪歸之, 無乃不可乎?' 乃復封陳."

118 左傳, 莊公12年: "天下之惡一也, 惡於宋而保於我, 保之何補? 得一夫而失一國, 與惡而棄好, 非謀也."

事君之禮를 거론해 답변하였다. "군주에게 예절바른 이를 보면 효자가 부모 봉양하듯 섬기고, 군주에게 무례한 자를 보면 매가 참새를 공격하듯 처형하라!" 그런데 莒 태자는 효도와 충성·공경·신의를 완전히 저버리고 父君을 시해한 뒤 나라 보배를 훔친 흉악무도한 도적이다. 이를 용납하고 그 훔친 보배를 받아들이면, 범인을 은닉하고 장물을 취하는 공범이 될 뿐만 아니라, 자국의 신하와 인민을 교화할 법도가 없어져서 국가 기강이 장차 문란해지기 쉽다.[119] 이것이 바로 군주를 시해한 반역범죄에 대한 국제 정치윤리상의 일반 견해였다.

군주를 시해한 반역범은, 소극적으로 망명을 허용하지 않을 뿐만 아니라, 적극적으로 그를 토벌해야 하는 것이 周 봉건제 하에 국제 정치도의상 책임으로 거론된다. 宋 昭公이 피살하였을 때, 晋 趙宣子는 靈公에게 토벌을 요청하였다. 靈公이 晋나라 급선무가 아니라고 사양하자, 그는 천지에 버금가는 군주를 시해하는 것은 天道와 人道에 모두 반하는 災變으로, 盟主가 이를 구원하지 않으면 장차 천벌이 내릴 것이라고 경고하였다.[120]

(3) 시역과 저항에 대한 공자의 견해

공자도 齊 陳恒이 簡公을 시해한 사건에 대하여, 목욕재계한 후 哀公에게 陳恒을 토벌하자고 청한 적이 있다. 哀公이 魯가 齊보다 국력이 쇠약해진 지 이미 오래인데 어떻게 성벌할 수 있느냐고 묻자, 공자

119 左傳, 文公18年: "見有禮於其君者, 事之, 如孝子之養父母也; 見無禮於其君者, 誅之, 如鷹鸇之逐鳥雀也. 夫莒僕, 則其孝敬, 則弑君父矣; 則其忠信, 則竊寶玉矣. 其人, 則盜賊也; 其器, 則姦兆也. 保而利之, 則主藏也. 以訓則昏, 民無則焉. 不度於善, 而皆在於凶德, 是以去之."

120 韓詩外傳, 卷1: "夫大者天地, 其次君臣, 所以爲順也. 今殺其君, 所以反天地, 逆人道也, 无必加灾焉. 晋爲盟主而不救, 无罰惧及矣."

는 반역범에 동조하지 않을 齊나라 절반가량 인민과 魯가 합심협력하면 충분히 이길 수 있다고 답변하였다. 이에 哀公이 당시 실권을 장악하고 있던 季孫에게 말해보라고 회피하자, 공자는 자신이 大夫에 종사한 적이 있기 때문에 신하 도리로 말하지 않을 수 없다고 탄식한다.[121]

이러한 공자의 언론은 당시 구체적 국제정치 현실에서 보면 실현가능성이 없는 우활한 도덕적 명분에 불과할 것이며, 현대 정치사상에서 보면 군주의 통치 질서를 무조건 옹호하는 보수적 봉건관념에 지나지 않을지도 모른다. 확실히 공자는 신하가 군주를 시해하는 반역에 대해서 부정적 비판론을 견지하고 있다. 당시 魯의 실권자인 季氏의 자제가 그 제자인 仲由와 冉求를 大臣이라고 할 수 있는지 묻자, 공자는 道로써 군주를 섬기되, 그게 불가능하면 벼슬을 그만두는 자가 진정한 大臣이며, 由와 求는 명목상 직위만 채우는 具臣에 불과하다고 대답했다. 다시 季氏는 이들이 집권자 뜻과 명령에 무조건 복종할 신하인지 물었고, 공자는 이들이 부모와 군주를 시해하는 반역에는 결코 순종하지 않을 거라고 단언했다.[122]

이는 기본상 공자가 주장한 '君君臣臣' 正名論의 맥락에서 이해된다. 周 천자와 제후 간의 봉건체제는 물론, 나라에 君臣관계와 집안에 부자 윤리까지 문란해진 춘추말기에, 공자는 군주가 군주답고 신하가 신하다우며 부모가 부모답고 자식이 자식다운 正名論으로써 사회 기본 명분과 질서를 회복하고, 周 王室을 정점으로 하는 宗法 禮制를 유

121 左傳, 哀公14年: "齊陳恒弑其君. 孔丘三日齊, 而請伐齊三. 公曰: '魯爲齊弱久矣, 子之伐之, 將若之何?' 對曰: '陳恒弑其君, 民之不與者半, 以魯之衆加齊之半, 可克也.' 公曰: '子告季孫.' 孔子辭, 退而告人曰: '吾以從大夫之後也, 故不敢不言.'" 論語, 憲問편에도 실려 있는데, 내용이 다소 다르다.

122 論語, 先進: "所謂大臣者, 以道事君, 不可則止. 今由與求也, 可謂具臣矣. (然)弑父與君, 亦不從也."

지하려는 정치적 이상을 끝까지 저버리지 않았다. 그래서 위로 군주에게는 '政'에 대한 '正'의 의미부여와 '君風民草' 비유로써 솔선수범과 주체적 善政 및 도덕교화를 행하도록 啓導하면서, 아래로 신하에게는 忠信의 道와 恭敬의 禮로써 군주를 섬기도록 가르친 것이다. 특히, 季氏를 위시한 三家大夫가 실권을 장악해 군주를 유명무실하게 만들고, 천자의 禮樂까지 참람하게 자행하던 魯나라 정치현실은, 공자의 가장 크고 가까운 근심이었다.[123] 급기야 昭公이 季氏를 토벌하려다가 뜻을 이루지 못하고 도리어 齊에 망명해 8년간 국외 유랑하다 사망한 이후에는 더 말할 필요도 없다.(左傳, 昭公25年·32年) 따라서 군주를 축출한 季氏의 신하답지 못한 반역행위에 대한 징계의 뜻을 늦추지 않고, 齊의 시역사건을 정벌해야 한다는 대의명분론 주장을 내세운 것이다.

이러한 혼란스러운 정치상황에서 부도덕한 惡法에 대해서, 공자는 특별히 적극적 저항을 공개로 주장하지는 않는다. 나라에 道가 있으면 군자는 마땅히 드러나 벼슬하고 등용되어 부귀를 얻어야 하지만, 道가 없는 경우에는 벼슬을 버리고 은거하여 빈천하게 뜻을 지켜야 한다.[124] 특히 위태로운 나라에는 들어가지 않고, 혼란스러운 나라에는 거처하지 않으며, 통치자가 포학무도한 경우에는 행실을 조심하고 말을 겸손하게 하여, 최소한도 악법의 그물에 걸려들어 형벌을 당하는

---

123 論語, 八佾·季氏편에 이러한 참람·무례한 정치현실에 대한 탄식·비난이 많다. 八佾: "孔子謂 季氏, 八佾舞於庭, 是可忍也, 孰不可忍也. 三家者以雍徹, 子曰: '相維辟公, 天子穆穆, 奚取於三家之堂.'"; 季氏: "天下有道, 則禮樂征伐自天子出; 政不在大夫, 庶人不仁. 祿之去公室 五世矣; 政逮於大夫, 四世矣, 故夫三桓之子孫微矣." 특히 당시 내분·혼란이 극심했던 衛와 魯의 정치가 형제라고 비평한 사실은 그러한 울분과 탄식을 잘 대변해준다. 論語, 子路: "魯衛之政, 兄弟也."

124 論語, 泰伯: "天下有道則見 無道則隱; 邦有道, 貧且賤焉, 恥也; 邦無道, 富且貴焉, 恥也."; 憲問: "邦有道穀, 邦無道穀, 恥也."; 衛靈公: "君子哉! 蘧伯玉. 邦有道, 則仕; 邦無道, 則可卷而懷之."

일은 없어야 한다.[125] 그러나 개인의 인격적 도덕을 사적으로 평가하면서는 악법의 부당성에 대한 소극적 비난과 저항을 암시(인정?)하기도 한다. 제자인 公冶長이 비록 감옥에 갇힌 적이 있지만, 그 자신의 죄책에 대한 정당한 형벌이 아니라고 평론하면서, 자기 딸을 아내로 준 사실은 매우 유명하다.[126] 또, 주역 등 유가 고전에 나오는 명언들도 참조할 만하다. 신하가 군주를 시해하거나 자식이 부모를 시해하는 반역행위가 하루아침에 우연히 돌발하는 것이 아니라, 오랜 시간 점차 누적된 원인이 폭발한 결과라는 것이다. 시해당한 군주나 부모가 일찌감치 자신의 언행을 잘 살피지 못한 책임이 더 무겁다는 것이다.[127]

5. 暴君에 대한 人民의 抵抗과 革命 사상

(1) 晏子와 師曠의 군신관계론

한편, 군주의 적극적 포학무도나 음란사악으로 야기된 내란에서는, 춘추시대 역사평론이나 정치사상은 군주의 군주답지 못한 죄책을 성토·비난하는 것이 일반이었다. 예컨대, 齊 莊公이 崔杼가 娶한 과부와 간통하였다가 굴욕적 맹세나 자살조차 허락받지 못하고 피살한 뒤, 晏子는 殉死나 망명·은둔 등의 거취를 일체 거부하면서, 군주나 신하 모

125 論語, 泰伯: "危邦不入, 亂邦不居."; 憲問: "邦無道, 危行言孫."; 公冶長: "邦無道, 免於刑戮."

126 論語, 公冶長: "子謂公冶長, 可妻也, 雖在縲絏之中, 非其罪也. 以其子妻之."

127 周易, 坤卦, 文言傳: "臣弑其君, 子弑其父, 非一朝一夕之故, 其所由來者漸矣. 由辯之不早辯也."; 大戴禮記, 禮察: "安者, 非一日而安也; 危者, 非一日而危也; 皆以積然, 不可不察也. 善不積, 不足以成名; 惡不積, 不足以滅身."; 說苑, 復恩: "春秋記君不君, 臣不臣, 父不父, 子不子者也, 此非一日之事也, 有漸以至焉."

두 국가사직을 위해 공적으로 존재하는 것이라는 군신관계를 이유로 거론한다.

> "인민의 군주가 어찌 인민을 능멸한단 말인가? 사직을 거느리는 주인인데, 군주를 섬기는 신하가 어찌 봉록만을 추구할까? 사직을 받들어 지켜야 하니, 군주가 사직을 위해 죽으면 신하도 따라 죽고, 사직을 위해 망명하면 따라 망명한다. 만약 사적 일로 죽거나 망명하면, 개인적 몸종이 아닌 바에야 누가 감히 따를 수 있으리오? 또 실권을 쥔 신하가 군주로 옹립했다가 이제 그를 시해했는데, 내가 어찌 따라 죽거나 망명하며, 어디로 은거한단 말인가?"[128]

그 후 晏子는, '인민이 군주에게 죄를 지을 수는 있지만, 어찌 군주가 인민에게 죄를 얻을 수 있느냐?'는 景公의 망언에 대하여, 인민의 적극적 혁명 가능성을 거론해 충간한다. 비천한 인민이 죄를 범하면 군주나 귀족관리가 다스리지만, 군주가 인민에게 죄를 얻으면 桀과 紂처럼 인민이 誅戮한다.[129]

그리고 衛 獻公이 대신에게 식언과 무례를 범하여 능멸하고, 소인배를 가까이 하며 嫡母를 천시하는 등, 포학무도를 일삼다가 결국 축출당해 齊로 망명한 사건이 있었다. 이에 晋 悼公이 衛나라 군주축출이 너무 심하지 않느냐고 동정적인 말문을 열었는데, 師曠은 도리어 군주가 정말로 지나쳤다고 답변하며 멋진 君主論을 전개하였다.

> "훌륭한 군주는 착한 이를 상주고 악한 자를 벌주며, 인민을 자식처럼 양육하고 하늘처럼 덮어주며 땅처럼 포용한다. 그러면 인민이

---

128 左傳, 襄公25年: "君民者, 豈以陵民? 社稷是主. 臣君者, 豈爲其口實, 社稷是養. 故君爲社稷死, 則死之; 爲社稷亡, 則亡之. 若爲己死, 而爲己亡, 非其私暱, 誰敢任之? 且人有君而弑之, 吾焉得死之? 而焉得亡之? 將庸何歸?"

129 晏子春秋, 內篇諫上: "彼疏者有罪, 戚者治之; 賤者有罪, 貴者治之; 君得罪于民, 誰將治之? 敢問: 桀紂, 君誅乎? 民誅乎?"

군주를 섬김에 부모처럼 사랑하고 일월처럼 우러르며, 신명처럼 공경하고 우뢰처럼 두려워하는데, 어찌 내쫓을 수 있겠는가? 무릇 군주란 사직신의 주인이자 인민의 덕망이다. 만약 民生을 곤궁하게 하고 제사를 제대로 받들지 않아 신명을 태만히 하면, 백성이 절망하고 사직에 신이 없어지니, 군주는 무슨 필요가 있으며, 그를 제거하지 않고 어찌하겠는가? 하늘이 인민을 내려주고 군주를 세우신 뜻은, 인민을 잘 맡아 보살펴 착한 천성을 잃지 않게 계도하도록 하심이다. 군주를 위해서 두 卿相과 스승을 두어 보필하게 한 것은, 정도에 지나침이 없도록 하심이다. 그래서 천자에게 公이 있고 제후에게 卿이 있어 서로 보필한다. 훌륭하면 칭송하고 잘못하면 바로잡으며, 환난이 있으면 구제하고 소임을 상실하면 혁명한다. 하늘이 인민을 이처럼 몹시 사랑하는데, 어찌 한 사람이 인민 위에 군림하여 방자무도하게 음란한 죄악을 자행하며 천지자연의 본성을 해치도록 내버려두겠는가? 반드시 그렇지 않다."[130]

포학무도한 군주에 대한 이러한 적극적 혁명의 정당화는, 공자와 한비자를 제외한 거의 모든 제자백가 사상에서 한결같이 강조되는 보편 조류이다. 老子도 인민의 기근이 군주의 과중한 조세수취에 있다고 지적하며, 군주가 지나치게 개인적 호화사치만 추구하면, 인민이 죽음을 가벼이 여기고 저항할 것이라고 경고하였다. 또 인민이 죽음을 두려워하지 않으면 어떠한 법령과 형벌로도 더 이상 위협할 수 없으며,

130 左傳, 襄公14年: "或者其君實甚. 良君將賞善而刑淫, 養民如子, 蓋之如天, 容之如地; 民奉其君, 愛之如父母, 仰之如日月, 敬之如神明, 畏之如雷霆, 其可出乎? 夫君, 神之主而民之望也. 若困民之主, 匱神乏祀, 百姓絶望, 社稷無主, 將安用之? 弗去何爲? 天生民而立之君, 使司牧之, 勿使失性. 有君而爲之貳, 使師保之, 勿使過度. 是故天子有公, 諸侯有卿, 以相輔佐也. 善則賞之, 過則匡之, 患則救之, 失則革之. 天之愛民甚矣, 豈其使一人肆於民上, 以從其淫, 而棄天地之性? 必不然矣."

군주가 전문 사법관리를 대신해 형벌권을 전횡하다가는 반드시 재앙을 자초할 것이라고 말한다. 마치 도끼 잡을 줄도 모르는 사람이 목수 대신 도끼를 휘두르다가 자기 손을 다치는 것처럼! 법령이 불어날수록 도리어 도적이 많아지는 역설적 현실은, 확실히 포학무도한 군주의 부도덕하고 부정당한 악법을 지칭할 것이다.[131] 인민이 그 법령에 소극 또는 적극 저항하면, 그 실효성이 없을 것은 자명한 일이다.

(2) 묵자의 誅戮 사상[132]

부국강병과 무력겸병의 정치군사적 야망이 직접 노골화하는 전국시대에 이르면, 제후들이 자신의 침략전쟁을 서로 三代의 易姓革命에 빗대서 정당화하려는 사상적·논리적 혼란도 극심해진다. 평화질서를 유지하기 위한 방어적 정벌이나, 포학무도를 제거하기 위한 혁명적 토벌이, 제후 개인의 사사로운 정치군사적 야욕을 채우기 위한 침략전쟁과 사상관념상 혼동되는 것을 방지하고, 나아가 그러한 제후의 불순한 저의를 봉쇄하기 위해서, 전국시대 제자백가들은 禹湯이나 武王의 易姓革命 사실을 새삼 거론해 정당한 혁명이론을 부각시키며, 공격적 침략전쟁을 맹렬히 비난하고 나선다.

예컨대, 공격전쟁을 좋아하는 제후가 자신을 변호하고 합리화하기 위해서, 공격전쟁을 의롭지 못하다고 주장하는 묵자의 非攻論이 有苗·桀·紂를 정벌한 禹·湯·武王의 혁명사실과 서로 모순하지 않느냐는 반론을 제기한다. 이에 대해, 묵자는 三王의 혁명 사적은 공격이 아니라 誅戮이라고 답변한다. 즉, 有苗와 桀·紂가 포학무도로 천명을 저

131 졸고, "老子의 '無爲自然' 법사상", 법철학연구 1(1998): 305-339면; 졸저, 선진 법사상사, 260-284면 참조.

132 졸고, "墨子의 법사상", 法學論集 18.2(2013), 327-331면; 졸저, 선진 법사상사, 226-232면 참조.

버려 천재지변이 속출하였으므로, 禹·湯·武王이 새로운 天命을 받들어 천벌을 대행한 것이라고 말한다. 그 결과 천지자연이 정상 운행을 회복하고, 인민이 평화 안정을 되찾았기 때문에, 이는 사사로운 욕망에 의한 공격이 아니라, 천하인민을 위한 誅戮이 된다.[133]

(3) 맹자의 '殘賊放伐'論[134]

三代聖王의 역성혁명에 대한 정당성은, 仁義를 핵심으로 하는 맹자의 王道政治思想에 의해 '殘賊放伐'論이라는 더욱 정치한 이론체계를 갖춘다. 齊 宣王이 "탕이 걸을 내쫓고 무왕이 주를 정벌한 사실을 들어, 신하가 임금을 시해할 수 있느냐고 묻자, 맹자 답변이 걸작이다.

"인애를 해치면 도적이고, 정의를 해치면 殘虐인데, 도적질하고 잔학한 사람은 한낱 범부이니, 범부인 걸·주 주륙은 들었지만, 군주 시해는 듣지 못했다!"

湯과 武王이 桀紂를 放伐한 역사기록을 신하의 군주시해로 해석하려는 齊 宣王의 질문을 단호히 반박한 것이다.[135] 절대지존의 천자와 황제라도 등골이 오싹해질 정문일침이다. 그래서 명 태조는 공자와 제자를 모시는 文廟에서 맹자 위패를 아예 빼버렸다. 자신도 역성혁명으로 새 왕조를 창업하는 마당이지만, 역사 진리에 비추어 언젠가 또 다른 역성혁명을 당할 수 있다는 불안감을 감추지 못한 것이다.

부국강병과 무력겸병의 패권야욕에 부푼 제후들에게, 맹자는 춘추시대에 征伐이나 의로운 전쟁이 결코 없었으며,[136] 공자 제자들은 齊

---

133 墨子, 非攻下 참조. "若以此三聖王者觀之, 則非所謂攻也, 所謂誅也."

134 졸고, "孟子의 暴君放伐論—茶山 정약용의 견해를 덧붙여" 법학논총 34.2 (2014), 175-212면; 졸저, 선진 법사상사, 96-135면 참조.

135 孟子, 梁惠王下: "齊宣王問曰: '湯放桀, 武王伐紂, 臣弑其君, 可乎?' 曰: '賊仁者謂之賊, 賊義者謂之殘; 殘賊之人, 謂之一夫. 聞誅一夫紂矣, 未聞弑君也.'"

桓公이나 晋 文公의 패업을 거론하는 자가 없어, 자신도 들은 바가 없다고 단언한다.[137] 春秋五霸는 三王의 죄인인데, 제후는 오패의 죄인이며, 대부는 제후의 죄인이라고 규정해, 패권전쟁에 부정의 쐐기를 박은 것이다.[138]

오직 仁者無敵의 왕도정치만이 세상 모든 暴君을 가서 정벌하고, 그 인민을 구제하여 천하를 통일할 수 있는데, 三王의 역사 사적이 전형적 표본이다. 반대로 전쟁과 호화사치를 일삼아 과중한 부역과 조세로 인민을 포학무도하게 괴롭히면, 桀紂처럼 언제든지 어진 제후에게 정벌당할 수 있다. 설령 극단 지경까지 이르지 않더라고, 幽王이나 厲王처럼 유폐되어 국운을 쇠퇴시키면 역사적 지탄은 아무리 훌륭한 자손도 고쳐줄 수가 없게 된다.[139] 또, 군주가 仁義를 등지고 오직 이익만 추구하면, 신하와 인민도 본받아 자기 집안과 개인 영리만 모색한다. 그 결과, 군주와 신하가 서로 이익을 다투게 되면 국가가 혼란과 위험에 빠지고, 군주를 시해하는 내란은 반드시 부귀권세가 가장 강대한 대부한테 비롯한다.[140] 王道仁政의 필요성과 중요성을 소극적 부작용 관점에서 강조한 것이다.

王道로써 仁政을 행하는 제후가 포학무도한 군주를 誅戮하는 국제적 征伐 이외에, 맹자는 신하가 暴君을 바꿀 수 있는 국내적 革命도 상당히 자세히 거론한다. 우선, 군주가 무고하게 선비나 인민을 학살

---

136 孟子, 盡心下: "春秋無義戰. 征者, 上伐下也."

137 孟子, 梁惠王上: "仲尼之道無道桓文之事, 是以後世無傳焉, 臣未之聞也."

138 孟子, 告子下: "五霸者, 三王之罪人也; 今之諸侯, 五霸之罪人也; 今之大夫, 今之諸侯之罪人也."

139 孟子, 離婁上: "暴其民, 甚則身殺國亡, 不甚則身危國削. 名之曰幽厲, 雖孝子慈孫, 百世不能改之."

140 孟子, 梁惠王上: "王曰: '何以利吾國?' 大夫曰: '何以利吾家?' 士庶人曰: '何以利吾身?' 上下交征利, 而國危矣. 萬乘之國, 殺其君者, 必千乘之家."

하면, 대부는 벼슬을 그만두고 선비는 다른 나라로 이주할 수 있다는 소극적 저항권을 인정한다.[141] 군주가 신하를 손발처럼 여기면 신하는 군주를 배와 마음처럼 받들지만, 군주가 신하를 개나 말처럼 여기면 신하는 군주를 일반사람처럼 대한다. 또, 군주가 신하를 발바닥 흙처럼 천시하여 무례하게 대하며, 忠諫하는 말을 듣지도 실행하지도 않아 인민에게 어진 혜택을 조금도 베풀지 않으면, 신하는 군주를 원수처럼 등지고 떠날 수 있다.[142]

이러한 소극적 저항권은 군주와 姓이 다른 일반 신하를 두고 일컬으며, 同姓同族의 貴戚 신하에게는 적극적 혁명권을 직접 인정한다. 군주에게 큰 허물이 있어 귀족친척 신하가 忠諫을 거듭 반복해도 군주가 듣지 않으면, 군주 지위를 뒤바꿀 수 있다.[143] 민심을 얻은 자가 천자가 되며, 천자 마음을 얻으면 제후가 되고, 제후 마음을 얻으면 대부가 된다. 따라서 인민이 가장 존귀하고, 국가사직이 그 다음으로 중요하며, 군주는 가장 경미한 존재에 불과하다. 군주가 사직을 위태롭게 하면, 사직과 인민을 위해서 부득이 군주 개인을 바꾸지 않을 수 없다. 심지어, 군주와 신하가 합심·협력하여 천지신명과 사직신을 정성스럽게 받들어 제사지내도 가뭄·홍수가 빈발하면, 인민을 위해서 사직까지 갈아치울 수 있다.[144] 이러한 경우 역성혁명이 하늘 뜻이라고 맹자는 말한다.

---

141 孟子, 離婁下: “無罪而殺士, 則大夫可以去; 無罪而戮民, 則士可以徙.”

142 孟子, 離婁下: “君之視臣如土芥, 則臣視君如寇讐. 今也爲臣, 諫則不行, 言則不聽, 膏澤不下於民, 有故而去, 此之謂寇讐. ”

143 孟子, 萬章下: “請問貴戚之卿. 曰: ‘君有大過則諫, 反覆之而不聽, 則易位.’ 請問異姓之卿. 曰: ‘君有過則諫, 反覆之而不聽, 則去.’”

144 孟子, 盡心下: “民爲貴, 社稷次之, 君爲輕. 是故得乎丘民而爲天子, 得乎天子爲諸侯, 得乎諸侯爲大夫. 諸侯危社稷, 則變置; 犧牲旣成, 粢盛旣潔, 祭祀以時, 然而旱乾水溢, 則變置社稷.”

그러나 군주가 포학무도하다고 해서 아무나 革命을 일으킬 수 있는 것은 아니다. 맹자는 군주의 포학무도를 혁명의 객관적 요건으로 거론함과 동시에, 혁명주체의 주관적 요건을 제시한다. 殷 伊尹이 포학한 太甲을 내쫓았을 때도 인민이 매우 기뻐하고, 그 후 개과천선한 太甲을 다시 영입하였을 때도 인민이 몹시 기뻐하였듯이, 오직 인민과 사직을 위하고 군주의 개과천선을 바라는 신하의 순수한 마음과 충성스러운 뜻이 있어야 한다. 그래야만 군주의 放伐이 정당한 혁명이 되고, 그렇지 않으면 대의명분을 빙자한 사사로운 찬탈에 불과하다.[145]

(4) 순자의 '君舟民水' 혁명론

순자는 전술한 '君舟民水'의 간명한 암시적 비유로써 포학한 군주에 대한 인민의 적극적 혁명권을 인정하고 있다. 이와 함께, 民本 관점에서 혁명의 원인이 군주의 가렴주구와 포학무도에서 비롯함을 강조한다.[146] 그래서 맹자와 마찬가지로, 湯武가 桀紂를 정벌한 것은 신하가 군주를 시해하고 천하를 빼앗은 찬탈이 아니라, 暴君을 주륙해 인민의 원수·도적을 제거한 혁명이라고 주장한다.[147] 국가와 군주는 천하인민의 이익을 증진시키기 위한 수단방편 제도에 불과하여, 훌륭한 사람을 잘 선택해야 한다. 도덕 높은 군주가 통치하면 안정과 번영을 이룩하지만, 부도덕한 자가 군림하면 혼란과 패망에 이르게 된다. 있는 것이 차라리 없는 것만 못한 포학무도한 군주와 혼란한 국가는, 천하

---

145 孟子, 盡心上: "公孫丑曰: "伊尹曰: '予不狎于不順.' 放太甲于桐, 民大悅; 太甲賢, 又反之, 民大悅. 賢者之爲臣也, 其君不賢, 則固可放與?" 孟子曰: "有伊尹之志則可, 無伊尹之志則簒也.""

146 荀子, 富國: "厚刀布之斂以奪之財, 重田野之稅以奪之食, 苛關市之征以難其事, 其汙漫亂, 而將大危亡也. 是以臣或弑其君, 下或殺其上, 無它故焉, 人主自取之."

147 荀子, 正論: "世俗之爲說者曰 : '桀紂有天下, 湯武簒而奪之.' 是不然. 必不傷害無罪之民, 誅暴國之君, 若誅獨夫. 湯武者, 民之父母也; 桀紂者、民之怨賊也."

인민을 위해 기꺼이 혁명할 수 있다는 결론이다.[148]

(5) 관자의 혁명 원인론

혁명의 원인 구명에서 가장 독특하고 중요한 지위를 차지하는 것은 管子의 사상이다. 그는 군주의 인격적 부도덕과 정치적 포학무도라는 주관적 요인뿐만 아니라, 법령의 도덕적 정당성 및 실효성이라는 객관적 요소도 함께 거론한다. 이른바 악법에 대한 저항권이라는 비교적 순수한 법률적 관점의 혁명론은, 관자에게 거의 유일하게 확인되는 독보적 사상이다.[149] 우선, 그는 法다운 法, 즉 정당한 법을 법으로 삼지 않으면 政事에 항상성이 없고, 법답지 못한 法, 즉 부당한 惡法을 법으로 삼으면 法令이 행해지지 않는다고 인식한다. 즉, 法令을 공포해도 제대로 시행되지 않는 것은 법답지 못한 惡法을 명령하기 때문이다.[150] 결국 법다운 法, 정당한 法, 善法을 法으로 삼아야 實效性있게 제대로 시행된다. 따라서 법령의 시행 상황을 살펴보면 한 나라 흥망까지도 알 수 있다. 국법이 형식상 존재하여 약하고 천한 사람만 해치며, 법령을 공포해도 지키지 않는 자가 있고, 관직을 자의로 임명해 공로도 없는 자가 부귀를 누리는 나라는, 백성이 반드시 법령을 경시하여 마침내 군주 지위도 위태로워진다.[151] 또 향토 풍속이나 인민 관습만 보아도 국가기강을 확인할 수 있다. 혼례가 문란하면 인민의 염

---

148 荀子, 王霸: "國者, 天下之制利用也; 人主者, 天下之利埶也. 得道以持之, 則大安也, 大榮也, 積美之源也; 不得道以持之, 則大危也, 大累也, 有之不如無之. 不可不善爲擇所而後錯之, 錯險則危."

149 졸고, "管子 法思想의 槪觀", 法史學硏究 11(1990), 113-140면; 졸저, 선진 법사상사, 380-413면.

150 管子, 法法: "不法法則事毋常, 法不法則令不行, 令而不行則令不法也."

151 管子, 八觀: "法虛立而害疏遠, 令一布而不聽者存, 賤爵而毋功者富, 然則衆必 輕令而上位危."

치가 없어지고, 초야의 현인을 천거하지 않으면 선비의 덕행이 쇠퇴하며, 나라 안에 뇌물수수가 횡행하면 관가에 법령이 문란해지고, 윗사람이 청탁을 용납하면 아랫사람들이 권세를 쫓아 朋黨을 이루며, 지방관청에 법도가 서있지 않으면 백성들이 순종하지 않는다. 이러한 부도덕한 관습과 타락한 풍속이 결국 군주를 시해하고 사직을 전복하는 혁명에 근본원인이 된다.[152]

나라에 법도가 없으면 인민이 다스려질 수 없음은 물론이다. 설령 법도가 있더라고 '正直'하지 않으면, 불공평한 차별 통치로 국가가 혼란에 빠질 수밖에 없다.[153] 이러한 법령의 不平·불공정은 군주가 통치권을 빼앗기고 지위와 생명까지 상실하는 근본요인이 된다.[154] 특히, 법의 불공평성과 군주의 인격적 부도덕에서 직접 비롯하는 경우가 대부분이다. 부도덕한 군주는 정당하지 못한 악법을 제정하는 것이 일반이지만, 설령 형식상 공평한 법을 공포하여도, 그 법을 恣意와 私情에 따라 변화무상하게 시행하게 된다. 그 결과, 안으로 군주 권세가 부인과 간신에 의해 점차 잠식되고, 밖으로 인민의 원망과 저항이 거세지면, 마침내 내란을 야기하거나 외환을 초래하기 쉽다.[155] 국가는 작다거나 불행히 운이 나빠서 쇠약해지는 법이 없다. 군주나 대신의

---

152 管子, 八觀: "帳禮不謹, 則民不修廉, 論賢不鄉學, 則士不及行, 貨財行於國, 則法令毁於官. 請謁得於上, 則黨與成於下. 鄉官毋法制, 百姓群徒不從. 此亡國弑君之所自生也."

153 管子, 版法解: "有法不正, 有度不直, 則治辟; 治辟則國."

154 管子, 任法: "法不平, 令不全, 是亦奪柄失位之道也."

155 管子, 君臣上: "主身者, 正德之本也. 道德定而民有軌矣. 有道之君者, 善明設法而不以私防者也. 而無道之君, 既已設法, 則舍法而行私者也. 爲人上者釋法而行私, 則爲人臣者援私以爲公. 寢久而不知, 姦心得無積乎? 姦心之積也, 其大者有侵偪殺上之禍, 其小者有比周內爭之亂. 此其所以然者, 由主德不立, 而國無常法也. 主德不立, 則婦人能食其意. 國無常法, 則大臣敢侵其勢. 兵亂內作, 以召外寇. 此危君之徵也."

도덕행실이 타락하거나, 관직이나 법제·교화명령이 상실되거나, 대외로 커다란 외교실책이 누적되는 결과, 군주가 시해되거나 나라가 멸망하는 비운에 이르게 된다.[156]

혁명의 근본원인이 되는 惡法의 부정당성은, 특히 군주 자신의 개인적 감정과 지나친 사리사욕에 말미암는 경우가 많아서, 결국 군주의 인격적 도덕성 문제로 귀결한다. 토지 생산은 때가 있고 인민 재력은 한계가 있는 법인데, 군주 욕망은 끝이 없다. 군주가 사욕을 절제하지 않고 가혹한 조세수탈과 부역을 행하면, 인민의 원망과 반발을 초래하기 쉽다. 법령이란 군주와 인민 사이의 상호 대립적 이해관계를 적절히 조정하는 정당한 규범이어야 한다.[157]

> "군주가 백성에게 세 가지 욕망을 가지는데, 이 三欲을 절제하지 못하면 군주 지위가 위태로워진다. 三欲은 要求와 禁止와 命令이다. 요구함에는 반드시 얻고자 하고, 금지함에는 반드시 그치기를 원한다. 요구가 많으면 얻음이 적고, 금지가 많으면 그침이 적으며, 명령이 많으면 시행이 적다. 요구해 얻지 못하면 위세가 날로 손상되고, 금지해 그치지 않으면 형벌 권위가 실추되며, 명령해 시행되지 않으면 신하와 백성이 군주를 능멸한다. 군주가 가혹하면 백성이 복종하지 않고, 백성이 복종하지 않아 형벌로 강제하면 많은 사람이 군주를 해치려고 도모한다. 많은 사람이 군주를 해치려고 도모하면 군주 지위가 위태롭지 않을 수 없다."[158]

---

156 管子, 法法: "國無以小與不幸而削亡者, 必主與大臣之德行失於身也, 官職, 法制, 政教失於國也, 諸侯之謀慮失於外也, 故地削而國危矣. 人主失令而蔽, 已蔽而劫, 已劫而弑."

157 管子, 權修: "地之生財有時, 民之用力有倦, 而人君之欲無窮, 以有時與有倦, 養無窮之君, 而度量不生於其間, 則上下相疾也. 是以臣有殺其君, 子有殺其父者矣."

158 管子, 法法: "君有三欲於民, 三欲不節, 則上位危. 三欲者何也? 一曰求, 二曰禁, 三曰令. 求必欲得, 禁必欲止, 令必欲行. 求多者, 其得寡; 禁多者, 其止寡; 令多者, 其

"가령 군주가 도덕을 닦지 않고 행실이 포학하면, 도리에 어긋나게 가혹한 형벌을 시행하며, 과중한 조세·부역으로 백성의 재력을 고갈시키고, 급박하고 준엄한 법령으로 인민을 피폐하게 만들기 마련이다. 백성은 재력이 고갈되면 남을 침탈하고, 기력이 피폐해지면 나태하고 오만해진다. 백성이 남을 침탈하고 나태·오만해진 뒤에 법으로 처벌하면, 처벌이 엄중할수록 반발과 혼란도 더욱 거세어진다. 무릇 백성은 힘들게 고생해도 생계가 곤궁하면, 금지 법령을 무시하고 죄와 형벌도 가벼이 여기기 쉽다. 이는 군주의 과실이다. 군주가 과실을 스스로 변화개혁하지 않으면, 모든 인민은 더 이상 생명을 기탁할 곳이 없게 된다."[159]

목숨 걸고 革命을 도모하면 감당할 군주가 있겠는가? 요컨대, 군주가 군민간의 의리로써 인민을 바르게 다스리지 못하면, 인민도 또한 인민 도리로써 군주를 섬길 줄 모르게 된다. 군주가 군주답지 못하면 신민이 신민다울 수 없다.[160] 暴君·惡法에 대한 저항·革命 이론은 결국 湯武가 桀紂를 放伐한 고사로 귀결한다. 桓公이 옛날에 三王이 자기 君主를 殺害했는데도, 지금 仁義를 말할 때면 으레 三王을 法度로 삼아야 한다고 하는 까닭이 무엇인지 묻자, 管仲이 대답했다. "옛날에 禹가 천하를 평정했는데, 걸에 이르러 어지러워지니, 탕이 걸을 放伐

行寡. 求而不得, 則威日損; 禁而不止, 則刑罰侮; 令而不行, 則下凌上. 故曰 : 上苛則下不聽, 下不聽而彊以刑罰, 則爲人上者衆謀矣. 爲人上而衆謀之, 雖欲毋危, 不可得也."

159 管子, 正世: "今使人君行逆不修道, 誅殺不以理, 動賦斂, 竭民財, 急使令, 罷民力, 財竭則不能毋侵奪, 力罷則不能毋墮倪. 民已侵奪, 墮倪, 因以法隨而誅之, 則是誅罰動而亂愈起. 夫民勞苦困不足, 則簡禁而輕罪, 如此則失在上. 失在上而上不變, 則萬民無所託其命."

160 管子, 形勢解: "爲人君而不明君臣之義以正其臣, 則臣不知爲臣之理以事其主矣. 故曰 : '君不君則臣不臣.'"

하여 禹의 공적을 안정시켰다. 이는 善이 不善을 방벌한 것이니, 예나 지금이나 바뀐 적이 없다."[161]

(6) 한비자의 君主論적 혁명 원인론

法家의 집대성자인 한비자도 弑逆의 책임과 革命의 원인을 전적으로 군주에게 귀속시키는 점은, 다른 제자백가와 마찬가지다. 그러나 이론 근거가 민본사상 관점보다는, 다분히 君主論적 시각에서 거론됨이 매우 독특하다. 이는 군주의 유일무이 절대통치권을 강조하며, 특히 法·術·勢에 의한 독단적 王道를 주장하는 法家사상의 필연적 귀결이다. 우선 세상이 다스려지지 않고 혼란스러워지는 것은, 신하나 인민의 죄가 아니라, 군주가 통치의 도를 상실해 포학하기 때문이다.[162] 군주가 허물이 있는데도 고치지 않으면 멸망의 근본이 되는데, 천자가 도를 상실하면 제후가 정벌하고, 제후가 도를 잃으면 대부가 정벌한다. 군주가 도덕에 어그러지고 인의에 어긋난 결과, 인민의 원망이 축적되어 패망에 이른다.[163]

춘추시대 시해사건에 관하여, 군주의 과오와 무능력을 근본원인이라고 단정하는 한비자의 평론은 전술하였다. 그는 단순한 책임소재의 지적에 그치지 않고, 그 발단이 하루아침에 돌발된 것이 아니라, 오랜 시일을 두고 점차 누적된 결과 폭발한 것임을 강조한다. 더욱 중요한 사실은, 신하의 간사한 마음과 능력이 자신을 해칠 정도로 성장할 때

161 管子, 中匡: "桓公曰 : '昔三王者, 旣弑其君, 今言仁義, 則必以三王爲法度, 不識其何故也?' 對曰 : '昔者禹平治天下, 及桀而亂之, 湯放桀以定禹功也. 湯平治天下, 及紂而亂之, 武王伐紂以定湯功也. 且善之伐不善也, 自古至今, 未有改之. 君何疑焉?'"

162 韓非子, 詭使: "世之所以不治者, 非下之罪也, 上失其道也."

163 韓非子, 難四: "過而不悛, 亡之本也. 天子失道, 諸侯伐之, 諸侯失道, 大夫伐之. 倒義, 則事之所以敗也; 逆德, 則怨之所以聚也. 敗亡之不察何也!"

까지, 그 싹을 미리 제거하거나 알지 못한 어리석음이 가장 근본적인 중대한 죄책이라는 것이다.164

한비자는 군주가 신하를 지나치게 친애하면 자신을 위태롭게 하고, 신하의 권세를 너무 고귀하게 만들면 군주의 지위를 바꿀 것이라고 경고한다. 군주가 평소 잘 방비하지 않으면 대신이 군주의 권세를 빌어 인민의 환심을 사고, 필경 국가를 뒤엎는 환난을 당하게 된다. 간신이 번성하는 것은 군주의 권세와 도술이 쇠망하기 때문이다. 심지어 형제의 불복도 사직을 위태롭게 하는 요인이 된다.165

이렇듯 군주의 지위와 국가의 존립을 위태롭게 하는 간신이 득세할 수 있는 요인으로 한비자는 '八姦'을 거론하는데, 한결같이 군주 자신의 책임으로 귀결시키는 점이 특징이다.

첫째, 女色을 좋아하는 同牀. 둘째, 항상 유순한 말과 낯빛으로 무조건 옳다고 아첨하는 內侍近臣을 가까이하는 在旁. 셋째, 혈연적 정과 군주의 친애를 빙자해 권세를 남용하는 父兄. 넷째, 인민의 조세·부역을 과중하게 수탈해 궁실·의복·오락 등을 호사스럽게 탐닉하는 養殃. 다섯째, 신하가 국고를 풀어 백성의 환심을 사도록 방치하는 民萌. 여섯째, 언론·변설과 미사려구 선비를 좋아해 실속 없는 기교에 빠지는 流行. 일곱째, 신하와 백성을 두려워해 그들이 좋아하는 것은 따르고 싫어하는 것은 미워하는 威强. 여덟째, 약소국으로서 강대국을 섬김에 요구와 命令을 무조건 두려워하고 복종해 신하가 외교를 빙자하여 득세하는 四方. 이러한 군주는 나라를 소유한다는 명의만 가졌을 뿐, 실

---

164 韓非子, 外儲說右上: "春秋之記臣殺君, 皆非一日之積也, 有漸而以至矣. 凡姦者, 行久而成積, 積成而力多, 力多而能殺, 故明主蚤絶之. 善持勢者蚤絶其姦萌."

165 韓非子, 愛臣: "愛臣太親, 必危其身; 人臣太貴, 必易主位; 兄弟不服, 必危社稷. 千乘之君無備, 必有百乘之臣在其側, 以徙其民而傾其國. 是以姦臣蕃息, 主道衰亡. 是故諸侯之博大, 天子之害也; 群臣之太富, 君主之敗也."

제로는 간신에게 나라를 빼앗긴 망군에 불과하다.[166]

또한, 군주와 국가의 멸망징조로서 거론하는 50여 조목도 한결같이 인격적 부도덕이나 정치적 포학성과 같은 군주의 개인적 요인에 해당한다. 八姦에서 거론하는 내용은 실질상 모두 여기에 포함되는데, 그 밖에 비교적 특징적인 주요 항목은 다음과 같다. 군주의 나라에 비해 신하의 집안이 상대적으로 비대하거나, 군주의 권세보다 신하의 실권이 더 중대한 경우, 음란함을 좋아하고 法에 밝지 못한 경우, 국력이 약소한데 겸손하게 강대국을 두려워하지 않고 무례하게 구는 경우, 대신에게 모욕을 주고, 서민을 함부로 처벌하거나 사역시키는 경우, 불법을 자주 저지르고 무고한 사람을 학살하여 원한을 축적하는 경우, 법령을 변화무상하게 바꾸고 호령을 자주 내리는 경우, 노여움을 숨기고 발하지 않거나, 신하의 죄를 드러내고 처벌하지 않아, 그가 더욱 두려워하여 음모를 꾸미도록 재촉하는 경우, 여자를 정치에 간여하게 하거나 형벌 당한 자에게 정사를 맡기는 경우, 변설은 좋으면서 法에 맞지 않고, 지혜는 밝으면서 術策이 없으며, 능력은 많으면서 법도에 따라 실행하지 않는 경우 등이 대표적이다.(韓非子, 亡徵) 단편이긴 하지만, 포학무도한 不法(惡法)과 자의적 무상 變法도 망국의 조짐으로 거론된다. 이들도 순수한 民本 관점보다는, 오히려 군주의 통치술로서 법치 시각에서 언급된다.

한비자의 이러한 君主論적 혁명 원인론을 관철하면, 三代 성왕의 易姓革命도 기본상 군주의 부도덕과 무능력이 자초한 신하의 弑逆이라는 결론에 이른다. 舜·禹나 湯·武王은 자신의 덕망과 仁義로써 군중을 취합하여 군주를 핍박하거나 시해한 자들이다. 마치 田成子가 齊를

166 韓非子, 八姦: "所謂亡君者, 非莫有其國也, 而有之者, 皆非已有也. 令臣以外爲制於內, 則是君人者亡也."

탈취하고, 司城子罕이 宋을 빼앗으며, 韓·魏·趙가 晉을 삼분한 것과 똑같은 弑逆 사건에 불과하다. 이들은 자신의 현명한 지혜와 능력으로 천하를 빼앗고, 반대로 堯나 桀·紂는 신하를 잘못 선택해 군주 지위를 상실한 셈이 된다.[167] 요컨대, 한비자의 혁명 원인론은 군주의 절대통치권을 강조하는 法家적 군주론으로부터 연역되는 논리적 필연으로서, 다른 제자백가와는 완전히 다른 독특한 성격을 나타낸다.

6. 맺음말 – 진한 이후 전통 왕조의 역성혁명 담론 금기

弑逆 혁명의 근본책임을 군주 자신의 부도덕성에서 찾는 일반론은 전국말엽에서 漢初까지도 지속 거론된다. 군주가 천하인민을 이롭게 하는 君道를 행하지 못하면, 이를 폐하고 君道를 행하는 자를 대신 내세움이 자연스러운 순리라고 한다.[168] 자식이 부친에게 죄를 얻으면 어머니나 누이를 통해서 사죄하고 용서받으며, 신하가 군주에게 죄를 얻으면 좌우대신을 통해 사죄하고 군주의 용서를 빌 수 있지만, 군주가 臣民에게 죄를 얻으면 천추가 지나도록 사죄하여 용서받을 길이 영원히 없다고 한다.[169]

漢代에 唯我獨尊 통치이념으로 儒學을 집대성한 동중서도, 湯·武의 桀·紂 정벌이 弑逆이 아닌 易姓革命임을 강조하면서, 秦의 천하통일

167 韓非子, 說疑: "古之所謂聖君明王者, 以其搆黨與, 聚巷族, 偪上弑君而求其利也. 舜偪堯, 禹偪舜, 湯放桀, 武王伐紂, 此四王者, 人臣弑其君者也, 而天下譽之. 以今時之所聞, 田成子取齊, 司城子罕取宋, 韓魏趙三子分晉, 此六人臣之弑其君者也. 是何也? 則不明於擇臣也."; 忠孝: "今舜以賢取君之國, 而湯武以義放弑其君, 此皆以賢而危主者也, 而天下賢之. 賢堯舜湯武而是烈士, 天下之亂術也."

168 呂氏春秋, 恃君: "君道不廢者, 天下之利也, 故廢其非君, 而立其行君道者."

169 韓詩外傳, 卷10: "子得罪于父, 可因姑姊妹而謝也, 父乃赦之; 臣得罪于君, 可使左右而謝也, 君乃赦之; 昔者桀得罪湯, 紂得罪于武王, 此君得罪于臣也."

과 漢의 재통일 또한 일관된 논리로 정당화한다. 동시에 堯·舜의 천자 이전이 天命을 받든 禪讓이며, 결코 자의적 擅移가 아님도 주장한다. 이는 전국 말엽이후 漢 초기에 걸쳐 유행한 法家 및 黃老學派의 군주본위 弑逆론에 대한 반작용으로 제기된 듯하다. 특히 漢이 진을 정벌하고 중원을 재통일한 역사적 현실에 합리적 대의명분을 부여하는 이념성도 강함에 틀림없다. 그는 전통적 '민본'주의 군주론과 천명사상을 새삼 거론하며 정당성을 주도면밀히 부각시킨다.

"하늘이 인민을 내림은 왕을 위해서가 아니라, 하늘이 왕을 세움이 인민을 위해서다. 그 덕이 인민을 충분히 안락하게 하는 자는 하늘이 왕의 지위를 주고, 그 악이 인민을 해치기에 넉넉한 자는 하늘이 왕의 신분을 빼앗는다. 하늘은 항상 부여하지도 않고 항상 빼앗지도 않는다. 그래서 泰山 위 책봉이나 梁父 아래 禪讓에 의해 姓을 바꾸어 등극한 堯·舜처럼 덕 있는 왕이 72인이나 된다. 지금 유독 湯·武의 桀·紂 정벌을 의롭지 못하다고 여긴다면, 72왕도 또한 모두 의롭지 못한 것이 된다. 그러므로 夏가 무도하여 殷이 정벌하고, 殷이 무도하여 周가 정벌하고, 周가 무도하여 秦이 정벌하고, 秦이 무도하여 漢이 정벌한 것은, 모두 有道가 無道를 정벌한 천리로서, 그 유래가 매우 오래되었다. 그런데 湯·武의 桀·紂 정벌을 비난한다면, 또한 秦이 周를 정벌하고 漢이 秦을 정벌한 것도 비난하는 것이 된다. 이는 단지 天理를 모를 뿐만 아니라, 또한 人禮도 모르는 것이다. 예에 의하면 자식이 부모 죄악을 숨겨주어야 하는데, 지금 설사 남(秦)을 정벌한 자(漢)가 진실로 의롭지 못할지라도, 마땅히 나라를 위해 忌諱해야 할 텐데, 어찌 비방할 수 있단 말인가? 이것이 바로 말 한마디로 두 허물을 범하는 것이다. 군주란 법령을 장악하는 자로서, 법령을 내리면 시행되고 금지를 명하면 그쳐야 한다. 걸주는 천하에 법령을 내려도 시행되지 않고, 천하에 금지를 명해도 그치지 않았으니, 어찌 천하 인민을 다스릴 수 있으리오? 정말로 천하 인민을 다스릴 수 없었다면, 어찌 湯·武가 弑逆했다고 할 수 있으리?"[170]

사실 천명이나 도덕에 의하든 무력에 의하든, 易姓革命의 사실과 논리는 결코 항상 절대적일 수가 없다. 유일무이의 최고 절대 통치권으로서 군주의 지위는 언제나 변화무상하고 상대적이며 불안정하다. 殷 대신 등장한 周도 자신의 易姓革命을 정당화하기 위해 천명이론을 세심하게 전개했다. 이와 함께 周의 통치자는 대내적으로 자손에게 자기 왕권도 부도덕으로 천명을 상실하면 언제든지 革命 당할 수 있음을 일깨우며, 明德愼罰의 善政에 힘쓸 것을 당부했다. 근 천년 만에 다시 중원의 안정적 통일 왕권을 수립한 漢도, 마찬가지로 이율배반적 혁명이론에 부닥치지 않을 수 없었다. 더구나 제후들의 실력쟁패로 몹시 혼란스러운 기나긴 춘추전국시대를 거치면서, 군주 절대통치권의 현실적 약화가능성을 절감하였을 것이다. 게다가 자유분방한 제자백가의 철학사상, 특히 포군에 대한 革命을 정당화하는 군민관계론은 그러한 불안한 위험에 대해 우환의식과 경각심을 더욱 고조시켰음에 틀림없다. 그래서 통치권의 조직도 周의 지방분권적 봉건제도와 정반대로 강력한 중앙집권적 체제를 채택하였으리라.

그러나 革命의 이론과 현실에 대한 정치적 민감성은 여전히 극복될 수 없었다. 湯·武의 桀·紂 정벌에 대한 전통 유가의 통설은, 고조의 천하통일을 정당한 역성革命으로 합리화하기에 조금도 손색이 없다. 하지만 상대적으로 장래를 향하여는, 漢의 통치권이 혼란무도해지면 누구라도 마찬가지로 易姓革命의 대의명분을 치켜세울 수 있다는 후환을 염려하도록 만든다. 반면, 法家나 黃老學派의 군주론은 현재와

170 董仲舒, 春秋繁露, 堯舜不擅移湯武不專殺편 참조.

미래의 군권을 무조건 절대로 이념화시켜주는 강점이 있지만, 거꾸로 과거 劉邦의 漢 창건에 대하여 弑逆에 의한 정권탈취와 왕실 전복 이상의 어떠한 정당성도 부여해 줄 수 없게 된다. 이러한 진퇴양난의 모순 속에서 景帝는 침묵이라는 소극적 小康을 강요한 것이다. 그리하여 비록 이천 년의 기나긴 역사현실 속에서 길게는 이삼백년, 짧게는 불과 수십년 만에 易姓革命에 의한 왕조교체가 빈번히 이루어지고, 같은 왕조 내에서도 왕위계승을 둘러싸고 弑逆을 통한 왕권탈취의 내란이 숱하게 성공과 실패로 점철되었지만, 통치이념으로나 정치사상으로는 실패한 弑逆의 극악무도성은 물론 성공한 革命의 정당성도, 일체 공공연히 거론할 수 없게 되었다.[171]

漢대 이후 역대 왕조 율령에서는 한결같이 군주 지위와 사직 존립을 위태롭게 하는 어떠한 도전도 엄금하여, 모반대역을 가장 중대한 죄악으로 규정한다.[172] 군주의 절대권에 조금이라도 거스르거나 해가 되는 행위·언론은 물론, 모의와 생각조차 절대 금지된 것이다. 역성혁명으로 한족의 중원회복을 이룬 명 주원장이 맹자의 사상을 불온시하여 금서로 지정하고 문묘에서 일시 폐위한 일화는, '내가 하면 혁명이고 남이 하면 반역'이라는 인간의 역설심리를 천추에 웅변한다. 동서고금 어느 법률에서도 모반대역 내란죄는 엄형으로 규정하지만, 저항권이나 반역이 성공할 혁명에 대해서는 일언반구도 언급하지 않는 이율배반 모순이다.

171 史記, 권121, 儒林列傳; 졸저, 전통 중국법의 정신, 259-262면.

172 唐律에 十惡 중 첫 번째 謀反과 두 번째 謀大逆인데, 이 죄명은 漢代에 이미 등장했고, 실제 謀反사건은 그때부터 자주 발생했다. 沈家本, 漢律摭遺 卷3.

제 5장 天道의 내용과 人法의 반영

天道, 즉 자연법칙의 내용은 어떠한가? 관점과 영역에 따라 구체 내용은 무수히 많을 수 있다. 여기서는 인간의 사회생활에 긴요한 주요 내용을 특히 법규범의 창을 통해 대강 살펴본다. 人法에 반영된 天道의 내용은 크게 세 가지 관점에서 거론될 수 있다. 첫째, 人道의 본질 속성으로서 無爲自然인데, 군주의 無爲정치 사상과 刑期無刑이라는 法의 궁극이념이 반영이다. 둘째, 天道의 구체적 발현으로서 만물의 생장인데, 이는 天道의 주체·의지적 관점에서 흔히 호생지덕으로 표현되며, 法令상 각종 人道的 欽恤 관련 규정이 그 직접 반영이다. 셋째, 天道의 운행 방법으로서 시간적 규칙성·질서인데, 인간의 자연적·사회적 일상생활에 가장 구체로 밀접히 관련되어 최고 중요한 天時 관념이다. 이는 農耕 및 賦役에서 인민을 때맞춰 동원·사역하는 정치사상과 사계절의 속성에 따라 德(禮)刑이나, 상벌을 시행해야 한다는 음양오행 법이론으로 표현된다. 하늘이 말이 없는데도 사시가 저절로 운행하고 만물이 저절로 생장한다는 공자의 표현은, 이 세 가지 내용을 삼위일체로 적절히 함축하는 대표적 명제이다. 하늘이 말이 없는 것은 본체론적인 無爲自然의 본질이고, 사시의 운행은 그 작용의 과정으로서 절차적 질서법칙이며, 만물의 생장은 그 작용의 결과로서 天道의 구체적인 발현·효험에 각기 해당하는 것이다.

1. 天道의 無爲自然

無爲自然은 도의 본질 속성이자, 老子를 위시한 도가의 핵심 특징이다. 인간이 법 삼아야 할 天地自然 법칙으로서 도가 궁극에는 '自然'이라는 본성에 귀결됨은 본 장의 중심주제이기도 하다. 無爲란 天地自然처럼 어떠한 人爲(인간적 행위)나 사사로운 의지가 없다는 의미로서, 만물이나 인간(타인, 특히 인민)의 본래 저절로 그러한 속성에 맡겨둔다는 '自然'의 개념과 직접 연결된다. 즉, 無爲는 주체적 태도의 관점이 중시되고, 自然은 객체적 대상의 시각이 부각된다. 이는 본래 天道(自然法則)에 사사로운 주체적 의지나 행위가 없어서(無爲) 만물이 저절로 생장 변화하는(自然) 현상세계의 존재법칙을 가리킨다. 한편, 천지자연에 일부분인 인간도 그러한 無爲自然의 天道(존재법칙)를 본받아, 사회생활과 특히 국가통치에서 자신의 사사로운 '有爲'를 행하지 않고 '無爲'를 지키기만 하면, 상대방이나 인민은 각자 타고난 본래 천성과 自然法則에 순응하여 '自然'히 생존 활동하게 된다는 것이 사회적 당위규범의 궁극 이상으로 제시된다.

이처럼 無爲自然은 天道의 존재법칙과 人法의 당위규범을 통일·조화시키는 교량적 매개개념이 되는데, 이러한 규범적 天人合一의 전형을 가장 체계적으로 이론화하는 이는 老子이다. 특히 주목해야할 점은, 老子에게 天道의 존재법칙인 無爲自然은 독자로는 별로 의미심장하지 않을 뿐만 아니라, 심지어 존재할 필요나 가능성조차 없다는 사실이다. 이는 인간이 法 삼아야할 이상 전형으로서 중요한 의미를 지니며, 따라서 항상 사회 당위규범과 상관하여 거론되는데, 바로 거기에 존재가치와 필요성을 두고 있다. 또한 無爲가 절대 虛無(眞空)에서 그치고 마는 소극적 추상적 관념이 아니라, 無不爲의 萬有(삼라만상)를 생성시키는 적극적 실질적 존재라는 사실에도 주목해야 한다. 그래서 無爲란 사물보다 앞서 행하지 않음을 의미하고, 無不爲란 사물이 하는 바에 따른다고[1] 해석된다. 이는 바로 사물의 본성 자체에 맡기는 '自然'을 달리 표현한 것이다. 성인은 일정한 자기 마음을 갖지 않고 백성의 마음으로 자신의 마음을 삼는다는 老子 말이[2] 바로 사물이 하는 바에 맡기고 따른다는 '自然'의 개념을 적확히 가리킨다.

老子의 주요한 언론들을 일목요연하게 정리해보면 이러한 특징이 한눈에 명백히 확인된다.

"道는 항상 無爲하면서 행하지 않음이 없다. 군왕제후가 만약 이를 지킬 수 있다면, 만물이 저절로 생장할 것이다."

"上德은 無爲하면서 행하지 않음이 없고, 下德은 행하면서 행하지 않음이 있다."

"인민을 사랑하고 나라를 다스림에 無爲(無知)할 수 있는가?"

"바름으로써 나라를 다스리고 기이함으로 병력을 사용하며 無事로써 천하를 취득한다. 그래서 성인이 말하기를, '내가 無爲하면 인민이 저절로 교화되고, 내가 고요함을 좋아하면 인민이 스스로 바르게 되며, 내가 無事하면 인민이 저절로 부유해지고, 내가 욕심이 없으면 인민이 스스로 소박해진다'고 하였다."

"無爲를 행하면 다스려지지 않음이 없다."

"無爲를 행하고 無事에 종사하며 無味를 맛본다."

"성인은 無爲의 일에 거처하며 불언의 교화를 행한다."

"행하면 실패하고 집착하면 상실한다. 그래서 성인은 행함이 없기 때문에 실패함도 없고, 집착이 없기 때문에 상실함도 없다. 만물이 저절로 그러함에 보조할 뿐, 감히 행하지 않는다."

---

1 淮南子, 原道: "所謂無爲者, 不先物爲也; 所謂無不爲者, 因物之所爲也."

2 老子, §49: "聖人無常心, 以百姓心爲心."

"학문이란 날로 더해가고, 修道는 날로 덜어간다. 덜고 또 덜어서 無爲에 이르면, 행함이 없으면서도 행하지 않음이 없게 된다. 천하를 취득함은 항상 無事으로써 이루어지는데, 만약 有事가 되면 천하를 취득할 수 없게 된다."

"천하에 지극한 부드러움(水)이 천하에 지극한 단단함에 종횡무진으로 다닌다. 무유가(무유에서 나와) 사이 없는 곳에 들어간다. 그래서 나는 無爲가 유익한 줄 안다. 말없는 교화와 無爲의 유익함은 천하에 누구도 이를 따르기 어렵다."[3]

이상에서 열거한 老子 언론들을 살펴보면, 無爲가 단순히 공허한 관념이 아니라, 天地自然의 도를 본받아 無爲自然을 적극 행하는 실천적 개념임을 알 수 있다. 당시 통치자들이 사리사욕에 가득 찬 有爲적 호화사치, 가렴주구, 겸병전쟁의 有事만 행하지 않으면, 인민은 저절로 편안하고 부유하며 순박한 自然 도덕에 복귀하게 될 것이라고 老子는 확신한 것이다. 無爲·無事란 無不爲·無不治를 지향하는 적극적 자연복귀의 이상 정치 방법으로서 제시되고 있다.[4] 老子의 이러한 無爲 정치사상은, 장자는 물론 한비자와 같은 法家나 전국 말 秦漢 초 황로학파 등에 심오한 영향을 끼치고 있다.

---

3 老子, §37: "道常無爲而無不爲. 侯王若能守之, 萬物將自化."; §38: "上德無爲而無以爲, 下德無爲而有以爲."; §10: "愛國治民, 能無爲(無知)乎?" §57: "以正治國, 以奇用兵, 以無事取天下. 故聖人云 : '我無爲, 人自化, 我好靜人自正, 我無事人自富, 我無欲人自朴.'"; §3: "爲無爲, 則無不治."; §63: "爲無爲, 事無事, 味無味."; §64: "爲者敗之, 執者失之. 是以聖人無爲, 故無敗, 無執故無失. 以輔萬物之自然而不敢爲."; §48: "爲學日益, 爲道日損. 損之又損, 以至於無爲, 無爲無不爲. 取天下常以無事, 及(若)其有事, 不足以取天下."; §43: "天下之至柔, 馳騁天下之至堅. (出於)無有入(於)無間, 吾是以知無爲之有益. 不言之敎, 無爲之益, 天下希及之."

4 老子 無爲政治 사상은, 詹劍峯, 앞의 책, 444-449면; 余明光, 앞의 책, 116-126면; 許抗生, 帛書老子注譯譚硏究, 161-168면; 졸저, 선진 법사상사, 244-335면.

그중에서도 老子의 사상을 가장 충실하게 계승하는 것은 장자이다. 우선 그는 옛 성인들이 천하를 다스림에는 사욕이 없어서 천하가 저절로 풍족하고, 有爲가 없어서 만물이 스스로 생장하며, 연못처럼 고요하여 백성이 자연히 안정되었다는 이상적 無爲정치상을 그리고 있다.[5] 그래서 군자가 부득이 천하를 다스리는 천자에 즉위하더라도, 無爲로서 인민의 본연적 性命之情을 안정시킴이 최상의 방도라고 강조한다.[6] 마치 하늘의 맑은 無爲와 땅의 고요한 無爲가 서로 합해지면 만물이 저절로 생장하듯이, 성인의 無爲는 천하인민의 모든 시비를 해결하여 잠잠히 가라앉힐 수 있는 최고무상의 통치방법인 것이다.[7] 이러한 無爲는 물론 自然을 의미하는데, 하늘이 저절로 높고 땅이 스스로 두터우며 해와 달이 본래 밝듯이, 성인군자의 도덕도 하등의 인위가 없이 自然스러울 뿐이다.[8] 또 장자는 이러한 無爲而無不爲에 이르는 수행 방법도 제시하는데, 인간이 사사로운 감정과 욕망을 일으키지 않기만 하면, 마음이 저절로 바르고 고요해져 맑고 텅 빈 無爲 경지에 다다를 수 있다고 한다.[9]

물론, 누구나 이러한 天道을 쉽게 체득할 수 있는 것은 결코 아니며, 또한 인간의 天道은 궁극에 天地自然의 無爲와 본질상 차이가 난다. 또 통치자인 군주와 피치자인 인민이 현실상 똑같은 無爲를 행할 수 없다. 그래서 기본상 無爲는 天道이고 有爲는 人道라서, 군주의 無爲

---

5 莊子, 天地: “古之畜天下者, 無欲而天下足, 無爲而萬物化, 淵靜而百姓定.”

6 莊子, 在宥: “故君子不得已而臨邪天下, 莫若無爲. 無爲也而後安其性命之情.”

7 莊子, 至樂: “無爲可以定是非. 天無爲以之淸, 地無爲以之寧, 故兩無爲相合, 萬物皆化. 故曰天地無爲也而無不爲也, 人孰能得無爲哉?”

8 莊子, 田子方: “夫水之於汋也, 無爲而才自然矣. 至人之於德也, 不修而物不能離焉. 若天之自高, 地之自厚, 日月之自明, 夫何修焉!”

9 莊子, 庚桑楚: “此四六者不盪胸中則正, 正則靜, 靜則明, 明則虛, 虛則無爲而無不爲也.”

를 天道에, 臣民의 有爲를 人道에 각각 대비하기도 한다.[10] 군주가 無爲로써 천하를 다스리고 인민이 유위로써 통치에 복종하는 것이 항상 인간의 도라고 규정하는 개념적 분화가 老子와 다른 장자의 특징이다.

특히, 신하가 군주와 같이 無爲하면 상하가 同德이 되어 신하가 없게 되고, 반대로 군주가 신하처럼 有爲하면 상하가 同道가 되어 군주가 없게 된다며, 양자의 차별을 분명히 한다.[11]

이처럼 無爲自然은 老莊철학 사상의 핵심 본질임에 틀림없다. 그러나 無爲自然이 결코 老莊에 의해서만 주장된 배타적 전유물은 결코 아니다. 無爲自然이 도의 본질 속성일진대, 도를 거론하는 철학사상가라면 누구라도, 비록 관점과 차원·정도의 차이는 있을지언정, 無爲自然을 전혀 도외시할 수는 없다. 예컨대, 요순과 같은 적극적 有爲적 성왕을 천하통치와 인민교화의 모범 전형으로 숭앙하는 유가의 이상은, 비록 人道에 치중하긴 하지만, 이것이 無爲自然의 天道과 완전히 괴리된 별개의 有爲적 사상에 불과한 것은 아니다. 사실 老莊의 無爲自然적 天道도 궁극에는 인간의 사회규범이 법 삼아야할 모범으로 강조되고 있지 않은가?

앞서 언급한 것처럼, 공자 자신도 天道를 본받은 無爲自然적 통치를 궁극 이상으로 동경하고 있다. 堯가 군주로서 위대한 하늘을 법칙 삼아 성취한 혁혁한 공적과 찬란한 문화는 백성들이 말로써 칭송할 수 없는 정도이다.(泰伯편) 자신을 공경스럽게 하여 無爲로써 천하를 통치한 군주는 바로 舜이라고 공자는 찬탄한다.(衛靈公편) 또한 덕으로

---

10 莊子, 在宥: "無爲而尊者, 天道也; 有爲而累者, 人道也. 主者, 天道也; 臣者, 人道也. 天道之與人道也, 相去遠矣, 不可不察也."

11 莊子, 天道: "上無爲也, 下亦無爲也, 是下與上同德, 下與上同德則不臣; 下有爲也, 上亦有爲也, 是上與下同道, 上與下同道則不主. 上必無爲而用天下, 下必有爲爲天下用, 此不易之道也."

통치함이 천체 중심에 가만히 위치해 뭇별의 회전운행을 총관하는 북극성과 같다는 일반 비유나(爲政편), 하늘이 아무 말 없어도 사시가 저절로 운행하고 만물이 스스로 생장하는 것처럼 자신도 말하고 싶지 않다는 구체적 대비도 언급한다.(陽貨편) 그리고 정치가 무엇이냐고 묻는 군주에게 자신이 솔선수범하여 올바르면 命令을 내리지 않아도 인민이 저절로 복종할 것이라고 대답한다.(衛靈公편) 평생 좌우명으로 삼아 실행할 만한 한마디를 여쭙는 제자에게는, '자신이 바라지 않는 바는 남에게 베풀지 말라'는 소극적 황금률로서 '恕'를 仁의 실천방도로 권고한다.(衛靈公편) 이러한 기록들은 비록 체계적 논리구조를 완비하지 못한 단편적 언급에 불과하지만, 공자의 無爲自然적 정치이상을 명확히 대표하기에 전혀 손색이 없다. 이러한 공자의 사상 경향은 구체적 정치현실과 개별적 인간(제자) 생활에 직접 부닥쳐 이를 교화·계도하려는 실천성의 소치일 따름이다.

無爲自然을 궁극 정치이상으로 삼는 것은 맹자도 마찬가지다. 우선 그는 禹의 治水가 높은 곳에서 낮은 데로 흐르는 물의 본성에 순응하여 바다라는 가장 큰 골짜기로 물길을 인도했기 때문에, 별다른 힘을 들이지 않고도 무사하게 홍수를 막을 수 있었다고 지적한다. 어진 이와 지혜로운 자도 禹의 治水처럼 無爲自然으로 無事를 행하여야 함을 강조한 것이다.[12] 또, 그는 사람이 하지 않는 바가 있은 후에야 비로소 有爲가 가능하다는 일반론을 주장한다.[13] 不爲(無爲)가 有爲의 근본 전제조건이 되는 것이다. 예컨대, 사람이 모두 차마하지 못하는 마음을 가지고 있는데, 이 不忍之心으로 차마하는 바에 이르는 것이 바로

12 孟子, 告子下: "禹之治水, 水之道也, 是故禹以四海爲壑. 水逆行, 謂之洚水. 洚水者, 洪水也, 仁人之所惡也."; 離婁下: "禹之行水也, 行其所無事也. 如智者亦行其所無事, 則智亦大矣."

13 孟子, 離婁下: "人有不爲也, 而後可以有爲."

仁이다. 마찬가지로 사람이 모두 하지 않는 바가 있는데, 이 不爲之心으로 하는 바에 다다르는 것이 곧 義이다. 환언하면, 남을 해치지 않는 마음을 확충하여 발전시키면 그 인은 다 쓸 수 없을 정도로 넘치고, 남의 것을 탐내지 않는 마음을 확충하여 발전시키면 그 인도 이루 말할 수 없이 남아돌게 된다.[14] 맹자 사상의 핵심을 이루는 인의예지 사단이 모두 이렇듯 소극적 無爲에 바탕을 두고 확대·발전하는 적극적 有爲의 기본성격을 지니는 것이다.

요컨대, 하지 않을 바를 행함이 없고, 바라지 않을 바를 바람이 없는 것이 최고 궁극의 도덕 이상이다.[15] 따라서 도덕적 마음 수양과 浩然正氣의 함양 방법도 장자에서와 마찬가지로 곧 無爲自然이 된다. 마음을 수양하는 최선의 방법은 한마디로 인위적인 사사로운 욕심을 적게 부리는 것인데, 이는 老子가 말하는 '少私寡欲'과 같다.[16] 이념상 '無慾'이 가장 바람직하지만, 육신을 가지고 생명활동을 유지하는 한 완전히 욕심 없기를 바라는 것은 절대 불가능하다. 그래서 '무욕' 대신 부득이 '寡慾'을 말하는 것이다.[17]

무릇 욕심을 부리면 자기 밖의 사물에 정신이 팔려, 자신의 착한 本性인 良心을 잊고 生命의 元氣를 소모하기 마련이다. 따라서 욕심을 절제하여 적게 가지면, 정신이 自然히 자기 안에 머물러, 仁義의 마음과 생기가 저절로 충만해진다. 마치 산에 나무를 도끼로 찍어내지 않고, 들에 풀을 소나 양에게 뜯기지 않으면, 산야가 저절로 초목

---

14 孟子, 盡心下: "人皆有所不忍, 達之於其所忍, 仁也; 人皆有所不爲, 達之於其所爲, 義也.人能充無欲害人之心, 而仁不可勝用也; 人能充無穿踰之心, 而義不可勝用也."

15 孟子, 盡心上: "無爲其所不爲, 無欲其所不欲, 如此而已矣."

16 孟子, 盡心下: "養心莫善於寡欲."; 老子, §19: "見素抱樸, 少私寡欲."

17 老子, §3: "聖人之治, 常使民無知無欲."; §34: "大道氾兮 常無欲, 可名於小."; §37: "夫亦將無欲, 不欲以靜, 天下將自正."

으로 무성해지지만; 한해 성장하기가 바쁘게 나무를 베어 쓰고, 하루 밤 자라기가 무섭게 풀을 뜯어 먹이면, 백년이 지나도 황폐함을 면할 길이 없게 되는 것과 같다.[18] 요컨대, '養'心이나 '養'氣에 최선 방도는, 그저 적극 해치지 않고 無爲自然으로 놓아두기만 하면 된다. 함양을 도와준다는 인간의 有爲적 노력은 실질 도움이 되지못할 뿐더러, 도리어 해만 끼치는 경우가 허다하다. 마치 벼가 얼른 자라도록 도와주려는 성급한 어리석은 욕심에, 벼 이삭을 조금씩 위로 부추겨 올린 결과 모두 말라죽게 한다는 '알묘조장'처럼 말이다.[19]

한편, 성현군자가 가장 敬畏하면서 받들어 행해야 하는 '天命'도 궁극에는 無爲自然의 天道을 의미한다. 맹자는 사람이 행하지 않는데도 저절로 행해지는 것이 天이며, 이르게 하지 않는데 저절로 이르는 것이 命이라고 개념 정의한다.[20] 이는 無爲自然이 유가 성현군자가 법삼고 실행할 궁극의 道임을 말해준다.

무엇보다도 중요한 실천적 無爲自然의 도는 역시 국가 통치에 있다. 개인 도덕수양에서 본래 타고난 良心과 正氣를 해치지만 않으면 저절로 함양되듯이, 국가통치에서도 군주가 인민을 적극 괴롭히고 해치지만 않으면 그 생활이 自然히 풍족하고 평화로워진다. 老子도 예리하게 지적한 것처럼, 통치자가 부국강병의 야심을 채우기 위해 가혹한 조세·부역을 부과하는 것이 인민을 못살게 하는 虐政의 주범이다. 인간의 사회생활과 국가제도가 존재하는 한 조세수취는 필수 불가결하지

---

18 孟子, 告子上: "雖存乎人者, 豈無仁義之心哉? 其所以放其良心者, 亦猶斧斤之於木也, 旦旦而伐之, 可以爲美乎? 其日夜之所息, 平旦之氣, 其好惡與人相近也者幾希, 則其旦晝之所爲, 有梏亡之矣. 故苟得其養, 無物不長; 苟失其養, 無物不消."

19 孟子, 公孫丑上: "其爲氣也, 以直養而無害, 則塞於天地之間. 宋人有閔其苗之不長而揠之者, 苗則槁矣. 天下之不助苗長者寡矣. 助之長者, 揠苗者也, 非徒無益, 而又害之."

20 孟子, 萬章上: "莫之爲而爲者, 天也; 莫之致而至者, 命也."

만, 농사의 흉풍과 인민의 풍족도를 고려하여 적정한 수준에서 절제함이 이상적 조화이다. 정도를 지나친 가혹한 조세수취도 민생고의 주원인이 되지만, 그보다 더 본질상 중대한 요인은 빈번한 부역으로 인민의 노동력과 시간을 빼앗는 소극적 생산방해이다. 특히, 농경이 생산주업인 고대사회에서 1년 중 어느 한 농사철만 빼앗거나 지연시켜도 한해 농사 전부가 결정적 타격을 받기 때문이다. 그래서 農時를 빼앗지 않는 것이 王道·仁政에 기본 필수요건이 된다.

> "農時를 어기지 않으면 곡식을 이루다 먹을 수가 없고, 촘촘한 그물을 물속에 던지지 않으면 물고기를 이루다 먹을 수 없으며, 도끼를 들고 때맞춰 산림에 들어가면 재목을 이루 다 쓸 수 없게 된다. 곡식과 물고기를 다 먹을 수 없고, 재목을 다 쓸 수 없으면, 인민이 생활과 장례에 여한이 없게 된다. 인민이 생활과 장례에 여한이 없음이 곧 왕도의 시작이다.
>
> 5畝의 집둘레에 뽕나무를 심으면 50세 사람이 모두 비단옷을 입을 수 있고, 닭·돼지·개의 축산에 때를 잃지 않으면 70세 노인이 모두 고기를 먹을 수 있으며, 百畝 농사에 때를 빼앗지 않으면 여러 집 식구가 굶주림을 면할 수 있다. 70세 노인이 비단옷을 입고 고기를 먹으며, 일반서민이 배고프지 않고 춥지 않으면, 훌륭한 왕이 되지못할 군주가 결코 없다."[21]

순자도 성인과 인자의 도를 행함은 부자연스러운 억지나 인위가 없

21 孟子, 梁惠王上: "不違農時, 穀不可勝, 食也; 數罟, 不入洿池, 漁鼈不可勝食也; 斧斤以時入山林, 材木不可勝用也. 穀與漁鼈不可勝食, 材木不可勝用, 是使民養生喪死無憾也. 養生喪死無憾王道之始也. 五畝之宅, 樹之以桑, 五十者可以衣, 帛矣. 鷄豚狗彘之畜, 無失其時, 七十者可以食肉矣. 百畝之田, 勿奪其時, 數口之家可以無飢矣. 七十者衣帛食肉, 黎民, 不飢不寒, 然而不王者, 未之有也." 비슷한 내용이 同篇에 다시 반복될 뿐만 아니라, 盡心下편에는 인민과 특히 노인을 잘 養育한 文王의 仁政의 내용으로 거론되고 있다.

다고 無爲 이상을 말한다.[22] 군주는 관리와 재상을 잘 등용하여 능력에 맞게 적재적소에 분업시키면, 공자가 칭송한 堯舜처럼 자신을 공경스럽게 가다듬어 옷자락을 드리움으로써 족히 천하를 편안히 다스릴 수 있다. 그래서 군주는 어떠한 수고로움도 없이 지극히 간약함만 지키면 모든 일이 저절로 순조롭게 이루어진다.[23] 禮記도 군왕이 중심無爲로서 지극히 바름을 지키면서 남쪽을 향하기만 하면, 천하가 자연히 잘 다스려진다는 無爲정치 이상을 거론한다.[24] 易傳에서도 黃帝와 堯舜의 이상적 천하통치가 옷자락을 드리우기만 한 無爲自然이었음을 강조한다.[25] 변화무상한 易의 근본원리 자체도 고요히 움직임이 없는 無思·無爲일 뿐인데, 다만 천지만물과 인간에 감응하여 천하 모든 일에 자유로이 통달한다는 것이다.[26]

한편, 한비자는 老子의 無爲自然 철학을 전적으로 군주 중심의 통치술에 이론 근거로 삼고 있다. 이점은 황로학파의 無爲自然 南面統治術과 대체로 상통한다. 그는 우선 道의 본체를 無爲·無見으로 규정한다. 따라서 도를 체득한 성현도 곧 無爲·無見이 될 것은 자명하다. 그리고 도의 대체를 깨달은 성현은 天理에 순응하고 事理에 따라 인간의 본연 성정을 손상시킴 없이 無爲自然으로 인민을 다스리게 된다.

그가 말하는 통치의 주요방편인 법술이나 상벌이 궁극에로 바로 이러한 無爲自然의 도에 근거함은 물론이다.[27]

---

22 荀子, 解蔽: "仁者之行道也, 無爲也; 聖人之行道也, 無彊也."

23 荀子, 王霸: "之主者, 守至約而詳, 事至佚而功, 垂衣裳不下簟席之上, 而海內之人莫不願得以爲帝王, 夫是之謂至約, 樂莫大焉. 天子共己而已. 旣能當一人, 則身有何勞而爲, 垂衣裳而天下定."

24 禮記, 禮運: "王中心無爲也, 以守至正."; 禮器: "聖人南面而立, 而天下大治."

25 周易, 繫辭下: "黃帝堯舜 垂衣裳而天下治."

26 周易, 繫辭上: "易無思也, 無爲也, 寂然不動, 感而遂通天下之故."

27 韓非子, 難二: "體道, 無爲而無見也."

나라를 잘 다스리는 이상적 法은 배고프면 밥 먹고 추우면 옷 입듯이, 命令하거나 강제하지 않아도 자연히 시행된다. 自然을 거스르면 설령 제아무리 훌륭한 도에 순응할지라도 제대로 성립될 수 없다.[28] 마치 농사짓는데 인위적 힘으로 自然을 거스르면 后稷의 능력으로도 부족하지만, 자연적 天時에 순응하면 수확이 남아도는 것처럼, 만물의 자연 본성에 따르는 無爲만이 가장 이상적인 안전한 통치방법이다.[29] 현명한 군주가 공명을 세우려면, 天時에 순응하고 인심에 부합하며, 신하 능력에 맡기고 지위와 세력을 얻어, 물 흐르고 배 뜨는 것처럼 無爲自然의 도로써 막힘없는 法令을 시행해야 한다.[30]

그런데 한비자의 無爲 정치사상은 객관적인 순수한 無爲自然의 도보다는 주관적인 군주 중심의 無爲통치술로 치우치는 경향이 짙다. 그는 楚 莊王이 즉위해 3년간 어떠한 法令을 발포하거나 有爲적 정치를 행함이 없이 침묵한 뒤, 통치를 시작하면서 약간의 등용과 파면·상벌을 시행해 나라가 크게 다스려졌다는 고사를 인용한다.[31] 無爲가 有爲 통치에 근본 필수전제로 간주되는데, 이는 無爲가 유일무이의 절대적 군주통치권을 확립하는 不二法門임을 의미한다.[32]

"군주가 그 바라는 바를 드러내면 신하가 이에 맞춰 수식으로 아

28 韓非子, 大體: "古之全大體者, 望天地, 觀江海, 因山谷, 日月所照, 四時所行, 寄治亂於法術, 託是非於賞罰, 不逆天理, 不傷情性, 守成理, 因自然, 禍福生乎道法而不出乎愛惡."

29 韓非子, 安危: "安國之法, 若饑而食, 寒而衣, 不令而自然也. 廢自然, 雖順道而不立."

30 韓非子, 喩老: "以一人力, 則后稷不足; 隨自然, 則臧獲有餘. 故曰 : 恃萬物之自然而不敢爲也."

31 韓非子, 喩老: "楚莊王莅政三年, 無令發, 無政爲也. 乃自聽政, 所廢者十, 所起者九, 誅大臣五, 擧處士六, 而邦大治."

32 韓非子, 功名: "明君之所以立功成名者四 : 得天時則不務而自生, 得人心則不趣而自勸, 因技能則不急而自疾, 得勢位則不進而名成. 若水之流, 若船之浮, 守自然之道, 行毋窮之令, 故曰明主."

첨하고, 군주가 그 뜻을 드러내면 신하가 이에 따라 그 특이함을 표창한다. 그래서 군주가 좋아함도 제거하고 싫어함도 제거하면 신하의 본성이 저절로 드러나게 된다. 지혜가 있으면서도 스스로 도모하지 않고 만물로 하여금 그 거처할 곳을 알게 하며, 덕행이 있으면서도 스스로 현명한 체하지 않고 신하들이 행하는 바를 관찰하며, 용기가 있으면서도 노여워하지 않고 뭇 신하들로 하여금 武勇을 다하도록 한다. 뭇 신하가 각자 직책을 지키며 모든 관리가 정상 소임을 맡아, 각자 능력에 따라 일을 하도록 하는 것이 '習常'이다. 그래서 고요하게 지위 없이 거처하며 텅 빈듯이 그곳을 알 수 없다고 말한다. 현명한 군주가 위에서 無爲하면, 모든 신하가 아래에서 두려워하게 된다. 현명한 군주의 도는, 지혜로운 자로 하여금 사려를 다하도록 하여 그에 의해 일을 처리하기 때문에, 군주는 지혜가 곤궁하지 않게 된다. 또한 어진 자로 하여금 재능을 발휘하게 하여 그에 따라 맡기기 때문에, 군주는 능력이 곤궁하지 않게 된다. 공로가 있으면 군주가 그 현명함을 향유하고, 허물이 있으면 신하가 그 죄를 지기 때문에, 군주는 명예에 손상이 없게 된다. 신하가 수고로움을 다하고 군주가 그 성공을 차지하는 것을 현명한 군주의 도라고 일컫는다."[33]

이밖에 管子나, 전국말엽 흥성하기 시작해 특히 漢初 정치에 심오한 영향을 끼친 黃老學, 또는 여씨춘추와 회남자 등도, 道家 및 法家의 철

33 韓非子, 主道 : "君見其所欲, 臣自將雕琢; 君見其意, 臣將自表異. 故曰: 去好去惡, 臣乃見素. 有智而不以慮, 使萬物知其處; 有行而不以賢, 觀臣下之所因; 有勇而不以怒, 使群臣盡其武. 群臣守職, 百官有常, 因能而使之, 是謂習常. 故曰 : 寂乎其無位而處, 漻乎莫得其所. 明君無爲於上, 群臣竦懼乎下. 明君之道, 使智者盡其慮, 而君因以斷事, 故君不窮於智; 賢者敕其材, 君因而任之, 故君不窮於能; 有功則君有其賢, 有過則臣任其罪, 故君不窮於名. 臣有其勞, 君有其成功, 此之謂賢主之經也."이보다 조금 간략하지만 비슷한 내용이 揚權편에도 등장한다.

학사상을 계승하여 無爲自然적 南面統治術을 상당히 강조한다. 다만, 제자백가 중에서 묵자는 예외로 無爲自然의 정치를 표면에 직접 거론하지 않는다. 이는 인간의 有爲적 善意志로서 仁義와 兼愛를 특별히 강조하면서, 인간이 법 삼아야 할 궁극대상인 천지도 無爲自然의 中性적 개념보다는, 인격적 주체의지 관점에서 上帝·鬼神·天地 등의 범주로 파악하는 묵자사상의 독특성 때문이다. 그렇다고 해도 실질상 無爲自然과 양립할 수 없는 배타적 有爲意志만을 의미하는 것은 아니다. 묵자가 궁극이상으로 제시하는 천지도, 객관적 본질 속성 관점에서 파악하면, 실질상 道家의 순수한 無爲自然과 별로 다를 바 없다.

사실 老莊의 無爲自然은 본래 인간 사회현실에 상대적인 부정의 개념으로 등장한 것이다. 이는 인간의 개인감정이나 사사로운 욕망으로서 有爲, 즉 인위가 없음을 의미한다. 따라서 無爲自然을 다른 말로 바꾸어 표현하면 '公平無私'가 되며, 도의 본성인 '無親' 개념과도 직접 상응한다. 인간의 개인적 私心과 私情만 없애면 사회현실의 모든 세속적 불공평과 편파성이 사라지고, 저절로 天地自然과 같은 公平無私가 실현될 것이다. 마치 만물을 하늘이 덮고 땅이 길러주며, 해와 달이 비추고 눈비가 적셔줌에, 개별적 是非好惡 감정으로 인하여 선별적 혜택을 베풀지는 않는 것처럼! '無爲而無不爲'란 바로 이처럼 사사로운 有爲가 없음으로써 공평하게 행하지 않음이 없는 自然상태를 가리킨다. 그런데 인간의 세속 사회현실은 온통 사사로운 불공평한 人爲로 가득 차 있다. 따라서 우선 無爲에 이르기 위해서는, 이러한 사사로운 인위를 없애는 인간의 적극적 주체적 선의지와 덕행이 선결로 요구된다. 인간이 無爲自然을 이루기 위해 필요한 또 다른 有爲인 것이다. 즉 인간은 善한 有爲를 실행하여 현실의 惡한 人爲를 극복·제거함으로써, 비로소 天地自然과 같은 無爲의 경지에 이르러 公平無私하게 행하지 않음이 없게 된다. 그러므로 '有爲而至無爲, 無爲而無不爲'의 대칭적인 명제가 성립된다. 여기서 老莊의 道家는 無不爲를 실현하기 위한 無爲에 치중하고, 묵자는 현실의 사사로운 인위를 극복하기 위한 有爲에 전념하는 것이다. 이에 반하여, 유가는 有爲에 중점을 두면서 無爲의 이상을 지향하고, 法家나 黃老學派 등은 無爲에 중점을 두면서 그 실현방편으로서 有爲적인 法術을 거론하는 것이다.

2. 天道의 無爲自然에 근거한 人法의 刑期無刑 이상

따라서 규범원류관에서 法의 본질속성으로 상세히 논술한 '公平無私性'은, 바로 '無爲自然'적 天道의 '無親性'이 人法에 그대로 반영된 것이다. 한편 公平無私性과 함께, 이를 통하여 天道의 無爲自然에 좀 더 밀접하고 원만하게 접근하기 위해 제시되는 궁극적 人法의 이상이 있다. 형벌은 형벌이 없는 궁극이상을 기약한다는 '刑期于無刑'이나, 法으로써 法을 폐지한다는 '辟以止辟', 사형으로써 살인을 종식시킨다는 '殺以止殺' 등의 法諺이 그것이다.[34] 이들은 대개 인간의 주체적 有爲에 치중하면서 無爲自然을 궁극 통치이상으로 삼은 유가 사상의 표현인데, 周初 이래 통치계층이 자의식으로 표방한 明德愼罰이나 춘추·전국 이래 漢初에 유가가 제창한 德主刑輔 법사상이 주류를 이룬다. 이들은 확실히 인간의 有爲적 法이나 형벌이 필요하지도 존재하지도 않는 無爲自然적 '無刑'의 이상에 치중하는 느낌이다.

그러나 無爲에 중점을 두면서 그 실현방편으로서 有爲적 法術을 거론하는 法家의 경우, 도리어 이러한 유가적 일반 주류와 조금 다르게, 無爲自然적 無刑의 이상에 이르는 과정을 더욱 중시하면서, 그 수단방

34 이들 무위정치사상 및 그 상호간 영향 관계는, 余明光, 앞의 책, 특히 32-45면, 127-133면, 175-216면 등을 참조.

편으로서 法, 특히 重刑嚴罰의 필요성과 가치를 매우 강조하는 것이 두드러지는 특징이다. 예컨대, 초기 法家를 대표하는 상앙이 제기하는 '형벌로써 형벌을 제거한다'는 '以刑去刑'이나 '法으로써 法을 제거한다'는 '以法去法'이 그것이다. 형벌로써 형벌을 제거하면 나라가 다스려지고, 형벌로써 더 무겁고 많은 형벌을 초래하면 나라가 어지러워진다는 法의 실효성에 대한 기본인식은 설득력 있는 탁견임에 틀림없다. 그러나 이를 실현하는 수단방법으로서, 형벌을 시행함에 가벼운 죄를 무겁게 처벌해야만 형벌이 제거되고 정치가 이루어져 나라가 강대해지며, 중죄를 엄중히 처벌하고 경죄를 가볍게 처벌하면 형벌이 필요하고, 일이 많아져 나라가 쇠약해진다는 가치론적 판단과 정책은, 보편적 공감을 형성하기 어려운 法家 특유의 사상이다.[35]

그는 형벌이 준엄하면 인민이 감히 범하지 않아, 결과적으로 형벌이 시행되지 않는 현실을 이룰 수 있을 것이라고 기대한다.[36] 형벌을 시행하지 않아도 인민이 선량한 것은 형벌이 엄중하기 때문이며, 따라서 나라를 잘 다스리는 군주는 죄악에만 벌을 주되 선행은 표창하지 않아야 한다.[37] 또 그는 형벌로써 형벌을 제거할 수 있다면 비록 중형도 시행할 수 있으며, 사형으로써 살인을 제거할 수 있다면 사형도 가능하고, 전쟁으로써 전쟁을 제거할 수 있다면 전쟁도 괜찮다고

35 '刑期于無刑'은 古文尙書, 大禹謨편에 나오는데, 孔安國 傳은 비록 형법을 시행하지만 '以殺止殺'의 이념으로 범법자가 없어 형벌이 사용되지 않는 이상적 경지에 이르는 의미라고 해석한다. '辟以止辟'은 古文尙書, 君陳편에 나오는데, 蔡沈은 '刑期無刑'을 거론하면서 형벌은 시행하여 형벌을 종식시킬 수 있는 경우에 한하여 사용해야 한다는 의미로 해석한다.

36 商君書, 去強: "以刑去刑, 國治; 以刑致刑, 國亂. 故曰 : 行刑重輕, 刑去事成, 國彊; 重重而輕輕, 刑至事生, 國削."

37 商君書, 畫策: "善治者, 刑不善而不賞善, 故不刑而民善; 不刑而民善, 刑重也; 刑重者, 民不敢犯, 故無刑也."

주장한다.[38] 물론, 형벌이 형벌 자체를 제거하고 도덕으로 복귀하기 위한 수단방편이라는 목적론적 인식은 고귀하다.[39] 그러나 목적이 정당하면 목적 실현을 위해서는 어떠한 수단방편도 가리지 않고 동원할 수 있으며 또한 사용해야 한다는 본말전도의 목적지상론은, 실제로 부국강병의 야욕을 채우고 포학잔인한 부도덕을 자행하는 군주에게 절대적 통치권을 합리화하는 미명구실만 제공할 위험이 크다. 역사상 이러한 우려는 바로 현실화되었다. 法家사상을 채용한 秦이 비록 중원통일의 대업은 이룩하였지만, 엄형준벌의 가혹한 법치로 삼십여 년만에 멸망한 사실이 그러하다. 한비자의 重刑嚴罰 일변도 법치사상도 이러한 상앙의 '以刑去刑' 이론을 그대로 계승한 것으로, 그 자신이 상앙의 언론을 직접 인용해 거론하고 있다.[40]

天道의 無爲自然에 근거한 人法의 刑期無刑적 궁극 이상은, 그 후 역대 왕조 법제사 및 법사상에도 계속된다. 이는 역대 왕조의 律令 제정 및 법 시행에서 최고 지도이념으로 거듭 천명된다. 漢書 형법지는 兵刑一致 관점에서, 舜이 법관의 직제를 설치했지만 실제로 형법을 사용하지 않은 것은, 마치 최상의 장수(兵法家)가 결코 군사를 움직이거나 진을 치지 않는 것과 같다고 비유한다.[41] 효문제 때에는 肉刑을 제거하고 각종 欽恤의 仁政을 시행하며 張釋之 같은 명 법관(廷尉)을 등용했는데, 형벌 시행이 크게 감소해 '형벌이 거의 사라진 기풍'이 진작되었다는 칭송이 자자했다.[42] 형벌이 사용되지 않고 방치되는 기풍은,

38 商君書, 畫策: "以戰去戰, 雖戰可也; 以殺去殺, 雖殺可也; 以刑重刑可也."

39 商君書, 開塞: "此吾以效刑之反於德, 而義合於暴也. 故王者以賞禁以刑勸, 求過不求善, 藉刑以去刑."

40 韓非子, 內儲說上편 및 飭令편 참조.

41 漢書, 刑法志: "若夫舜修百僚, 咎繇作士, 而刑无所用, 所謂善師不陳者也."

42 漢書, 刑法志: "孝文卽位, 選張釋之爲廷尉, 罪疑者予民, 是以刑罰大省, 有刑錯之風."

마치 무기가 준비되어 있지만 전쟁이 없어 사용하지 않고 방치한 결과 녹이 슬 정도라는 태평성세와 같은 비유적 표현이다. 이는 인민이 법을 아예 범하지 않을 정도로 도덕적 교화가 지극했다는 堯舜시대에 버금가는 차선의 이상통치로 여겨지는데, 대개 周初 문·무·주공을 계승하여 善政을 베푼 성왕·강왕의 통치가 거론된다.[43]

晋代에는 肉刑의 부활론과 관련하여, 형벌로써 형벌을 종식시킨다는 법이상이, 각기 상반된 두 입장의 이론근거로 동시에 채택되는, 기이한 이율배반 양상이 나타난다. 육형 부활론자는 사형은 지나치게 중하고 일반형벌은 다소 경미하여, 간사한 죄악을 적절히 근절시키기 어렵게 양극단에 치우쳤다는 것이다. 예컨대, 도망을 재범한 죄인에게 같은 종류의 형벌을 가중하는 법현실은, 형벌로써 형벌을 낳는 것에 불과하여, 형벌로써 형벌을 종식시킨다는 옛날 법이상과 상반된다고 비판한다.[44] 반면 부활 반대론자는 肉刑이 이념상 사형을 감경하는 대체형벌이지만, 이를 부활할 경우 경미한 범죄에 대한 가중처벌로서 활용될 가능성을 우려한다. 즉, 肉刑은 현실적 시행에서 減刑의 명분만 내세울 뿐, 실제로는 죄악을 조장하는 근원이 된다고 지적한다. 그래서 중형으로써 경미한 범죄를 예방하는 '殺以止殺'의 이상론만 못하다고 주장한다.[45] 상반된 주장을 합리화하는 근거로 각기 등장하지만, 범죄를 종식시키고 형벌을 더 이상 사용할 필요가 없는 이념을 지향하는 것은 분명히 공통이다.

---

43 明史, 刑法二: "堯舜之世, 民不犯法, 成康之時, 刑措不用, 皆君臣同德所致."

44 晉書, 刑法: "今死刑重, 故非命者衆; 生刑輕, 故罪不禁奸. 所以然者, 肉刑不用之所致也. 古者用刑以止刑, 今反於此. 諸重犯亡者, 發過三寸輒重髡之, 此以刑生刑; 加作一歲, 此以徒生徒也."

45 晉書, 刑法: "復肉刑以代死, 誠是聖王之至德. 是爲輕其刑以誘人於罪. 昔之畏死刑以爲善人者, 今皆犯輕刑而殘其身. 徒有輕刑之名, 而實開長惡之源. 不如以殺止殺, 重以全輕, 權小停之."

사실 이러한 현상은 한 사물의 양면과 마찬가지로 刑期無刑이라는 궁극적 법이념의 상반된 양면성에 불과하다. 사실, 法을 '필요악'으로 개념 정의할 때, 그 필요성과 흉악성(불충분성)의 이율배반적 양면성이 동시에 함축되는 것과 마찬가지다.[46]

실제로 唐律은 名例律의 첫머리 疏議에서, 인간의 사악한 감정욕망을 다스리기 위해서 法과 형법이 국가에서 폐지될 수 없다는 필요성의 관점에서 '以刑止刑, 以殺止殺'의 명제를 거론한다.[47] 그리고 唐律釋文에서는 바로 死刑에 대한 疏議에서도, 이는 極刑이지만 포학과 간사한 죄악을 금지하고 예방하기 위한 부득이한 방편으로서, 본래는 죄수를 살려주고자 하지만 그 궁극 이념이 살인을 그치게 하는 데 있을 따름이라고 강조한다.[48] 그러면서 笞(치)刑에 대한 소의에서는, 그 재질과 경중이 시대적인 연혁에 따라 같지 않지만 모두 한결같이 형벌이 사용되지 않고 방치되는 '無刑'의 이념을 반드시 지향하고 있다고 해설한다.[49] 여기서 형벌이 방치된다는 '措'자는, 형벌의 위하적인 심리강제 기능을 강조하는 일반예방주의 이론으로 해석된다.

> "범법자를 시장에서 공개 처벌하여 뭇사람으로 하여금 보도록 함으로써, 타인이 다시는 法을 범하지 않도록 한다. 만약 타인이 모두 法을 범하지 않으면, 형법의 도구방편은 모두 방치하여 사용하지 않을 것이니, 형벌로써 형법 없음을 기약하는 것이다."[50]

---

46 졸고, "전통 법문화에서 法의 起源과 必要惡性", 연세법학 38(2021), 711-752면.

47 唐律疏議, 名例: "疏議曰: 其有情恣庸愚, 識沈愆戾, 大則亂其區宇, 小則睽其品式, 不立制度, 則未之前聞. 故曰 : '以刑止刑, 以殺止殺.'刑罰不可弛於國."

48 唐律疏議, 名例, §5: "死刑二."(疏議曰: 禁暴防姦, 本欲生之, 義期止殺.)

49 唐律疏議, 名例, §1: "笞刑五."(疏議曰: 笞擊之刑, 刑之薄者也. 隨時沿革, 輕重不同, 俱期無刑, 義唯必措.) 참고로, '笞刑'은 讀音이 '태형'이 아니라 '치형'이다.

50 唐律釋文, 卷第一, 名例: "措, 謂將犯法者肆于市, 令衆人見, 使他人不復犯法, 如他

또한 唐律釋文의 序에서도 당률소의와 마찬가지로, 刑을 필요성의 관점에서 거론하기도 한다. 즉, 刑이 비록 禮의 표면상 보조 존재로서 부득이 사용되지만, 국가 통치에서 폐지할 수 없기 때문에, 형벌이 방치되어 사용되지 않는다는 말은 들었어도, 아예 법전자체를 제거할 수는 없을 것이라고 한다.[51]

宋代 英宗 때는, 직무기강 해이로 사형죄를 범한 관리의 처벌을 다소 관대하게 경감해주자는 대신의 건의에 대하여, 과실범의 감경처벌은 괜찮지만, 고의범의 처형을 관대히 용서하면 도리어 사형수가 더욱 불어나게 되고, 결국 '刑期無刑'의 道에 어긋난다고 반대한 적도 있다.[52] 大明律 편찬이 완성되어 이를 進上하는 刑部尙書 劉惟謙의 表文에서는, 尙書에 '刑刑于無刑'을 인용하면서, 法으로써 法을 종식시켜 인민들이 저절로 감히 죄를 범하지 않도록 하는 이념적 지향성을 부각시킨다.[53] 淸代에는 황제들이 淸律에 대한 序文에서 직접 이러한 '無刑'의 통치이념을 거듭 강조한다. 淸律을 처음 편찬한 世祖는 그 序文에서, 백관만민이 모두 名義를 경외하고 범법을 중하게 여겨 형벌이 방치되어 사용되지 않는 기풍이 진작되길 기대한다고 피력한다.[54] 그 후 世宗이나 高宗도 마찬가지로 '刑措'나 '刑期無刑'의 이상을 되풀이하여 강조한다.[55]

人皆不犯法, 則刑法之 具皆措置不用, 刑以期無刑也." 唐律疏議, 617면에서 인용.

51 唐律釋文序: "(刑)聖人用之, 不得已也. 有國有家, 廢之莫得. 惟聞刑措, 豈去刑書?" 唐律疏議, 616면에서 인용.

52 宋史, 刑法二: "刑故而得寬, 則死者滋衆, 非刑期無刑之道. 俟有過誤, 貸無傷也."

53 進大明律表: "晉曰: '刑期于無刑. 言辟以止辟, 而民自不敢犯也." 黃彰律編, 明代律例彙編, 卷首, 2-3면에서 인용.

54 淸史稿, 刑法一: "務使百官萬民, 畏名義而重犯法, 冀幾刑措之風."

55 世宗憲皇帝御製大淸律集解序" 및 "高宗純皇帝御製大淸律例序, 大淸律例專通新纂, 7면 및 12면 참조.

이상에서 살펴본 바와 같이, 군주의 無爲정치 및 律令의 刑期無刑이념은 天道의 無爲自然 본성을 근원적 이상으로 지향하고 있다. 인간의 有爲적 당위규범으로서 天道과 본질상 다를 수밖에 없는 것이 필연의 이치이자 사실이다. 그렇지만 비록 명확한 한계에도 불구하고, 인간이 自然의 존재법칙을 본받아 도덕적인 정당한 당위규범으로써 사사롭고 불공평한 有爲를 극복·제거하고, 마침내 天道의 無爲自然에 합치하고자 하는 주체적인 선량한 志行은, 곧 人法天의 궁극이념이자 천인합일의 규범적 표현임에 틀림없다. 誠은 존재법칙으로서 天道이고, 誠에 나아가고자 사념하는 것은 당위규범으로서 人道라는 명제는,56 양자의 명확한 구분을 확정하기보다는, 오히려 양자의 통일·조화를 지향하는 철학적 규범적 이상을 제시하는 것이다.

3. 天道의 四時와 使民以時

天道의 自然法則이 인간의 구체적 일상생활과 가장 밀접하게 관련되어 관찰·인식되는 것은, 그 운행질서인 시간의 관점이다. 즉, 天道의 절차적 과정의 내용은, 해와 달의 운행으로 나타나는 밤낮의 하루(日)와 朔望의 한 달(月), 그리고 춘하추동의 1년(年)이다. 그중 인간의 생활 및 法制에 가장 중요한 의미를 지니는 것은 물론 四時이다. 흔히 地利(地財) 및 人和와 함께 天時을 거론하는 것은, 天道의 가장 핵심 본질 내용이 時間性에 있음을 반증해 준다.57

---

56 孟子, 離婁上: "誠者, 天之道也; 思誠者, 人之道也. 至誠而不動者, 未之有也; 不誠, 未有能動者也."; 禮記, 中庸: "誠者, 天之道也; 誠之者, 人之道也. 誠者, 不勉而中, 不思而得, 從容中道, 聖人也. 誠之者, 擇善而固執之者也."

57 天道의 時間性은 다시 구체로 그 운행질서의 주기적 규칙성과 수시변동성, 즉 恒常性과 變化性의 두 상대 범주로 파악할 수 있는데, 따로 詳述한다.

농경 위주 고대사회에서 天時, 특히 四時의 기후변화에 순응하여 제때 필요한 일을 행하는 '農時'는 한해 생계를 좌우하는 결정적 관건이다. 이것이 곧 인간이 天道에 순응하는 無爲自然인데, 특히 인민을 다스리는 군주가 전쟁이나 각종 부역으로 農時를 소극적으로 해치지만 않으면, 백성이 제때 농사를 지어 저절로 풍족해질 수 있음은, 天道의 無爲自然 내용에서 이미 언급한 바와 같다.[58] 이것이 나라를 다스리는 정치의 핵심요건으로 공자가 강조하는 '使民以時' 개념이다.[59] 이 개념에는 물론 군주가 農家月令을 적극 시행하여 백성들이 農時를 잃지 않도록 한다는 勸農의 의미도 포함된다. 그러나 天道의 無爲自然 본성이나, 전쟁·부역으로 인민의 노동력과 農時를 빈번히 빼앗는 당시 정치현실에 비추어보면, 이는 소극적 의미에 비하여 본질적 중요성이 덜한 부차적 수준에 불과하다.[60]

使民以時의 구체 내용을 좀 더 직접 말하자면, 봄·여름·가을의 세 철은 백성이 농사에 전심전력할 수 있도록 그때를 해치거나 빼앗지 않으며,[61] 군사훈련이나 각종 공사는 원칙상 겨울철 같은 농한기를 틈타 시행하는 것을 의미한다.[62] 특히 춘추시대 각종 공사에 대한 좌전의 역사 기록을 보면, 한결같이 인민의 농사를 방해하였는지 관점에서 평론하고 있는 점이 현저히 부각됨을 알 수 있다. 즉, 농한기인 겨울 공사에 대해서는 時宜 적절하다는 '時'의 평가와 함께 '禮'에 부합

58 國語, 齊語: "無奪民時, 則百姓富."; 墨子, 七患: "財不足則反之時, 故先民以時生財."

59 論語, 學而: "道千乘之國, 敬事而信, 節用而愛人, 使民以時."

60 후대 勸農정책이 그것이다. 예컨대 禮起, 月令편에는 仲秋 음력 8월에 보리파종의 때를 잃지 않도록 권농하는데, 이때를 잃은 자는 처벌한다는 기록이 있다. "乃勸種麥, 毋或失時. 其有失時, 行罪無疑."

61 左傳, 桓公6年: "其三時不害, 而民和年豐也. 故務其三時, 民和而神降之福."

62 左傳, 隱公5年: "春蒐夏苗秋獮冬狩, 皆於農隙以講事也."; 國語, 周語上: "蒐于農隙 獮於旣烝, 狩於畢時, 是皆習民數者也."

한다고 칭송하는가 하면, 농사철의 부역에 대해서는 農時를 빼앗은 사실을 '不時'로서 비판하고 있다.

예컨대, 魯 襄公 때 서둘러 防城을 쌓으려고 하다가, 臧武仲의 건의를 받아들여 農時가 끝나기를 기다렸는데, 이것이 곧 전형적인 使民以時의 禮이다.[63] 인민의 노동력을 동원하는 부역은 대개 성이나 궁궐·정원 등 건축공사가 대부분인데, 그중 특히 토목공사의 구체 일정은 보통 蒼龍星이 동방에 나타나고 추수가 끝나는 음력 구월에 공사 준비를 하고, 心宿가 동방에 출현하는 음력 시월 초에 작업을 시작하며, 定星(營室)이 남방에 나타나는 시월 중순에 본 공사를 진행하여, 동지 때까지는 모든 工程을 완성하는 것이 상례였다.[64] 따라서 농사철인 봄·여름·가을에 일으키는 토목건축 공사는 한결같이 '不時'로 비평받는다.[65] 예컨대, 宋 平公 때 구월에 누대를 쌓아 추수에 방해가 되자, 子罕이 종사가 끝나기를 기다리자고 요청하였는데, 이를 받아들이지 않고 강행한 것이 그 대표적 실례이다.[66]

인민의 생업을 방해하는 '不時'의 부역이 민원을 야기할 것은 자명하다. 천지의 정상 운행질서인 天時에 위배되어 나타나는 각종 자연현상을 '災異'라고 하고, 사람이 정상 윤리도덕을 위반하는 것을 '昏亂'이

---

63 左傳, 襄公13年: "冬, 城防, 書, 事時也. 於是將早城, 臧武仲請俟畢農事, 禮也." 이 밖에도 좌전이 '時'라고 평가한 공사는 여섯 차례가 더 있다. 桓16, 莊29, 文12, 宣8, 成9, 昭9年에 등장한다.

64 左傳, 莊公29年: "冬十二月, 城諸及防, 書, 時也. 凡土功, 龍見而畢務, 戒事也; 火見而致用, 水昏正而栽, 日至而畢."구체 시기의 해설은, 楊伯峻, 春秋左傳注一, 244-245면 注를 참조.

65 예컨대, 봄 건축공사로는 左傳, 莊29, 僖公20年, 여름 토목공사로는 左傳 隱7年, 9年, 그리고 가을 공사로는 左傳, 成18年 기록이 있다.

66 左傳, 襄公17年: "宋皇國父爲大宰, 爲平公築臺, 妨於農收. 子罕請俟農功之畢, 公弗許."

라고 일컫는데, 天地自然의 災異가 인간사회의 혼란으로부터 말미암는다는 것이 확고부동한 전통 災異觀임은 이미 상술한 바와 같다.[67] 그런데 그 災異의 근본원인이 되는 인간사회의 反道德的 혼란은 흔히 군주의 포학무도와 가렴주구로 인한 인민의 원한과 증오로부터 말미암는 경우가 일반이다. 인민의 농사철을 빼앗는 부역이 그 대표적 사례가 됨은 물론이다. 춘추시대에 돌(石)이 사람에게 말했다는 괴이한 소문을 들은 진 평공이 신하에게 그 까닭을 물은 적이 있었다. 이에 師曠은 돌이 말할 수 없는 원칙을 말한 뒤, 혹시 신명이 돌에 의탁하여 뜻을 전한 것이거나, 그렇지 않으면 사람이 헛들은 것이라고 대답했다. 그러나 이 사실을 당시 진행 중인 궁실 건축공사와 관련시켜 덧붙인 평론이 특히 주목된다.

> "신이 듣기로, '공사를 때에 맞지 않게 일으켜, 백성 사이에 원망과 비방이 일어나게 되면, 말할 수 없는 사물이 말하는 수가 있다'고 합니다. 지금 궁실이 높고 사치스러운데, 인민의 힘은 고갈되어 생명조차 보존하기 어려운 까닭에 원망과 비방이 함께 일어나니, 돌이 말하는 것이 또한 당연하지 않겠습니까?[68]

이러한 使民以時의 정치이념은 후대 律令에도 반영되어 규정된다. 그 구체 내용은 본질적 성격상 대부분 律보다는 令 이하에 규정된 것으로 보이는데, 주요한 기본원칙은 律에도 나타난다. 예컨대, 당률은 비록 公事라 할지라도 律令이 허용하지 않은 불법적인 건축토목공사를 일으키거나 기타 부역을 인민에게 부과하는 것을 엄격히 금지한다. 그런데 여기서 '불법'이란 律令상 명문의 근거규정이 없거나, 설령 있

---

67 左傳, 宣公15年: "天反時爲災, 地反物爲妖, 民反德爲亂. 亂則妖災生."

68 左傳, 昭公8年: "石不能言, 或馮焉. 不然, 民聽濫也. 抑臣又聞之曰: '作事不時, 怨讟動于民, 則有非言之物而言.' 今宮室崇侈, 民力彫盡, 怨讟並作, 莫保其性, 石言, 不亦宜乎?"

더라도 '때에 맞지 않게' 공사를 일으키거나 장정을 차출하는 행위는 마찬가지로 '불법'이 된다.[69] 明淸律에서는 '때에 맞지 않는' 공사를 '불법' 공사와 함께 병렬적 범죄구성요건으로 직접 명문 규정하고 있는데, 구체로 농한기가 아니거나 전쟁이나 흉년이 발생한 때를 지칭한다고 주를 달고 있다.[70] 또한 조금 독특한 것은, 농가에서 주로 병해충을 태워 죽이기 위해 산이나 들에 지피는 쥐불에 대하여도, '때에 맞지 않게' 시행하는 것을 처벌하는 법규정이다. 그 '때'란 일반으로 추수가 끝난 음력 동짓달 초하루부터 다음해 농사를 시작하기 전인 정월 그믐까지인데, 광대한 지역의 다양한 기후특성과 지방관습을 고려하여, '鄕法'을 우선 적용 기준으로 인정하고 있다.[71] 쥐불의 때는 대개 그 본래목적을 효과적으로 달성하고, 나아가 무분별한 失火의 가능성을 예방하기 위하여 정해진 것으로 보인다.

이러한 '소극적' 使民以時 뿐만 아니라, '적극적' 관점에서 규정된 사항도 律文에 등장한다. 이는 대개 일선 民政을 직접 담당하는 관리의 직무에 관한 규정이 대부분이다. 예컨대, 제방 담당관리가 제방을 평소 제대로 관리하지 않거나 '제때' 수리하지 않은 경우 엄중한 처벌을 받는다. (만약 이로 인하여 인민의 생명과 재산에 피해가 발생한 경우 죄책이 더욱 가중된다.) 인민의 생명·안전과 재산·농사에 직접 중대한 관련이 있는 사회간접자본이기 때문에, 해당 관리는 '수시로' 점검하며, 만약 수리가 필요한 경우에는 '추수가 끝난 후'(使民以時) 공사

69 唐律疏議, 擅興, §241: "諸非法興造及雜徭役, 十庸以上, 坐贓論."(謂爲公事役使而非法令所聽者.) (疏議曰 : 非法興造, 謂法令無文, 雖則有文, 非時興造亦是. 及雜徭役, 謂非時科喚丁夫.)

70 明律, 工律, 營造, 營造作: "若非法營造及非時起差人工營造者, 罪亦如之."(纂注: 非法營造, 謂法所不當造者; 非時, 謂非農隙之時及有兵荒之時也.)

71 唐律, 雜律, §430: "諸失火及非時燒田野者, 笞五十."(非時, 謂二月一日以後、十月三十日以前. 若鄕土異宜者, 依鄕法.)

규모에 따라 인력을 차출하여 수리해야 한다. (물론 홍수범람으로 제방이 파손되어 재난이 발생한 경우에는 때를 가리지 않고 즉시 인력을 동원하여 수리해야 한다.) 그리고 시설이 노후화로 자연적 파손이 발생한 경우에는, '즉시' 수리하여 '그 때를 잃지 않아야', 불의의 재난 발생을 예방할 수 있다.[72]

또한, 도로나 교량도 농한기에 정기 점검과 수리를 실시하여, 항상 견실하고 평탄한 상태를 유지해야 하며, 파손된 경우에는 즉시 수리하여 통행에 지장을 주지 않도록 해야 한다.[73] 또, 가뭄이나 홍수 등 재난이 발생하여 인민이 기근에 허덕이는 경우, 관할지역 관리가 '즉시' 보고하여 구휼하지 않는 직무태만이나 유기도 처벌받는다.[74]

이상 각종 '때'는 물론 규칙적인 四時 운행상의 때는 아니지만, 인민의 생활과 직접 관련된 '자연발생적 때'라는 점에서, 적극적 급부행정의 '使民以時' 시각에서 특기할 만하다. 이밖에도, 月令의 農時에 따른 勸農의 책임도 해당 관리에게 부여되었을 가능성이 있는데, 구체 내용은 令에 규정되었을 것으로 보인다. 다만, 律은 전반적 관점에서, 인민이 논밭을 경작하지 않아 황폐해지도록 방치한 경우에, 관할 지역에 담당 관리의 행정감독책임을 묻는다는 기본원칙만 규정하고 있다.[75] 적극적 '使民以時'의 勸農 책임을 부과하는 것임에 틀림없다. 이는 田

72 唐律, 雜律, §424: "諸不修隄防及修而失時者, 主司杖七十."(疏議曰: 依營繕令 : '近河及大水有隄防之處, 刺史縣令以時檢校. 若須修理, 每秋收訖, 量功多少, 差人夫修理. 若暴水汎溢, 損懷隄防, 交爲人患者, 先卽修營, 不拘時限.') 明淸律의 工律, 河防, '失時不修隄防' 조문도 같은 취지임.

73 明律, 工律, 河防, 修理橋梁道路: "凡橋梁道路, 于農隙之時, 常加点視修理, 務要堅完平坦."(纂注: 若有損坏, 而不及時修理, 未免阻碍經行.)

74 元史, 刑法一: "諸水旱爲災, 人民艱食, 有司不以時申報賑恤, 以致轉徙饑莩者, 正官笞三十七, 佐官二十七, 各解見任."

75 唐律疏議, 戶婚, §170: "諸部內田疇荒蕪者, 以十分論."

地의 분할과 회수를 매년 10월 1일부터 장부에 의해 실시하고, 또한 뽕나무나 기타 유실수의 식목재배를 인민에게 부과 독려하여야 한다는, 田令의 규정으로 미루어 보아도 거의 확실하다.[76]

그러나 법제사에서 무엇보다도 가장 중요한 의미를 지니는 '天時'는, 특히 음양오행 및 四時 운행과 직접 관련되는 法令 및 형벌의 구체적 시행상의 각종 '때'이다. 특히 德主刑輔 사상 및 災異觀과 밀접불가분의 관계 속에서, 상벌 시행이 四時陰陽의 운행에 부합하여야 한다. 이는 동중서가 집대성한 천인감응이론에 잘 나타난다. 봄은 온난하여 만물이 소생하는 화의 계절이기 때문에 경사를 행하며, 여름은 무더위로 만물이 생장하는 덕의 시절이므로 상을 베풀고, 가을은 맑은 숙살의 기가 내리는 평의 계절이므로 벌을 시행하며, 겨울은 추위로 만물을 모두 거두어 감추는 위의 계절이므로 형을 집행한다는 것이 주요 내용이다. 대강 요약하자면, 봄여름에는 경상인 덕을, 가을겨울에는 형벌지위를 각기 시행하여야 한다.[77]

그러나 法令과 상벌의 시행을 四時의 천기변화와 연관시키는 사상은 춘추시대에 이미 체계화되고 있다. 예컨대 蔡의 聲子(公孫歸生)는 일찍이 晋과 楚의 講和를 중개하면서 楚의 令尹인 子木에게 옛사람의 사적을 인용하여 상벌을 거론한 적이 있다. 인민을 다스림에는 상을 힘서 행하고 형벌은 경외하여야하는데, 상을 봄여름에 베풀고 형벌은 가을 겨울에 시행하여야 한다는 것이다.[78] 물론 여기에서 그 이론적 근거는 자세히 거론되지 않고 있지만, 당시의 天道관념이나 陰陽五行

76 唐律疏議, 戶婚, §171: "諸里正, 依令, 授人田, 課農桑."(疏議曰: 依田令 : '戶內永業田, 每畝課植桑五十根以上, 楡棗各十根以上. 應收授之田, 每年起十月一日, 里正預校勘造簿, 縣令總集應退應受之人, 對共給授.)

77 董仲舒, 春秋繁露, 四時之副 및 威德所生편 참조.

78 左傳, 襄公26年: "古之治民者, 勸賞而畏刑. 賞以春夏, 刑以秋冬."

사상의 내용과 수준에 비추어보면 그 이유는 자명해진다.[79]

天·地·春·夏·秋·冬의 六官 체계로 구성된 周禮는, 비록 후대에 기록된 책이긴 하지만, 周初의 정치법제가 이미 이러한 天地四時의 관념에 입각하였음을 강력히 시사해준다. 이는 自然秩序를 본받고자하는 人法天의 사상에 비추어보아도 당연한 사리다. 周初 구체 내용에서도, 天官 大宰가 관장하는 국가 최고의 法制인 六典과 小宰가 관장하는 六官 및 六職이 모두, 六官의 체계처럼 天地春夏秋冬의 自然秩序에 治·教·禮·政·刑·事의 관직을 각기 배속시킨다.(周禮, 天官, 大宰·小宰) 이는 후대 정치법제에도 그대로 계승되어 吏·戶·禮·兵·刑·工의 六部·六曹·六官이나 특히 법전상의 六典·六律의 체계로 나타난다. 春禮와 秋刑의 대비 관계가 가장 두드러지지만, 冬에 工(事)을 배속시킨 사실은, 民生을 해치지 않기 위하여 건축토목 공사를 농한기인 겨울에 시행하는 使民以時의 기본원칙을 반영해준다.

또한, 管子 幼官, 幼官圖, 四時편이나 여씨춘추 十二紀 및 禮記 月令편은 서로 상세함 및 소략함의 차이나 표현상 이동이 있지만, 실질 내용은 天地四時의 자연현상(天文)과 그 운행질서에 따른 인간의 정사를 기록한 점에서 대체로 일치한다. 특히 여씨춘추와 禮記 월령편이 거의 같다. 즉, 군주가 天道四時를 본받아 정치 교화와 법령·상벌

79 음양오행사상은 흔히 말하는 陰陽家에게만 고유한 독점적 사상은 결코 아니다. 易經이 기본상 음양 개념의 바탕 위에 구성되었고, 尙書, 洪範에는 이미 五行의 개념이 직접 등장한다. 실질적 음양오행의 사상관념은 天人合一적인 先秦 철학사상의 기본 범주로, 老子·공자를 비롯한 거의 모든 사상가가 직간접으로 거론한다. 특히, 管子에는 四時와 五行편이 독립해 존재한다. 선진시대 음양오행사상의 萌芽는, 張立文, 中國哲學範疇發展史(天道篇), 87-114면, 261-273면; 方克, 中國辯證法사상사, 40-88면, 96-109면, 525-554면; 謝松齡, 天人象: 음양오행학설사 導論, 15-65면; 陳遵嬀, 中國天文學史第一冊(古代天文學史編), 55-75면 등을 참조.

을 시행하는 '왕제'의 전형이다. 여기에는 四時 12紀의 체계에 따라 天文, 音樂, 衣服, 飮食 등이 陰陽五行 이론에 맞춰 열거되며, 農家月令도 상세히 포함되고 있다. 또 災異觀과 관련해, 군주가 정치법령을 天時의 운행질서에 부합하지 않게 시행하는 경우, 각종 천재지변이 초래된다는 내용이 매우 구체로 기록되고 있다. 이중에서 정치법제와 관련하여, 특히 주목할 만한 주요 내용만 거론해보자.

우선, 孟春正月에 천자가 제후에게 法令을 반포하고, 六官도 각기 소관 법령을 소속 관원 및 백성에게 공포하고 숙지하는 현상 및 관상의 제도에 관해서는 周禮 및 管子에 상세히 기록되어 있다. 특히 주목되는 점은, 천자에게 大史가 있어 日月星辰의 天文을 관측·예보하고 歷數(특히 朔과 閏月 등이 중요함)를 제후에게 반포하는데, 그가 동시에 나라를 다스리는 각종 법전과 규칙을 관장하고 그 시행을 감독한다는 사실은 상당히 의미심장하다. 즉, 天時과 人法이 통일적으로 긴밀한 상호관련성을 가지고 있는 것이다.[80]

요컨대, 孟春에는 德과 令을 공포하며 慶賞을 시행하며, 특히 만물이 소생하는 和氣를 해치지 않도록 兵事는 일컫지도 말아야 한다.[81] 仲春에는 감옥·刑具·獄訟 등을 제거 금지하여, 天地의 好生之德에 부응하며, 밤낮이 같은 自然의 균형을 본받아 각종 도량형을 공정·형평에 부합하도록 바로잡는다.[82] 季春에는 바야흐로 왕성해지는 生氣에

80 左傳, 桓公17年: "天子有日官, 諸侯有日御. 日官居卿以厎日, 禮也. 日御不失日, 以授百官于朝."; 周禮, 春官宗伯 下: "大史掌建邦之六典 . 以逆邦國之治; 掌法以逆官府之治; 掌則, 以逆都鄙之治. 凡辨法者攷焉, 不信者刑之. 正歲年以序事, 頒之于官府及都鄙, 頒告朔于邦國."

81 呂氏春秋, 孟春紀: "命相布德和令, 行慶施惠, 下及兆民. 不可以稱兵, 稱兵必有天殃."

82 呂氏春秋, 仲春紀: "命有司, 省囹圄, 去桎梏, 無肆掠, 止獄訟. 日夜分, 則同度量, 鈞衡石, 角斗桶, 正權概."

맞춰 德과 은혜를 베풀며, 특히 창고를 열어 천하 인민의 각종 빈궁함(春窮期)을 구휼한다.[83] 孟夏에는 賞을 베풀고 제후를 봉하며, 작은 범죄와 형벌을 처리하여 가벼운 죄인은 석방한다.[84] 양기가 절정에 이르는 仲夏에는 중죄인을 느슨하게 대우하여 그 음식을 후하게 주며, 형벌을 시행하는 일이 없이 고요함을 유지한다.[85] 季夏에는 한창 왕성하게 성장하는 수목을 끊거나 자르지 않으며, 토목공사나 兵事와 같은 큰일을 일으켜 農時를 방해하는 일이 없어야 한다. 그렇지 않으면 하늘의 재앙을 받게 된다.[86]

孟秋에는 陰氣의 강림에 때맞춰 비로소 형벌을 시행하며, 不義를 정벌하고 포학함을 처단한다. 특히 法制를 정비하고 감옥·刑具를 손질하여, 간사한 죄악을 신중히 금지하고 죄인을 철저히 체포한다. 법관은 피해자의 상처를 자세히 살펴 獄訟을 판단함에 반드시 공정형평을 유지하고, 죄 있는 자를 엄하게 처단하라는 命令이 내려진다.[87] 仲秋에는 밤낮의 균형에 맞춰 仲春처럼 각종 도량형을 통일해 바로잡음은 물론, 특히 秋刑의 이념에 따라 모든 형벌을 엄격하게 시행하되, 반드시 공평과 정의에 합당하도록 처단하여야 한다. 만약 법을 굽혀 부당한 형벌로 인민의 억울함이나 원통함을 야기하는 자에게는 거꾸로 그 죄책을 부과한다.[88] 季秋에는 刑獄을 완전히 처결하여

83 呂氏春秋, 季春紀: "天子布德行惠, 命有司, 發倉窌, 賜貧窮, 振乏絶, 開府庫, 出幣帛, 周天下."

84 呂氏春秋, 孟夏紀: "乃行賞, 封侯慶賜. 斷薄刑, 決小罪, 出輕繫."

85 呂氏春秋, 仲夏紀: "挺重囚, 益其食. 百官靜, 事無刑, 以定晏陰之所成."

86 呂氏春秋, 季夏紀: "樹木方盛, 無或斬伐. 不可以興土功, 不可以起兵動衆, 以妨神農之事, 擧大事則有天殃."

87 呂氏春秋, 孟秋紀: "始用戮刑, 以征不義, 詰誅暴慢, 以明好惡. 命有司, 修法制, 繕囹圄, 具桎梏, 禁止姦, 愼罪邪, 務搏執. 命理, 瞻傷察創, 視折審斷, 決獄訟, 必正平; 戮有罪, 嚴斷刑."

죄인에 대한 형벌을 남김없이 시행한다.[89] 孟冬에는 바야흐로 각종 건축토목 공사를 시행하는데, 공사에 정성을 다하지 않거나 부당함이 있는 자는 그 정상에 따라 반드시 그 죄를 처벌한다.[90]

이렇게 발전된 天時과 人法政令의 관계가 漢代 동중서를 위시한 유교적 통치계층에 최고 통치이념으로 종합화되기에 이른 것이다. 그리고 특히 형벌 시행과 관련한 기본원칙은 그 후 역대 法制에서 거의 그대로 계승되어 나타나고 있다. 즉, 일반 사형수의 경우에는 秋分이 지나기를 기다려 처형해야 하며(待時), 만물이 생장하는 계절인 立春 이후 秋分 때까지는 天道의 好生之德에 부합하기 위하여 원칙상 사형을 집행할 수 없다. 다만, 죄질이 극악무도한 일정한 특별범죄에 대하여는, 秋分 이후까지 때를 기다리지 않고(不待時) 즉각 처형할 수 있다. (唐律의 경우, 十惡 중 謀反, 謀大逆, 謀叛, 惡逆 및 노비나 部曲이 主人을 살해한 죄가 이에 해당하며, 明淸律의 경우에는 이보다 더 확대되어 사형에 해당하는 十惡 모두와 强盜까지 포함된다.) 그러나 不待時의 사형도 집행할 수 없는 절대적 禁刑日이 존재한다. 국가왕실의 大祭祀나 齊戒日 및 24節氣, 비가 내리거나 흐린 날, 날이 새지 않은 어두운 때, 특별한 假日, 도살할 수 없는 정월, 오월, 구월의 斷屠月, 그리고 매월 1(朔), 8(上弦), 14, 15(望), 18, 23, 24(下弦), 28, 29, 30(晦)일의 열흘로 정해진 禁殺日이 절대적 停刑日이다.[91]

이렇게, 일반 정치상 使民以時나 법제상 行刑之時는 天道의 四時 운

88 呂氏春秋, 仲秋紀: "命有司, 申嚴百刑, 斬殺必當, 無或枉橈, 枉橈不當, 反受其殃. 日夜分, 則一度量, 平權衡, 正鈞石, 齊斗甬."

89 呂氏春秋, 季秋紀: "乃趣獄刑, 無留有罪."

90 呂氏春秋, 孟冬紀: "工師效功, 工有不當, 必行其罪, 以窮其情." 이상 각 내용은 禮記, 月令편에도 거의 같게 기록되어 있다.

91 唐律疏議, 斷獄, §496의 律文 및 疏議; 明淸律, 刑律, 斷獄, "死囚覆奏待報" 條의 律文 및 註; 그리고 隋書. 舊唐書, 唐書, 明史 등의 刑法志 참조.

행질서에 직접 근원할 뿐만 아니라, 天道의 無爲自然 본성과 好生之德의 내용과도 상당히 밀접하게 관련됨을 알 수 있다. 사실 이 세 가지 관점이 삼위일체로 조화를 이루어야 비로소 天道의 진면목이 원만하게 이해될 수 있다. 이는 본디 혼연일체 天道를 각기 다른 세 시각으로 나누어 본 것이기 때문이다.

본디 박사학위론문 제1초고에서는, "天道와 人法" 중 本章 "天道의 내용과 人法의 반영" 제목 아래, "天道의 好生之德과 인본주의 사상" 및 "법제사에 구현된 인도주의 호생지덕" 節을 기술했으나, 최종 원고에 "전통 중국의 황금률 '恕'와 '仁'의 법원리" 산하로 편입하였다.

▸ "傳統 中國法의 精神 – 情理法의 中庸調和", 전남대출판부, 2005년 초판, 2011년 재판, 제4장 제5절 제2항 및 제3항, 448–458면 참조.

제2편

恒常과 變化

제 1장 道의 恒常性과 變化性

1. 諸行無常, 法輪常轉

우주 삼라만상은 모두 덧없다.(諸行無常) 자연세계이건 인간사회이건, 구체 모습을 띤 物象이건 추상의 事物이건, 모든 존재는 늘 변한다.(萬有常變) 恒久하게 常住함이 없음은 곧 항상 변화한다는 의미이다. 즉, 오직 변화만이 항상 불변한다. 그렇다고 변화가 기본 주체(본질)이고 항상성이 부수적인 종속임을 뜻하지는 않는다. 항상성과 변화는 한 세계의 서로 다른 양면의 본질속성을 표현하는 개념일 뿐이다. 인간의 감각기관으로 보고 듣고 느낄 수 있는 有形의 현상은 변화의 세계이다. 그러나 현상의 내면에 존재하여 밖으로 드러나지 않는, 감각할 수 없는 無形의 본질은 항상성의 차원이다. 흔히 무형의 본질은 유형의 현상 변화를 규율하는 질서 있고 규칙적인 법칙이나 원리로서 규정한다. 이렇게 보면, 항상성이 없고, 항상 변화한다는 표현은, 유형의 현상세계에 치중한 명제임을 알 수 있다. 반면 덧없고 늘 변하는 가운데, 변하지 않고 항상 일정한 법칙·원리가 존재하는 것이 무형의 본질세계이다. 그리고 이 항상 불변의 본질적 원리·법칙이 항상 규칙적으로 질서 있게 운행하여, 현상세계의 덧없는 변화를 나타내는 것이다.(法輪常轉) 요컨대, 항상성과 변화성은 철학적으로 서로 분리할 수 없는 한 쌍의 상대적 對偶범주이다.

사실 인간이 태어나 외부세계를 접촉하면서, 짧게는 하루 밤낮부터 길게는 일년 사계절에 걸쳐, 늘 덧없는 날씨 변화를 피부로 직접 느끼게 된다. 그렇지만 곧 밤낮의 규칙적인 반복과 계절의 주기적인 순환을 발견하게 된다. 물론 달의 모습과 출몰 위치 및 시간, 또 달의 변화와 潮流의 운동 사이에 상관적인 규칙성도 점차 인식하게 될 것이다. 이러한 구체적이고 가까운 자연현상의 변화와, 그 변화 속에 내재하는 주기적 운행법칙이, 곧 道의 기본적인 변화성과 항상성이다. 그러나 인간의 생로병사의 무상함, 특히 죽음의 공포가 가져다주는 덧없음은, 인간의 정신적 사고를 더욱 추상적이고 차원 높은 道의 세계로 이끈다. 자신의 생명과 장래의 운명, 특히 죽음 이후에 닥칠 알 수 없는 세계에 대한 호기심과 불안감은, 밤낮이나 계절 같은 현상세계의 변화 속에서 발견하는 단순한 주기적 법칙이나 원리라는 항상성만으로는 충분히 해소할 수 없다. 즉, 生者必滅이나 會者定離라는 단순한 현상적 법칙성에 만족하지 못하고, 生滅과 會離를 초월하는 절대적인 항상 불변의 본질세계를 추구하고 절대자에 歸向(歸依)하려는 의지와 성향이 일게 된다. 이렇게 하여 철학적·종교적인 道의 항상성과 변화성은 인간의 정신세계에 최고 궁극의 핵심문제로 부각한다.

한편, 道의 항상성과 변화성은 위와 같이 원시적이고 전통적인 진부한 문제에만 관련하는 것이 아니다. 만물·만사에 보편으로 존재하는 道를 따라, 어느 곳 어느 사물 하나에도 미치지 않는 바가 없다. 현대 최신 과학세계에도 自然적인 道의 항상성과 변화성은 여전히 나타난다. 예컨대, 물이 온도(좀 더 엄밀히 말하면 외재적 에너지인 熱量)에 따라 얼음·물·수증기의 三態(고체·액체·기체)로 변화하지만, 물질상 수소 두 원자와 산소 한 원자가 결합하여 H_2O라는 분자로 이루어져 있다는 본질은 항상 일정하다. 그리고 물의 상태변화에 따라 그가 지니는 에너지양도 함께 수시로 변화하지만, 출입하는 에너지의 총합은 항상 불변이다. 모든 물체의 운동 및 정지 상태를 지배하는 자연계(우주)의 총 에너지 관점에서 보면, 에너지 보존의 법칙으로 일컬어진다. 또한 사물의 자연스런 생장 소멸에 따라 개별 물체의 질량은 변화하지만, 그 변화 출입하는 질량의 총합은 역시 항상 불변이다. 에너지와 질량의 상호 변환이 가능한 첨단과학의 관점에서도, 그 에너지와 질량의 총합은 역시 항상 불변한다는 상대성의 원리도, 바로 道의 항상성과 변화성으로 이해할 수 있다. 이것이 이른바 '物理'라는 객관 자연세계의 물질상의 道이다.

인간 세계에 추상적 가치도 예외는 아니다. 사회규범의 대표로서 법에도 항상성과 변화성이 내재하니, 서양 근대법철학에서 법의 중요한 이념으로 거론되는 법적 안정성과 구체적 타당성의 대우범주가 그것이다. 이는 실체적 정의와 절차적 정의 개념에 밀접히 연관된다.

이제 동아시아 전통 법문화에서 법의 항상성과 변화성을 先秦 역사 철학을 중심으로 대강 개관해보고자 한다. 세속 예법은 궁극에 道와 德에서 근원하므로, 이해의 편의와 심화를 위하여, 먼저 철학사상상 道의 항상성과 변화성을 점검해보고, 그 바탕 위에서 법의 항상성과 변화성을 상세히 탐구해보고자 한다.

2. 道의 恒常性과 變化性 : 一道萬變

이러한 道의 항상성과 변화성은 이미 전술한 道의 본성 및 天道의 기본내용 등과 밀접 불가분의 상관관계가 있다. 예컨대, 道의 또 다른 化身인 '一'의 개념은 최고 궁극의 절대성과 함께 항상 불변성을 대표한다. 공자가 말한 道의 '一貫'性이나 忠의 '唯一無二'性도 마찬가지로 한결같은 항상성을 뜻한다. 그러나 이 '一'은 그 자체 고립해서 고정 불변하는 것이 아니라, 객관 상황의 千變萬化에 자유자재로 순조롭게

적응하여 함께 변화한다.[1]

즉, 道란 본체는 항상성인 '一'을 유지하면서 작용은 객관사물에 따라 변화를 다한다.[2] 환언하면, 천변만화의 현상세계도 그 본질인 道는 '一'일 뿐이다.[3] 또 道의 시간·공간·사물상 보편성은 항상성으로 통하고, 보편성이 개별·구체로 발현한 특수성은 변화성으로 이어진다.

그리고 자연의 주기적이고 항상성 있는 변화의 법칙은 '天道'라는 개념으로 정의하는데, '天道'의 개념 특징과 기본내용에도 항상성과 변화성이 직접 나타난다. 우선 천지의 운행과 자연의 변화는 규칙적 항상성이 본질이기 때문에, 天道는 일찍부터 아예 '天常'이라고 일컬어진다.[4] 물론 이는 구체적 현상의 자연세계에만 국한하지 않고, 고도로 추상적인 본질세계 및 인간사회의 도덕성에까지 확대 발전한다.[5] 따라서 '인간이 하늘을 法삼는다.(人法天)'는 명제도, 기본상 이러한 천지자연의 항상성과 음양사시의 규칙성을 본받는 것으로 이해할 수 있다.[6] 이와 함께 현상적 변화도 天道의 중요한 내용으로 등장한다. 달처럼 '차면 반드시 기운다'는 자연의 변화가 곧 天道라고 한다.[7] '인간이 하늘을 법삼는다'는 명제의 또 다른 의미는, 이러한 자연의 변화에 순응하여 天時와 地利를 잃지 않는 無爲自然이기도 하다.

---

1 呂氏春秋, 論人: "凡彼萬形, 得一後成. 故知一, 則應物變化."; 君守: "夫一能應萬, 唯有道者能之."

2 荀子, 解蔽: "夫道者, 體常而盡變."

3 荀子, 儒效: "千擧萬變, 其道一也, 是大儒之稽也." 韓詩外傳, 卷5에 같은 내용이 보임.

4 孔子家語, 卷9, 正論解: "夏書曰: '維彼陶唐, 率彼天常; 今失厥道, 亂其紀綱.'"(注曰: 天常, 天之常道); 呂氏春秋, 大樂: "陰陽變化, 一上一下, 合而成章. 渾渾沌沌, 離則復合, 合則復離, 是謂天常."

5 左傳, 文公 18년: "傲很明德, 以亂天常."

6 國語, 越語下: "不逆天時, 因陰陽之恒, 順天地之常, 因以爲常. 天因人, 聖人因天."

7 左傳, 莊公4年: "盈而蕩, 天之道也."; 哀公11年: "盈必毁, 天之道也."

특히, 天地의 변화무상은 천지자연의 일부분인 인간사회에도 그대로 투영하여 나타난다. 즉, 천하통치권의 숱한 득실 변화를 겪은 역사상 경험을 바탕으로, 권력의 궁극 근원이 되는 天命도 자연처럼 '無常'하다는 사회법칙을 정립한다. 이는 단지 정치적인 사실상 혁명을 이론으로 정당화시키는 단순한 관념상 명분에 그치는 것이 아니다. 더 나아가서 천하를 얻고 왕권을 유지하기 위해서는, 天道의 변화무상을 항상 유념하면서 德政에 힘써 民心을 잃지 않아야 한다는, 적극적인 王道정치 사상의 합리적 근거가 되기도 한다. 높은 산이 계곡이 되고 깊은 골짜기가 구릉이 되는 천지의 변화무상처럼, 국가사직에도 항상 왕 노릇 하는 주인이 결코 없고, 君臣의 신분관계도 일정한 지위가 없는 것이 곧 天道이자 天命이다. 前代 왕실 자손이 지금은 이름도 없는 서민이 된 현실은, 人情상 연민과 비애를 자아내기 이전에, 天道(天命)의 당연한 변화무상을 실감하게 한다.[8] 그래서 지상절대의 통치 권력을 항상 유지하기 위해서는, 꽉 차면 넘치지 않고 기울어짐으로써, 常軌를 일탈하지 않는 天道의 항상성 있는 변화를 본받아야 한다. 즉, 스스로 겸허해짐으로써, 교만과 방탕·안일로 벗어나지 않도록 天道를 닦고 人德을 행해야 한다.[9]

3. 老子에서 道의 恒常性과 變化性

道의 항상성과 변화성에 대한 最古 체계적인 이론적 철학사상은, 아마도 道家 시조인 老子로 대표할 수 있다. 우선, 그는 道의 핵심 본

8 左傳, 昭公32年: "社稷無常奉, 君臣無常位, 自古以然. 故詩曰: '古岸爲谷, 深谷爲陵.' 三后之姓, 於今爲庶, 主所知也, 天之道也."

9 國語, 越語下: "持盈者與天.天道盈而不溢, 盛而不驕, 勞而不矜其功. 今君王未盈而溢, 未盛而驕, 不勞而矜其功, 此逆於天而不和於人."

성으로 常을 각별히 강조한다. 道德經 첫머리에서 道를 본질적인 항구불변의 '常道'와 현상적인 변화무상의 '可道'로 구분하고, 세속에서 道라고 이름 붙일 수 있는 '可道'는 '常道'가 아님을 선언한다. 道의 본질을 표현하는 방편 개념인 이름(名)에 대해서도, 마찬가지로 '常名'과 '可名'으로 나누어 '常名'을 중시한다. 왜냐하면, 道는 본질상 항상 이름도 없고 행함도 없기 때문이다. 그래서 이름이 없는 '常道'를 천지에 始原이라고 규정한다.[10]

반면, 천지자연의 현상세계는, 한바탕 회오리바람이 아침나절도 지나지 못해 그치고, 갑작스런 소낙비가 하루도 지속하지 못하는 것처럼, 결코 항구적이지 못하고 변화무상하다. 천지자연뿐만 아니라, 인간사회의 만사는 말할 것도 없다.[11] 인간의 마음은 망아지나 원숭이보다 더 천방지축으로 변화하며, 세속의 부귀공명은 차면 넘치고 기우는 법이다. 그래서 창고에 가득한 金玉을 지킬 수 없음은, 날카로운 칼날을 무디어지지 않도록 보전하는 것만큼 불가능하다.[12] 모든 사물이 장성하면 이내 노쇠해지는 현상세계는 확실히 본질적인 常道가 아니다.[13] 이처럼 흥망성쇠가 무상한 현상세계의 변화에 휩쓸려 재앙을 당하지 않기 위해서는, 항상 족함을 알고 無知와 無慾·無爲·無事로써 자신을 고요하게 지키며, 매사에 끝매듭을 시작처럼 근신하여 시종일관 항상성을 유지하는 것이 최상의 道이다.[14] 이것이 바로 근본을 견고하

10 老子, §1: "道可道, 非常道; 名可名, 非常名.無名, 天地之始."; §32 "道常無名"; §37 "道常無爲而無不爲."

11 老子, §23: "飄風不終朝, 驟雨不終日. 天地尙不能久, 而況於人乎?."

12 老子, §9: "持而盈之, 不如其已; 揣而梲之, 不可長保; 金玉滿堂, 莫之能守."

13 老子, §30, §55: "物壯則老, 是謂不道, 不道早已."

14 老子, §46: "禍莫大於不知足, 咎莫大於欲得.故知足之足, 常足."; §3 "常使民無知無欲."; §34 "常無欲."; §48 "無爲而無不爲, 取天下常以無事"; §61 "牝常以靜勝牡, 以靜爲下"; §64 "聖人無爲, 故無敗; 無執, 故無失; 愼終如始, 則無敗事."

게 하는 이른바 長生久視의 道이기도 하다.[15]

그러나 老子의 常道가 고정불변의 개념이 아님은 물론이다. 이는 시작과 근본을 잊지 않고 '反復回歸'할 줄 아는 규칙적이고 질서정연한 천지자연의 '변화' 원리다. 즉, 천지만물의 근원을 떠나 멀리 극한에 이르면 저절로 되돌아와, 항상 궤도(常軌)를 벗어나지 않는 '週期적 運行'이 질서 있고 안정적인 道이다.[16] 그래서 만물이 각기 그 근본으로 復歸하여 고요한 것(靜)을 '復命'(天命: 生命으로 복귀함)이라고 부르는데, 復命이 곧 '常'道가 된다. 그리고 오직 이 '常'道를 알 만큼 현명한 지혜로운 자만이, 만물을 포용하고 공평무사하게 天道를 행하여, 오래도록 천하를 다스리며 종신토록 위태로운 재앙이 없다. 반면, 이를 모르는 어리석은 자는, 망령되이 움직여 흉악한 화를 자초하게 된다.[17] 常道뿐만 아니라, 常德 또한 근본을 이탈하거나 사특(邪慝)함 없이, 항상 어린애처럼 天眞스럽고 純樸한 無極의 근원적인 道로 復歸하여, 늘 충족한 여유를 지닌다.[18] 즉, 反復은 道의 운동변화의 근본원리이며, 근원으로 復歸함이야말로 '恒常性'의 핵심 본질이다.[19]

그리고 끊임없는 순환반복의 궁극 지향점으로서 근원적 道란, 현상세계에 상호 대립하는 양극단을 모두 포용하면서, 이들을 초월하는 절대 '中和'의 道를 지칭한다. 그러한 실질적 의미에서, 老子의 道가 유가의 中庸조화의 道와 크게 다르지 않고, 오히려 상호 일맥상통한다고 여겨지는데, 이점은 다음에서 살펴보기로 한다.

---

15 老子, §44 "知足不辱, 知止不殆, 可以長久."; §59 "是謂深根固柢, 長生久視之道."

16 老子, §25 "獨立而不改, 周行而不殆. 吾不知其名, 字之曰道, 强爲之名曰大. 大曰逝, 逝曰遠, 遠曰反."

17 老子, §16 "夫物芸芸, 各復歸其根, 歸根曰靜, 是謂復命; 復命曰常, 知常曰明, 不知常妄作凶. 知常容, 容乃公, 公乃王, 王乃天, 天乃道, 道乃久, 沒身不殆."

18 老子, §28 "常德不離, 復歸於嬰兒; 常德不忒, 復歸於無極; 常德乃足, 復歸於樸."

19 老子, §40 "反者, 道之動."; §52 "復歸其明, 無遺身殃, 是謂習常."

4. 유가에서 道의 항상성과 변화성

한편, 공자는 老子처럼 일반 추상적 道倫(특히 天道)을 체계적으로 전개하지는 않기 때문에, 道의 항상성과 변화성에 대해서도 다만 단편적인 언론을 정리할 수밖에 없다. 우선 공자가 시내 위에서 밤낮 쉬지 않고 흐르는 물의 본성을 찬탄한 명제는, 天道의 '항상성'에 대해 직접 언급한 가장 대표적인 철학이다.[20] 또 하늘이 아무 말 없어도 四時가 週期로 운행하여 만물이 저절로 생장함을 칭송한 어록도, 천지자연의 규칙적 운행질서, 즉 '항상(正常) 변화'를 가리킨다.[21] 이와 함께 그는 인간의 도덕적 '항상성'을 특히 중시한다. '사람이 恒心이 없으면 비천한 무당이나 의원도 될 수 없다'는 남방 속담과, 사람이 '도덕적 항상성이 없으면 더러 그로 인해 수치를 당할 것이다'는 周易의 爻辭를 잇달아 인용하여 칭송하면서, 이러한 사람은 神明에게 점칠(占問) 필요도 없다고 부연 설명한다.[22] 또한 세상에서 善人을 찾아볼 수 없지만, 恒心이 있는 자를 만날 수만 있다면, 그것으로도 괜찮다고 말한다.[23]

그러나 공자에게도 도덕의 항상성은 결코 고정불변의 집착을 의미하지 않는다. 그가 세간 평판이 좋지 않은 정치가의 초빙을 여러 차례 받고 가려고 할 때, 그 제자 子路가 번번이 못마땅하게 시비곡직을 따져 왔다. 이에 공자는 자신을 부르는 사람에게 반드시 그만한 정상과 까닭이 있을 것이라고 답변하며, 자신은 조롱박처럼 덩굴에 매달려 움직이지 못하는 존재가 아님을 강조한다. 그는 天命을 받들어 周

---

20 論語, 子罕: "子在川上曰: '逝者如斯夫, 不舍晝夜.'"

21 論語, 陽貨: "天何言哉, 四時行焉, 萬物生焉, 天何言哉!."

22 論語, 子路: "南人有言曰: '人勿無恒, 不可以作巫醫.' 善夫! '不恒其德, 或承之羞.' 子曰: '不占而已矣.'" 앞 구절은 '사람이 항심이 없으면 巫術(점·굿 등)이나 의약으로도 (재난·질병 등을) 치유할 수 없다'는 의미로 해석하는 견해도 있다.

23 論語, 述而: "善人, 吾不得而見之矣.得見有恒者, 斯可矣."

公의 善政을 재현하기 위하여 대상과 상황에 따라 움직인 것이다.[24] 그는 자신이 말한 것처럼, 특별히 可함도 없고 특별히 불가함도 없으며(無可無不可: 微子), 고정불변의 형체가 없이 그릇의 모양과 크기에 따라 수시로 변화 적응하는 물처럼, 君子不器의 道를 이상으로 여긴 것이다. 이것이 유가의 道德에서 최고궁극 경지로 여기는 '時中'이다. 맹자가 공자를 '時中의 聖人'으로 칭송함도 같은 의미맥락이다.[25]

특히, 그가 인격수양의 점층적 단계를 거론하면서, 學問에서 출발하여 道에 나아간 뒤, 立身을 통하여 一道萬化의 '權能'을 발휘하는 경지에 이름을 최고궁극 단계로 제시한 사실은 매우 주목할 만하다.[26] '權'이란 본디 저울을 의미하는데, 저울을 잡은 사람은 달고자 하는 물건의 경중에 따라 저울추를 수시로 움직여 저울대가 항상 평형을 이루도록 임기응변을 발휘하여야 한다. 그래서 저울은 저울대 잡은 주체의 능동성과 임기응변을 상징하면서 '權力'과 '權變'이라는 개념을 낳았다. 물론, 저울의 '權'에서 주의해야 할 기본원칙은 '항상 평형'이라는 道의 공평무사성이다. 즉, 항상 공평한 본질을 바탕으로 구체 상황에 따라 '權變'을 발휘하는 것이 道의 본래진면목인 셈이다. 그래서 대강 기본원칙은 항상 고수하면서, 사소한 구체 사항은 다소 出入을 허용하여 융통 변화할 수 있는 것이다.[27]

춘추시대 齊桓公을 보필해 첫 패권을 이룩한 管仲은, 본디 자신이 보필하던 公子糾가 桓公한테 패해 죽임을 당할 때 함께 따라 죽지 않

---

24 論語, 雍也: "予所否者, 天厭之, 天厭之!; 陽貨: "夫召我者, 而豈徒哉? 如有用我者, 吾其爲東周乎!." "吾豈匏瓜也哉? 焉能繫而不食?."

25 禮記, 中庸: "君子之中庸也, 君子而時中."; 孟子, 萬章下: "孔子, 聖之時者也."

26 論語, 子罕: "可與共學, 未可適道; 可與適道, 未可與立; 可與立, 未可與權."

27 論語, 子張: "大德不踰閑, 小德出入可也." 韓詩外傳, 卷2 및 晏子春秋, 內篇 雜上에도 같은 내용의 구절이 나옴.

고, 오히려 그를 죽인 桓公의 재상이 되었다. 이 역사 사실을 두고 子貢이 어질지 못하다고 힐난하자, 공자는 그 힘으로 桓公이 천하제후를 제패하고 중원을 보호한 공적을 칭송하면서, 그저 조그만 믿음이나 墨守하고 사소한 의리에 구애받아, 자신의 고귀한 생명을 도랑에 내버리고 천하대사를 저버리는 일은, 평범한 필부의 행태라고 일깨운 바가 있다.[28] 즉, 군자는 正道와 大義에 따라야 하며, 小信과 細節에 얽매이지 않고 자유자재로 상황에 적응 변화할 수 있는 융통성을 지녀야 한다.[29] 흔히 말하듯, '큰 예는 작은 의례에 구애받지 않는다.(大禮不拘小節)'고 할 만하다.[30]

맹자도 기본상 공자와 같은 항상성과 변화성의 관념을 보이고 있다. 그가 '恒心'을 정치교화와 범죄예방의 필수 불가결한 기본도덕으로 전제하면서, 일반 인민이 恒心을 유지하기 위해서는 반드시 '恒産'(일정한 직업)이 있어야 한다고 강조한 사실은 유명하다. 특히 恒産이 없으면서도 恒心을 지킬 수 있는 유일한 신분계층으로 선비(士)를 거론한 것은, 바로 선비가 구하고 닦는 道의 본질 속성이 곧 항상성이기 때문이다.[31] 국가가 인민에게 조세를 부과함에도, 수년간 수확량을 평균하여 그 '中間'으로써 '항상(經常)'적 표준을 삼아야 한다.[32]

---

28 論語, 憲問: "豈若匹夫匹婦之爲諒也, 自經於溝瀆, 而莫之知也."

29 論語, 衛靈公: "君子貞而不諒"; "君子不可小知而可大受也, 小人不可大受而可小知也."

30 司馬遷의 史記, 項羽本紀에 나오는 바, "큰 행실은 세세한 근신을 돌보지 않으며, 큰 예는 작은 양보를 말하지 않는다.(大行不顧細謹, 大禮不辭小讓."는 명제도 같은 의미다.

31 孟子, 梁惠王上: "無恒産而有恒心者, 惟士爲能. 若民, 則無恒産, 因無恒心; 苟無恒心, 放辟邪侈, 無不爲已. 及陷於罪, 然後從而刑之, 是罔民也." 또한 滕文公上편에도 비슷한 내용이 보임.

32 孟子, 滕文公上: "貢者, 校數歲之中以爲常."

그러나 역시 이 중용의 항상성은 고정불변의 것이 아니라, 객관상황에 따라 임기응변할 수 있어야 한다. 중용에 집착하여 權變을 모르는 것은 도리어 道를 해치기 때문이다.[33] 남녀가 물건을 주고받을 때 직접 손수 접촉하지 않는 '항상'적인 禮(經)이지만, 만약 형수가 물에 빠져 목숨이 위급한 상황이라면 손으로 잡아 건져주는 것이 '權變'의 禮라고 맹자는 역설한다. 이러한 맹자의 설명은 道의 항상성과 변화성에 대한 적절한 비유로 여겨진다. 형수가 물에 빠져 죽어 가는데도, 남녀가 손을 친히 접촉하지 않는다는 禮에 집착하여 생명을 구원하지 않는 것은, 융통성 없는 어리석은 인간일 뿐만 아니라, 인간의 도리를 모르는 사나운 짐승과 같다는 것이다.[34]

5. 周易의 항상성과 변화성

유가에서 道의 항상성과 변화성을 가장 체계 있게 이론화한 대표경전은 역시 周易일 것이다. 周易은 본질상 陰陽의 변화를 핵심으로 하는데, '易'의 명칭이 '바꿀 역'자로 '變化' 또는 '改革'을 의미함은 주지의 사실이다. 그러나 전통유학의 주석에 따르면, '易'은 '변역(變易)' 의미와 함께, 不變의 항상성을 뜻하는 '不易'과, 간단명료함을 뜻하는 '容易'의 의미도 동시에 함축하는 것으로 이해한다. 부연하면, '變易'은 천지 음양의 二氣와 四時五行의 끊임없는 순환운동을 의미하고, '불역(不易)'은 天上地下의 고정불변의 위치와 함께 인간사회의 君臣·父子·夫婦 등 貴賤尊卑 신분관계까지 포괄해 가리키며, '簡易(간이)'는 그 변화의 규칙성과 주기성, 즉 항상 불변성을 지칭한다고 해석한다.[35]

---

33 孟子, 盡心上: "執中無權, 猶執一也, 所惡執一者, 爲其賊道也, 擧一而廢百也."
34 孟子, 離婁上: "嫂溺不援, 是豺狼也. 男女授受不親, 禮也; 嫂溺, 援之以手者, 權也."
35 王弼 注, 孔穎達 疏, 周易正義, 第一 論易之三名, 十三經注疏本 3면 참조.

周易의 항상성과 변화성의 원리는 易傳에 이르러서 老子의 道倫 못지않게 상세한 이론체계를 완비하지만, 사실 易經에서도 卦名 및 卦辭·爻辭의 내용을 통하여 단편으로나마 대강 기본 사상 구조를 갖추고 있다. 즉, 周初 이전부터 천지자연의 법칙으로서 天道뿐만 아니라, 인간사회의 윤리도덕으로서 人道에 이르기까지, 항상성과 변화성의 근본원리를 명확히 인식하여 상당히 체계적으로 정리·기록한 것이다.

우선 '恒'괘의 존재는 그 자체만으로도 항상성의 비중을 말해주기에 충분할 것이다. 이 괘가 전반적으로 유리하고 허물없음은 당연한데, 공자가 일찍이 인용하여 칭송한 '不恒其德, 或承之羞'의 구절은 바로 이 '恒'괘의 六二爻辭이다. 특기할 만한 사실은, '恒常스러운 德行'이 부녀자에게는 길하지만, 丈夫에게는 흉하다는 六五爻辭이다. 여자는 시종일관 한결같은 貞烈의 恒德이 긴요하지만, 남자는 道에 근거하여 외부의 구체 상황에 따라 義理에 합당하게 權變의 융통변화를 발휘해야 하므로, 고집불통의 恒德이 도리어 흉하다고 해석하는 것이다.[36] 여기서도 恒常性이 고정불변의 집착이 아님을 새삼 확인할 수 있다.

한편, 변화성은 거의 모든 괘가 이를 상징·반영하고 있다고 해도 과언이 아닌데, 비교적 명확하고 현저한 대표적 예만 몇 가지 들어보자. 우선 '復'괘는 천지자연의 순환반복 운행을 상징하는데, 인간도 천지자연처럼 그 道를 '反復'하는 것은 절대로 유리하다. 그래서 거의 모든 卦辭·爻辭가 길하거나, 또는 허물이나 후회가 없는 것으로 판단한다. 다만, 오직 上六爻만이 흉한데, 그 까닭은 反復의 道를 미혹·상실했기 때문이다.[37] '復'의 변화는 물론 규칙적 주기로 '항상성' 있는 반복·순

36 易, 恒卦: "六五, 恒其德, 貞婦人吉, 夫子凶." "象曰: 婦人貞吉, 從一而終也; 夫子制義, 從婦, 凶也."

37 易, 復卦: "復, 亨. 反復其道, 七日來復, 利有攸往. 初九, 不遠復, 无祗悔, 元吉; 六二, 休復, 吉; 六三, 頻復, 厲, 无咎; 六四, 中行獨復; 六五, 敦復, 无悔; 上六, 迷復, 凶."

환 운동임을 주목해야 한다. '漸' 괘의 爻辭는 여섯 효 전체로 보면, 기러기가 물속에서 물가로 나와 河岸·둑·뭍·나무·언덕·고산에 이르기까지, 차례로 '漸進'하는 모습을 묘사한 독특한 변화의 내용이다.[38] 그리고 '損' 괘와 '益' 괘는 말할 것도 없이, 상황에 따라 가감손익의 변화를 행하는 내용이다. 또한 '革' 괘는 '變革'을 말하는데, '井' 괘는 都邑을 바꾸면서 그 '井'(우물)은 바꾸지 않는다는 내용으로, 변화 속의 항상성을 중시하는 독특한 의미를 담고 있기도 하다.[39]

이밖에 변화의 이치를 명확히 표현하는 개별 爻辭도 적지 않다. 예컨대, 변화불측의 신비스러운 존재인 龍을 소재로 표현하는 乾卦는, 맨 위 爻에서 최고절정에 달한 龍이 후회한다는 내용을 담고 있다. 이는 모든 사물이 궁극에 이르면 오래 지탱하지 못하고 이내 하강·쇠퇴해야 하는, 物極必反의 변화 원리를 표현한 것이다.[40] 그런가 하면, 坤卦의 맨 아래 爻는 가을 서리(霜)를 밟더니 어느 새 겨울 단단한 얼음이 언다는 내용으로, 세월의 변화와 陰氣의 발전을 지극히 간단명료하게 나타낸다.[41] 또한, 豫卦에는 '암석보다 견고한데도 하루를 지속할 수 없는' 변화무상함을 기록한 爻가 있고, 泰卦에는 '기울어지지 않는 평평함이 없고, 가서 되돌아오지 않는 사물이 없는' 변화의 철칙을 선언하는 내용이 있다. 坎卦에는 언덕의 흙을 파서 웅덩이를 메우는데, '웅덩이가 다 차기도 전에 언덕이 이미 평평해졌다'는 변화의 사실을

38 易, 漸卦: "初六, 鴻漸于干; 六二, 鴻漸于磐; 九三, 鴻漸于陸; 六四, 鴻漸于木; 九五, 鴻漸于陵; 上九, 鴻漸于阿."

39 易, 革卦: "巳日乃革之; 革言三就; 改命; 大人虎變; 君子豹變, 小人革面."; 井卦: "改邑不改井."

40 易, 乾卦: "上九, 亢龍有悔." "象曰 : 盈不可久也.文言曰: 窮之災也. 亢之爲言也, 知進而不知退, 知存而不知亡, 知得而不知喪." 현대에 나온 그림우화집 "꽃들에게 희망을"이란 책에서도 상징성 높게 잘 묘사하고 있다.

41 易, 坤卦: "初六, 履霜, 堅冰至." "象曰: 陰始凝也, 馴致其道, 至堅冰也."

묘사하는 爻가 있다.[42] 특히 경사(陂)와 수평(平), 감(往)과 되돌아옴(復), 웅덩이(坎)와 언덕(祇), 메꾸어짐(盈)과 평평해짐(平) 등은 상호 轉換하는 상대적 변화의 함수관계를 이루기도 한다.

周易에 이러한 常變의 원리는, 易傳에 이르러서 더욱 정치한 이론체계를 갖추는데, 특히 繫辭傳의 내용이 그러하다. 우선, 하늘이 높고 땅이 낮아 乾坤이 고정되며, 그 높고 낮음이 진열하여 귀천의 지위가 확립되고, 하늘의 운동과 땅의 安靜이 항상성을 유지함으로써 剛柔가 나눠지는 것은, 곧 '不易'의 항상성을 의미한다. 그러나 하늘에 있는 日月風雨의 형상과 땅에 존재하는 산천초목의 모습들은, 시간의 추이에 따라 '변화'를 보인다. 이러한 천지자연의 모습을 본뜬 것이 易인데, 陰陽이 상징하는 剛柔가 한 괘의 여섯 爻에서 서로 交錯함으로써, 64卦의 다채로운 변화가 나타난다.[43] 마치 해와 달이 번갈아 가며 뜨고 짐을 반복함으로써, 하루 변화를 이루고 光明을 계속 비추듯이! 또한 추위와 더위가 서로 왕래를 교대함으로써, 한 해를 이루고 사계절 날씨의 변화를 나타내는 것처럼![44]

여기에서 변화는 진퇴의 모습이고, 剛柔는 밤낮의 모습이며, 여섯 爻의 움직임은 天地人 三才의 道를 각기 대표한다. 그래서 고요함에는 그 형상(인식가능한 일정한 모습이라는 의미에서 상대적으로 항상성을 대표함)을 보아 爻辭를 음미하고, 움직임에는 그 변화를 관찰하여 占을 예측한다. 易에서 卦 전체에 해당하는 卦辭와 단전(彖傳)은 그 卦

42 易, 豫卦: "六二, 介于石, 不終日."; 泰卦: "九三, 无平不陂, 无往不復."; 坎卦: "九五, 坎不盈, 祇既平."

43 易, 繫辭上: "天尊地卑, 乾坤定矣. 卑高以陳, 貴賤位矣. 動靜有常, 剛柔斷矣. 在天成象, 在地成形, 變化見矣. 剛柔相推, 而生變化."

44 易, 繫辭下: "剛柔相推, 變在其中矣. 日往則月來, 月往則日來, 日月相推, 而明生焉. 寒往則暑來, 暑往則寒來, 寒暑相推, 而歲成焉."

의 항상성 있는 형상을 묘사하는 것이고, 각 爻마다 부가되어 있는 爻辭와 象傳은 그 변화를 기술하는 것이다.[45] 요컨대, 易의 道는 변화운동을 계속하여 한시도 머무름이 없이 여섯 爻를 두루 순환하며, 상하가 無常하고 陰陽剛柔가 서로 바뀌기 때문에, 일정한 기준이나 강령이 없다. 오직 변화하는 爻를 따라 그 형상과 길흉도 달라진다.[46]

그래서 一陰과 一陽이 반복 변화하는 것을 道라고 정의하고, 문을 닫는 坤과 문을 여는 乾이 서로 교대로 반복하는 것을 變이라고 규정하며, 왕래 반복이 끊임없는 것을 通이라고 일컫는다.[47] 그러면서도 전체로 보면, 易은 생각도 없고 행함도 없으며, 적막하게 움직이지 않는 항상 '不易'의 본질을 동시에 겸비하는 것이다.[48]

특히 중요한 사실은, 聖人이 易의 이러한 반복변화의 모습과 道理를 관찰·인식하여, 인격수양과 천하통치의 법도로써 삼는 데 적극적 실천 의미가 존재한다. 개별 괘로 보면, 예컨대 '復' 괘의 이치로써 스스로 반성하는 지혜를 얻고, '恒' 괘의 도리로써 시종일관 한결같은 덕행을 함양한다. 또한 '損' 괘의 모습으로 해악을 덜어 멀리하고, '益' 괘의 형상으로 인민의 복리를 진흥·증대시킨다.[49] 또한 전체 易에서 보면, '日新'의 도리를 몸소 실행하여 德을 쌓고, 變通의 이치를 활용하여 政

45 易, 繫辭上: "變化者, 進退之象也. 剛柔者, 晝夜之象也. 六爻之動, 三極之道也. 是故, 君子居則觀其象而玩其辭, 動則觀其變而玩其占. 彖者, 言乎象者也. 爻者, 言乎變者也."; 繫辭下: "易者, 象也. 象也者, 像也. 彖者, 材也. 爻也者, 效天下之動者也.道有變動, 故曰爻."

46 易, 繫辭下: "易之爲道也屢遷. 變動不居, 周流六虛, 上下无常, 剛柔相易, 不可爲典要, 唯變所適."

47 易, 繫辭上: "一陰一陽謂之道. 闔戶謂之坤, 闢戶謂之乾. 一闔一闢謂之變, 往來不窮謂之通."

48 易, 繫辭上: "易, 无思也, 无爲也, 寂然不動."

49 易, 繫辭下: "復以自知, 恒以一德, 損以遠害, 益以興利."

事를 시행한다. 객관적인 곤궁한 상황에 처하면 이에 순응하면서 오히려 이를 능동적으로 轉化시켜 새로운 방법과 제도를 모색하는 것이 '變'이며, 이를 현실상황에 적극 적용하여 추진 실행하는 것이 '通'이다. 그래서 易의 道는 곤궁하면 변화하고, 변화하면 통달하며, 통달하면 恒久해진다. 變通이란 시대 상황에 따라 순응하면서 적극적 利用厚生의 정책을 다하는 것이다.[50]

기타 易傳, 특히 개별 卦辭나 爻辭에 대한 해석인 彖傳이나 象傳에서도, 기본상 '時'나 '上下' '內外' 등의 개념과 더불어, '行' '往' '來' '動' '消' '長' '進' '生' '成' '變' 등의 개념이, 다양한 변화성을 나타내며 易傳의 중심 내용을 이룬다. 물론, '時'나 '位' '剛' '柔' 등의 정도가 적절히 제 자리를 잡았음을 나타내는 '中' '中正' '當'과 같은 항상성의 관념도 적지 않게 등장한다. 여기서는 이들 밖에, 특히 인간 및 사물의 性行상 지속적 항상성을 吉凶의 근본원인으로 거론·해설하는 대표적인 예를 들어보기로 하자.

우선, 乾卦에서는 하늘(천체)이 끊임없이 순환운행을 반복하는 天道의 항상성을 거론하면서, 군자가 그 道를 법칙으로 삼아 自强不息의 정신으로 쉬지 않고 분발하는 항상성을 강조한다. 이와 함께, 하루 종일 근면히 德行과 生業에 힘쓰고, 저녁에는 하루 언행을 엄격히 반성하며, 자신에 대한 경각심을 늦추지 않는 항상성을 칭찬하기도 한다.[51] 한편, 坤卦는 乾卦의 天道에 유순하게 배합하여 운행하면서 만물을 생장시키는 변화운동(작용)을 크게 발휘하지만, 곤괘의 핵심 본질은 지

---

50 易, 繫辭上: "日新之謂盛德, 通變之謂事. 聖人有以見天下之動, 而觀其會通, 以行其典禮. 變而通之以盡利. 化而裁之謂之變, 推而行之謂之通.": 繫辭下: "變通者, 趣時者也. 易, 窮則變, 變則通, 通則久."

51 易, 乾卦: "象曰: 天行健, 君子以自强不息.. 終日乾乾, 反復道也. 文言曰: 君子終日乾乾, 夕惕若厲, 无咎."

극히 고요하면서 方正한 德을 갖추고 항상성을 지니는 본성이다.[52]

그리고 恒괘가 허물이 없이 길한 까닭은, 물론 그 恒久적 道에 있다. 즉, 천지의 道가 그치지 않고 항상 오래 지속하기 때문에 유리하다. 해와 달이 天道를 얻어 항구히 빛을 비추고, 사시 변화가 또한 끊임없이 항구히 반복하여 만물을 생장시키듯이, 성인도 항구적 道德으로 천하 인민을 교화하는 것이다. 그래서 그 항구적 道를 관찰하면, 천지만물의 실상이 숨김없이 그대로 드러나게 된다.[53]

이밖에도, 坎卦와 家人卦도 그 '항상성' 있는 德行을 칭송한다.[54] 또 항상성을 잃지 않고 변함없는 행실이 길함과 유리함의 원인으로 여겨진다. 예컨대, 커다란 험난과 곤궁이 앞에 있는데도 허물이 없는 것은, 항상성의 도리를 잃지 않고 無理와 無謀를 범하지 않기 때문이며, 군대의 주둔은 항상 기본 병법에 일탈하지 않아야 허물이 없게 된다.[55] 군중이 집회하여 제사를 지내는 데도 혼란이나 허물이 없는 것은 중도에 변화가 없기 때문이며, 평상시 뜻이 변함이 없어야 불의의 환난을 당하지 않고 편안하게 길함을 향유할 수 있다.[56]

그리고 언니의 결혼에 여동생을 잉(媵)으로 함께 시집보내는 것은, 통상 관례에 부합하기 때문에 길하고; 감옥 속의 죄수도 비록 형벌을

---

52 易, 坤卦: "文言曰: 坤至柔而動也剛, 至靜而德方, 後得主而有常, 含萬物而化光. 坤道其順乎, 承天而時行."

53 易, 恒卦: "彖曰: '恒, 亨, 无咎, 利貞.' 久於其道也. 天地之道, 恒久而不已也. '利有攸往', 終則有始也. 日月得天而能久照. 四時變化而能久成. 聖人久於其道, 而天下化成. 觀其所恒, 而天地萬物之情可見矣."

54 易, 坎卦: "象曰: 君子以常德行, 習教事.": 家人卦; "象曰: 君子以言有物, 而行有恒."

55 易, 需卦: "初九, 象曰: '需于郊', 不犯難行也; '利用恒, 无咎', 未失常也." 師卦; "六四, 象曰: '左次无咎', 未失常也."

56 易, 萃卦: "六二, 象曰: '引吉, 无咎', 中未變也.": 中孚卦: "初九, 象曰: '虞吉', 志未變也."

받고 있지만, 正常의 도리를 변하지 않고 견지하면 출옥의 길함을 얻을 수 있다.[57] 그런가 하면, 여자가 유순한 婦德을 지니지 못하고 지나치게 剛하면, 남자들이 아내로 데려가려고 하지 않아 십년간 시집갈 수 없는데, 이는 전적으로 부녀의 常道에 위반하기 때문이다.[58]

6. 맺음말

이상에서 老子와 공자·맹자 및 周易의 사상을 중심으로 道의 항상성과 변화성을 살펴보았다. 이밖에도 法家(후술함)나 兵家 등의 제자백가 사상 및 漢代 이후의 철학사상사에서도 道의 항상성과 변화성의 중요한 주제를 이룬다. 그러나 그 大綱의 내용은 상술한 先秦시대의 대표 사상에서 크게 벗어나지 않고 대동소이를 보인다.[59] 따라서 이상의 고찰로써 주요 내용은 대체로 개관하기에 충분하다고 할 수 있다. 道의 본질 관점인 本體에서 보면 항상 불변하고, 道의 발현(현상)인 作用의 시각에서 보면 변화무상하다. 그래서 본체론 관점의 항상성을 道의 대표개념으로 취하여, 道를 常이라고 표현하기도 한다. 天常은 곧 天道를 의미하는 것이다.

이상 살펴본 내용을 정리해서 일반 특징을 요약한다면, 老子는 천도를 위주로 하기 때문에, 본체 관점의 '항상성'을 중심으로 하여, 그 작용상 순환 반복하는 변화성을 거론한다. 이에 반하여, 周易에서는 역시 天道를 바탕으로 人道까지 함께 거론하면서, 道의 작용발현상의

---

57 易, 歸妹卦: "初九, 象曰: '歸妹以娣', 以恒也. 九二, 象曰: '利幽人之貞', 未變常也."

58 易, 屯卦: "六二, 屯如邅如, 乘馬班如, 匪寇, 婚媾. 女子貞不字, 十年乃字. 象曰: '六二' 之難, 乘剛也. '十年乃字', 反常也."

59 역대 철학사상의 항상성과 변화성 일반에 관하여는, 張立文, 中國哲學範疇發展史(天道篇), 第四章 常變論, 115-135면을 참조.

'변화성'을 중심으로 삼고, 주기로 순환 반복하는 항상성·지속성을 언급한다. 그런데 이 두 常變論의 상대적 특징은, 후술할 법의 항상성과 변화성에도 긴밀하게 관련된다.

즉, 법의 항상성을 핵심본질로 중시하여 '常'으로써 '법'의 대명사를 삼는 것은 老子의 道論에 가깝고, 반면 역대의 주요 變法사상 및 논의는 周易의 變通論이나 공자의 損益說, 예기의 弛張論 등을 직접 근원으로 제시하는 것이 일반이다. 이는 이들이 각기 중시한 철학사상의 직접 대상이 순수한 천지자연의 天道인지, 아니면 실사구시의 응용학문으로서 인간사회의 人道(政道)인지, 각각의 주제의식으로부터 말미암는 관심의 차이일 것이다.

제 2장 法의 恒常性과 變化性

1. 法의 본질 및 개념으로서 常

앞에서 道의 핵심 본질이 항상성이고, 그래서 道를 常, 특히 天道를 天常이라고 일컬음을 이미 살펴보았다. 또한 老子에게서 '常'의 개념은 곧바로 '道'에 직결됨도 알았다. 그런데 道로부터 직접 파생하고, 따라서 그 궁극 근원을 道에 소급하여 구하는 '法'도 핵심 본질을 '常'으로 삼고 있음은 매우 흥미롭고 특기할 만한 사실이다. 바꾸어 말하면, '常'은 '道'와 '法'에 공통된 본질내용을 이루며, '法'의 개념도 '道'와 마찬가지로 '常'으로 표현되는 것이다. 역사상 법을 常으로 규정하는 실례는 道보다 시기상 결코 뒤지지 않을 뿐만 아니라, 그 사용 범위와 빈도도 오히려 훨씬 더 일반보편이고 광범한 것으로 보인다.

우선 周代 각종 경전에 보이는 난해한 글자의 뜻을 해석한 중국 最古의 訓詁詞典인 爾雅에 첫 편 "釋詁"에는, '典·彝·法·則·刑·範·矩·庸·恒·律·戛·職·秩, 常也'라는 개념정의가 등장한다. '법'의 의미를 지니는 모든 문자를 해석하는 공통기본 개념이 곧 '常'인 것이다. 환언하면, '常'은 바로 '法'의 의미가 된다. 그래서 詩經이나 書經에 등장하는 이들 개념에 대하여, 후대 각종 經典注疏는 한결같이 '常' 또는 '常法'의 의미로 해석한다.[1] 물론, 여기서 '法'은 周代 기본규범인 '禮'를 포함하는 개념으로서 흔히 '禮法'으로 병칭된다.

실제로 춘추시대 역사기록에 의하면, 日蝕 때 제후가 社(사직신 모시는 祀廟)에서 희생을 바치고 북을 치는 제사는 '常'이 아니라는 비평이 보이는데, 같은 史書의 다른 곳에서는 동일한 행위를 '禮'가 아니라고 평론한다. (이는 天子의 禮法임) 이는 '常'이 곧 '禮'임을 뜻하는데, 이 禮는 周의 기본 법규범으로서 '禮法'을 지칭하므로, '常'은 또한 '法'의 의미임이 분명하다. 뿐만 아니라 이 '禮'는 다시 전통적인 '古道'로 부연 설명하므로, '常'은 곧 道이며 禮이자 法이라는 일관된 개념정의가 성립된다.[2] 또한 큰 홍수가 발생했을 때 社에서 희생을 올리고 북을 치는 제사도 '常'이 아닌데, 여기의 '常'도 마찬가지로 '禮法'의 의미임은 물론이다.[3] 日月蝕이나 홍수 같은 天災에는 禮物을 간소하게 줄여 하늘을 경외하고 民生을 구휼하는 것이 正常 禮法이다. 한편, 제후는 嫡長子를 太子로 세워 군주 지위를 전승함이 원칙 禮法인데, 이러한 禮法에 의해 이미 정당하게 옹립된 태자를 여색에 미혹되어 庶子로 바꾸는 것은 '常'을 폐지하는 행위로 몹시 상서롭지 못하다는 비판도 보인다.[4]

또한 군주의 善政요건으로, 인민이 시급한 일(時務: 農時)을 폐지하는 환란이 없고, 관리가 조정의 '常'法을 바꾸는 일이 없는 태평스러움(항상성·平常性)이 거론된다.[5] 군주의 政治命令에 '常'法(항상성)

---

1 예컨대, 爾雅, 釋詁편 "典…, 常也." 條의 疏(十三經注疏本 8-9면) 및, 尙書 각 편에 자주 보이는 이들 글자에 대한 孔安國傳 및 蔡沈集傳의 해석 참조.

2 左傳, 莊公25年: "朔, 日有食之, 鼓用牲于社, 非常也."; 文公15年: "朔, 日有食之, 鼓用牲于社, 非禮也. 日有食之, 諸侯用幣于社, 伐鼓于朝, 以昭事神訓民事君, 示有等威, 古之道也."

3 左傳, 莊公25年: "秋, 大水, 鼓用牲于社于門. 亦非常也. 凡天災, 有幣, 無牲."

4 左傳, 襄公19年: "廢常, 不祥. 光之立也, 列於諸侯矣. 今無故而廢之, 是專黜諸侯, 而以難犯不祥也."

5 國語, 楚語上: "民不廢時務, 官不易朝常."

이 없으면 국가가 혼란해지고 인민이 피폐해지기 때문이다. 특히 춘추시대 국제사회에서 패권을 쥔 강대국의 정치경제적 요구명령에 '常'法(항상성)이 없는 경우, 약소국의 부담과 설움은 말할 것도 없다.[6]

예부터 훌륭한 군주는 전통 옛 법인 '古常'을 변경함에 지극히 신중했다.[7] 군주가 국가 '常法'을 따르지 않고 자기 마음대로 政令을 내리는 경우, 인민도 각기 다른 마음을 품어 군주를 離叛하기 때문이다. 즉, 善政을 행하는 군주는 항상적 法度를 쉽게 바꾸지 않는데, 법의 개념으로서 '常'은 기본상 이러한 '항상 불변'의 '平常性'을 의미한다.[8]

물론, 이러한 '常'法은 천지자연의 '常'道와 음양사시의 '恒'理를 본받아, 그에 순응하고 부합하게 제정됨이 이상이다.[9] '常'이 道로부터 禮와 法까지 의미를 포괄해 함축하는 일반보편 개념인 까닭이 바로 여기에 존재한다. 그래서 '常'은 일반 人道倫理와 군주의 정치도덕적 敎化까지도 지칭하게 된다. 예컨대, 武王은 商을 정벌하는 근본이유로 紂가 '五常'을 침범·모독하고 있음을 지적한다. 후대 傳注에서 구체로 열거하는 내용은 각각 다소 차이나지만, '五常'이 인간의 天賦적 本性으로서 기본 윤리도덕을 의미하는 사실만큼은 명확하다.[10]

또, '五常'은 漢代 董仲舒 이래로 王政 및 인민교화에 기본으로 강조

---

6 左傳, 襄公22年: "以大國政令之無常, 國家罷病, 不虞荐至, 無日不惕, 豈敢忘職?"

7 晏子春秋, 內篇雜上: "夫古之重變古常."

8 左傳, 昭公4年: "爲善者, 不改其度, 故能有濟也. 民不可逞, 度不可改. 政不率法, 而制於心; 民各有心, 何上之有?"

9 國語, 越語下: "不逆天時, 因陰陽之恒, 順天地之常, 因以爲常."

10 古文尙書, 泰誓下: "今商王受, 狎侮五常, 荒怠弗敬, 自絶于天, 結怨于民." 孔安國은 '五常之敎'로만 주석을 달고, 孔穎達은 '父義·母慈·兄友·弟恭·子孝'의 五典으로 부연 해설하는데, 이는 堯典이나 左傳에서 말하는 '五敎'를 의미한다. 반면, 蔡沈은 '君臣·父子·兄弟·夫婦' 등의 典常之道라고 네 가지만 열거하는데, 이는 '五倫'을 '五常'으로 일컫는 견해를 취한 것이다.

되는 '仁義禮智信'의 인륜도덕을 지칭한다.[11]

맹자가 말하는 '父子有親' 등 다섯 人倫(五倫)을 '五常'으로 일컫기도 한다. 심지어 五常은 金木水火土의 五行을 의미하기도 한다. 禮記에는 樂律이 '五常'의 운행에 순응하여 제정되었음을 밝히고 있는데, 여기 五常이 陰陽과 더불어 천지자연의 기본 특성이자 원리를 구성하는 五行으로 해석되는 것이다.[12] 人道로서 倫理와 天道로서 天理(예컨대 五行의 物理) 모두 궁극에 '道'로부터 연원하면서, 동시에 道의 본질 특성으로 발현되는 것이다. 따라서 '理'가 '常'으로 표현되는 것은 道나 禮·法과 마찬가지로 지극히 자연스러운 일관된 보편성을 지닌다. '綱常'(특히 三綱五倫)이나 '倫常'(혹은 倫理綱常)이라는 개념은 바로 常의 이러한 일반보편 개념을 지칭하는 대표 용어이다.

2. 常刑의 의미와 특성

이처럼 常은 天道와 人道를 총망라하며 윤리도덕으로서 모든 사회규범도 포괄하는 광의의 일반보편 개념이다. 그런데 法의 본질과 개념을 대표하는 常은 한편으로 '法' 자체와 결합하여 '常法'이라는 용어로 쓰이기도 한다. 예컨대, 晋이 夷와 董에서 병력을 소집해 軍制 개편과 함께 제정한 '夷蒐之法'이 그것이다. 趙盾이 中軍將帥로서 국정을 담당하여, 政事典章을 제정하고 범죄와 형벌을 적정하게 규정하며, 刑獄을 처리하고 도망은닉 범인을 체포하며, 거래계약법을 시행하고 묵은 폐습을 척결하며, 禮制의 질서를 바로잡고 정상 관직을 회복하며, 은일한 현자를 등용함으로써, 晋國의 정치를 일대 쇄신하는 '常法'으로 삼

11 漢書, 卷56, 董仲舒傳: "夫仁誼(義)禮知信, 五常之道, 王者所當脩飭也."

12 禮記, 樂記: "合生氣之和, 道五常之行, 使之陽而不散, 陰而不密." 鄭玄은 五行으로 注釋한다.

았다고 한다.[13] 그러나 常이 같은 '法'의 의미인 '刑'의 개념과 서로 결합하여 이루는 '常刑'이라는 용어가 훨씬 보편으로 쓰인다. 常法이나 常刑의 '常'은 '法'이나 '刑'을 수식하는 관형어 기능을 담당하여, '恒常性' '平常性'이라는 법의 본질 특성을 더욱 명확히 부각시켜준다. 그리고 실제로 '常刑'의 용어가 법의 개념으로서 '常'보다 훨씬 오래전부터 매우 보편으로 사용되고 있음이 주목된다.

예컨대, 魯의 시조로 책봉된 伯禽(周公 아들)이 즉위로 淮夷와 徐夷의 반란을 평정하면서 戒誥를 내린 費書에는 세 번의 常刑이 계속 거론된다. 즉, 兵戰용 牛馬를 다치게 하는 행위, 달아난 牛馬를 가로채거나 도망한 타인의 臣妾을 붙잡아 원주인에게 반환하지 않는 행위, 또는 담장을 넘어 훔치거나 타인의 臣妾을 유인·약취하는 도적행위 등에 대하여는 '常刑'을 준엄하게 시행·적용하겠다고 경고한다.[14] 여기서 常刑은 용서나 사면 없이 반드시 응징하는 '항상적 刑'의 의미로, 형벌이라는 협의의 구체 개념으로 이해할 수도 있다. 그러나 苗民이 '刑'으로써 인민을 통치함에 '五虐之刑'을 제정해 '法'이라고 명명했고, 周穆王 시에 呂候가 제정한 法度를 '呂刑'이라고 일컬은 사실로 미루어 보면,[15] 常刑은 곧 常法과 동등한 개념임을 알 수 있다.

또, 예로부터 王은 하늘의 경계(天戒)를 삼가 공경히 받들고 臣民은 국가의 '常憲'을 준수한다는 기록이 있다. 이와 함께 매년 孟春正月에 담당관리가 木鐸을 치면서 거리를 돌며 國法을 공포하는데, 이를 공경스럽게 준수하지 않는 사람은 국가 '常刑'을 적용받는다는 경고도 보

13 左傳, 文公6年: "晋蒐于夷, 改蒐于董. 宣子於是乎始爲國政, 制事典, 正法罪, 辟獄刑, 董捕逃, 由質要, 治舊洿, 本秩禮, 出滯淹. 旣成, 使行諸晋國, 以爲常法."

14 尙書, 費誓: "牿之傷, 汝則有常刑; 馬牛其風, 臣妾逋逃, 乃越逐不復, 汝則有常刑; 踰垣牆, 竊馬牛, 誘臣妾, 汝則有常刑."

15 尙書, 呂刑: "呂命, 荒度作刑, 以詰四方. 苗民制以刑, 惟作五虐之刑曰法."

인다.[16] 특히 법의 공포 및 그 위반자의 처벌에 관한 내용은, 周禮에도 天官 少宰와 地官 小司徒 및 秋官 小司寇가 해당관서의 전속관할 법령을 각기 담당·시행하는 직책으로 반복해 등장한다.[17] 이는 국법인 '常刑'을 공포·시행하며, 그에 불복종하는 범법자를 처벌하는 체계적인 법제도가 이미 周初부터 확실히 존재하였음을 반증한다.

춘추시대 역사기록에도 '常刑'의 언급은 보편으로 지속된다. 鄭 厲公은 14년이나 군주 실권을 장악해온 政敵 子儀를 정벌하여 수도에 복귀한 뒤, 그를 추종하던 신하를 처형하였다. 이때 적용한 법으로 거론되는 것이, 군주를 섬김에 두 마음을 품은 자에 대한 周 王室의 '常刑'이었다.[18] 또한 晋 定公은 수년간 국외 망명 중이던 魯 昭公을 復國시키기 위해, 昭公을 축출한 魯의 실권자 季孫氏를 책망하면서, 군주를 섬기지 않으면 周 왕실의 常刑이 있을 것이라고 실력으로 위협하기도 하였다.[19] 이들은 물론 원칙적인 항상적 법으로서 周禮를 지칭함이 분명하다. 이밖에 거론되는 常刑도 대부분 신하가 군주를 섬기는 직책과 관련된다. 宋에서는 신하들이 죽음을 불사하고 국가사직을 지키는 것이 法인데, 만약 이를 위배하고 직책을 소홀히 하면 '常刑'이 예외나 사면 없이 적용되었다.[20] 한편 魯 궁성에 화재가 발생하였을 때, 진화작업의 다급함과 사람들의 위험기피 심리를 고려하여, 지휘명령을 그

---

16 古文尙書, 胤征: "先王克謹天戒, 臣人克有常憲.每歲孟春, 遒人以木鐸徇于路, 官師相規, 其或不恭, 邦有常刑."

17 周禮, 天官, 小宰: "正歲, 帥治官之屬, 而觀治象之法, 徇以木鐸曰: '不用法者, 國有常刑'." 地官, 小司徒는 '敎法之象'을, 刑官, 小司寇는 '刑象'을 각각 마찬가지로 공포·시행한다.

18 左傳, 莊公14년: "傳瑕貳, 周有常刑, 旣伏其罪矣."

19 左傳, 昭公31년: "何故出君? 有君不事, 周有常刑, 子其圖之!"

20 左傳, 昭公25년: "若夫宋國之法, 死生之度, 先君有命矣, 群臣以死守之, 弗敢失隊.臣之失職, 常刑不赦."

대로 즉각 시행하지 않으면 常刑을 가차 없이 적용한다고 특별히 경고한 적도 있다.[21] 즉, 예외적 赦免이 없는 철저한 원칙 적용은 '常刑'의 '항상불변성'을 명실상부하게 강조·부각하는 것이다.

그러면 이러한 常刑이란 실제로 어떠한 법을 가리키는가? 법현실에서 常刑을 대표하는 주요 개념으로는 '先王'의 법령, '前'代의 典章, '舊'法, '古'制 등의 용어가 흔히 거론된다. 전통 옛 법의 항상불변성을 강조하며, 동시에 거기에서 현재 법규범의 효력과 정당성 및 권위를 구하는 것이다. 물론 이들 先王의 典章이나 古制舊法 등은, 용어상 표현에 관계없이 실질상 동등한 내용이다. 그리고 이들을 본받아서 바꾸지 말고 충실히 실행하라는 법의 항상성이 그 공통 핵심요지이다. 그렇지만 구체 표현내용과 시각 및 방법 등은 매우 다양하다.

우선, 최고 빈번히 등장하면서 압도적 비중을 차지하는 '先王'의 용어에 관하여 보면, 가장 일반보편이면서 추상적인 '先王'이나 先民·古人 등의 개념은 부수기수로 등장한다. 그중에서도 周初나 周의 봉건통치체제가 명목상 유지되던 춘추시대에는 구체로 周왕실의 창업주인 文王과 武王을 법 삼으라는 내용도 적지 않다.

> "先王의 道와 그 明法 집행할 賢人을 널리 구하지 않는가?"
>
> "슬프도다. 그 도모함이여! 先民을 법삼지 않고, 大道를 본받지 않으며, 오직 가까운 말만 듣고, 오직 가까운 말만 앞을 다투는구나. 이는 길가에 집을 지으며 행인의 말을 듣는 것과 같아, 끝내 성공할 수 없게 된다." "하늘의 일은 소리도 없고 냄새도 없나니, 오직 文王을 법삼으면 만국이 모두 믿고 따르리라."[22]

21 左傳, 哀公3年: "火踰公宮, 命宰人出禮書, 以待命. 命不共, 有常刑. 助所不給, 有不用命, 則有常刑, 無赦."

22 詩·大雅·抑: "罔敷求先王, 克共明刑?"; 小雅, 小旻: "哀哉爲猶, 匪先民是程, 匪大猶是經; 維邇言是聽, 維邇言是爭; 如彼築室于道謀, 是用不潰于成."; 大雅, 文王: "上天

물론, 堯·舜·禹·湯과 같은 聖王을 거론하는 경우도 많다. 이들은 周初 위정자들 자신부터 춘추전국시기를 통하여 지속해서 거론하는 典範인데, 특히 周의 통치체계가 사실상 붕괴한 전국시대에는 이들 前代의 성왕이 상대적으로 더욱 부각하는 편이다. 예컨대, "舜은 천하의 법도가 되어 후세에 전승할 만하다."[23]

그런데 항상 법 삼아야 할 '先王'의 구체 내용도 실질상 상당히 광범위하게 포괄적이다. 가장 일반 추상적으로는 총체적인 인격적 道나 德을 지칭한다. 물론 古訓 내용으로 직접 德이나 義가 지적되기도 한다. "賢人보다 더 강한 것이 없으니, 사방이 그를 교훈삼고; 德보다 더 찬란한 것이 없으니, 모든 제후가 이를 법삼도다. 先王을 잊지 못하는 것은 바로 이 道일세!" "이 尙賢은 堯舜禹湯文武의 道와 더불어 같다. 어진 사람을 선택하여 공경을 다해 법을 제정한다면, 堯舜禹湯文武의 道를 따라갈 수 있다." "나는 위로 요·순·우·탕·문·무의 도를 법삼아 펴는 사람이다." "오직 德과 義만이 가장 위대한 교훈이다. 古訓으로 말미암지 않는다면, 또한 어디에서 교훈 삼을 것인가?"[24]

때로는 先王이 德을 숭상한 사실 자체가 법도로 강조된다. 同盟시 선서의 순서에 관하여 蔡의 시조인 蔡叔이 衛의 시조인 康叔의 형이니, 蔡가 衛보다 우선하는 것이 마땅하다는 주장이 있었다. 이에 子魚가 周初에 현명하고 도덕 높은 사람을 선택하여 제후로 책봉한 사실을 환기시키면서, '尙德'이 先王의 법도에 부합한다고 반론하였다.

之載, 無聲無臭, 儀刑文王, 萬邦作孚."

23 孟子, 離婁下: "舜爲法於天下, 可傳於後世."

24 詩, 周頌, 烈文: "無競維人, 四方其訓之; 不顯維德, 百辟其刑之; 於乎前王不忘!"; 墨子, 尙賢下: "此尙賢者, 與堯舜禹湯文武之道同矣. 能擇人而敬爲刑, 堯舜禹湯文武之道可及也."; 墨子, 節葬下: "吾上祖述堯舜禹湯文武之道者也."; 古文尙書, 畢命: "惟德惟義, 時乃大訓; 不由古訓, 于何其訓?"

"先王의 법도로 본다면 德을 숭상한다. 옛날에 武王이 商을 정복하고 成王이 왕실을 안정시킨 뒤에, 明德한 이를 선발·책봉하여 周室의 울타리를 삼았다. 어찌 연령을 숭상하겠는가? 지금 장차 연령을 숭상하려고 하니, 이는 先王의 법도에 반하는 것이다."[25]

한편, 先王이 天命을 받들어 행하여 왕업을 창건하고 혁혁한 공적을 세운 통치사실이 모범이 되기도 한다. 그러나 이 경우 구체적 法度나 典則으로 직접 연결되는 것이 일반이다.

"先王은 공경근신으로 天命을 복종·실행하였으니, 先王의 공적을 따르고 先王의 大業을 계승·회복하면, 사방을 안정시킬 수 있다." "盤庚은 인민을 교화함에 먼저 관직에 있는 자들에게 先王의 항상적인 옛 사적으로써 법도를 바르게 하라고 명령하였다." "(湯은) 만방의 모범이 되어, 禹의 옛 행적을 계승하고, 그 典常을 따라 天命을 받들어 순종하였다." "이제 그대를 나의 날개로 명하노니, 팔다리와 심복 같은 신하가 되라. 그대 조상의 옛 사적을 계승하여, 그들을 욕되게 하지 말며; 五典을 널리 펴서 공경과 온화함으로 인민의 법도가 되라."[26]

그러나 역시 이들 '先王'에게서 강조되는 핵심 본질은 그들이 남긴 구체적 法制나 典章이다. 제후들이 천자에게 각자 작위에 상응하는 조공을 바치는 '先王主制'나, 제후들이 서로 정기로 朝見하여 우호를 결속하고 상대국의 천재지변 등 환난을 상호 구휼하는 '古主制'가 있다.

"무릇 先王의 禮制에 의하면, (천자가 직접 다스리는) 나라 안은 甸

25 左傳, 定公4年: "以先王觀之, 則尙德也. 昔武王克商, 成王定之, 選建明德, 以蕃屛周. 豈尙年哉? 今將尙之, 是反先王也."

26 尙書, 盤庚上: "先王有服, 恪謹天命; 其克從先王之烈, 紹復先王之大業, 底綏四方." "盤庚斅于民, 由乃在位, 以常舊服, 正法度."; 古文尙書, 仲虺之命: "表正萬邦, 纘禹舊服, 玆率厥典, 奉若天命."; 古文尙書, 君牙: "今命爾予翼, 作股肱心膂, 纘乃舊服, 無忝祖考; 弘敷五典, 式和民則."

服이고, 나라 밖은 侯服이다. 甸服은 日祭의 공물을 바치고, 侯服은 月祀의 공물을 바치는 것이 先王의 교훈이다." "제후가 5년마다 서로 朝見하여 王命을 잘 봉행함은 옛 禮制다." "나라에 기근이 발생하면, 鄕이 이웃나라에 가서 식량의 원조를 청하는 것은 옛 禮制다."[27]

또한, 군자는 마음을 쓰고 일반평민은 힘을 쓰는 계층적 차별성은 사회적 분업원리로서, 예로부터 항상 지속되어 온 先王의 제도이자 교훈이다.[28] 그런가 하면인민이 각자 소임과 의무를 소홀히 하거나 허물 또는 죄악을 저지르는 경우국법에 의해 형벌을 받아야 하는 순수한 법원칙도先王의 명령이나 옛 法制로서 강조된다.[29]

여기서 (教)訓은 구두로 명령된 적이 있는 단순한 역사적 사실로서 추상적 가르침에 그치지 않고, 실질상 그 가르침(遺訓 포함)이 書籍이나 金石에 成文化된 문헌자료를 의미한다. 따라서 (教)訓은 (法)制나 典(章)등과 실질 의미상 별 차이가 없다. 흔히 조상의 '前訓'이나 '古訓'을 듣고 배우며 법삼아서 공경스럽게 실행하자는 취지의 내용이다.

"조상의 항상적 교훈을 귀 기울여(정신 차려) 들어라." "왕은 박학다문한 현인을 구하여 政事를 수립하고, 古訓에서 배워야만 얻음이 있다. 매사에 古訓을 스승 삼지 않으면서 장구히 태평성세를 누릴 수 있음은 들어본 적이 없다. 先王의 成憲에 거울삼아, 영원토록 허물이 없을지어다." "天命이 있는 사람을 가까이 하고 前訓을 사용하며 형제에게 예를 행하고 곤궁한 자를 도와주는 자는, 하늘이 복을 준다." "古

---

27 國語, 周語上: "夫先王之制, 邦內甸服, 邦外侯服; 甸服者祭, 侯服者祀; 日祭·月祀, 先王之訓也."; 魯語上: "國有饑饉, 鄕出告糴, 古之制也."; 左傳, 文公15年: "諸侯五年再相朝, 以修王命, 古之制也."

28 左傳, 襄公9年: "君子勞心, 小人勞力, 先王之制也."; 國語, 魯語下: "君子勞心, 小人勞力, 先王之訓也." 孟子에도 같은 내용의 명제가 나옴.

29 左傳, 襄公25年: "先王之命, 唯罪所在, 各致其辟."; 國語, 魯語下: "男女效績, 愆則有辟, 古之制也."

訓을 법 삼으며, 威儀에 힘쓰고, 천자에 순종하며, 왕명을 밝혀 천하에 펼치네." "그대는 오직 그대 교훈(五教)을 공경스럽게 밝혀, 先王의 道에 순응해 봉행하시오. 그대는 오직 그대 先祖가 바르게 행한 舊典(옛 典範)을 법 삼으시오. 인민의 다스림과 혼란이 바로 여기에 달려 있소."[30]

물론, 찬란한 '文王之典'을 칭송하며, 이를 본받아 준수하라고 강조하기도 한다. "淸明하고 찬란하도다. 文王의 典章이여!" "文王의 典章을 禮儀法式으로 본받아, 매일 사방을 편안히 다스리네." "그대 조상 文王의 항상적 교훈을 준수하고, 그대 부친이 王命 어긴 것을 본받지 마시오."[31]

또한, 가장 구체로는 戮이나 刑罰이 언급되는 곳도 있으며, 가장 일반적 법규범의 의미로 人倫紀綱이 일컬어지기도 한다. "(天地四時 담당 日官이) 天象에 심히 혼미하여 先王의 誅戮(형벌)을 범하였다" "부모에 불효하고 형제간에 우애 않는 죄인일랑, 그대는 속히 文王이 제정한 벌로써 용서 없이 처형하시오." "先王(湯)이 비로소 人倫紀綱을 닦아, 허물이 있으면 忠諫을 거스름 없이 따르며, 先民의 가르침에 순응하였다."[32]

특히 주목할 만한 표현은, '先王成憲'이라는 상당히 세련된 직접 개념이다. "先王의 成憲을 거울삼아 영원히 허물이 없도록 하라."[33]

---

30 尙書, 酒誥: "聰聽祖考之彝訓."; 古文尙書, 說命下: "王人求多聞, 時惟建事, 學于古訓, 乃有獲. 事不師古, 以克永世, 匪說攸聞." 國語, 晋語4: "親有天, 用前訓, 禮兄弟, 資窮困, 天所福也." 詩, 大雅, 烝民: "古訓是式, 威儀是力, 天子是若, 明命使賦." 古文尙書, 君牙: "爾惟敬明乃訓, 用奉若于先王; 乃惟由先正舊典時式, 民之治亂在玆."

31 詩, 周頌, 維淸: "維淸緝熙, 文王之典."; 周頌, 我將: "儀式刑文王之典, 日靖四方."; 古文尙書, 蔡仲之命: "率乃祖文王之彝訓, 無若爾考之違王命."

32 古文尙書, 胤征: "昏迷于天象, 以干先王之誅."; 尙書, 康誥: "惟不孝不友, 乃其速由文王作罰, 刑玆無赦."; 古文尙書, 伊訓: "先王肇修人紀, 從諫弗咈, 先民時若."

"先王의 책으로서 국가를 다스리고 백성에게 공포·시행하는 것이 憲(법)이다. 일찍이 先王의 憲에 또한 '福은 청할 수 없고 禍는 피할 수 없다'는 말이 있지 않은가? 訟獄을 심판해 죄악을 처벌하는 것이 刑이다. 일찍이 先王의 刑에 또한 '福은 청할 수 없고 禍는 피할 수 없다'는 말이 있지 않은가? 이러한 까닭에 옛 聖王들은 법을 공포하고 명령을 내려 상벌을 시행하고 어진 이를 권장하였다."[34]

'先王'의 구체 인물로는 文王과 武王을 직접 거론하는 경우가 단연 으뜸이다. 물론, 堯舜禹湯도 적지 않게 거론한다. 이는 후대에 '祖宗成憲'이라는 표현으로 즐겨 등장하는데, 朝鮮시대에도 이 용어가 보편으로 쓰였다.[35]

한편, 이들 先王의 典章이나 古訓 등이 거론되는 직접 동기와 목적은, 보편적 모범으로서 항상 법 삼아야 한다는 일반론 관점 이외에도, 그 주된 시각과 초점이 제법 다양하다. 우선, 先王의 遺訓이나 典章法制를 살펴보면, 그들의 흥망성쇠 및 정치적·도덕적 득실을 모두 알 수 있다.[36] 왜냐하면, 법이란 道德 정신과 정치 업적을 그대로 반영하기 때문에, 기본상 가장 직접 역사적 귀감이 되는 것이다. 뿐만 아니라, 先王의 文物典章에는 적극적 능동적 목적의식이 담겨있는 경우가 많다. 즉, 창업 기반을 확립한 뒤 법제를 정비하여 물려주는 기본 동기는, 후손들이 이를 통치에 근본규범으로 삼아 善政을 시행함으로써 왕업을 기리 전승하도록 당부하는 뜻에 있다.

---

33 古文尙書, 說明下: "監于先王成憲, 其永無愆."

34 墨子, 非命上: "先王之書, 所以出國家、布施百姓者, 憲也. 先王之憲, 亦嘗有曰: '福不可請, 禍不可諱' 者乎? 所以聽獄制罪者, 刑也. 先王之刑, 亦嘗有曰: '福不可請, 禍不可諱' 者乎? 是故, 古之聖王發憲出令, 設以爲賞罰以勸賢."

35 朴秉濠, 韓國法制史考(420-421면)와 韓國法制史(54-62면) 및 세종 시대의 법률(35-37면) 참조.

36 國語, 周語下: "若啓先王之遺訓, 省其典圖刑法, 而觀其廢興者, 皆可知也."

"文武 聖王이나 周公 같은 先君들이 후세 사람에게 法을 남긴 것은, 죄악에 빠지지 않도록 하기 위해서였다. 그들이 후세를 위하여 前代의 훌륭한 법도를 밝힌 것은, 세상에 길이 귀감을 보이기 위함이었다."[37]

따라서 先王 법제를 충실하게 준수하면, 소극적으로는 정치적 미혹이나 사회적 혼란은 물론 군주로서 어떠한 허물이나 과실도 없게 되며, 적극적으로는 국가가 잘 다스려져 안정될 것이다.

"先王을 가까이 하면, 그 가르침이 세상을 혼미하지 않게 하리라." "古訓을 배워 관직에 들어간 뒤 政事를 의논하여 법제를 시행하면, 정치가 혼미하지 않는다. 그대는 오직 典常을 스승으로 삼되, 그럴듯한 말재주로 관직을 어지럽히지 말지어다." "화목하고도 아름다움이여, 훌륭한 군주와 훌륭한 왕이로세. 허물도 없고 遺失도 없음이여, 모두가 舊章(옛 典章)을 따름일세." "舊法을 改修하되, 그 훌륭한 것을 선택하여 창조적으로 계승 시행하면 국가가 안정될 것이다."[38]

반면, 先王의 올바른 法制를 함부로 바꾸거나 어지럽히면, 인민들의 원망을 야기하여 정치가 불안해지기 쉽다. "先王의 正刑을 크고 작은 것 할 것 없이 모두 變亂시키면, 인민들이 이를 부정하여, 그 마음은 군주를 거스르고 원망하며, 입으로는 저주를 퍼붓게 된다."[39] 심지어 先王의 법령과 교훈을 모두 폐기하는 규범현실은 사회혼란 뿐만 아니라 군주의 정치적 위기까지 반영해준다. 일찍이 定王의 사신으로 陳을

37 國語, 魯語上: "聖王公之先封者, 遺後人之法, 使無陷於惡; 其爲後世昭前之令聞也, 使長監於世."

38 古文尙書, 太甲上: "密邇先王, 其訓無俾世迷."; 古文尙書, 周官: "學古入官, 議事以制, 政乃不迷. 其爾典常作之師, 無以利口亂厥官."; 詩, 大雅, 假樂: "穆穆皇皇, 宜君宜王; 不愆不忘, 率由舊章." 國語, 齊語: "修舊法, 擇其善者而業用之, 則國安矣."

39 尙書, 無逸: "乃變亂先王之正刑, 至于小大; 民否則厥心違怨, 否則厥口詛祝."

통과한 單襄公은, 陳이 도로·교량·전답 등이 황폐하고 천자사신을 푸대접하며 의복행실이 무례함을 보고, 陳 靈公의 통치가 오래 지속되지 못할 것을 예언한 적이 있다. 夏令·周制·周官 등 규정내용을 구체로 인용하면서, 陳의 정치적 규범현실이 先王의 教訓·法制·官職·命令을 모두 폐기하고 있음을 그 이유로 거론한 것이다.[40]

그런 까닭에, 대신에게는 군주를 先王의 典章이 아닌 것으로 인도하지 말라는 경고가 엄하게 내려진다. "그대는 음험한 소인을 가까이 하여, 귀와 눈 같은 충신을 막고, 군주를 先王의 (法)典이 아닌 것으로 인도하는 일일랑, 혹시라도 없도록 하시오."[41]

군주 자신도 소인을 가까이 하거나 스스로 총명한 체하여, 옛 典章을 자의로 개폐해서는 안 된다. 더구나 임의로 법을 개폐하고 그럴듯한 명분으로 합리화하는 일은 절대 금물이다. "中正의 道를 따라 시행하되, 스스로 총명한 체하여 舊章을 어지럽히는 일이 없도록 하라." "군주는 그럴듯한 변론언설로써 舊政을 어지럽히지 마소서."[42]

그래서 군주는 즉위할 때 종묘에서, 하늘의 위엄을 경외하고 조상의 위대한 교훈을 준수하여, 천하를 태평스럽게 다스리고 왕업을 번영시키겠다고 엄숙하게 선서한다.

> "후세 자손은 하늘의 위엄을 경외하고 文武의 大訓을 준수하여, 감히 혼미하거나 벗어나지 않겠습니다. 천하를 평화롭게 다스려, 文武의 빛나는 교훈에 상응하며, 이를 선양하겠습니다."[43]

---

40 國語, 國語中: "昔先王之教, 懋帥其德也, 猶恐殞越.若廢其教而棄其制, 蔑其官而犯其令, 將何以守國? 居大國之間, 而無此四者, 其能久乎?"

41 古文尙書, 冏命: "爾無昵于憸人, 充耳目之官, 迪上以非先王之典."

42 古文尙書, 蔡仲之命: "率自中, 無作聰明, 亂舊章."; 古文尙書, 太甲下: "君罔以辯言亂舊政."

43 尙書, 顧命: "在後之侗, 敬迓天威, 嗣守文武大訓, 無敢昏逾. 燮和天下, 用答揚文武之光訓."

先王之典의 항상불변성을 강조하는 제도적 장치인 셈이다. 신하도 군주의 부당하고 법도에 어긋나는 행위를 간언하거나 만류할 때에는 으레 선왕의 교훈이 아님을 논거로 강조한다.

> "무릇 齊나라가 太公의 법을 폐기하고 社(사직신 모시는 廟堂)에서 閱兵하는데, 군주께서 이러한 거동을 위해 가서 참관하려고 하는 것은 先王의 교훈이 아닙니다."[44]

간언 자체의 설득력과 실효성을 높이고, 혹시 우려되는 불이익을 예방·완화하기 위해서는, '先王'보다 확실하게 믿을만한 권위는 없었을 것이다. 특히, 권력투쟁의 와중에서 군주의 무리한 요구가 있을 때, 신하는 죽음을 각오하고 옛 先王의 '法制'를 근거로 일편단심의 충성을 항변하기도 한다.[45]

또한 제후국 상호간에 무리한 요구나 실력적 위협이 있을 때, 周初 책봉 당시 '先王之命'에 근거하여 이를 완화 해소하려는 외교적 대응도 흥미롭다. 예컨대, 魯나라가 齊나라에 대하여, 周公과 太公의 우호관계 및 최초 책봉당시 成王의 훈시를 거론하는 것이 대표적 실례다.

> "옛날 成王께서 우리 先君인 周公과 齊의 先君인 太公에게 명령하시었다: '너희는 周왕실의 팔다리가 되어 先王을 보필하라. 너희에게 토지를 하사하노니, 자손 대대로 서로 침해하지 말지어다.' 그런데 어찌 토지를 탐내어 先王의 명령을 저버릴 수 있겠는가? 이래서야 장차 어떻게 제후들을 규합할 수 있겠는가?"[46]

周 왕실의 존엄과 권위가 약화되고 제후들의 실력적 패권이 강화되

---

44 國語, 魯語上: "夫齊棄太公之法, 而觀民於社, 君爲是擧, 而往觀之, 非先王之訓也."

45 左傳, 僖公23年: "子之能仕, 父教之忠, 古之制也."; 僖公24年: "君命無二, 古之制也."; 國語, 晋語9: "委質爲臣, 無有二心. 委質而策死, 古之法也."

46 國語, 魯語上: "昔者, 成王命我先君周公及齊先君太公曰 : '女股肱周室, 以夾輔先王. 賜女土地, 世世子孫無相害也.' 豈其貪壤地, 而棄先王之命? 其何以鎭撫諸侯?"

는 춘추시대에는, 천자가 제후의 무례하고 참람한 요구에 대하여, 先王의 禮法을 근거로 완곡하게 거절하기도 한다. 유명무실해진 왕실과 천자의 권위를 조금이나마 보강해줄 수 있는 유일무이한 수당방편은 '先王의 典章'이라는 대의명분뿐이었을 것이다.

"先王의 큰 文物을 반포하여 사사로운 은덕을 상주는 일은 叔公 또한 실로 싫어할 것입니다. 先王의 직책을 회복하자면 큰 文物을 바꿀 수가 없습니다. 내가 어찌 감히 사사로운 공로로 인하여 前代의 큰 典章을 변경할 수 있겠습니까? 그러면 先王과 백성은 어찌하며, 어떻게 정치명령을 시행하겠습니까?"[47]

특히, 제후들의 이러한 참람한 무례와 부도덕한 失政에 대하여 역사가 先王의 古道로써 비평하는 사실도 주목된다.

"日蝕이 있으면 천자는 宴樂을 거행하지 않고 社廟에서 북을 치며, 제후는 社廟에 幣帛을 바치고 조정에서 북을 친다. 이로써 神을 섬기고 인민을 훈도하며 군주를 섬기는 禮를 밝힘과 동시에, (천자와 제후간에) 차등적 威儀가 있음을 보이는 것이 古之道이다."[48]

"先王은 세상을 떠남에 당하여 오히려 法을 남겼는데, 하물며 善人을 빼앗아 가려고 (殉葬 유언을 지칭) 하는가? 옛 왕들은 인간의 생명이 길지 않음을 알고, 어진 이를 등용하여 法度를 제정하고 準則을 공포하며, 인민의 儀表를 세우고 法制를 시행하며, 訓典을 포고하고 禮法으로 善導하였다. 이는 모든 聖王의 한결같은 치적인데 이제 설사 후세에 남길 法은 없다고 할지라도, 게다가 어진 이를 殉葬으로 데려가려고 하니, 정말로 군주라고 하기가 어렵다."[49]

---

47 國語, 周語中: "班先王之大物, 以賞私德, 其叔父實應且憎; 以復先王之職, 大物其未可改也. 余何敢以私勞, 變前之大章? 其若先王與百姓何, 何政令之爲也?"

48 左傳, 文公15年: "日有食之, 天子不擧, 伐鼓于社; 諸侯用幣于社, 伐鼓于朝; 以昭事神·訓民·事君, 示有等威, 古之道也."

이처럼 先王의 典章과 古法旧制의 핵심 본질과 생명은 오로지 항상 불변의 준수와 실행에 있다. 즉, '常刑'으로서 항상성이 그 주된 특성이다. 그런데 실질 내용상 항상성 못지않게, 그 존재 형식상 항상불변성도 상당히 중요한 의미를 지닌다. 즉, 先王의 典章法制는 원칙상 簡牘이나 布帛金石 같은 곳에 成文化한 실정 규범이다. 흔히 법제를 '文物典章'이라고 일컫는 것은 이러한 成文性을 직접 명확히 표현한다. '文'이나 '章' 또는 '書'가 문자기록임은 물론 자명하다. '典'은 책상(几) 위에 올려놓은 소중하고 존귀한 冊의 모습을 본뜬 글자로, 기록의 수단방편이 희귀한 고대 국가에서 가장 중요한 禮法 제도를 기록·보존하는 형식이 된다. 또한 物은 鐘鼎이나 玉石 등 주조물 및 조각물을 지칭하는 것으로, 그 존귀한 가치와 항상 불변의 속성은 비할 나위가 없다. 춘추시대에는 각 제후국들도 독자적 刑鼎이나 刑書를 주조하였다. 흔히 더할 나위 없이 소중하고 존엄한 법을 金科玉條라고 일컫는 것도, 이러한 법제사적 연원으로부터 말미암는다.[50]

3. 法의 變化性

이상에서 법이 道와 마찬가지로 항상성을 그 핵심 본질로 삼으며, '常'의 개념 속에 道와 법의 의미가 동시에 함축되어 있음을 확인했다. 그런데 법은 道와 마찬가지로 항상성과 대응하는 변화성도 중요한 필수불가결의 요소로 삼는다. 즉, 법의 항상성도 결코 고정불변이나 고집불통을 의미하지 않는다. 道처럼 지극히 일반추상적인 本體도 항상

---

49 左傳, 文公6年: "先王違世, 猶詒之法, 以況奪之善人乎? 古之王者知命之不長, 是以並建聖哲, 爲之律度, 陳之藝極, 引之表儀, 予之法制, 告之訓典, 道之禮則. 聖王同之, 今縱無法以遺後嗣, 而又收其良以死, 難以在上矣."

50 左傳, 昭公12年: "思我王道, 式如玉, 式如金."

성과 함께 변화성을 겸비하거늘, 하물며 그 道로부터 파생하여 가장 구체로 成文化한 사회문화 현상으로서 실정법규범이 항상 불변할 리가 있겠는가? 즉, 법도 개별 구체 상황이나 대상에 따라 현상 모습이 변하지 않을 수 없다. 법의 항상성은 道에 근원하는 법의 본질 정신을 두고 일컫는다. 법의 변화성은 대체로 시간·공간·사물의 세 가지 요소를 매개원인(變因·變數)으로 삼는다. 가장 일반보편적인 變因은 시간이며, 공간은 지역적·장소적 상황을 의미하고, 사물은 객체적 대상으로서 事項과 物件 뿐만 아니라, 주체적 목적으로서 人的 요소도 포함한다. 즉, 시간상 古今의 禮法이 다르고, 공간상 동서남북 풍속이 다르며, 사물(주체)로는 각 개인마다 습관이 다르다. 그래서 聖人은 시대에 따르고 풍속에 적응하며 사물을 살피고 타인을 헤아려서, 그 경중에 부합하도록 자연스럽게 변화·적응한다.[51] 물론, 道도 마찬가지 變因이 존재한다. 예컨대, 겨울에 연꽃이 피지 않는 것은 天時이고, 냉한대 지방에서 귤이 자라지 않는 것은 地質이며, 물고기가 날지 못하고 손으로 걸을 수 없는 것은 事理·物理(사물 속성)이다. 道의 관점에서 보면, 天時와 地質과 事理·物理의 차이에 따라 융통·변화해야 하는 것이다.[52] 그러나 道의 變因은 인간사회의 구체적 현상적 규범으로서 法만큼 현저한 분화나 절실한 필요성(가치)은 없는 편이다.

(1) 時間적 변화성

이는 道나 법 모두에게 가장 기본적인 일반보편의 변화요건으로서,

---

51 關尹子, 九藥: "古今之俗不同, 東西南北之俗又不同, 至於一家一身之善又不同, 吾豈執一? 惟隨時同俗, 簡物恕人, 權其輕重, 而爲之自然."

52 關尹子, 九藥: "天不能冬蓮春菊, 是以聖人不違時; 地不能洛橘汶貉, 是以聖人不違俗; 聖人不能使手步足握, 是以聖人不違我所長; 聖人不能使魚飛鳥馳, 是以聖人不違人所長. 夫如是者, 可動可止, 可晦可明, 惟不可拘, 所以爲道."

후술할 바와 같이 철학사상적 變法觀이나 법제사적 현실의 變法論에서 가장 핵심적 주축을 이룬다. 법의 시대적 변화성은 기본적 항상성과 거의 동시병행으로 존재해 왔다. 天命의 無常으로 왕권이 교체되면, 그에 따른 통치의 근본규범인 禮制 또는 법제도 변화할 것은 당연한 사리다. 새로이 왕업을 창건하면 으레 禮樂 文物典章이 재정비되기 마련이다. 물론 그것이 前代의 법제를 완전히 변혁할 수도 없지만, 그렇다고 그대로 답습할 수도 없다. 三皇五帝와 三代의 禮樂도 시대 차이에 따라 서로 다르게 변화할 수밖에 없었다.[53] 그래서 사회의 근본 통치규범인 禮에서 '時代性'이 가장 중요한 요인으로 강조된다. 禮에서 천지종묘에 대한 제사나 부자·군신 간에 道義 같은 근본윤리는 물론, 기타 중요한 禮의 대강이나 구체적 타당성 등은, 禮의 시대성에 비하면 부차적 문제에 불과하게 된다. 堯·舜·禹가 禪讓하고 湯과 武王이 각각 桀과 紂를 放伐한 왕권교체 사실 자체가 이러한 禮의 '時代性'으로 거론되는 것은, 정치적 변동이 禮의 변화를 자연히 수반하는 사리와 현실을 반영한다.[54] 예컨대, 苗民이 포학무도한 刑을 법으로 삼아 천하를 혼란시키므로, 伯夷가 禹를 도와 明德과 中道에 부합하는 常刑으로써 이를 개혁하였다.[55] 또한 紂의 포학무도한 법제와 형벌을 武王이 洪範九疇로 대체하고, 후에 周公이 周禮를 제정하였다. 이들은 왕조교체에 수반하는 거시적 법의 변화인 것이다.

그러나 이러한 왕조교체에 수반하는 근본적 대변화의 法制史 이외에도, 한 왕조 안의 흥망성쇠에 따른 일반 보편적 법의 변화성도 일찍

53 禮記, 樂記: "王者功成作樂, 治定制禮.五帝殊時, 不相沿樂; 三王異世, 不相襲禮."

54 禮記, 禮器: "禮, 時爲大, 順次之, 體次之, 宜次之, 稱次之. 堯授舜, 舜授禹, 湯放桀, 武王伐紂, 時也."

55 尙書, 呂刑: "苗民弗用靈, 制以刑, 惟作五虐之刑曰法, 殺戮無辜, 罔有馨香德刑, 發聞惟腥. 伯夷降典, 折民惟刑, 罔不惟德之勤, 故乃明于刑之中."

부터 거론된다. 즉, 周初부터 형벌은 시대에 따라 혹은 가볍고 혹은 무겁게 변화할 수 있다는 기본원칙이 천명된다. 물론 외형적 형벌이 같거나 혹은 같지 않더라도, 그 본질 내용상 기본 倫理나 핵심정신은 변할 수 없다.[56] 그래서 周禮에 의하면, 大司寇는 국가 三典을 관장하는데, 바야흐로 창업한 新國에는 輕典을 사용하고, 보통 평안한 升平 국가에는 中典을 시행하며, 주로 혼란한 국가에는 重典을 적용한다.[57] 물론, 이는 천하 제후국을 통괄하는 周 왕실 최고사법기구의 관점에서 거론되는 것이다. 그러나 후대 법제사 현실에서 인용되는 내용을 보면, 한 왕조의 정치적 흥망성쇠에 따라서 법을 개정·시행하는 시대적 변화성의 의미로 이해된다.

예컨대, 明 太祖는 大明律을 제정한 뒤 太孫(惠帝)의 청에 의해 70여 조나 개정하면서, 법의 시대적 변화성을 스스로 강조하고 있다.

> "나는 혼란한 세상을 다스리기 때문에 형법이 엄중하지 않을 수 없지만, 너(太孫)는 평안한 세상을 다스릴 것이기에 형법을 자연히 가볍게 해야 할 것이다. 그래서 형벌은 시대에 따라 혹은 가볍고 혹은 무겁다고 일컫는다."

그리고 太孫은 惠帝로 즉위한 뒤, 태조 때 완성된 大明律이 前代에 비해 가중된 규정이 많음을 지적하면서, 이는 혼란한 나라를 다스리는 법전이지 결코 만세에 영원히 통용될 道는 아니라고 평론했다.[58] 여기서 형식상 창업 초기 '新國'에 해당하는 明을 太祖 자신이 왕조 교

---

56 尙書, 呂刑: "刑罰世輕世重, 有齊非齊, 有倫有要."

57 周禮, 秋官: "大司寇之職, 掌建邦之三典, 以佐王刑邦國詰四方. 一曰; 刑新國用輕典; 二曰, 刑平國用中典; 三曰, 刑亂國用重典."

58 明史, 刑法一: "大祖諭之曰: '吾治亂世, 刑不得不重; 汝治平世, 刑自當輕; 所謂刑罰世輕世重也.' 建文帝卽位, 諭刑官曰: '大明律較前代往往加重, 蓋刑亂國之典, 非百世通行之道也.'"

체기 혼란 시기라는 실질 관점에서 '亂世'로 표현한 게 특기할 만하다. 그러나 이를 법의 '시대적 변화성'으로 인식하고, 아울러 그 당위성을 스스로 강조하는 사실이 더욱 중요하다.

(2) 空間적 변화성

인간의 법규범, 특히 자연스레 형성된 風俗과 같은 관습(법)의 경우, 시간상 고금 변화와 함께 공간상 지역 차이가 있음은 경험상 보편사실이다. 여기에는 토질과 같은 자연적 地理의 요인은 물론, 언어·민족·역사·문화·종교 등과 같은 人文적 地理의 요소도 포함된다.[59] 현대 통일중국에 서로 언어나 풍습의 차이가 적지 않은데, 하물며 고대 봉건제후의 列國 시대에는 새삼 말할 필요도 없다. 더구나 현대 통일 법체계에서도 각 지역 및 소수민족의 자치입법을 상당히 허용하고, 법의 실질 내용 및 절차적 시행·적용에서 지역적 특수한 관습이나 향토 법을 인정하는 사실을 감안하면 더욱 그러하다. 先秦시대에는 단순한 지역적 관습·풍속의 차이 정도에 그치지 않는다. 즉, 周 왕실의 기본 禮法을 공통된 최고 통치규범으로 奉行하는 한편, 각 제후국은 각자 국가·인민·지역적 특수성을 감안한 개별 법규범을 제정·시행한 것이다. 특히 周 왕실의 실권이 쇠퇴하고 제후들의 分權化와 쟁패가 가열되면서, 周禮는 유명무실한 존재로 전락하고, 부국강병을 도모하는 각국의 법령제정이 속출하게 된다. 앞서 언급한 晋의 '夷蒐之法'이나 鄭의 '刑鼎' 등은 물론이고, 齊의 '太公之法'(국어·魯語上)이나 '宋國之法'(좌전·昭公25年) 등의 용어는 춘추시대 각국에 서로 다른 독자적 법령이 시행되었음을 입증해준다.

---

59 이러한 관점에서 보면, 李恒寧, 法哲學概論에서 세계사의 法文化를 東方·中方·西方으로 분류하는 이른바 風土法論도 법의 공간적 변화성에 근거한다.

이와 함께, 사상적으로도 법의 공간적 변화성(지역적 차이성)을 당연하게 인정하는 법이론이 보편으로 거론된다. 전형적 대표는 周禮 '地官'인 大司徒의 직책이다. 즉, 천하를 토질에 따라 山林·山澤·丘陵·墳衍·原隰의 다섯 지역으로 구분한 뒤, 각각 거기에 적합한 동물과 식물을 열거하고 그 거주 인민의 성격까지 분석한다. 이를 바탕으로 농림축산업의 권장과 주민의 통치방법이 각각 달라질 것은 자명하다. 이것은 '土宜之法'이다.[60] 즉, 기후와 토질 및 고산대천의 지형지세 등에 따라 인민의 의식주와 풍속습관은 물론 성격·기질까지 각기 다르므로, 군주의 정치적 교화도 그러한 지역적 특수성과 고유의 풍속을 바꾸지 않으면서 으레 그에 순응하여 시행되어야 한다.[61]

물론, 변방에서 중앙에 바치는 貢物도 기후와 토질에 따른 각 지역 특산품이며, 租稅는 토지 비옥도에 따라 여러 등급으로 구분된다. 이러한 賦稅法상 지역적 차이성(공간적 변화성)은 일찍이 夏代부터 시행되었다. 禹 임금은 治山治水 功業을 완수한 뒤, 천하 賦(貢物)와 田(租稅)을 각각 上上부터 下下까지 9등급으로 세분해 실시했다.(尙書, 禹貢) 또한 토질에 적합하여 무성하게 생장하는 나무를 그 지역 '田主'로 삼는데, 특히 각 왕조는 도읍지 토질에 가장 적합한 나무와 곡식을 '土地神'인 '社'와 '稷'으로 정하여 국가 상징으로 섬긴다. 그리하여 사직이 곧 국가왕실의 대명사가 되는데, 예컨대 夏는 소나무를, 殷은 잣나무를, 그리고 周는 밤나무를 각기 '社'로 받들었다.[62]

한편, 춘추전국시대에는 자연 지리의 차이뿐만 아니라 인문 풍속의 不同도 직접 강조된다. 예컨대, 묵자는 유가의 '厚葬久喪'을 聖王의 본

---

60 周禮, 地官, 大司徒之職 참조. 左傳, 文公6年: "使毋失其土宜, 聖王同之."

61 禮記, 王制: "凡居民材, 必因天地寒煖燥溼, 廣谷大訓異制. 民生其間者異俗, 剛柔輕重遲速異齊, 五味異和, 器械異制, 衣服異宜.修其教, 不易其俗; 齊其政, 不易其宜."

62 論語, 八佾: "哀公問社於宰我. 宰我對曰: '夏后氏以松, 殷人以柏, 周人以栗.'

래 道가 아니라고 비판하는 핵심논거로써 각 지역의 장례풍속 차이를 구체 실례로 인용한다. 越의 동방에는 부친이 사망하면 그 모친까지 함께 업어다가 내버리고, 楚의 남방에는 친척이 죽으면 그 살을 발라 내고 그 뼈만 묻는 것이 효자라고 한다. 그런가하면 秦의 서방에는 시체를 火葬하는데, 죽은 자가 그 연기와 함께 하늘로 올라갔다고 믿는다. 이처럼 각 지역 매장풍속이 서로 다른 것은, 각자 習慣을 편하게 여기고 자기 風俗을 옳다고 믿기 때문이다. 묵자는 이러한 풍속의 지역적 차이성을 바탕으로, 유가의 厚葬久喪도 中原의 특수한 개별 풍속에 지나지 않는다고 주장한다. 인민의 현실적 公利 관점에서 棺은 세 치 두께로, 옷은 세 겹으로 節制하는 합리적 '葬埋之法'을 제시한다.[63]

춘추전국시대에 제후국 상호간을 왕래할 때에는, 국경에 들어서면서 먼저 그 나라에 중대한 금지령(法禁)을 물으며, 나라 안에 들어와서는 풍속습관 등 독특한 법규범을 확인하는 것이 일반 보편 예법이었다. 마치 남의 집을 방문할 때, 그 문안에 들어서면서 어른들의 諱를 우선 묻는 것처럼, 이는 국가 간에 정식 외교사절뿐만 아니라, 일반인, 특히 道德仁義 철학과 부국강병 이론으로 제후들을 유세하려는 제자백가 사상가들도 반드시 준수해야 할 기본 철칙이다.[64] 다른 나라에 가서 그 나라 고유 풍속·예법을 따르는 것은, 단순히 정치적인 領土高權적 主權의 존중에 그치지 않고, 법규범적인 공간적 변화성과 지역적 차이성을 인정한다는 중대한 의미를 지닌다. 로마에 가서는 로마 풍속을 따르라는 서양 法諺과 완전히 동일한 의미이다.[65] 특히 道家 관점에서는, 老子의 '和光同塵' 및 莊子의 상대주의 '齊物論'이라는 철학

63 墨子, 節葬下: "厚葬久喪果非聖王之道, 此所謂便其習而義其俗者也."

64 禮記, 曲禮上: "入境而問禁, 入國而問俗, 入門而問諱."; 大戴禮記, 曾子制言下: "君子不犯禁而入人境"; 孟子, 梁惠王下: "臣至於境, 問國之大禁, 然後敢入."

65 禮記, 曲禮上: "禮從宜, 使從俗."

사상과 이론 맥락이 연결된다.[66] 화려한 冠服이 中原 禮法에는 필수이지만, 고온다습하여 斷髮紋身의 풍속이 보편인 남방지방 사람에게는 전혀 소용이 없을 뿐만 아니라 오히려 거추장스러운 짐만 된다.[67]

자연지리적인 水土(風土)의 차이와 사회규범적인 風俗禮法의 변화 사이에 긴밀한 유기적 관련성을 강조하는 유명한 비유가 있다. 齊의 晏嬰이 楚에 사신으로 갔을 때, 楚王이 그의 達辯을 시험하며 齊에 모욕을 주기 위하여 연극을 꾸몄다. 즉, 晏子가 앉아있는 궁궐 앞 정원에 포박한 죄인을 끌고 가게한 후 무슨 사람이냐고 물으면, 齊나라 사람인데 도적질을 잘하다가 체포되었다고 답변하게 한 것이다. 이를 빌미로, 王이 晏子에게 太公의 도덕을 물려받고 賢人(晏子를 지칭)의 교화를 입고 있는 齊나라에 무슨 도적이 그리 많으냐고 힐난하였다. 이에 晏子는 귤이 淮水 남쪽에서 자라면 귤을 맺지만, 淮水 북쪽으로 옮겨 심으면 탱자로 변한다는 비유를 들어 반론한다. 그 원인은 귤나무 자체에 있는 것이 아니라, 바로 객관적 水土의 차이에 존재한다는 것이다. 마찬가지로, 齊에서는 그토록 예의바르고 선량하던 사람이 楚에 와서 그 水土(風俗)의 영향에 감염되어 도적이 되었다는 해설에, 楚王이 웃으면서 사과한다.[68]

이 비유 고사는 자연지리 水土의 차이에 따른 사회규범 풍속의 不同이라는 단순한 소극적 평면적 관계에 그치지 않고, 상호 적극적 力動적인 영향·변화의 함수관계까지 시사하고 있다. 즉, 자연지리적인

66 莊子, 山木: "莊周曰: "吾聞諸夫子曰: '入其俗, 從其俗(令).' 今吾遊於雕陵而忘吾身, 吾所以不庭也.""

67 莊子, 逍遙遊: "宋人資章甫而適諸越, 越人斷髮文身, 無所用之."

68 晏子春秋, 內篇雜下: "橘生淮南則爲橘, 生于淮北則爲枳, 葉徒相似, 其實味不同. 所以然者何? 水土異也. 今民生長于齊不盜, 入楚則盜, 得無楚之水土使民善盜耶?" 이 유명한 故事는 韓詩外傳, 卷10과 說苑, 奉使편에도 인용하고 있으며, 후대까지 人口에 널리 膾炙하고 있다.

水土가 사회규범 풍속을 다르게 조성하고 변화시킬 수 있을 뿐만 아니라, 사회규범 풍속이 그곳에 거주하는 인민의 선천적 本性까지 변화·개조할 수 있다는 이론까지 연역할 수 있다. 道德적 인격 '敎育'과 仁義의 정치적 '敎化'의 적극적 기능이 중시되는 까닭도 바로 여기에 존재한다. 晏子는 비록 '백리가 떨어지면 習慣이 다르고, 천리가 멀어지면 風俗이 다르다'는 옛 속담격언을 인정하면서도, 다른 한편으로는 道德을 수양하고 인민을 사랑하여 천하에 각기 다른 풍속 습관을 禮法으로 통일함이 현명한 군주의 통치교화라고 강조한다.[69]

이와 같은 맥락에서, 공자는 '(인간) 本性은 서로 비슷하지만 후천 습속이 서로 다르다'는 존재론적 명제를 언급한다.[70] 맹자는 인간 천성이 비록 善하지만, 후천 환경의 영향에 의해 사악하게 물들 수 있음을 지적한다. 거처하는 곳과 함양하는 바에 따라 몸과 기질·성격이 변화하기 때문에, 모름지기 '人義'라는 '천하의 넓은 거처'에 거주하여야 한다고 주장한다.[71] 즉, 인간에게 누구나 仁義禮智의 선량한 단서가 있긴 하지만, 역시 후천 습관 및 교육의 노력에 의하여 이 싹을 틔우고 '成熟'시켜야 한다.[72] 물론 순자는 이와 반대로 인간 본성이 사악하기 때문에 후천적 禮로 교화해야 한다고 주장한다.[73]

비록 관점은 다르지만, 후천적 습관·풍속·교화가 선천적 본성을 변화·개조할 수 있다는 점에서 중시·강조하는 궁극 지향은 일치한다.

한편, 전체적 관점에서 지역·국가 상호간의 상대적 차이와 특수성

---

69 晏子春秋, 內篇問上: "古者, 百里而異習, 千里而殊俗. 故明王修道, 一民同俗, 上愛民爲法, 下相親爲義, 是以天下不相遺, 此明王教民之理也."

70 論語, 陽貨: "性相近也, 習相遠也."

71 孟子, 盡心上: "居移氣, 養移體, 大哉居乎! 王子若彼者, 其居使之然也; 況居天下之廣居者乎?"

72 孟子, 告子上: "五穀者, 種之美者也; 苟爲不熟, 不如荑稗. 夫仁, 亦在乎熟之而已矣."

73 荀子, 榮辱·儒效·性惡·大略 편 등을 참조.

이 강조되는 법의 공간적 변화성은, 다른 한편으로 해당 지역의 개별적 독자적 관점에서 보면, 어떠한 사람이나 어떠한 사항에 대해서도 모든 다른 지역의 禮法풍속에 우선하여 항상 적용될 領土高權적 屬地法主義를 의미하게 된다. 즉, 풍속을 준수할 주체이자 예법의 적용을 받을 객체(대상)로서 인간의 관점에서는, 법규범이 지역에 따라 다른 공간적 변화성으로 나타난다. 그러나 풍속을 유지하고 예법을 시행할 주체인 국가주권과 지역자치권의 입장에서는, 법규범이 對世的·對人的으로 절대 우선하는 일관적 항상성으로 인식된다. 이러한 영토고권적 법의 항상성은 그 소속 구성원의 대외적 법적용의 관점에서는, 屬人法主義적 항상성으로 확대 발전된다. 개별 구성원의 차원에서는 비록 국외에 나가더라도 故國의 풍속예법을 바꾸지 않고 遵行하는 것이 도리이며,[74] 국가 간의 법규범적 외교에서는 自國의 예법에 정면으로 충돌하거나 정치적 주권·이익을 중대하게 침해하지 않는 한, 상대국의 예법·풍속을 되도록 인정해주는 治外法權과 屬人主義가 또 하나의 중요한 법원칙이 된다.

(3) 事物적 변화성

법은 시간과 공간뿐만 아니라, 그 적용대상인 事物과 그 준수주체인 인간이라는 종합적 구체적 객관상황에 따라서도 변화하는 수가 있다. 물론, 시간적 항상성 및 공간적 통일성과 함께 사물·인간의 대상적 평등성이 법의 기본 생명임은 자명하다. 그러나 역사적 발전성 및 지역적 특수성과 함께, 사물·인간의 대상적 차등성은 법의 변화성을 구성하는 본질이다. 특히, 지역적 특수성과 대상적 차등성은 법의 구

74 禮記, 曲禮下: "君子行禮, 不求變俗. 祭祀之禮, 居喪之服, 哭泣之位, 皆如其國之故, 謹修其法而審行之."

체적 타당성을 위한 부득이한 개별적 예외의 성격을 지니는 것이 일반이다. 그러한 의미에서 공간적 변화성과 사물적 변화성은 그 구분 한계가 다소 모호해질 수 있으며, 양자의 구성요인은 상호 혼합 통용될 소지가 있다. 예컨대, 공간적 변화성의 요인으로 지적되는 각 지역의 인문·사회 지리적 요소, 즉 문화·역사·민족 등은 대상적 차등성으로서 사물적 변화성에 포함될 수도 있다. 그러나 공간적 차원의 지역적 특수성은 정치사회적인 국경이라든지 法圈과 같은 비교적 광범하고 명확한 한계를 지칭하며, 사물적 차원의 대상적 차등성은 동일한 공간·지역 안에서 비교적 협소하고 구체적인 개별적 요소를 의미하는 것으로 이해하면 될 것이다.

법 적용 대상의 객관적·주관적 개별성에 따른 법의 사물적 변화성은, 가장 광의의 일반보편 관점에서 보면 실질적 형평과 배분적 정의 및 구체적 타당성을 실현하기 위한 모든 법원칙을 포함한다고 이해될 수 있다. 예컨대, 범죄행위의 객관적 결과에 따른 형벌의 종류 및 정도의 차등화, 범죄인의 주관적 동기인 고의·과실의 요인에 따른 죄책 및 처벌의 구분 등은 물론, 신분계층과 관직·지위 등에 따른 각종 차별적 禮制와 法例 등이 모두 법적용 대상성의 사물적 변화성이다.

이러한 맥락에서 법률요건 사실을 구성하는 제반 정상을 종합 참작하여, 그 輕重에 개별·구체로 타당하도록 법의 적용을 상하로 조정하는 '權變'이 일찍부터 중시된 것이다.[75] 그러나 禮의 기본정신이나 법의 일반원칙으로 이미 보편화한 가치관 및 통치이념을 제외하고, 일시적 부분적으로 허용되는 개별 구체적 예외가 더욱 고유한 의미의 사물적 변화성이 될 것이다. 예컨대, 周初에는 殷이 酒池肉林의 방탕음란으로 멸망한 역사 교훈을 거울삼아 대대적인 禁酒令을 엄격하게

75 尙書, 呂刑: "上刑適輕, 下服; 下刑適重, 上服. 輕重諸罰有權."

시행하였다. 특히, 周公이 殷 유민의 반란을 평정하고 殷의 古土에 康叔을 衛나라로 책봉하면서 특별히 당부한 훈계가 곧 尙書 "酒誥"의 전편 내용이다. 여기에서 군중의 집단 음주연회 행위 등은 사형에 처할 정도로 사뭇 준엄한데, 다만 殷의 유민에 대해서는 곧바로 처형하지 말고 관용으로써 훈계·교화하라고 지시한다.[76] 이는 물론 殷의 유민을 포섭·무마하기 위한 회유정책의 일환으로 이해될 수 있다. 그러나 비교적 순수한 법리 관점에서 보면, 이는 음주의 옛 습관이 몸에 배어 쉽게 개선되기 어려운 객관적 사정과, 망국의 비애를 달래기 위해 오히려 술에 더욱 의지하려는 주관적 人情을 고려한 특별한 예외가 된다. 이와 함께 특기할 만한 사실은, 농사를 다 마치고 부모를 봉양하거나, 특히 부모의 경사를 축하하기 위한 '孝行'의 경우에는, 인민 스스로 특별히 술을 빚어 사용할 수 있도록 예외를 허용하는 통치이념상 정책적 배려이다.[77] 즉, 전자가 '人的'인 특별 예외라면, 후자는 '事的'인 개별 융통인 셈이다.

그런가 하면, 역시 周公 이 衛 康叔에게 당부한 정치적 훈계 중에는, 殷의 先王이나 賢哲이 통치하던 훌륭한 도덕교훈을 널리 구하여 인민을 통치하라는 지시가 있다. 또, 獄訟 재판에서 殷의 常法을 적용하여 정의로운 형벌을 시행하라고 분부하기도 한다.[78] 殷의 故土인 衛에 殷의 유민이 자연히 많은 객관 사정을 감안해, 그들을 통치할 법시행상의 주관적 방법을 특별히 융통 변화하는 조치다. 법의 이러한 對人的 융통변화성은 후대에 屬人法主義라는 일반원칙으로까지 발전한다. 즉, 각국(지역) 영토고권적 주권을 대표하는 屬地法主義를 우선 기본원칙

76 尙書, 酒誥: "又惟殷之迪諸臣惟工, 乃湎于酒, 勿庸殺之, 姑惟敎之."

77 尙書, 酒誥: "肇牽車牛, 遠服賈用, 孝養厥父母, 厥父母慶, 自洗腆, 致用酒."

78 尙書, 康誥: "往敷求于殷先哲王用保乂民, 汝丕遠惟商耇成人宅心知訓. 蔽殷彝, 用其義刑義殺.

으로 삼되, 자국 법질서와 정치사회적 권익을 침해하지 않는 범위에서, 외국인에 대한 屬人法主義를 보충 원칙으로 인정한다.

그러나 가장 중요하고 일반보편적인 법의 사물적 변화성은 항상적 원칙에 대한 특수한 예외의 인정이다. 전술한 것처럼, 항상적 禮經에 대하여 특수하고 위급한 상황에 예외적 융통변화를 당연한 도리로 강조하는 맹자의 '權變'이 대표적 실례이다. 실제로 禮에서 이러한 權變은 禮의 '大體'로서 핵심 본질내용을 이루고 있다. 즉, 禮는 天地와 四時·陰陽의 道를 법삼으면서, 최후로 '人情'에 순응하여야 한다. 이 '人情'이란 곧 仁義禮智의 四端에 비유되는데, 그 구체 내용은 각기 思·理·節·勸으로 열기된다. 勸은 知에 연결되는데, 道를 체득하여 항상적 원칙과 함께 시간·공간·사물 등의 구체 상황에 적합하게 융통·변화할 수 있는 지혜가 禮의 勸에 해당한다. 이러한 權變에 속하는 禮制(權制)는 대개 중대한 喪禮와 관련하여 기록되고 있다. 예컨대, 喪主가 노병이나 기력쇠퇴 등으로 육신을 스스로 지탱할 수 없음을 감안하여 喪杖(지팡이)의 사용을 허용한다. 또한 대머리는 머리를 풀어헤칠 필요가 없고, 곱사등은 袒免(상복 한쪽어깨를 드러냄)하지 않으며, 절름발이는 발을 동동 구를 필요가 없다. 신체에 선천 장애나 후천 질환이 있어 禮節의 형식을 다 갖출 수 없기 때문이다. 그리고 노인이나 병자는 酒肉을 금하지 않으며, 머리나 몸에 상처가 있는 사람은 청결을 유지하기 위해 목욕을 허용하고, 50세 이상 노년은 건강을 해치지 않도록 방안에 거처한다. 服喪으로 인하여 수척한 모습이 나타나거나 시력·청력이 쇠퇴하지 않도록 배려하는 것 등도 喪禮의 중요한 權制에 해당한다.(禮記, 喪服四制·問喪·曲禮上편 및 大戴禮記, 本命편) 또 "가난한 사람은 재물로써 禮를 행하지 않고, 노쇠한 사람은 육체노동으로 禮를 행하지 않는다(貧者不以貨財爲禮, 老者不以筋力爲禮.)"는 禮의 기본정신도 이러한 사물적 변화융통성의 실례다.

4. 老子의 법적 항상성과 변화성

老子가 小國寡民을 가장 이상적 정치형태로 칭송함은 주지의 사실이다. 그런데 그가 생존한 사회는 도덕과 인의는 물론 대의명분까지 쇠퇴하여, 오직 부국강병과 겸병쟁패만을 추구하는 춘추 말기였다. 이러한 정치상황에서 과연 그는 궁극 이상을 포기하고 아예 현실까지 외면한 채 수수방관 체념과 침묵만 유지하였는가? 여기에서 그가 제시한 현실적 次善의 통치방법이 특별히 주목된다.

"큰 나라를 다스리는 것은 작은 생선을 요리하는 것과 같다!" (治大國若烹小鮮: §60)

이 명제는 너무 간단명료하고 지극히 함축적인 비유여서, 이 구절의 표면상 의미만 가지고 법과 관련한 의미심장함, 특히 법의 항상성 및 변화성과 상호관계를 명확하게 이해하기가 그리 쉽지 않다. 그러나 나라를 다스린다는 표현은 단순히 정치적 사실행위에 국한하지 않고, 통치의 필수불가결한 수단방편인 법령과 직결됨을 유의할 필요가 있다. 여기에 작은 생선을 요리하는 의미는 일상생활의 경험 지혜를 되새겨보면 된다. 그러면 그 비유 개념이 법령의 항상성 및 변화성을 핵심 본질로 삼고 있음을 알 수 있다. 이러한 의미맥락에서 법가의 집대성자인 한비자가 일찍이 이 구절을 법령의 항상성, 특히 법적 안정성과 관련시켜 해석한 것은 매우 자연스러운 일이다.

"기술자가 자주 직업을 바꾸면 성공할 수 없으며, 노동자가 자주 옮겨 다니면 일을 할 수가 없다. 무릇 법령을 변경하면 이해관계가 서로 바뀌는데, 이해관계가 서로 바뀌게 되면 백성들이 (이익을 쫓아) 변하기에 힘쓰게 되니, 변하기에 힘쓰는 것을 직업변경(變業)이라고 한다. 그래서 이치로 보면, 대중에게 일을 시킴에 자주 귀찮게 하면 성공이 적고, 큰 기물을 보관함에 자주 옮기면 손상되기 쉽다.

(마찬가지로) 작은 생선은 요리하는데 자주 뒤집으면 윤택을 해치고, 큰 나라를 다스림에 자주 법령을 변경하면 인민들이 고통스러워한다. 이러한 까닭에 道가 있는 군주는 安靜을 귀중히 여기고 變法을 중시하지 않는다. 그래서 '큰 나라를 다스리는 것은 작은 생선을 요리하는 것과 같다'고 말한다."[79]

그 후 秦漢 이래 이 구절의 인용이나, 특히 老子에 대한 各家의 注釋들도 한결같이 한비자의 해설과 동일한 의미맥락을 취하고 있다. 예컨대, 王弼은 조급하면 해가 많고 고요하면 본모습을 온전히 유지할 수 있기 때문에, 성가시게 하지 않는다는 의미로 해석한다.[80] 河上公은 작은 생선요리 시 창자나 비늘도 제거하지 않고 뒤집지도 않는 것이 부스러질까봐 염려하는 까닭이라고 해석하면서, 나라를 다스림도 번잡스러우면 인민이 혼란스러워진다고 설명한다.[81] 또한 詩 '匪風' 편에 "誰能亨魚"(누가 물고기를 요리할 수 있을까?) 라는 구절에 대한 毛傳의 해석도, "물고기를 요리함에 번거롭게 하면 부서지고, 인민을 다스림에 번거롭게 하면 흩어지므로, 물고기 요리할 줄 알면 인민을 다스릴 줄도 알게 된다."고 말한다.[82]

후대 각 주석과 해설은 한결같이 법의 항상성과 법적 안정성의 의미로 이해하고 있음을 알 수 있다. 이는 군주의 자의적 朝令暮改식 변화무상한 정치를 비판하고 경고하는 의미로 강조된 것이다. 이러한 해석은 부국강병과 겸병쟁패를 위해 '變法'과 전쟁을 서로 다투어 일

---

79 韓非子, 解老: "工人數變業則失其功, 作者數搖徙則亡其功. 凡法令更則利害易, 利害易則民務變, 務變之謂變業. 故以理觀之, 事大衆而數搖之則少成功, 藏大器而數徙則多敗傷, 烹小鮮而數撓之則賊其澤, 治大國而數變法則民苦之, 是以有道之君貴靜, 不重變法, 故曰: '治大國者若烹小鮮.'"

80 老子, 王弼注: "不擾也, 躁則多害, 靜則全眞."

81 老子, 河上公注: "烹小鮮, 不去腸, 不去鱗, 不敢撓, 恐其糜也. 治國煩則下亂."

82 詩經, 檜風, 匪風편, 毛傳: "亨魚煩則碎, 治民煩則散, 知亨魚則知治民矣."

삼던 춘추전국시대 혼란스러운 정치현실을 감안하면, 충분히 설득력이 있으며 조금도 지나침이 없을 것이다. 또한 이는 '清靜無爲'를 핵심으로 주장하는 老子의 정치철학에도 본질상 부합하는 해석임에 틀림없다. 확실히 老子는 無爲·無事·無慾의 淸靜으로써 인민이 저절로 바르게 교화되고 풍요로우면서도 순박함을 잃지 않는 정치를 이상으로 삼는다. 老子는 淸靜이 천하를 안정시키는 가장 이상적인 올바른 법도라고 인식한다.[83] 이는 常과 靜을 핵심으로 하는 그의 本體論적 道論으로부터 연역되는 당연한 논리적 귀결로서, 作用論적 德論의 실천으로서 국가 정치와 법에서도 항상성과 안정성이 강조된다.

그러나 이러한 전통 해석은 편면적 일방성에 치우친 것이다. 실제로 법가 사상도 부국강병을 위해 農戰을 강조하던 전국 초기에는 법적 안정성이 아니라 변법개혁을 지상과제로 추구했다. 또 앞서 살핀 것처럼, 老子의 道論에서는 常 및 靜과 함께 反復運動의 변화성이 그 핵심 본질로 나란히 중시되고 있다. 作用(應用)의 德이 없는 本體의 道는 老子뿐만 아니라, 어느 누구의 道論에서도 상상할 수 없는 편협한 半面에 불과하다. 다시 말해서, 變化의 動이 없는 恒常의 靜이란 고집불통의 관념적 편견일 따름이다. 물도 고이면 썩기 마련인데, 하물며 道와 法이 항상 불변으로 고정될 수 있겠는가?

요컨대, 법과 정치에 대한 작은 생선 요리의 비유가 상징하는 의미도, 단순한 無爲虛靜과 항상 불변의 고정성만을 편협하게 함축하는 것은 결코 아니다. 확실히 작은 생선을 요리할 때 자주 뒤적거리면 그 신선한 윤택이 상할 뿐만 아니라, 살코기까지 부스러지기 쉽다. 그러면 요리로서 맛과 품위가 자연히 떨어질 것이다. 마찬가지로, 국가를

83 老子, §57: "我無爲而民自化, 我好靜而而民自正, 我無事而民自富, 我無欲而民自樸."; §37: "不欲以靜, 天下將自定."; §45: "淸靜爲天下正."

다스림에 법령을 자주 변경하면 백성들이 적응하기 어려울 뿐만 아니라, 그 내용 자체도 알지 못하게 될 것이다. 국가도 행정과 국력의 막대한 손실을 수반하고, 백성의 불평·원망까지 초래할 것은 자명하다.

그러나 다른 한편, '작은' 물고기이기 때문에, 조금만 한눈팔고 오래 놓아두면 금방 지나치게 그을리고, 심지어 타버릴 위험성도 높다는 사실을 간과해서는 안 된다. 즉, 火力의 강약을 살펴 적절한 때 생선을 조심스럽게 뒤집어가며 요리해야, 타지도 않고 부스러지지도 않으면서 앞뒤는 물론 속까지 고르게 잘 익게 된다. 현실사회는 부단히 변화하는데 법규범은 항상 불변으로 고정되어 있으면, 이는 법의 항상성과 안정성을 지나쳐 무사안일의 정체와 타락을 의미할 뿐이다.

그래서 老子는 聖人이 나라를 다스림에는 항상 불변의 주관 편견이나 고정관념을 버리고, 오직 백성 마음을 자기 마음으로 삼는다(聖人無常心, 以百姓心爲心.)고 강조한다. 백성의 불만과 요구를 수시로 살펴서, 그에 대한 적절한 대응과 처방을 내리지 않을 수 없는 것이 국가정치다. 성인의 통치에도 '常心'이 없는데, 하물며 그 정치의 전형적 방편이자 표현인 법령이 고정불변의 항상성만을 지상최고 이념으로 삼을 수 있겠는가?

老子의 작은 생선 요리 비유는 無爲虛靜의 소극적 안정성과 함께 주도면밀한 適時의 변화성도 동시에 강조하는 양면성 의미를 함축한다. 그 비유의 핵심 상징은 어쩌면 단순한 無爲虛靜보다는 오히려 細心注意에 있다고 하는 편이 老子 本義에 적확한 해석일 것이다. 老子의 작은 생선 요리 비유를 양면성 함축 비유로 균형 잡힌 공평한 객관적 중용 관점에서 통찰한 해석은 역사상 발견되지 않고 있으며, 아마도 필자 견해가 최초일 것이다.

5. 孔子의 법적 안정성과 변화성

'時中'의 道를 이상으로 여기는 공자는 禮法에서도 항상성과 변화성, 법적 안정성과 구체적 타당성이 時宜 적절히 조화를 이루는 '時中'을 중시한다. 이는 구체적 禮法 제도의 역사 현실에서, 시대착오적인 불필요한 묵은 제도를 덜어내고 새로운 시대정신에 부합하는 필요한 내용을 덧보태는 균형 잡힌 '損益'의 변화로서 표현된다. 공자가 周初 정치와 禮制를 이상으로 동경하며 周公을 오매불망 그리워한 사실이나, 자기를 진실로 등용하는 군주가 있다면 東周를 재현해보겠다는 포부를 끝까지 간직한 점은 너무도 유명하다.[84] 齊가 한번 向上一路 변화하면 魯에 이르고, 魯가 다시 向上一路 변화하면 道에 이른다고 말한 것도, 결국 궁극 이상인 周道의 회복실현을 지향하는 의미다.[85]

요컨대, 공자는 기본상 周禮의 항상적 유지를 기원하였으며, 날로 쇠퇴해가는 정치 현실을 復古로써 만회하고자 노력하였다.

그러나 周禮가 역사상 殷禮에 바탕을 두고 취사선택 '損益'을 행한 變法의 산물이며, 殷禮도 그 前代인 夏禮를 손익·변화한 결정임을 공자는 분명히 인식한다. 뿐만 아니라, 이후 周를 계승할 왕조도 周禮를 바탕으로 시대변화에 부응하는 취사선택 '損益'의 변법을 시행할 것이기 때문에, 비록 百代 후의 禮法이라도 짐작할 수 있다고 예견했다.[86] 또 수제자인 顔淵이 나라 통치의 방도를 묻자, 夏의 曆法을 시행하고 殷의 수레를 사용하며 周의 禮服을 착용하는 것이라고 답변하였다.[87] 夏의 曆法이 천지자연 四時 및 인간 일상생활에 가장 적절하게 부합

---

84 論語, 述而: "久矣, 吾不復夢見周公."; 陽貨: "如有用我者, 吾其爲東周乎!"

85 論語, 雍也: "齊一變, 至於魯; 魯一變, 至於道."

86 論語, 爲政: "殷因於夏禮, 所損益可知也; 周因於殷禮, 所損益可知也. 其或繼周者, 雖百世可知也."

87 論語, 衛靈公: "行夏之時, 乘殷之輅, 服周之冕."

하며, 殷의 수레 등 기물은 가장 검소하면서도 실용적이고, 周의 禮服은 가장 우아하고 품위 있기 때문이다. 즉, 禮法의 구체 내용에 따라 그 자신이 時宜에 적절하게 변화시키고자한 뜻을 보여준다.[88]

그리고 당시 현실에 유행하던 예법에 대해서도 공자는 취사선택의 변화 입장을 표명한다. 즉, 본래 예법에는 섬세한 베로 만든 冠을 써야 하는데, 공자는 검소하게 좀 거친 베로 만든 冠을 사용하는 대중의 풍속을 따르겠다고 말한다. 반면, 堂 아래에서 절하는 겸손의 禮法을 저버리고 교만하게 堂 위에 올라가 절하는 대중의 습관에 대해서는, 이를 정면으로 부정하고 본래 禮法을 고수하겠다고 강조한다.[89] 요컨대, 공자는 禮法의 항상성과 변화성에 관하여, 구체적 타당성과 본질적 이념정신을 시의 적절하게 조화하는 '時中' 입장을 취한 셈이다.

공자의 '損益'적 變法觀과 아울러 주목할 내용으로, 禮記의 '弛張'적 變法 사상과 易傳의 '變通'적 變法論을 들 수 있다. 백성을 다스리는 것은 활시위를 잡아당기는 것과 같다. 팽팽히 잡아당기기만 하고(緊張) 풀어 놓지 않으면 줄이 변형되어 탄성을 상실하거나 끊어지기 때문에, 文·武 聖王도 그렇게 할 수 없다. 반대로 느슨하게 풀어만 놓고(弛緩) 잡아당기지 않으면 화살을 쏠 수 없기 때문에, 그러한 무용한 행위는 文·武 聖王이 행하지 않는다. 즉, 시의 적절하게 한번 긴장시켰다가 한번 이완시켜주는 '弛張'의 순환반복만이 인간의 性情을 다스릴 수 있는 文武의 道이다.[90] 불교에서도 마음 수행을 흔히 거문고나 가야금과 같은 현악기 줄을 調律하는 것에 비유하는데, 지나치게 팽팽

88 공자의 禮法 개정 의향과 구체 내용은, 康有爲, 孔子改制考에 상세히 정리됨.

89 論語, 子罕: "麻冕, 禮也; 今也純, 儉; 吾從衆. 拜下, 禮也; 今拜乎上, 泰也; 雖違衆, 吾從下."

90 禮記, 雜記下: "張而不弛, 文武弗能也; 弛以不張, 文武弗爲也; 一張一弛, 文武之道也."

히 긴장시키거나 아예 느슨하게 풀어놓으면 줄을 튕길 수가 없어 소리가 나지 않는다. 인간의 心性수양은 물론 道와 法도 마찬가지로 항상성과 변화성의 時中을 필요로 한다.[91] 후대 변법론에서 膠柱鼓瑟의 고집불통을 반대하며 '更張'을 주장하는 것은 바로 이러한 비유적 개념을 원용하는 것이다. (예컨대 朝鮮의 甲午更張)

한편 이미 언급한 바와 같이, '곤궁하면 변화를 도모하고, 변화하면 달통하며, 달통하면 항구적이 된다'는 易傳의 變通觀도 損益觀이나 弛張論과 더불어 공자(유가)의 변법사상을 대표하여, 후대 변법논쟁에 있어서 으레 거론되는 주요한 이론 근거가 된다.

6. 韓非子의 법적 항상성과 변화성

老子의 작은 생선요리 비유를 한비자가 전적으로 국가통치의 수단 방편인 법령의 항상성, 즉 법적 안정성으로 해석함은 이미 전술하였다. 이와 함께 그는 老子의 '常道' 개념을 정의하기도 한다. 천지창조와 더불어 생겨난 이래, 천지가 사라지도록 쇠퇴하거나 멸망하지 않는 것을 '常'이라고 일컫는다. 그래서 常은 바뀜도 없고 일정한 이치도 없으며, 흥망성쇠 순환반복을 계속하는 현상세계 사물은 결코 常이 될 수 없다.[92] 또 老子의 '習常' 개념을 원용하는데, 모든 신하가 맡은 바 직책을 엄수하고 百官의 신분질서에 항상성이 있어서 능력에 따라 임용하는 것이라고 말한다.[93] 그러나 한비자의 항상성은 주로 법의 구체적 시행·적용상 미시적 관점에 집중된다. 작은 생선요리의 비유도 법

91 예컨대, 佛經의 四十二章經: "彈琴, 絃緩, 不鳴矣; 絃急, 聲絶矣; 急緩得中, 諸音普悲, 學道猶然, 執心調適, 道可得矣."

92 韓非子, 解老: "夫物之一存一亡, 初盛而後衰者, 不可謂常. 唯夫與天地剖判也具生, 至天地之消散也不死不衰, 謂常. 而常者, 無攸易, 無定理."

93 韓非子, 主道: "群臣守職, 百官有常, 因能而使之, 是謂習常."

령의 시행적용을 자주 바꿔서는 안 된다는 의미가 자명하다.

한비자에게서 법의 항상성은 특히 법 존재의 명확한 통일성과 시행적용상 획일·평등하고 공평무사한 信賞必罰을 뜻한다. 지혜로운 자도 알기 어려운 玄虛한 법은 일반 백성이 잘 알 수 없기 때문에 항상 준수하기를 기대하기는 더욱 힘들다. 아무리 훌륭한 射手라도 과녁을 우연히 的中한다면, 차라리 일정한 기술과 표준에 의해 항상적 적중률을 보이는 기교만 못하다고 한다. 달리 말하면, 아무리 노련한 목수라도 손으로 그리는 원은 컴퍼스로 긋는 원보다 더 '항상' 정확할 수는 없다. 즉, 한비자가 강조하는 법의 항상성은 '法治'主義의 이론 근거로, 법의 객관적이고 일정한 규범적 표준을 지칭한다. 성현의 지혜가 아무리 훌륭하더라도 모든 세상에 지속 존재하지 않을 뿐만 아니라, 한 성현의 마음과 지혜조차도 항상 현명함을 유지할 수는 없는 '人治'의 취약성을 구제하기 위한 대안인 셈이다. 다스림이나 道를 '常'으로 개념 규정하는 것도 바로 이러한 법의 시행적용상 안정성을 뜻한다.[94]

그러나 거시적 역사 관점에서는, 한비자도 시대 변화에 순응하는 變法을 적극 주장한다. 주지하듯이, 전국시대에는 경제상으로는 생산력이 비약 증대하고, 사회상으로는 새로운 지식계층이 확산되며, 정치군사상으로는 새로운 대통일을 향해 매진하던 역사적 대전환기였다. 전국말엽 그러한 역사적 발전시기에, 한비자를 비롯한 법가사상의 공통특징이자 위대한 공헌은, 그러한 시대적 대변동의 조류에 순응하여 부국강병을 위한 적극적 變法에 이론 근거를 제공한 점이다.

우선, 한비자는 정치 및 법령의 항상성과 변화성에 대하여 원칙상 고정 선입관념을 배제한다. 변할 것인가 변하지 않을 것인가의 문제

94 韓非子, 問辯: "有常則羿逢蒙以五寸的爲巧, 無常則以妄發之中秋毫爲拙."; 五蠹: "法莫如一而固, 使民知之."; 忠孝: "今夫上賢任智無常, 逆道也. 治也者, 治常者也; 道也者, 道常者也."

는 오직 실용적 공리주의 관점에서 올바른 통치에 도움이 될 것인지 여부에 의해 결정되어야 한다. 그래서 '古道를 변경하지 말고 常法을 바꾸지 말라'는 세속 일반론에 대해서도, 그 古道와 常法이 현재 통치에 적절하고 유익한지 여부에 달려있다고 주장한다. 흔히, 통치에서 古道와 常法을 변화시키기 어려운 것은, 民心 안정을 뒤흔들까 염려하는 까닭이다. 그러나 옛것의 항상 불변이 단순히 혼란과 포학을 답습하는 것에 불과할 때는, 어리석고 간사한 죄악이 된다. 만약 伊尹이 殷을 變法하지 않고 太公이 周를 개혁하지 않았다면, 湯이나 武王이 불후의 공적을 이룰 수 없었을 것이다.[95]

이러한 기본 입장에서 한비자는 사회경제적 문명의 진보에 근거하여, 그에 상응하는 정치적·법률적 변화의 역사적 당위성을 역설한다. 우선, 그는 역사 발전과정을 上古·中古·後古로 나눈다. 인민이 적고 짐승이 많던 上古 시대에는 맹수·독충의 해악을 피해 나무 위에 집을 짓고 산 有巢氏가 천하를 지배하였다. 풋과일과 날고기를 먹어 냄새가 고약하고 복통 등 질병을 야기하는 음식문제를 해결하기 위해 나무를 마찰하여 불을 일으킨 燧人氏도 이때 등장하였다. 中古 시대에는 禹가 천하 홍수를 다스리고, 後古 시대에는 桀·紂의 포학무도한 혼란을 湯과 武王이 정벌하였다. 그런데 홍수를 다스린 禹의 시대에 나무 위에 거주하고 나무를 문질러 불을 지피는 자가 있다면 禹의 비웃음을 살 것이고, 湯武 시대에 禹와 같은 원시적 治水방법을 사용한다면 역시 세상에 비웃음거리가 될 것이다.

마찬가지로, 부국강병과 겸병천하의 통일을 지향하던 전국 말엽 상황에서, 요·순·우·탕·문·무의 道를 찬미하고 연연해하면, 새 시대 성

---

95 韓非子, 南面: "不知治者, 必曰 '無變古, 毋易常.' 變與不變, 聖人不聽, 正治而已. 然則古之無變, 常之毋易, 在常古之可與不可.伊尹毋變周, 太公毋變周, 則湯武不王矣. 凡人難變古者, 憚易民之安也. 夫不變古者, 襲亂之迹, 適民心者, 恣姦之行也."

인의 비웃음을 면하기 어려울 것이라는 것이 그의 논리 전개이다. 즉, 先王의 법으로써 당대 인민을 다스리려고 하는 것은, 마치 밭 가운데 나무에 지나가던 토끼가 우연히 머리를 찧어 죽은 것을 보고, 농부가 호미를 놓고 오직 그 나무만 지키면서 제2의 토끼가 비명횡사하기를 기대하는 '守株待兎'와 같다고 비유한다. 그래서 聖人은 반드시 古道를 닦으려고 기약하지 않고, 항상 옳은 법을 구하지 않는다. 당장의 세상 일을 의론하여 그에 상응하는 방도를 갖추는 것이다.[96]

한편, 통치방편인 사회규범의 관점에서 조금 구체로 보면, 유가에서 말하는 요순의 道德仁義가 더 이상 효용이 없고, 법가의 賞罰 법령이 필수불가결한 까닭도, 이러한 역사발전의 필연적 귀결이다. 즉, 옛날에는 사람이 적고 자연에 물건(재화)이 많았기 때문에, 농사를 짓지 않고 베도 짜지 않으며 먹고 살 수 있었다. 뿐만 아니라, 재화가 남아돌기 때문에 사람끼리 서로 다투지 않고 양보하는 미덕이 보편이었다. 따라서 후한 상이나 엄한 벌을 시행하지 않아도 인민들이 저절로 다스려지고, 천자 지위도 서로 미루고 禪讓하는 것이 자연스러운 규범현실이었다. 그런데 인구는 급증하고 재화는 상대적으로 부족하여 실력으로 경쟁하는 약육강식 현재는, 엄형후상으로도 사회 혼란을 오히려 다스리기가 곤란한 형편이다. 또한 한정된 인력과 물자설비로 수많은 정치군사적 공적과 사회경제적 사업을 성취하자면, 온갖 지혜와 계책을 도모하지 않으면 안 된다. 그래서 고대에는 道德에 힘쓰고, 중세에는 지혜를 강구하며, 당대에는 실력을 각축하는 것이 자연스러운 현상이다. 또한 이것이 법가의 강력한 절대적 군주권력과 엄형후상의 철저한 法治가 필요한 역사발전의 필연적 당위성이다.[97]

---

96 韓非子, 五蠹: "聖人不期脩古, 不法常可, 論世之事, 因爲之備, 今欲以先王之政, 治當世之民, 皆守株之類也."

97 韓非子, 八說: "古人亟於德, 中世逐於智, 當今爭於力. 古者寡事而備簡, 人寡而相親,

한편, 법이란 정치사회 사업을 시행하여 공적을 이루는 통치의 수단방편이다. 그런데 법이 제정·시행되자면 반드시 곤란이 수반되며, 공적을 성취하자면 그에 따른 폐해가 생기기 마련이다. 성인의 통치는 그러한 곤란과 폐해를 최소화하면서, 천하 인민을 위해 위대한 공적을 성취한다. 구체적 객관 현실과 그에 필요한 추상적 주관 규범을 저울질하는 능력이 곧 융통변화의 權力이다. 세상이 다르면 일도 달라지며, 일이 달라지면 그에 대응하는 통치규범도 따라서 변화해야 한다. 아무리 곧은 자라도 닳아지면 굴곡이 생기고, 아무리 평평한 물이라도 흔들리면 물결이 일기 마련이다. 이를 다듬고 가라 앉혀 다시 곧고 평평하게 바로 잡는 일이, 시대환경에 순응하여 천하 인민을 다스리는 성인의 變法 通權이다.[98] 그래서 지혜로운 자는 '常事'가 없고, 성인은 '常行'이 없다고 한다.[99]

物多而輕利易讓, 故有揖讓而傳天下者. 處多事之時, 用寡事之器, 非智者之備也; 當大爭之世, 而循揖讓之軌, 非聖人之治也."; 五蠹: "古者, 人民少而財有餘, 故民不爭. 是以厚賞不行, 重罰不用, 而民自治. 今人民衆而貨財寡, 故民爭, 雖倍賞累罰, 而不免於亂. 上古競於道德, 中世逐於智謀, 當今爭於氣力."

98 韓非子, 八說: "法所以制事, 事所以名功也. 法有立而有難, 權其難而事成則立之; 事成而有害, 權其害而功多則爲之. 先聖有言曰: '規有摩, 而水有波, 我欲更之, 無奈之何!' 此通權之言也."; 五蠹: "聖人議多少, 論厚薄爲之政, 故罰薄不爲慈, 誅嚴不爲戾, 稱俗而行也. 故事因於世, 而備適於事. 是仁義用於古, 而不用於今也. 世異則事異, 事異則備變.

99 韓非子, 喩老: "事者, 爲也.爲生於時. 知者無常事, 聖人無常行也. 隨時而擧事, 因資而立功, 用萬物之能, 而獲利其上, 故曰 '不爲而成.'"

제 3장 法制史上 恒常과 變化

1. 戰國시대 改革과 變法論

주지하듯이, 전국시대는 중국 역사상 제후의 정치군사적 겸병각축과 제자백가의 철학사상적 百家爭鳴이 가장 치열한 혼란시기일 뿐만 아니라, 사회경제 발전과 법률문화 변혁에서도 어느 시기 못지않게 급속하고 막심한 대전환시기이다. 특히, 法制상으로는 춘추시대까지 대의명분상 그런대로 최고규범의 명맥을 유지해오던 周 王室의 禮制가, 전국시대에 이르러 사실상 완전히 붕괴되어 더 이상 실효성을 지니지 못하게 되었다. 이는 제후 각국의 정치사회 개혁과 독자적 법제정이라는 새로운 變法운동으로 명실상부하게 표현되었다. 즉, 춘추말기에 鄭과 晋이 각기 刑鼎을 주도한 것을 필두로, 각국이 속속 成文法을 제정하여 변법개혁을 추진하였는데, 전국 초기 魏의 李悝가 '法經'을 편찬함으로써 이러한 일련의 변법운동을 집대성하였다. 그리고 商鞅이 秦의 변법개혁을 주도하여 중국 통일의 기반을 다진 사실은, 전국시대 변법개혁의 대표적 절정으로 일컬어진다.

물론, 이러한 변법개혁은 사회경제적 발전, 특히 생산력의 증대에 결정적으로 힘입어 태동된다. 이는 정치적 권력구조와 사회적 신분제도, 특히 세습적 종법주의 계급질서를 동요시키고, 나아가서 정치사회 경제를 규율하는 法制의 변혁까지 초래하게 되는 것이다. 특히, 이 시기의 법제개혁은 信賞必罰과 엄형준벌의 법가사상에 근거한 成文法의 제정 및 공포를 수반한다. 모든 변화개혁의 초기에는 신구 세력 간에 극심한 긴장대립과 마찰분쟁이 일기 마련이다. 특히, 기득권과 세습지위를 유지하려는 보수 세력의 반발과 비판은 법의 항상성, 법적 안정성이라는 이념을 대의명분으로 내세운다. 여기에는 道德仁義와 禮의 근본정신이 핵심으로 강조된다. 반면, 개혁을 추진하는 신진세력은 으레 법의 변화성, 현실사회의 구체적 타당성을 역사적 당위로써 제시한다. 이는 이념상 국가발전과 인민복리라는 실용적인 공리주의 '富國强兵'론을 강조하는데, 물론 실질상 君權의 절대화와 통치구조의 재편성을 뜻한다.

춘추 말엽(前536) 鄭 子產이 刑書를 주조하여 최초로 본격적 법제개혁 및 공포를 단행하였을 때, 晋 叔向은 다음과 같은 서한을 보내 공식으로 엄중히 비판하였다.

"처음에 나는 그대에게 큰 기대를 가졌으나, 이제는 허사로 돌아갔소. 옛 先王들이 구체 상황을 의론하여 사안을 처리하고 刑法을 제정하지 않은 것은, 인민들의 쟁송심리를 유발할까 두려워한 때문이오. 이것만으로는 죄악을 다 금지할 수가 없는 까닭에, 義로써 방지하고 政治를 바로 잡으며, 禮로써 행하고 信으로 지키고 仁으로 받들면서, 작록과 관직을 설치하여 복종을 권장하고, 마지막으로 준엄한 형벌로써 간사한 죄악을 처단하였소. 그래도 혹시 효험이 없을까봐, 忠으로 훈계하고 善行으로 장려하며 生業에 힘쓰도록 가르치고 온화함으로 사역하며, 공경으로써 대하고 위엄으로써 임하며 강직하게 엄단하였소. 여기에다 덕망 있는 卿大夫와 현명한 관리、忠信스러운 지방행정관、지혜로운 스승 등을 구하여 교화한 까닭에, 인민을 통치함에 재앙이나 혼란이 발생하지 않았소. 인민이 만약 형법이 있는 줄 알면 윗사람에게 거리낌 없게 될 것이오. 또한 사람마다 시비쟁송의 마음을 품어 사사건건 법조문을 대고 따지며 승소의 요행을 바라게 될 것이니, 정말 큰일이 아닐 수 없소."

"夏代에 정치가 혼란해진 후 禹刑이 제정되고, 商代에도 정치가 혼란해진 후 湯刑이 제정되었으며, 周代에도 정치가 혼란해진 후 九刑이 제정되었으니, 이 세 법이 제정된 것은 모두 말세였소. 지금 그대가 鄭國을 통치하면서 토지 경계를 조정하고 비방이 자자한 정치를 행하며 세 가지 법을 제정하여 刑書를 주조하였으니, 장차 인민을 안정시키기가 또한 어렵지 않겠소? 詩에 이르기를, '文王이 德을 모범 법도로 본받아 매일 천하 사방을 편안히 다스린다.'고 하고, 또한 '文王을 법삼으니 모든 나라가 믿고 따른다'고 하였소. 이와 같다면 무슨 법이 필요 있겠소? 인민이 쟁송의 단서를 알았으니, 장차 禮를 버리고 법조문을 원용하여 털끝만한 사소한 것도 모두 다투게 될 것이오. 시끄러운 獄訟이 엄청나게 불어나고 뇌물과 청탁이 널리 횡행할 것이니, 그대가 죽으면 鄭나라도 곧 패망할 것이오. 내 듣건대, 나라가 장차 망하려고 하면 반드시 법제가 많아진다고 하던데, 이를 두고 일컫는 것 같소."(春秋左傳, 昭公5年)

이에 대해 子產은, '세상을 구제하기'(救世) 위해서 부득이 법제를 개혁하고 刑書를 주조하였다고 간단히 밝히면서, 叔向의 비판을 완곡하게 거절하였다. 또한 鄭에 이어 晋의 趙鞅·荀寅 등이 范宣子의 刑書를 刑鼎으로 주조한 사건(前513)에 대해서는, 孔子가 다음과 같이 혹독하게 비평한다.

"晋이 장차 망할진저! 그 법도를 상실하였네. 대저 晋國은 唐叔이 책봉 받은 법률을 준수해온 까닭에, 인민들은 통치자를 존귀하게 여기고 통치라는 정권을 유지할 수 있었다. 상하귀천이 서로 침범하지 않는 것을 법도라고 일컫는다. 그래서 文公은 執秩의 관직을 제정하여 '被廬의 法'을 시행함으로써 제후의 패권을 장악하였다.

이제 이 법도를 버리고 刑鼎을 주도하였으니, 인민은 刑鼎만 알뿐 어찌 통치자를 존귀하게 여기며, 또한 통치자는 어떻게 정권을 유지할 수 있으리오? 상하귀천에 질서가 없어지면 무엇으로 나라를 다스릴 것인가? 또한 宣子의 刑書는 '夷蒐의 법'으로서 晋國의 혼란스러운 제도인데, 어떻게 이를 國法으로 삼을 수 있단 말인가?"(春秋左傳, 昭公29年)

이처럼 춘추말엽에 시행된 刑鼎 주조에 대해서는, 기존 정치세력이나 철학사상의 강력한 반발과 비난이 가해졌다. 비판론이 고수하고자 강조하는 '常法'은, 명문으로 거론되는 바와 같이, 仁義 등의 윤리도덕에 근거한 전통 周禮이다. 즉, 鄭과 晋의 刑鼎 주조는 단순한 成文法의 제정 및 공포라는 상징 의미를 넘어서, '禮로부터 刑(法)으로'라는 대대적 변법개혁이 시작되는 중대한 역사 의의를 함축하는 것이다. 그러나 刑鼎 주조는 禮를 刑(法)으로 개혁하는 법제의 '변화'를 의미함과 동시에, 다른 한편으로는 법의 '성문화'라는 상호 대립 충돌하는 의미를 지닌다. 즉, 이전에는 구체 사실에 따라 임기응변 權變을 발휘할 수 있던 법제(특히 형법소송)가, 刑鼎 주조로 성문화됨으로써 '항상 불변'으로 고정되어 버렸다. 거시적 법체계와 역사의 관점에서는 더없이 중대한 '변화'가, 미시적 법의 존재형식과 시행적용의 시각에서는 역설적으로 고정불변의 '恒常'化를 수반한 셈이다.

춘추말기 鄭과 晋이 刑鼎 주조를 통한 변법개혁을 시도한 뒤, 전국시기에 제후 각국이 앞을 다투어 보편적 부국강병의 변법개혁운동을 전개하기에 이른다.[1] 각국의 개혁운동은 역사적 대변동의 시대조류에 편승하여, 비록 그 정도와 성패의 효과 차이는 다소 있을지라도, 그 기본 내용은 대동소이한 편이다. 군주권력의 절대화·직업관료 제도의

1 劉澤華 等編著, 中國中古代史(上), 第三章 第一節, 132-151면 참조.

확립·지방행정체계상 郡縣制의 확대조직 등이 그것이다. 그 중 晋을 3분하여 그 일익을 차지한 魏 文侯가 李悝를 등용하고, 秦이 商鞅을 기용하여 각기 진행한 변법개혁이 대표적이다. 특히, 이들은 법제사 관점에서도 매우 획기적인 역사 의의를 지니므로, 양자의 변법개혁을 중심으로 간략히 살펴보기로 한다.

우선, 魏 文侯(前445-396 在位)가 李悝 등을 기용하여 개혁한 주요 내용은, 각 史料 기록을 종합정리하면 대체로 다음과 같다.

첫째, 세습 卿大夫의 신분과 녹봉제도를 폐지하고, 능력과 공로에 따른 관직체계를 실시하였다.

둘째, 토지 생산력을 최대화하는 교화(盡地力之敎)와 重農抑末 정책을 실시하였다. 구체로는 국가 토지를 인구에 따라 균등히 배분한 뒤, 그에 상응한 조세와 부역을 부과하였다. 또한 토지의 표준생산량을 규정한 뒤, 실제 作況에 따라 풍년에는 정부가 양곡을 구매 비축하여 곡가 폭락을 방지하고, 흉년에는 비축해둔 양곡을 방매하여 가격 폭등을 억제하는 이른바 '平糴法'을 시행하였다.

셋째, 吳起를 중심으로 군제를 개혁하였는데, 시험을 통해 常備軍을 선발하여 이들에게 부역을 면제하고 田宅을 공급함으로써 전문 정예 병력을 양성하였다. 넷째, 李悝가 당시 각국의 법제를 연구 종합하여 '法經'이라는 새 법전을 제정하였다.[2]

특히, '法經'은 춘추말기 鄭·晋 등의 변법개혁을 계승하여, 당시 법제를 집대성한 법전이다. 비록 法經은 현전하지 않지만, 盜·賊·囚·捕·雜·具法의 六篇 체계를 정비하여, 중국 成文法典史의 명실상부한 남상을 이룬다. 法經 제정은 그 자체가 변법의 주요내용일 뿐만 아니라, 나아가서 정치·사회·경제·군사상 일반 변법개혁을 순조롭게 진행시

2 앞의 劉澤華 等編著, 中國中古代史(上), 137-141면 참조.

키고 그 실효성을 보장하는 강력한 규범적 수단방편이 된다. 즉, 이는 춘추시대 '刑'의 명칭을 '法'으로 바꾼 단순한 문자 변동에 그치지 않는다. 법제의 성문화와 공개화를 확립하고, 내용 분류에 따라 합리적 조직체계를 비교적 완비한 것도 법전형식상 큰 변혁에 속한다. 무엇보다도 실질 내용에서, 당시 군주 통치권을 강화하고 신흥지주계급의 사회경제적 지위와 이익을 보장하며, 동시에 구 귀족세력의 저항을 봉쇄하는 핵심 무기가 된다. 이를 위해 기존 봉건 禮制의 신분적 차등성을 폐지하고, 친소귀천에 관계없이 일률 평등하게 대우하며, 다른 한편으로 신상필벌과 엄형준벌의 법가사상을 관철시키는 엄격한 法治主義가 法經의 중요한 변법개혁의 실질 내용이다.[3]

전국시대를 명실상부하게 대표할 만한 성공적 개혁은, 秦 孝公(前361-338 在位)시 商鞅의 변법실행이다. 그 주요 개혁내용은 다음과 같다. 첫째, 경지를 정리하여 농민에게 분배하고 매매를 허락하되 토지세를 부과하였다. 둘째, 세습 신분과 관직을 폐지하고, 특히 軍功을 작위와 상으로 적극 장려하였다. 셋째, 군주 중앙집권의 행정제도를 수립하여, 전국을 31縣으로 나누고 鄉邑을 설치하며, 伍什制를 창설하여 상호범죄를 고발하도록 連坐책임을 부과하였다. 넷째, 토지 개간을 적극 추진하고 重農抑商 정책을 시행하였다. 다섯째, 2人 이상 壯丁(成年남자)이 分家하지 않을 때는 戶의 賦稅를 배가하고, 부자·형제 동거를 금지하였다. 여섯째, 詩·書와 같은 유가 경전을 불태우고 제자백가 유세를 금지하며, 度量衡을 통일하고 법령을 철저하게 시행하였다.[4]

상앙의 변법개혁에는 법제사상 특히 획기적 의미가 있다. 즉, 그는

3 張晋藩·張希坡·曾憲義 編著, 中國法制史(第一卷), 95-100면; 肖永清 主編, 中國法制史簡編(上), 121-126면; 張晋藩 主編, 中國法制史, 65-74면 및 張晋藩, "關于李悝的法經", 中國法律史編, 89-95면 등을 참조.

4 劉澤華 等編著, 中國中古代史(上), 145-147면 참조.

李悝의 法經을 기초로 당시 秦國 실정에 맞추어 보충·수정한 새 법령을 제정하고, 그 명칭을 '法'에서 '律'로 바꾸었다. 주지하듯이, '律'의 명칭은 그 후 2천년간 중국 전통법상 최고 법형식이 되었다. 그런데 이는 단순한 명칭 변경에 불과한 것이 아니라, 개념 상징과 실질 의미에서도 상당히 중대한 의미가 있다. 法은 물처럼 평평하게 하는(平之如水) 의미인데, 律은 균등하게 펴는(均布) 의미를 함축한다. 크게 보면 법의 공평무사성에서 상통한다. 그러나 엄밀하게 구분하자면, 법은 실질 내용상 평등성을 강조하고, 律은 형식·절차적 관점에서 시행·적용상 일률성·통일성에 치중하는 어감이 강하다. 이는 향후 秦이 철저하고 준엄한 법치주의로 부국강병을 이룩하고, 나아가 전국을 통일한 규범 제도적·사상적 밑바탕이 된 사실에 충분히 반영되고 있다. 이웃간에도 범죄를 고발하도록 장려하고 은닉자에 대해 엄격히 처벌하되, 태자의 범죄에 대해서도 법시행의 예외를 허용할 수 없다고 그 스승을 처벌하는 획일 균등성은, 마침내 그 변법개혁의 주인공조차 자승자박하는 처참한 운명을 초래하기도 하였다.

무엇보다도 가장 중요한 것은, 개혁 실시 과정에서 그가 孝公 및 대신들에 대하여 강조하는 변법의 역사적·이론적 당위성이다. 孝公은 당시 세상사의 변화를 고려하여 법을 고치고 禮를 바꾸어(變法更禮) 백성을 다스리는 새로운 방편을 강구하고자 하면서도, 반대 및 비방의 여론을 두려워하여 자못 주저하고 있었다. 이에 상앙은 '어리석은 자는 일이 다 이루어진 후에도 잘 모르고, 지혜로운 자는 기미가 싹트기 전에 훤히 안다'는 속담을 인용하면서, 인민이란 일의 시작을 함께 더불어 의론할 대상이 못되고, 다만 그 성공을 후에 함께 즐길 수 있을 뿐이라고, 孝公의 의지와 결단력을 고무시킨다. 그리고 본질적 목적론적 관점에서 변법개혁의 당위성을 역설한다. 법은 인민을 사랑하는 통치수단이고 禮는 일을 처리하는 방편이기 때문에, 국가 부강과 인민의 복리증진에 도움이 된다면, 옛 법과 전통 禮에 그대로 따를 필요가 없다는 것이다.(商君書, 更法) 그래서 군주는 변화무상하고 국가·인민은 잘 변하지 않는다는 명제까지 거론된다.[5] 군주의 變法은 주관적 統治'術'을 의미하며, 국가인민의 少變은 객관적 '法'의 시행적용과 준수를 지칭하는 것이다.

물론, 이 과정에서 법의 항상성과 인민의 안정 지향적 보수성을 근거로 반대 의견이 강력히 대두된다. 즉, 성인과 지혜로운 자는 인민의 습관과 성향에 순응하여 전통 禮法에 의해 통치하기 때문에 별다른 수고로움 없이 공적을 이룰 수 있다고 강조된다. 상앙은 이러한 반대 주장을 습관에 안주하는 일반인과 문자에 얽매이는 지식인의 세속적 견해라고 일축한다. 즉, 이러한 예법의 안정적 항상성은 법을 준수하는 관리나 인민의 직분이고, 法의 밖(위)에서 국가 인민의 통치를 의론하는 군주의 소관이 아니다. 예법은 통치의 수단방편이며 臣民은 그 예법의 적용을 받는 대상에 불과하다. 반면, 군주는 통치 목적을 위하여 그 수단방편인 예법을 제정·시행하는 주체로서, 당연히 이를 변경·통제할 최고 권한을 지닌다. 夏·殷·周 三代의 禮가 각기 다르면서도 똑같이 천하에 王이 되었으며, 춘추오패의 法이 또한 서로 같지 않으면서도 한결같이 제후를 제패한 역사 사실은, 變法更禮의 당위성과 합리성을 설명해주는 가장 훌륭한 증거이다.(商君書, 開塞)

한편, 실용적 공리주의 관점에서, 이익이 백배가 되지 않으면 법을 변경하지 않고, 공적이 열배에 이르지 않으면 기물(그릇·수단방편)을 바꾸지 않는다는 반대론도 제기된다. 전통 禮法을 따르고 지키면 큰 허물이나 사악은 없다는 무사 안일한 생각이다. 허나 상앙은 역사 실례를 거론하며, 변법의 이론적 합리성을 부각시킨다. 즉, 전대 帝王들

5 商君書, 去强·弱民: "主貴多變, 國貴小變."

의 禮法이 각기 다른데, 누구 것을 전통 옛 禮法의 전형으로 삼을 것이냐는 불확정성의 모순을 지적한다. 전대 성왕들은 각기 당시 사정에 맞추어 禮法을 제정하였기 때문에, 그 통치의 道가 일치하지 않는다. 하물며, 湯과 武王은 옛 법을 따르지 않음으로써 혁명에 성공하고, 殷·夏의 말기에는 전통 禮制를 바꾸지 않았는데도 멸망한 역사 사실은, 옛 법의 고수와 국가 흥망 사이에 필연적 인과관계가 존재하지 않음을 충분히 입증해준다.

요컨대, 법은 時宜에 부합하도록 변화하여야 한다. 심지어 성인은 옛 법을 본받지 않을 뿐만 아니라, 눈앞 현실만을 고집하지도 않는다. 옛 법은 시대에 낙후하지만, 눈앞 현실은 자칫 객관 形勢를 가로막기 때문이다. 周가 商을 법삼지 않고, 夏가 商을 답습하지 않은 것도, 모두 시대와 형세가 각기 다르기 때문에, 각기 다른 禮法으로 다스린 것이다. 그런데 그러한 시대 차이란 구체로 규범현실로부터 말미암는다. 옛사람은 순박하고 돈후했기 때문에, 형법 없이 德으로만 충분히 다스릴 수 있었다. 반면, 지금 백성은 허위와 간교로 가득 차, 형벌의 위엄이 없으면 방종과 혼란을 바로잡을 수 없다. 상앙이 전쟁으로써 전쟁을 종식시키고, 사형으로써 살인을 금지하며, 형벌로써 형벌을 제거하는, 중형엄벌의 철저한 法治主義로 변법 개혁하여야 할 당위성도 바로 시대적 적합성으로 해명되었다.[6]

물론, 상앙의 이러한 변법이론과 실행은 한비자에 의해 계승되어, 법가 변법론의 핵심 본질을 이루게 된다. 어쨌든 상앙의 변법론과 개혁은 가장 철저하고 대규모로 성공리에 실행되어, 秦의 천하통일에 초석을 다진 전국시대의 전형적 사례임에 틀림없다.

---

6 商君書, 畫策: “事不同, 皆王者, 時異也, 時變也, 以適於時也. 故以戰去戰, 雖戰可也; 以殺去殺, 雖殺可也; 以刑去刑, 雖重刑可也.”

한편, 상앙의 변법사상과 이론은 당시 전국시대 각국 변법개혁에서 매우 보편으로 거론된 공통 내용이었다. 예컨대, 바로 조금 뒤에 趙의 武靈王(前325-299 在位)이 肥義 등의 법가를 등용하여, 군제를 개편하고 農耕과 兵戰을 장려하는 변법을 실행했는데, 특히 騎馬作戰의 민첩성과 실용성을 위하여 무겁고 거추장스러운 전통 禮服 대신에 가볍고 간편한 胡服을 착용하도록 명령했다. 이 과정에서 오고간 치열한 찬반양론의 이론 근거가 바로 상앙 변법 시에 논쟁 내용을 거의 그대로 계승하고 있는 것이다. 다만, 그 대상이 胡服인 점과 관련하여, 반대론은 禮法의 항상성 외에 중국의 문화성과 오랑캐의 야만성을 대비해 거론하는 점이 특기할 만하다. 이에 대해, 결연한 개혁 의지를 보이는 군주는, 禮法의 일반 時宜變化性 이외에, 의복 등의 풍속습관이 지역적 자연환경과 구체적 객관 사정의 차이에 따라 달라짐을 강조한다. 즉, 산지의 기마작전은 중원의 車戰과 달라 胡服의 간편함이 더욱 적합하다는 의미이다. 특히 "兵書를 가지고 馬車를 모는 자는 말의 실제 정황을 다 알 수 없으며, 옛 법을 가지고 현재를 다스리는 자는 객관 사실의 변화를 통달할 수 없다."는 속담을 인용하여 반론에 쐐기를 박아버린 결말이 매우 인상적이다.[7]

2. 易姓革命과 統治改革의 합리적 정당화로서 變法改制論

秦을 전복시키고 다시 중원을 통일한 漢初에도 전국시대 변법론이 거의 그대로 계승된다. 다만, 이 시대 變法論의 핵심은 오랜 군웅할거 시대의 종식과 갓 태어난 통일왕조에 대하여, 일순간 易姓革命의 성공

7 戰國策, 趙策二,"武靈王平晝間居": "聖人觀其鄕而順宜, 因其事而制禮; 是以鄕異而用變, 事異而禮易. 中國同俗而敎離, 又況山谷之便乎? 諺曰: '以書爲御者, 不盡於馬之情; 以古制今者, 不達於事之變.' 子其勿反也!"

이라는 정치적 급변을 정당화하고, 그에 수반하는 禮樂法令 등의 제도 개혁을 합리화하는 데 주목적이 있었다. 내용상으로도 夏·殷·周 三代의 왕조교체에 따른 각종 문물 예악의 역사 변천을 구체 실례로 인용하여 각별히 강조하는 점이 특징이다. 漢初 통치계층의 학술 사상을 대표하는 淮南子와 董仲舒의 變法改制論은 이러한 점을 잘 나타낸다.

회남자는 우선 五帝三王이 시대에 따라 통치 方道와 정치 事績을 각기 달리하며 禮樂을 제정한 사실을 거론한다. 夏商 말기에는 변법을 단행하지 않아 멸망하고, 三代의 창업은 전대를 답습하지 않고서 천하를 얻었다. 禮法은 時俗에 따라 변화하고, 의복·기계는 실용적 편리를 추구하며, 법령제도는 합리적 적합성을 중시한다. 즉, 禮樂法制는 항상 불변이 없으며, 국가통치의 유일한 근본 經常은 '인민의 이익'과 '법령의 시행(실효성)'일 뿐이다. 예악법제는 국가 인민을 통치하는 도구일 뿐, 그 자체가 목적이 아니기 때문이다. 성인이 말미암는 근본 '道'는 金石처럼 항구불변이지만, 그 구체적 표현인 예악법제는 거문고 줄처럼 樂調에 따라 수시로 변할 수 있다. 만세불변의 道란 곧 유가적 仁義의 經綱을 의미하기도 한다. 聖人은 禮樂을 제정하는 주체이지, 결코 예악에 통제·구속당하는 대상이 아니다. 그래서 아무리 훌륭한 先王의 제도라도 시대상황에 맞지 않으면 폐지하고, 비록 말세 유물이라도 통치에 적합하면 사용할 수 있다. 하물며, 三代 禮法이 각기 다른데 어느 것을 古法으로 다룰 것인가?[8]

동중서는 三代 禮制개혁의 역사 사실을 더욱 구체로 열거하며 그 당위성을 더욱 부각시킨다. 즉, 새로운 왕조가 正朔·服色·禮樂 등을

---

8 淮南子, 氾論訓: "先王之法度, 有移易者矣, 皆因時變而制禮樂者. 先王之制, 不宜則廢之; 末世之事, 善則著之. 故聖人制禮樂, 而不制於禮樂. 治國有常, 而利民爲本; 政教有經, 而令行爲上. 法制禮義者, 治人之具也, 而非所以爲治也. 夫殷變夏, 周變殷, 春秋變周. 三代之禮不同, 何古之從?"

개혁하는 것은, 그 왕업과 군권이 前代를 계승한 것이 아니라, 하늘로부터 직접 부여받아 천하를 통일한 '易姓' 혁명임을 명확히 표시하는 것이다. 왜냐하면, 名號와 제도를 변경하지 않으면 前代와 구별할 수 없기 때문이다. 국호와 도읍·궁궐·官名 등을 바꾸는 것은, 바로 통치권의 정통성과 독자성을 스스로 天命에 근거 짓는 變法改制의 중요한 일환이다.[9] 그 중에서도 예악 제정은 특별한 의미를 함축한다. 즉, 禮制 개혁은 天命 품수를 상징하고 音樂 변경은 天功 완성을 표시한다. 그래서 禮制는 위로 하늘에 상응해서 개혁하고, 음악은 아래로 人心에 부합하도록 변경한다.[10] 그러나 그가 말하는 '改變'은 예악·법령 등 '制度'에 국한되며, 근본적이고 일반보편적인 先王의 '人倫道理'는 항상 불변한다. 이것이 곧 하늘을 받들고 옛날을 법삼는 '春秋의 道'이다.[11] 春秋의 道에는 常이 있고 變이 있는데, 變은 變化로 사용하고 常은 恒常 준수한다.[12] 이는 달리 표현하면, 經禮와 變禮의 구분이 된다. 동중서에 의하면, 행하여서 性情이 편안하고 心氣가 평화로운 것이 經禮이고, 비록 性情에 불안하고 心氣에 불편하지만 근본 道理상 변경이 없는 것이 變禮라고 한다. 그리고 經과 變의 일에 현명하여 사물의 경중·완급·선후를 분별하는 것이 곧 君王의 '權'이다. 이러한 權變은 비

9 董仲舒, 春秋繁露, 三代改制質文: "王者必改正朔, 易服色, 制禮樂, 一統於天下, 所以明易姓非繼人, 通以己受之於天也."; 楚莊王: "受命於天, 易姓更王, 非繼前王而王也.若一因前制, 修故業, 而無有所改, 是與繼前王而王者無以別."

10 董仲舒, 春秋繁露, 楚莊王: "制爲應天改之, 樂爲應人作之. 大改制於初, 所以明天命也; 更作樂於終, 所以見天功也."

11 董仲舒, 春秋繁露, 楚莊王: "春秋之道, 奉天而法古, 新王必改制者, 非改其道, 非變其理. 若夫大綱, 人倫道里, 政治教化, 習俗文義盡如故, 亦何改哉! 故王者有改制之名, 無易道之實."

12 董仲舒, 春秋繁露, 竹林: "春秋之道, 固有常有變, 變用於變, 常用於常."; 精華: "春秋固有常義, 又有應變."

록 經常에는 반하지만, 반드시 그럴만한 합리적 근거가 있기 마련이며, 그렇지 않은 경우에는 權變의 영역을 초월하는 것으로 결코 행할 수가 없다. 이러한 한계를 벗어날 수 없는 大德이 正經이고, 다소 출입 변통이 가능한 小德이 權譎이 되기도 한다.[13]

요컨대, 聖王은 시대 변화에 적응하고 객관 형세를 헤아려서 權變을 시행하며, 구체 사물에 부합하도록 예법을 제정한다. 물론, 궁극 표준이 되는 목적은 천하 인민을 위한 이익 증진과 해악 제거로 귀결한다.[14] 그리고 이러한 변화의 근본 도리는 역시 天道의 四時운행을 법삼는데, 특히 五行 相生 相克의 이론과 결합된다. 즉, 變化에는 항상적인 규칙성이 있으며, 이러한 항상성을 벗어난 자의적 변화는 곧 災異의 근원이 된다. 한편, 국가정치에 큰 잘못이 있는 경우, 하늘은 이러한 항상성을 벗어난 변화인 천지자연의 災異로써 君主의 자율적 변화(개과천선)를 경고하기도 한다.[15]

漢初, 특히 동중서의 變法改制論에 가장 중요한 특징이자 핵심 내용은, 恒常적인 合法性의 차원이 아닌, 變化적인 正統性의 관점에서 漢의 易姓革命을 정당화하는 이론 근거를 마련한 점이다. 이는 漢初에 편집 정리된 유가적 禮의 경전에도 반영되고 있다. 예컨대, 禮記에는 새로운 왕조가 창업에 성공하여 통치가 안정되면 으레 禮樂을 제정하는데, 三王五帝는 시대 차이에 따라 前代를 답습하지 않고 각기 다른 독자적 禮樂을 갖추었다고 밝힌다.(樂記편) 그리고 변혁 내용은 正朔이나 服色·徵号·기계·의복 등 禮制에 국한하며, 父子·君臣·長幼·男女 간의 人倫道里는 결코 변혁할 수 없다고 강조한다.(大傳편) 또한 孔子家語는 고대 帝王의 왕조 교체와 그에 따른 각종 禮制 개혁의 구체 내

13 董仲舒, 春秋繁露, 玉英편 참조.

14 董仲舒, 春秋繁露, 考功名편 참조.

15 董仲舒, 春秋繁露, 天容편 및 必仁助智편 참조.

용이 五行相生의 天道에 근거한 것임을 해명한다.(五帝편) 그런가하면 韓詩外傳은 三王의 道가 시대 변화에 따라 흥망성쇠한 것이, 악을 제거하고 선을 일으키기 위한 '窮則反本'의 순환반복 개혁이며, 단순한 變亂이 아니라고 설명한다.(卷5) 이러한 내용이 漢初 變法改制論의 공통 특징인데, 그 후에 계속 반복 교체하여 등장하는 새로운 왕조도, 바로 이러한 사상 이론을 근거로 통치권의 정통성을 스스로 확립하고 법령제도를 제정하였음은 물론이다.

3. 恒常적인 律과 變化하는 勅令格式 및 條例

전술한 전국시대 변법개혁과 후술할 清末 변법개혁이 중국 역사상(물론 法制史상으로도) 최대 획기적인 초거시적 '大轉換'이고, 고대 三王 및 漢 이래 각 왕조의 건국창업에 수반하는 文物典章 및 禮樂法制의 제정이 거시적 '中變動'이라면, 本節에서 언급할 한 왕조 내에서 진행된 정치군사적 흥망성쇠와 사회경제적 발전변화와 함께 더불어 진행된 개별·구체적 법령의 改廢修訂은 '小變化'에 해당할 것이다. 그 변법의 양적인 규모와 시간적 주기는 물론, 질적인 내용·특성 등 제반 차원에서 세 종류 변법개혁은 大·中·小의 독자 영역을 형성한다.

시간 주기로 말하면, 물론 일정하거나 규칙적인 순환은 아니지만, 대전환은 대략 이천년, 중변동은 이삼백년, 소변화는 이삼십년을 각각 기본단위로 진행된 것으로 볼 수 있다.[16] 즉, 전국시대 변법개혁은 中原에 인류사회가 형성된 이래 초유의 대전환인데, 현전하는 역사기록

16 後漢 和帝 永元6年에 陳寵은 '王은 3백년에 한번 법을 정비한다'는 春秋保乾圖의 말을 인용하면서, 西漢 창업 이래 302年이 지난 당시 법령의 改修를 건의한 적이 있다. 여기서 3백년은 대개 한 왕조의 교체를 염두에 둔 개념인 듯하다. 晋書, 刑法志 참조.

과 근래 출토되는 고고인류학적 유물사적을 토대로 확인가능한 시기는 五帝, 특히 堯舜의 夏왕조서 대략 기원전 26-21세기까지 소급하므로, 약 2천년만의 대사건임이 확인된다. 전국시대 변법개혁은, 정치사회상 가족적 혈연관계 중심의 封建宗法制로부터 郡縣制 중심의 중앙집권적 절대군주제로 전환을 수반하고, 사회규범상 禮樂으로부터 法(律)令 체제로의 전환을 의미한다. 그 후 淸末에 서방 열강의 침입으로 정치외교적 개방과 근대적 서양법의 수용을 실행하고, 급기야 절대군주제와 함께 律令(例) 중심의 전통 중국법체계를 완전히 放棄하는 대전환의 시기까지 또한 대략 2천여년의 역사가 흐른다. 그리고 秦漢의 통일과 辛亥革命을 통한 中華民國의 성립은 형식적 정치체계상 획기적 변화이지만, 法制상으로는 기본상 전국시대와 淸末의 대전환적 변법개혁을 각각 계승하여 체계상 재정비한 것에 불과하다. 따라서 실질 체계상, 적어도 法體系상 대전환은 전국시대와 淸末을 각각 기준점으로 삼는 것이다.

한편, 전국 이래 淸末까지 약 십여 왕조가 흥망성쇠를 교체하면서 각기 독자적 律令을 제정하지만, 근본 성격이나 체계·내용 등은 별다른 큰 변동 없이 前代까지의 법령문화를 계승하여, 역사적 시대상황과 더러는 민족적 특수성·통치이념 등을 바탕으로 가감손익 개혁을 가한 정도에 그친다. 그리고 한 왕조 내에서는 건국 초기에 독자적 律令 제정 이래 각 개별 군주의 통치방법 및 성격, 그 세대의 사회경제 상황에 따라 법령의 수정과 改廢가 부단히 계속된다. 이때 왕조의 기본법전인 '律'은 원칙상 항상 불변의 최고규범으로 모셔놓은 채, 隨時로 令이나 (條)例에 의해 실질상 변법개혁을 실행한다. 따라서 내용상이나 형식·범위상 최하위의 '小變化'라고 할 수 있다.

또한 각 차원의 변법개혁을 정당화하는 이론적 근거, 즉 변법론도 각기 상이한 독특한 관점과 내용을 보인다. 예컨대, 전국시대와 淸末

의 변법개혁에는 인류문명의 진보, 특히 사회경제적 발전이나 근본적 세계관 및 윤리도덕적 가치관의 전환에 근거한 가장 근원적인 변법론이 제기된다. 그런가하면, 각 왕조교체기의 禮樂法令 제정에서는 동중서에 의해 제기된 바와 같이, 易姓革命이라는 통치권의 전면 변동을 정당화하고 새로운 개국 창업의 정통성을 독자로 직접 天命에 근거지우는, 통치이념의 일환으로 變法改制論이 주장된다. 한편, 각 왕조 내에서 수시로 진행되는 법령개정은 개별 구체적 정치사회 경제적 객관상황의 변화라는 부득이한 실제 수요를 직접 변법이유로 삼는다. 따라서 가장 현실적이고 절실하며, 정치사회적 찬반 논란도 최고 치열한 양상을 보이는 것이 특징이다.

漢 高祖가 중원에 진주하면서 천하 民心을 안정시키기 위하여 처음 공포한 것이 約法三章이다. 殺人·傷害·盜賊에 대한 범죄 규정은 동서고금을 막론하고 가장 기본적인 지상명령이다.[17] 따라서 이들 세 범죄에 대한 約法三章은 절대적 恒常不變의 自然法이라고 할 수 있다. 그러나 그토록 넓은 천하와 많은 인민을 어떻게 세 법조문으로 항상 다스릴 수 있으리오? 통치권이 안정되면서 漢 왕조도 바로 새로운 法制 정비에 착수하여, 蕭何가 法經의 六法과 이를 改修한 秦律의 여섯 편에 戶·興·廏律을 증보하여 九章律을 제정하기에 이르렀다.[18] 이것이 漢代의 '恒常'적 근본법전이 된다. 물론 이때에는 아직 '祖宗成憲'이라는 용어가 정식으로 보편화하지 않지만, 건국 초에 제정된 '律'을 적어도 형식상 恒常不變의 祖宗成憲으로 받들어 준수하는 전통은 漢代부터 시작하여 淸末까지 지속된다.[19] 물론 이러한 역사 전통은 전술한 것처럼 周代의 禮制에서 先王의 典章이라는 개념이 이미 확립되어,

17 古朝鮮의 八條法禁 중 현전하는 세 조문도 바로 이 約法三章에 해당한다.
18 漢書, 刑法志 및 唐律, 卷1, 名例편 疏議 참조.
19 古文尙書 說命下편에는 이미 '先王成憲'을 거울삼는다는 기록이 보인다.

'常'이 法의 근본속성이자 대명사로 일컬어졌다.

한편, 律이 한번 제정된 후에 先王(대개 창업주)의 절대 권위를 빌어 이념상 항상 불변의 법전이 된다고 하여도, 시시각각 생동 변화하는 현실사회에 제반 구체 상황을 법규범이 전혀 수수방관할 수만은 없게 된다. 그래서 법의 항상성이라는 통치이념과 사회의 변화하는 규범현실을 조화시키기 위한 타협 방도가 필요하다. 先王의 통일 법전을 '律'로 일컬어 최고규범으로 숭상하면서, 그 후 현실 수요에 의해 군주가 제정하는 법은 별도 명칭으로 시행하는 '형식 체계'상 二元化 제도가 그것이다.

예컨대, 秦은 皇帝라는 칭호를 처음 채택하면서, 그 命은 '制'라 일컫고 그 令은 '詔'라 부르기 시작했다.[20] 즉, 秦대에 이미 항상적 '制' 외에 황제의 수시 命令이 '制' 또는 '詔'의 명칭으로 시행된 것이다.

漢代에는 秦의 制·詔(書) 외에, 諸侯나 王을 封하는 策書와 刺史·太守 등에 대해 행정명령을 하달하는 誡勅이 추가되어 四書로 일컬어졌다.[21] 이 四書도 律 밖의 수시 법령임이 분명한데, 이들에 대한 일반보편 명칭으로 '令'이라는 용어가 정식으로 등장한다. 즉, 창업 군주가 제정한 법이 '律'이고, 그 후 군주가 詔·制 등으로 추가 보충한 법은 '令'이라고 부른다.[22] 특히 令은 律의 형식상 항상불변성을 시대 상황에 맞도록 융통하는 실질상 變法의 기능을 담당하였다. 창업주의 권위와 왕실 체통 때문에 律을 직접 개정할 수 없어 별도 명칭을 취한 것뿐이지, 때로는 令이 당대 군주 통치하에서 최고 권위와 효력을 지닌

---

20 史記, 卷6, 秦始皇本紀: "命爲制, 令爲詔." 蔡邕注: "制書, 帝者制度之命也, 其文曰制. 詔, 詔書. 詔, 誥也."

21 後漢書, 卷1上, 光武帝紀上, 建武元年九月辛未條, 李賢注: "漢制度曰: '帝之下書有四. 一曰策書, 二曰制書, 三曰詔書, 四曰誡敕."

22 漢書, 卷8, 宣帝紀, 地節4年九月條, 文穎注: "天子詔所增損, 不在律上者爲令."

법으로서, 실질 내용상 律을 개정하거나 대체하기도 하였다.[23]

그 후 唐代 경우, 武德律·眞觀律·永微律 등의 제정·改修가 있은 예외를 제외하면,[24] 거의 모든 왕조는 건국 초 한번 제정한 '律'을 형식상 改變하지 않고 멸망 시까지 고수한 것이 일반이다. 그리고 후대 상황변화에 따른 수시 입법은 令의 형식을 취하였다.[25] 漢代 이래 사용되어온 格과 式이 隋唐代에는 律 및 令과 함께 국가 공식 법형식체계를 이루어 행정법 영역을 수시로 규율하였다. 이것이 이른바 '律令格式'의 법체계이다. 宋代에는 唐律을 그대로 베낀 宋刑統은 명목상 최고 법전으로 모셔놓은 채, '勅令格式'의 명칭으로 가장 자유롭고 빈번한 수시 입법을 실행하였다. 이민족이 지배한 金·元代에도 詔制·條格·斷例 등에 의해 개별 구체적 임시처결을 위주로 하였다. 明代에 이르러 다시·律令체계로 복귀하는데, 얼마 되지 않아 이내 令의 법형식이 유명무실해지고, 대신 '條例'라는 새로운 임시적 구체적 법형식이 등장하여 淸代에까지 계속되었다.[26]

그러는 가운데 律의 항상성과 令·條例 등의 변화성은 전 법제사를 통하여 입법 및 변법의 핵심 이론근거로 꾸준히 거론되고 있다. 예컨대, 晋代에는 律의 변동을 매우 신중하게 여겼다. 그래서 군사·농경·賣酒 등에 관한 내용은 태평시대에는 마땅히 제거해야할 임시방편 법이라는 이유로, 律에 포함시키지 않고 모두 '令'으로 규정한 적이 있다. 즉, 刑律의 조문이 유한하므로 객관 事案에 따라 隨時로 법을 제정하

23 漢書, 卷60, 杜周傳: "前王所是著爲律, 後王所是疏爲令; 當時爲是, 何古之法乎!"

24 楊廷福, 唐律初探, 16-21면 참조.

25 明史, 刑法一: "太祖之定律文也, 歷代相承, 無敢輕改. 其一時變通, 或由詔令, 或發於廷臣奏議."

26 각 왕조의 항상적 律과 변화하는 令·條例 등의 법제사 대략은, 졸고, "受教의 法的 性格과 理念-傳統中國法上의 條例와 대비하여-", 韓國法史學論叢, 116-121면 참조. 졸저, 전통법과 광주반정, 전남대출판부, 2006, 제1편으로 실림.

는 權變의 조치가 令의 형식으로 표현된 것이다. 또한 律의 시행적용상 구체 事情과 時宜에 따른 변화도 중시된다. 그러나 순전히 임시적인 '議事以制'의 입법주의는 上古 시대의 이상일 뿐, 中古(대개 周 이후를 지칭함) 이래로 제정된 法을 준수·집행하는 차선의 규범현실을 감안하여, 律의 항상성이 기본원칙으로 강조됨은 물론이다.[27]

그 후로도 刑法志나 律典의 注疏에서, '律'은 常刑이나 常制·常律·恒典·常法 등의 용어로 일컬어지면서, 그 원칙성과 항상성이 지속해 강조된다.[28] 특히 宋代 이래로는 祖宗之法·先帝之法·祖(宗之)制·(祖宗)成憲·成法 등의 개념이 새로이 등장하면서, 창업 입법자의 절대적 권위가 律의 항상성을 더욱 확고하게 이념화시키기에 이른다.[29] 물론 祖宗의 법은 律뿐만 아니라 때로는 令이나 條例등을 포함하기도 한다. 특히 군주 자신이 祖宗成憲의 철저한 준수를 강조하며, 률의 개정을 의론하는 신하는 成憲을 변화시키는 죄로 엄단할 것이라고 경고하기도 한다.[30]

한편, 宋代 이래 일반보편으로 사용되기 시작하여 明淸代에 令의 지위를 대체하는 條例는, 항상적인 律의 흠결이나 부족을 보충하는 수시 변동의 법형식이다. 따라서 律文에 규정이 없는 경우에 한하여 條例를 적용·시행하는 것이 기본 원칙이다.[31][32] 다만, 宋代에 例는 구체적인

27 晋書, 刑法志: "若軍事·田農·酤酒, 權設其法, 太平當除, 故不入律, 悉以爲令. 夫律者, 當愼其變." "刑書之文有限, 故有臨時議處之制, 誠不能皆得循常也. 看人設敎, 制法之謂也; 隨時之宜, 當務之謂也. 然則看人隨時, 在大量也, 而制其法." "律者, 幽理之妙, 不可以一體守也. 或隨事以盡情, 或趣舍以從時."

28 晋書, 刑法志: "昔先王議事以制, 自中古以來, 執法斷事, 旣以立法, 誠不宜復求法外小善也." "禮有常典, 法有常防."

29 隋書, 舊唐書, 唐書, 明史의 刑法志 및 唐律중 §488의 正文, §231의 律注 및 §18·105·441의 疏議 등 참조.

30 宋史, 卷336, 司馬光列傳 및 新元史, 明史, 淸史稿의 刑法志 참조.

司法判例·先例의 의미로서, 律과 勅令格式의 성문제정 '法'에 상대적 개념으로 사용됨을 주의할 필요가 있다.[33] 그러나 대개 왕조 중기 이후 사회경제적 변화와 정치 불안이 심화되면 條例 제정도 따라서 급증하고, 규범현실에서는 條例로써 律을 사실상 파기하는 경우가 빈번하게 발생한다. 즉, 실질 법효력상 條例는 결코 律에 뒤지지 않는 동등한 지위를 향유하면서, 新法우선의 일반 법원칙상 條例가 律보다 우선 적용·시행되는 결과를 초래하는 것이다.[34] 律의 항상성이라는 이념과 권위가 시대 변화 및 현실 통치계층의 권력을 억제하기에는 역부족인 한계상황에 다다른 셈이다.

---

31 新元史, 刑法志: "朕自卽位以來, 恪遵世祖成憲." "法者, 祖宗所制, 非朕所得私也."; 明史, 刑法一: "群臣有稍議更改, 卽坐以變亂祖制之罪."; 刑法二: "今後有妄援重律者, 請以變亂成法罪之." "此祖家舊例, 不可廢."; 淸史稿, 刑法一: "爾內外有司官吏, 敬此成憲, 勿得任意低昂."

32 明史, 刑法一: "律贖無敢損益, 而納贖之例, 則因時權宜. 例逐轉律而行. 特以祖宗律文不可改也, 然後 例之變通生焉. 律之所制, 垂一代之法也."

33 宋史, 刑法一: "有司所守者法, 法所不載, 然後用例, 今引例破法, 非理也."; 刑法三: "重行朝典, 毋得用例破條. 凡律令敕式或不盡載, 則有司引例以決."

34 律과 條例의 관계와 법제사상 발전 및 법적 성격은, 졸고, "受敎의 法的 性格과 理念-傳統中國法上의 條例와 대비하여-", 117-121면 및 128-131면; 졸저, 전통법과 광주반정, 제1편 참조.

제 4장 沈家本과 梁啟超의 變法論 비교[1]

'常'-'變'과 '體'-'用'은 동서고금에 공통된 주요 철학 범주다. 荀子는 "무릇 도란 본체는 항상적인데 변화를 다하여, 한쪽 귀퉁이로 모두 들어 올릴 수는 없다."(夫道者, 體常而盡變. 一隅不足以擧之. 解蔽)고 했다. 孟子는 "남녀가 직접 물건을 授受하지 않음이 항상적 禮이나, 형수가 물에 빠지면 얼른 손으로 건져줌이 임기응변의 權이다."고 했다.(離婁上) 불교는 '諸行이 無常'하나 '法輪은 항상 구른다.'고 가르친다.

'常'은 불변의 본체를 가리키고, '變'은 無常한 작용을 뜻한다. 외관상 양자는 상호 모순대립처럼 보이지만, 사실 '둘이면서 하나'인 관계이다. 다만 인류사회가 보고 듣는 현상계에 생존기초를 둔 까닭에, 우주 삼라만상을 지배하는 無常한 변화법칙이 비교적 직접 감지하기 쉽고, 그 가운데 경험지혜를 얻고 永遠不變의 常道를 체득하기도 한다.

구르는 돌에는 이끼가 낄 틈이 없고, 고인 물은 清淨을 유지할 수 없다. 지극히 혼란스런 불안한 말세에 선각자들은 더러 체제 내 변화개혁을 도모하고 더러 체제 밖 혁명을 꾀한다. 중국 역사상 봉건과 근대를 구분하는 경계인 청말에도 時勢에 부응한 영웅호걸과 현인지사들이 우후죽순처럼 출현해 변법자강 및 혁명을 도모했다. 그중 청말

---

1 졸고, "清末 法律修訂시 禮法論爭과 沈家本의 법사상 - 沈家本과 梁啓超의 변법이론 대비와 情·理·法 법률이념을 중심으로", 이화여대 法學論集 26.1 (2021): 34-84면에서 변법론 대비 부분만 독립해 수록한 것임.

변법 대업에 참여해 法律修訂을 주도한 沈家本(1840–1913)은, 康有爲 變法維新- '百日維新' 戊戌變法에 동참한 梁啓超(1873–1929)와 더불어, 당대 체제 내외의 변법개혁을 대표할 만한 인물이다.[2]

여기서는 변법론의 이론을 중심으로, 체제 내외의 관점을 유념하면서, 두 위대한 사상가의 변법론을 대강 비교해본다. 물론 2인의 立身處世가 다르고, 연배도 1세대가량 차이가 나는지라, 사상경향이나 변법론의 실천 입장에서 상당한 차이가 나고, 2인의 변법론을 동일한 수평에서 비교하기가 어려운 점은 분명한 한계라고 할 수 있다.

1. 변법론의 역사배경

주지하듯이, 아편전쟁 이후 내우외환이 날로 가중되어, 영국과 南京條約을 체결한 뒤 국가 이권을 열강에 할양해 청이 반식민지로 전락한 시대상황이다. '천하에 근심을 앞서 우려(先天下之憂而憂)'하지 않을 수 없는 憂國憂民의 지식인으로서, 지탱하기도 구제하기도 어렵게 붕궤하는 나라를 그냥 수수방관할 수만은 없었다.

沈家本과 梁啓超는 비록 生年과 時勢가 다르지만, 變法의 동기와 목

2 ① 초기에는 2인을 康有爲·嚴復과 함께 무술변법시기 법률사상으로 묶어 다루기도 했다. 張國華 主編, 中國法律思想史, 435–475면. ② 梁啓超는 康有爲·嚴復와 함께 早期改良派, 沈家本은 禮敎派와 논쟁한 法理派로 분류한 경우가 가장 많다. 張國華 編著, 中國法律思想史新編, 283–314면, 366–396면; 楊鶴皐 主編, 中國法律思想史, 518–556면; 楊鶴皐 主編, 新編中國法律思想史, 431–469면; 李貴連 主編, 中國法律思想史, 313–395면. ③ 沈家本은 法理派, 梁啓超는 康有爲·嚴復 등과 함께 자산계급유신파로 분류한 경우. 李光燦·張國華 主編, 中國法律思想通史(四), 87–150면, 207–329면. ④ 변혁시기 법률사조에서 沈家本은 康有爲·張之洞과 함께 '變法思潮'로, 梁啓超는 嚴復·胡適과 함께 '啓蒙思潮'로 분류한 경우, 兪榮根 主編, 中國法律思想史, 263–315면.

적은 대체로 상통했고, 당시 역사 정황에 대한 인식도 일치했다. 부인할 수 없는 점은, 2인의 변법론에 근본 동기는 모두 외세의 거대한 직접충격에서 비롯한 것이다. 바꿔 말하면, 청말 변법 사업과 사상은 모두 외세의 핍박에서 분발해 자강을 도모한 측면이 강하다.

沈家本의 변법개혁 진행 과정에 최대 동기와 자극요인은, 당시 법률제도상 중국이 근대서방 문명국가에 비해 낙후했고, 특히 清朝의 각종 잔혹한 형벌과 비인도적 노비제도 등이 걸핏하면 서방국가들이 중국을 미개한 야만상태로 힐난하며 치외법권을 강요하는 구실로 삼은 점이다. 沈家本은 이렇게 지적한다. "中國의 重法은 西人이 매양 不仁하다고 비웃고, 중국에 거류하는 자들이 모두 이를 빙자해 중국법률의 지배(約束)를 받지 않으려 한다. 서방국가는 法權을 으뜸으로 중시하는데도, 유독 중국에 재판은 받지 않겠다며, 도리어 우리를 어질지 못하다고 떠벌려 소문낸다."[3]

또 "인신매매는 서방국가에 비웃음을 산 지 오래다."고 지적한다.[4] 이런 상황은 당시 중국에 법률수정사업을 권고한 일본학자 岡田이 修訂法律상 斬·絞 2종 死刑 제도 보류를 비평한 내용에도 잘 나타난다.

> "지금 중국이 刑法을 개량하려 하면서, 死刑에 여전히 斬·絞 2종을 인정하여 세계 대세에 저항하는데, 나중에 수정 형법이 완성되어 외국인이 이 律을 읽는다면, 반드시 여전히 미개한 야만법이라고 비난하여, 결국 이권을 회수하고 조약을 수정하는 일에 반드시 커다란 장애가 될 것이다."[5]

더욱 주목할 사실은, 沈家本이 重刑을 삭제 폐지하자고 주청한 의론에 근거하여, 통상조약을 개정할 때 英、美、日、葡 4국이 모두 中國修

3 沈家本, 寄簃文存, 卷一, 删除律例內重法摺.
4 沈家本, 寄簃文存, 卷一, 删除奴婢律例議.
5 沈家本, 寄簃文存, 卷三, 死刑唯一說.

訂法律을 사전에 "윤허"해야만 治外法權을 회수할 수 있다고 선결조건을 내세운 점이다.[6] 이렇듯, 중국 법제의 낙후성과 미개성에 대한 외국의 비평은, 실로 沈家本의 변법론에 직접 동기를 부여했다. 이러한 인과관계는 律例를 수정한 후에 나타난 외국 반응에서도 간접 확인된다. 沈氏 스스로 수정한 新章을 반포한 이후 "외국 대사관도 이구동성으로 인정·승복하며 문명적이라고 칭송한다."고 적고 있다.[7]

그래서 沈氏는 법률수정작업에 착수해서 맨 먼저 律例 안에 陵遲、梟首、戮屍、緣坐、刺字 등 잔혹한 중형과 노비제도를 폐지하고 인신매매를 혁파·엄금하는 조치를 취해, 독립 주권국가의 체통을 차리고 중화민족의 자존의식을 앙양하고자 했다. 이러한 변법 동기는 곧바로 그 변법론의 목적이기도 했다. 沈氏의 변법론에 궁극 목적은 당연히 중국의 자강자립으로, 기울어가는 淸의 자구책이었다. 다만 법률제도 관점에서 보자면, 그 목표는 '法權을 통일해 평등을 이룸'이었는데, 다음과 같이 나누어 볼 수 있다.

첫째, 국제무대에서 외국이 중국에서 향유하는 부당한 治外法權을 회수해, 주권국가의 평등을 이룬다. 그는 "우선 치외법권을 회수함이 진실로 변법자강에 핵심축이다."고 인식했다.[8] 이 목적을 달성하기 위해, 그는 律例 안에 각종 잔혹한 重刑의 폐지를 주청했다.

둘째, 국내로는 만주족과 漢족의 차별경계를 없애 종족평등을 실현하고 국가사회의 안전과 공존을 도모한다. 이 목적을 위해 그는, 만주족군인(旗人遣軍)의 특권을 없애 그들의 각종 범죄도 일반 인민과 마찬가지로 도형이나 유배를 실행하고, 만주족(旗人)과 일반인민 간에 상호 교역을 금지하는 법제를 변통하자고 강력히 주장했다. 이점에

6 沈家本, 寄簃文存, 卷一, 刪除律例內重法摺.

7 沈家本, 寄簃文存, 卷一, 虛擬死罪改爲流徒摺.

8 沈家本, 寄簃文存, 卷一, 刪除律例內重法摺.

대해 그는 특히 이렇게 지적했다.

"爲政의 道는 무엇보다도 立法으로 인민에 典範을 마련함에 있다. 법이 통일되지 못하면 인민의 의지가 갈팡질팡 의심한다. 고로 민심과 국가를 안정시키려면 우선 반드시 立法이 통일되어야 한다. 法이 통일되면 인민 의지는 저절로 안정되고, 어떠한 기이한 말을 떠벌려도 인심을 현혹할 수 없게 된다." "생각하건대, 만주족과 한족의 차별을 철폐하지 못함은 바로 이러한 형벌상 현격한 경중 차이에 있다. 모든 사람이 한 장막(국가통치권) 안에 있거늘, 하나는 가볍고 하나는 무거우니, 기성 편견이 완전히 녹아버리지 못하는 까닭이다. 옛 법규에 집착해 法權의 통일에 장애가 되면 안 될 줄 안다."[9]

바로 이점에 관하여, 梁啓超도 變法通議에서 독립 편장을 두어, 變法은 반드시 滿漢의 경계 평등으로부터 개시해야 한다고 특별히 강조했다. 이 議論은 당시의 種族革命論과 상당히 밀접한 관계가 있는데, 후술할 바와 같이 沈氏의 論說과는 사뭇 달랐다.

셋째, 인도주의에서 귀천의 계급차별을 철폐하여 인격 존엄과 인류 평등을 달성한다. 이 목적을 위해, 그는 노비에 관한 律例를 폐지하고 인신매매를 혁파·엄금할 것을 주장했다. "노비도 사람이다. 어찌 임의로 생명을 잔혹하게 해치도록 허용한단 말인가? 진실로 인격을 존중하고, 더욱이 정의도 존중해야 한다. 구태의연한 인습으로 인류를 가축재산과 같게 취급해서는 안 된다."[10]

물론, 梁啓超의 변법론도 당시 중국이 외세 열강의 침략에 짓밟힌 곤경에 기인해 자기를 되돌아 성찰하자는 산물이었다. 당시 국가현실에 대한 그의 인식은 매우 명확했다. 그 눈에는 "중국이 도마 위 고기

9 沈家本, 寄簃文存, 卷一, 旗人遺軍流各罪照民人實行發配摺.

10 沈家本, 寄簃文存, 卷一, 刪除奴婢律例議.

가 된 지 이미 오래다. 商務의 권리는 영국이 장악했고, 철도 권리는 러시아가 쥐었고, 변방의 권리는 프랑스·일본 등 여러 나라가 차지했다."[11] 특히 주목할 점은, 중국이 열강의 침략분할에 빠진 역사적 원인에 대한 그의 심각한 분석이다.

"중국은 자고로 통일해 주위로 자그만 蠻夷들이 둘러 있어, 단지 內憂만 근심했지 외환은 없었다. 고로 폐단방지의 의도가 많았고 이익을 주려는 의도는 적었으며, 평안을 그리는 마음은 무겁고 위기를 염려하는 대비는 가벼웠다. 秦이 통일한 후 지금까지 2천년이 지나도록 時局은 크게 다르지 않아, 통치법도도 고치지 않아도 되었다. 외적이 영구히 끊어져 내내 독립국을 유지하니, 이런 법도를 墨守해 대대로 답습하며 조금만 손질해도 천하를 다스리기에 넉넉했다. 그런데 갑작스레 서방 여러 나라와 마주칠 줄이야?! 이른바 독립국이란 눈으로 大敵을 보지 못하여, 나중에 至尊이 나타나도 자기만 못하다고 말한다. 또 자기 인민을 온순하고 약하게 길들이려 능멸하고 거세하며, 자기 인민의 才智를 우려하여 속박하니, 나날이 쇠약해지고 퇴락해온 따름이라."(變法通議, 5-6면)

반면, 서방 여러 나라가 강성한 원인은 각국이 병립해 상호 치열히 경쟁하여, 조금만 스스로 진작하지 못해도 곧 멸망이 뒤따르기 때문이라고 梁氏는 지적한다.

"무릇 경쟁이란 文明에 어머니다. 경쟁이 하루만 멈추면, 문명의 진보도 곧장 그친다. 1인의 경쟁으로 1家가 되고, 1家의 경쟁으로 1鄕族이 되며, 1향족이 1國이 된다. 1國이란 최대 범위의 단체로서, 경쟁에 최고조가 된다."(新民說, 18면)

국제경쟁이 극렬하여 중국이 서방 열강에 핍박을 당할 때, 梁氏는

11 梁啓超, 變法通議. 飮冰室文集, 臺灣中華書局, 第一冊, 民國六十七年版, 13면.

전화위복(轉危爲安)의 계기로 삼아 변법자강을 도모함이 '우환에 살고 안락에 죽는다.(生於憂患, 死於安樂.)'는 격언에 부합한다고 주장한다. "日本은 3국에 패해 통상 핍박을 당해 維新의 功을 이루었다. 프랑스는 프로이센에 패해 성 아래 동맹으로 5千兆프랑크를 배상하고 알라스·로랭 2주를 할양해, 그 통렬한 創傷이 지금 중국보다 훨씬 심했다. 그러나 10년이 채 못 되어 프랑스는 이전보다 훨씬 강성해졌다. 그러한즉 패배해 코피를 흘림은 국가에 큰 환난이 아니고, 自强을 도모할 수 없음을 근심할 따름이다. …지금이라도 일찌감치 도모하여, 萬國에 更新의 단서를 보여주고, 십년간 태평을 보장하는 조약을 체결해, 소 잃고 외양간 고치는 노력을 경주해도 결코 늦지 않다."(變法通議, 7면)

요컨대, 沈氏와 梁氏는 각자 처한 국내외 정세 추이는 달랐지만, 국가 쇠망 원인에 대한 절실한 인식과 진단 아래 국가 장래를 자포자기 않고 변법자강 대책을 도모한 점에서, 모두 時務에 밝은 현인이라 할 것이다. 다만 당시 歷史 현실의 인식과 변법론의 주안점에서 조금 달랐을 뿐이다. 沈氏는 刑曹 고위관료로서 체제 내에 구체적 법률수정을 통한 개혁사업에 종사해, 비교적 법률이념상 구체 문제 - 治外法權 회수、종족평등 및 인격존엄의 실현에 착안했다. 반면, 梁氏는 체제 밖에 전반적 개혁운동에 종사해, 정치·사회·경제상의 대강, 즉 외국의 중국에 대한 정치적 침략、사회경제적 불평등조약과 이권할양 등에 치중했다. 梁氏는 심지어 중국의 멸망을 예견하고, 국제경쟁원리에 비추어 특별히 변법자강의 필요성과 가능성을 강조했다.

2. 변법론의 이론 기초

禮記、中庸 편에 "성이란 하늘(자연)의 도고, 성에 다가감은 사람의 도다."(誠者, 天之道也; 誠之者, 人之道也.)는 말이 나온다. 존재법칙은

自然에 속하고, 당위규범은 인간사회에 속한다는 뜻이다. 老子는 "사람은 땅을 법삼고, 땅은 하늘을 법삼으며, 하늘은 도를 법삼고, 도는 자연을 법삼는다."(人法地, 地法天, 天法道, 道法自然.)고 명언한다. 孟子에는 "順天者存, 逆天者亡."이란 유명한 격언도 나온다.(離婁上) 중국 전통사상에는 확실히 '天人合一' '順其自然'을 인위규범에 궁극목표로 삼는 성향이 강하다. 환언하면, 天地自然의 規律법칙을 관찰해 본받아 인간사회에 당위규범으로 삼음이 최고 이상이다.

자고로 인류가 경험에서 체득한 가장 원시적 최대 자연현상은 바로 때에 따라 순환하는 주야·寒暑의 변화다. 그래서 하늘에 순응해 자연법칙을 본받는 으뜸 종지는 바로 때에 따라 자연변화에 적응함이다. 이는 인류가 환경에 적응해 생존하는 기본 필요조건이다. 사회상 각종 변통론도 이로부터 演進·변화해 이루어진 것일 따름이다.

沈家本과 梁啓超도 당연히 자연 변화법칙의 필연성을 인정하고, 역대 變通 이론을 수용해 각자 變通論에 이론 근거로 삼았다. 沈氏는 경전을 인용해 말한다.

> "주역 계사전에 '變通이란 시대에 따라가는 것이다.'고 하고, 예기에는 '禮는 時가 중대하니, 刑과 禮는 상호 표리다.'는 말이 나오며, 서경에 '형벌의 경중에 재량권이 있으니, 형벌은 가벼운 시대도 있고 무거운 시대도 있다.'고 했다. 오직 그 변화의 적합성이 중요하고, 재량권은 반드시 時勢에 따라야 하니, 時의 義는 위대하도다!"(寄簃文存, 卷六, 重刻明律序)

따라서 古法과 今法의 기본관계도 명약관화하다.

"무릇 古法이 지금과 같지 않아 지금 행해지지 못하는 것은, 꼭 옛날이 지금만 못해서가 아니다. 더러 옛날이 지금보다 훌륭할 수 있으나, 지금 사람이 지금 법에 익숙할 따름이다. 옛날을 말하기만 하면 거기에 집착해 옛날이 지금보다 훌륭하다고 말하더라도, 古法을 모두 지금에 시행할 수 있다고 말하는 것은 진실로 반드시 맞지는 않을 것이다. 그렇다고 古法을 모두 지금에 시행할 수 없다고 말한다면, 또 어찌 그럴 리가 있겠는가?"[12] 그러니 옛것에 얽매여도 안 되고, 지금만 고집해도 안 된다. 어찌 꼭 고금에 집착할 필요가 있겠는가?[13]

따라서 沈氏 안목에는 2천년 이래 중국에 역대 법제의 변천은 바로 '隨時損益'과 '因時變通'의 반영이다. 明대에 律目을 비로소 六部 체계로 바꾸고, 明初 大誥가 重法에 치우쳤다가 明律에서 輕法으로 고친 사례도, 또한 時勢에 따라 고친 변화다.[14] 그 변법론의 요점은 律例修訂을 주청하는 摺文에 간명히 드러난다. "法律의 시행적용은 世運에 따라 轉移해야 하지, 膠柱鼓瑟이 되어서는 안 된다."[15] "관대하고 엄격한 적용은 반드시 때에 따라야 한다. 立法 초기에는 원래 人心風俗을 정돈하기 위하여 가벼운 시대도 있고 무거운 시대도 있으니, 고정된 선입견을 墨守해선 안 된다."[16]

특히 '議事以制'의 기동성을 중시해, 律例와 通行 개념을 정의했다.

"律이란 한번 제정하면 변하지 않고, 例는 시대에 따라 적당히 제어한다. 律例 이외에 通行이 있어, 다시 律例의 未盡함을 보충한다." "무릇 천하에 眞僞·정황은 만변하니, 한 獄案마다 한 例(판례)를 세우면 아마도 충분히 다하리라고 말할 것이나; 나중에 다른 옥안이 생겨, 이미 세운 例와 딱 부합하지 않는다면, 반드시 그 例를 변경해 이 옥안을 결정할 것이다. 이미 정해진 例는 한정이 있으나, 정해지지 않은 옥안은 끝내 무한정이다"(寄簃文存, 卷六, 通行章程序)

12 寄簃文存, 卷六, 裁判訪問錄序.

13 寄簃文存, 卷四, 釋貸借.

14 寄簃文存, 卷六, 重刻明律序.

15 寄簃文存, 卷一, 刪除律例內重法摺.

16 寄簃文存, 卷一, 虛擬死罪改爲流徒摺.

이렇듯 沈氏는 '變通趣時'의 이치를 매우 강조했다.

梁啓超도 변화는 천하고금에 公理로, 변하지 않는 때가 없고 변하지 않는 사물도 없다고 본다. 주야가 변해서 하루가 되고 寒暑가 변해서 1년이 되니, 천지간에 변하지 않는 게 없으며, 가령 변하지 않는다면 천지나 인류 모두 곧바로 스러질 것이다. 그도 經文을 인용해 변법론의 방패로 삼는다.

"주역에 '窮하면 變하고, 變하면 通하며, 통하면 오래 간다.'고 한다. 伊尹은 '새것을 쓰고 묵은 것을 제거하면 질병은 존재하지 않는다.'(用其新, 去其陳, 病乃不存.)고 했다."

법도 또한 마찬가지다. 그는 '法先王'을 명분으로 古法을 묵수하려는 주장을 맹렬히 비평한다.

"法先王이란 그 본의(정신)를 法삼는다는 말인데, 祖宗의 法(조문)에 얽매여 祖宗의 본의(정신)에 어긋나니, 이 어찌 조종을 잘 법삼는 것인가?" "聖者는 때를 사려해 움직이니, 법을 창안하지 못하면 聖人이 아니고, 시대에 수순하지 못하면 聖人이 아니다."(變法通議, 1-5면)

"法이 십년, 또는 수십년이나 수백년 시행되면 반드시 피폐해지니, 피폐해지면 반드시 변화를 추구함이 하늘의 도다. 고로 한 끼 먹어 영원히 배부르길 바라는 자는 반드시 죽고, 한번 수고해 영원히 안일하길 바라는 자는 반드시 망한다. 지금 불변을 외치는 자들은 실은 정말로 新法이 인민에 해악이 되는 줄 식별해서가 아니다."(變法通議, 8면)

따라서 法은 마땅히 수시로 영원히 끊임없이 바뀌어야 한다. 인간사회규범은 천지자연의 변화처럼 더러 좋게 변하거나 더러 나쁘게 변해서는 안 되고, 마땅히 지혜로운 자가 상세히 살펴 진작·정돈하고 변통을 도모해 날로 선량해져야 한다.

梁氏는 그 스승 康有爲의 春秋三世說을 계승하여 문명진화론과 연결해, 法은 마땅히 문명의 진보에 따라 부단히 진화하여 사회발전을 촉진해야 한다고 주장했다.

> "據亂世를 다스리는 律法이 있고, 升平世를 다스리는 律法이 있으며, 太平世를 다스리는 律法이 있다. 이는 法이 마땅히 변화해 날로 진보해야 함을 나타낸다.…종족이 날로 번성하는데 법률은 날로 간단해진다면 約束(규율)하기에 충분한 자료가 못된다. 사리는 날로 변하는데 法律은 한번 정해져 변치 않는다면, 지켜도 지킬 게 없다. 그래서 서로 律을 아무것도 아닌 것처럼 무시하게 되고, 마침내 이른바 법조문에 충실하지 않는 자가 많아지게 된다."[17]

중국 전통 성문법제의 연혁·득실에 대해, 그는 법률의 안정성(固定性)이 과도해서 사회 진보·변천에 적응하지 못해, 더 이상 사회관계의 법이 아니라 박물관 안에 박제화한 법으로 전락했다고 비평한다.[18] 심지어 "1部 律例에 십분에 9는 준수하지 않으니, 律이 있어도 없는 것 같아 있으나마나한 僞律이다."[19] 중국에 자주 변법 논의가 일었어도 볼만한 성과가 없었던 원인은 立法部가 없었던 때문이라고 진단한 그는, "반드시 상설 立法部를 두어, 사정에 따라 민심을 반영해 수시로 입법·개정을 추진해 국가인민을 이롭게 해야 한다."고 주장했다[20]

주목할 점은, 梁氏는 만약 자기 스스로 개혁하지 않으면 남에게 혁명이나 병탄을 당하므로, 국가 통치권의 주동적、적극적 자기 변화 의지와 행동이 특히 중요하다고 강조한 사실이다. 그는 중국이 제국주의 열강에 병탄되는 것을 원치 않았을 뿐만 아니라, 당시 대세이던 혁명론도 반대하여, 君主立憲制 중심의 변법개혁론을 견지했다.

---

17 梁啓超, 論中國宜講求法律之學. 文集之一, 93면.

18 梁啓超, 論中國成文法編制之沿革得失. 文集之十六, 54-56면.

19 梁啓超, 中國積弱溯源論. 文集之五, 24면.

20 梁啓超, 論立法權. 文集之九, 103면.

그는 변법의 길을 4분하여 실례를 들었다. 첫째, 일본 같은 自變. 둘째, 突厥처럼 타인이 그 權병을 장악해 代變한 경우. 셋째, 인도처럼 다른 나라에 합병되어 代變한 경우. 넷째, 폴란드처럼 여러 나라에 분할되어 변한 경우. 물론 "변해도 변하고, 변하지 않아도 변한다. 변하여 변한 자는, 변화의 권한이 자기에게 있어, 나라도 종족도 종교도 보전할 수 있지만, 변하지 않아 변한 자는 변화의 권한이 남한테 넘어가, 속박 당하고 채찍질로 내몰린다."(變法通議, 8면)

이밖에, 그는 당시 세계가 專制와 立憲 두 政體의 신진대사 전환기에 처했다고 진단하며, 각국 政體의 전환변화를 크게 4분했다. 첫째, 군주가 時勢에 순응하여 입헌으로 전환한 경우, 군주도 영예롭고 국가도 안녕하다. 둘째, 군주가 입헌을 꺼려해 인민이 핍박으로 自立해 결국 民主立憲으로 변한 경우. 셋째, 인민이 입헌을 원하는데 군주가 불허하고, 민간에는 또 혁명할 능력이 안 되어, 날마다 군주를 찔러죽일 모의만 일삼는 경우. 넷째, 군주와 인민 모두 입헌의 미덕을 몰라 온 국가가 혼미·몽매하여 정치가 해이·문란해져 마침내 다른 종족에 멸망하는 경우. 당연히 그 안목에는 군주가 스스로 변화한 立憲이 최선의 선택이었다.(立憲法議. 文集之五, 5면)

요컨대, 변법론의 이론기초상 沈家本과 梁啓超의 의론은 대체로 상통한다. 법률 이념상 常과 變의 범주는 법적 안정성과 구체적 타당성으로 나타난다. 모든 물체는 관성의 법칙에 지배된다. 모든 물체는 어떠한 外力의 작용이나 영향을 받지 않는다면, 각자 원래 운동·정지 상태를 유지하려 한다. 인류의 행위규칙도 마찬가지다. 그래서 인류는 항상 습속에 안주하여, 습관은 제2의 천성이라 불린다. 사회규범, 특히 법률규범은 통치계급과 피치계급 사이의 이해관계를 조정하는 기제로, 기득권 보호를 중요한 이념으로 삼는다. 따라서 法의 관성은 특히 안정성(固定性)이 상당히 强大하다. 이는 인류 역사와 현실이 증명하는 바다. 梁氏도 법률의 固定性、靜止性을 본질속성으로 인정했다.

그러나 어떠한 물체도 영원히 운동 또는 정지 상태를 유지할 수는 없다. 언젠가는 공기 등의 저항력을 받아 정지하거나, 바람 또는 물의 外力을 받아 운동하기 마련이다. 왜냐? 물체 자신과 外物 사이에 역학관계가 不平衡 상태에 처해 원상태의 변화를 야기하기 때문이다. 변화는 物과 物 사이에 不平衡에서 생기는 평형추구 작용의 현상이다. 법률이 변화하는 이유도 그러하다. 법률규범이 수많은 사회 역학관계를 조정하며 기득권 보장을 자기 사명으로 삼기 때문에, 만약 근저에 사회 역학관계에 큰 변동이 생겨 새로운 평형을 추구하는 마찰력이 증대한다면, 마땅히 사회적 수요를 반영해 개혁을 실현해야 한다. 이것이 바로 법률에 또 다른 이념인 구체적 타당성이다. 따라서 법적 안정성과 마찬가지로 법의 변화성도 법에 본질인 셈이다.

극렬한 사회변화로 불안한 격변시기에, 智士·현인이 변법개혁을 도모해 사회 平靜과 국가 안녕을 추구함은 당연한 사리이자 大勢이다. 經文에 얽매여 변통의 진리를 모르는 小人儒야, 항상 눈앞에 기득권과 사리사욕에 눈이 멀어, 진리와 大勢를 알아보지 못하고, 先王法制의 형식 조문을 묵수하지 않으면, 권세를 빙자해 자의로 법을 농락하기 일쑤다. 이런 행태는 천하고금 通理에 위배할 뿐 아니라, 先王聖賢의 입법 본의도 아니다. 그래서 沈氏와 梁氏는 모두 法의 精神과 宗旨를 몹시 중시해, 변법 요령이 바로 法理의 회통에 있다고 인식했다. 환언하면, 법에는 변할 수 있고 변해야 할 제도·형식이 있고, 또 바꿀 수 없고 변할 수 없는 본질·정신이 있다. 법제형식의 변통은 마땅히 불변하는 法의 정신에 회통함을 요체로 삼아야 한다. 비유하자면, 軸은 중심에 고요히 자리 잡고, 바퀴가 그 주위를 돌아 구르는 것과 같다. 만약 축이 스스로 함부로 움직이거나 그 자리를 고요히 지키지 않는다면, 바퀴는 고르게 구를 수 없어 혼란에 빠질 것이다. 變法改制도 이와 같다. 만약 法理에 회통하지 못하고, 단지 그 형식제도 고침에 급급하다면, 法의 정신에서 유리된 혼란·잡다한 조문으로 변하고 만다.

그래서 沈氏는 말한다. "오직 法은 (정신을) 통달함이 존귀하지만, 일이란 점차 차근차근 시행해야 한다."[21] "刑을 밝혀 교화를 보필함은 본의를 통달함이 중요하지, 단지 명분만 답습해선 안 된다."[22]

梁氏도 지적한다.

> "대저 사사건건 모두 서로 원인이 되어 이르는 단서가 있지만, 만사는 모두 동일한 本原 바탕에서 나온다. 그 옷깃(요령)을 붙잡아 핵심을 파악하지 못하면, 명주실을 다스림에 마구 헝클어짐과 같아서, 백방으로 시도해도 전혀 효험이 없다."(變法通議, 9면)

> "내가 말하는 維新은 반드시 서양법을 이르는 게 아니다. 서양법은 維新의 形質에 지나지 않는다. 만약 유신의 精神 같으면, 중국도 아니고 서양도 아니며, 모두 함께 갖춘 자질로 남한테 구할 필요가 없다.…다만 精神의 維新이 있게 한다면, 形質의 維新은 저절로 줄(弦)에 공명하듯 부절에 맞게 이를 것이다."[23]

沈氏와 梁氏의 안목에 근본 변법은 바로 시간과 공간을 초월한 영원불변의 道理와 精神에 회통하여 원융무애하게 곡진히 작용하는 것이다. 항상적 본체를 얻어 변화작용을 다함이다.

孔子는 말했다. "함께 더불어 배울 수는 있어도 더불어 道에 나아갈 수는 없고, 더불어 道에 나아갈 수는 있어도 더불어 설 수는 없으며, 더불어 설 수는 있어도 더불어 權을 누릴 수는 없다."[24]

孟子는 "權이라야 輕重을 안다."고 말했다.(梁惠王上)

---

21 寄簃文存, 卷一, 虛擬死罪改爲流徒摺.

22 寄簃文存, 卷一, 變通行刑舊制議.

23 梁啓超, 中國積弱溯源論. 文集之五, 38-39면.

24 論語, 子罕: "可與共學, 未可與適道; 可與適道, 未可與立; 可與立, 未可與權."

權은 본디 저울에 추로, 그걸 좌우로 옮겨 평형을 이루듯, 無常에 변화를 두어 형평정의를 이루는 걸 權이라 한다. (거기서 '權變'이 나오고 '권력'이 파생했다.) 수시로 적절한 조치로 변통을 꾀해 이익을 다하도록 權을 행사하니, 진실로 經(원칙)에 반하면서도 道(진리, 본체)에 부합하게 된다. 神明처럼 밝은 지혜가 그 사람한테 존재하니, 반드시 이와 같다면 틀림없이 사리변화를 보게 되고, 時勢의 궁박을 구제하게 된다. 만약 하나에 집착해 時中을 모른다면, 구차한 小儒로서 大道를 해치게 된다.[25] 세상에 常道를 얻어 權變이 가능한 자는 참으로 드문데, 沈家本과 梁啓超는 더불어 權을 누릴 만한 자인저!

3. 變法論의 현실적 방도

전술했듯이, 沈氏와 梁氏의 변법론은 이론 기초가 대체로 상통한다. 그러나 그들이 처한 구체 상황배경의 차이에 따라, 변법의 구체 대상과 내용도 차별이 있다. 처우가 다르면 사상 형성에 영향력도 다르다.

沈氏는 줄곧 刑曹에 벼슬하여 淸末修訂法律事業을 주도한 실무가로서, 체제 내 개혁가라 할 수 있다. 반면, 梁氏는 일찍이 司法總長이란 실무직을 담당한 적이 있으나, 辛亥革命 이후 民國初 일이므로 제외하고, 戊戌變法에 참여했으나 變法維新 운동이 守舊派의 戊戌政變으로 실패한 뒤 일본으로 망명했으니, 그는 일생 끊임없이 변화를 추구한 개혁운동가라 할 것이다.

우선, 두 사람의 변법론에 직접 구체 목표는 당연히 법제다. 沈氏는 "근래 일본 明治維新도 改律을 기초로 했다."고 인식한다.[26]

---

25 康有爲, 論語註, 北京, 中華書局, 1984, 141면.

26 沈家本, 寄簃文存, 卷一, 刪除律例內重法摺.

梁氏도 변법개혁에서 법제의 중요성을 상당히 강조한다.

"立法이 훌륭하면, 中人의 성품도 현명해질 수 있고, 中人의 재주도 지혜로워질 수 있다. 훌륭하지 못하면 그와 반대다."

"1인의 시대는 몹시 짧으나, 法은 몹시 길다. 1인의 범위는 몹시 좁으나, 法은 몹시 넓다. 사람을 믿고 의지해 법에 의지하지 않으면, 그 사람이 없으면 그 정치도 스러진다. 法이 세워지면, 賢智者는 진실로 법에 더욱 神明해져 公益을 증진하고, 어리석은 불초자는 법에 束縛(통제)되어 큰 허물이 없게 된다."[27]

다만 그들이 변화를 추구한 '法制'의 범주로 말하면, 대략 서로 다른 개념에 입각해 있다. '法制'의 범주는 廣狹의 두 의의가 있다. 하나는 '制'가 '法'을 포함해 통괄하는 광의의 법제로, 법률에만 국한하지 않고, 문물·典章·刑政·敎化 전반을 포괄하는 내용이다. 즉, 法律과 일반제도 모두를 총칭하여, '法'과 '制'는 병렬관계다. 다른 하나는, '法'이 '制'를 통괄하여 단지 법률상 제도에 국한하는 협의의 법제로, 법에 들어가지 않는 일반제도(訟獄律例와 무관한 제도)는 모두 제외한다.[28]

변법론 대상인 법제의 개념상 沈氏와 梁氏는 모두 명확한 廣狹의 定義를 두지 않았지만, 일반론으로 말하면 沈氏의 변법론은 전통적 律例 영역인 狹義의 법제에 치중했고, 梁氏의 변법론은 정치·경제·사회·법률제도를 포괄하는 광의의 법제에 관심을 두었다. 그래서 沈氏의 방대한 저작은 寄簃文存을 제외하면 모두 전통법제사의 전문연구인데, 梁氏의 저작은 정치·사회·경제·법률 등 제반제도에 관한 論說을 망라한다. 예컨대, 梁氏 變法論의 일반적 대표 저작인 '變法通議'에 절반은 교육제도를 논한 것이고, 기타 주요 議論은 立憲法議、憲政淺

27 梁啓超, 論立法權. 文集之九, 103면.

28 陳顧遠, 中國法制史, 臺灣商務印書館, 1-3면.

說、開明專制論、中國議會制度私議 등 政體에 관한 문장 외에도, 종족혁명과 정치혁명의 득실、自由說、新民議、纏足폐지、종교개혁 같은 사회제도에 관한 글, 그리고 外資輸入、화폐、재정개혁 문제 같은 경제제도에 관한 글들도 있다. 梁氏의 의론은 아주 광범위하여 無所不及에 가깝다. 이점이 沈氏와 梁氏의 변법론에 최대 차이다.

법제 개념상 두 사람의 차이는 변법론의 구체 내용에도 근본적 차이를 야기한다. 예를 들어보자. 滿漢 민족차별의 해소는 두 사람 변법론에 공통점이다. 沈氏는 滿漢 차별을 제거하지 않고 옛 법을 답습한다면, 인민의 大信을 얻지 못하고 의심을 풀지 못해, 국가사회 안전을 보장할 수 없다고 지적한다. 梁氏는 심지어 변법은 반드시 滿漢 평등부터 시작해야 한다고 주장한다. 그러나 立論의 관점과 이유 및 구체 방법론은 현격히 다르다. 沈氏는 철저히 국가 법률의 공평성과 인민의 법률상 평등에 立論하며, 주장의 실현방법도 법률제도상의 구체 문제로 귀결한다. 예로, 旗人遣軍의 범죄도 일반인민과 마찬가지로 徒流刑을 실행하고, 旗-民 상호 교역 금지 법제를 변통하자고 한다.[29] 梁氏는 적자생존(優勝劣敗)의 종족경쟁 이론에 근거해, 滿漢 모두 중국인의 公天下之大義를 중심으로 일치단결하여 공동으로 서방 백색인종의 침략에 맞서, 중국의 命運을 구제하고 황색인종의 大同에 기초를 확보하자고 주장한다. 구체적 실현방도도 정치·사회·경제상의 근본문제를 다룬다. 예로, 散籍貫、通婚姻、幷官缺、廣生計 등을 주장한다. 梁氏의 滿漢차별 철폐론은 그가 당시 홍성한 보편적 혁명론, 특히 한족이 만주족을 몰아내야 한다는 종족혁명론을 반대한 확고한 입장과 표리관계를 이루어 눈길을 끈다.

확실히 沈氏와 梁氏의 변법론은 관점과 목표가 현격하게 달랐다. 梁

29 寄簃文存, 卷一, 變通旗民交產舊制摺.

氏는 沈氏에 비해 1세대 늦고 줄곧 체제 밖에 노닐어, 근대계몽사상을 접촉·흡수할 기회가 비교적 많았고, 운신의 폭과 언론이 훨씬 자유 자재했다. 이점도 두 사람의 변법론 차이에 한 원인일 것이다.

물론, 變法 실현의 구체방법론에서 두 사람은 상통하는 바도 있다.

첫째, 변법방법론의 기본입장에서, 沈氏와 梁氏는 모두 청말 중국 근대화과정에 당시 일반 변법개혁론자들이 보편으로 주장한 '中體西用'의 사상범주를 채용했다. 신속히 변하던 당시 사상조류에 따라, 각 사상가가 주장한 '中體西用' 변법론의 구체 내용은 각양각색이었다.[30]

沈氏와 梁氏 모두 서방문명의 사실상 우월성 및 선진성을 인정한 만큼, 그걸 흡수해 변법자강을 도모하려 했다. 허나 동시에 尊華攘夷 전통사상을 방패로 저항하던 보수 세력을 마주해야 했다. 그들 자신도 틀림없이 자존의식과 현실인식 사이에 진퇴유곡의 심리상태에 처했을 것이나, 변법은 국가민족의 존망이 걸린, 星火처럼 시급한 일인지라, 좌고우면 머뭇거릴 여유가 없었다. 이에 그들은 모두 眞理의 보편성을 이론기초로, '中體西用'의 변법론에 정당성과 합리성을 부여해, 華夏文化가 外夷文明에 굴복한다는 혐의를 모면하려 했다. 그래서 "刑法은 중형에서 가볍게 고쳐야 함이 진실로 금일 仁政에 要務이자, 修訂에 宗旨이다."는 沈氏의 議論에 대해, 今人은 이렇게 평론한다.

> "이 또한 '中學을 본체로, 西學을 효용으로'라는 사상의 법적 표현이다. 중국 유가 王道仁政을 핵심으로 西方 輕刑을 학습한다."[31]

沈氏는 주장한다.

> "道理는 천지에 스스로 존재한다. 확실한 진리를 말하는 곳엔 동서고금이 모두 일치하니, 좌우를 따질 필요가 없다."[32]

30 張晉藩·楊堪·林中合著, 中國近代法律思想史略, 1984, 84-91면 및 193-198면.
31 李光燦, 評寄簃文存, 群衆出版社, 1985, 2면.
32 寄簃文存, 卷六, 王穆伯佑新註無寃錄序.

"반드시 남의 장점을 취해 내 단점을 보완한다."[33]

梁氏도 주장한다.

"옛 聖人은 일찍이 다른 사람한테 배우는 걸 부끄러운 짓으로 여기지 않았다. 무릇 法이란 천하에 公器다."(變法通議, 6-7면)

"한 法系에 소속한 국가들도 일찍이 상호 가르침을 주고받고 배워 단점을 버리고 장점을 취하지 않은 적이 없다. 설사 지금 세계 각국 법률이라도, 그 어느 하나 외국법이 섞이지 않을 수 있겠는가?…그러한즉, 외국법을 우리 법률에 한 淵源으로 삼음도 잘못(허물)은 아니다."[34]

구세 방법에 대해, 沈氏는 더욱 상세히 지적한다.

"대저 중국 학설은 대부분 경험에서 나오고, 西學은 다분히 學理에 근거한다. 學理에 해박하지 못하면 경험도 회통할 수 없고, 경험을 학습하지 않으면 學理도 옳음을 증명할 수 없다. 經驗과 學理는 상호 의존한다. 마땅히 가진 걸 보존하며 없는 걸 보태어야, 이 사업이 더욱 發明하게 된다."[35]

沈氏와 梁氏가 채용한 '中體西用'형 변법론은 모두 법학상 '中體'의 중요성을 특별히 강조해 눈길을 끈다. 沈氏는 말한다.

"내가 조정에 명을 받들어 修律함에 西法을 채용해 상호 대조 비교하니, 같은 점과 다른 점이 반반이었다. 허나 中律의 本原을 깊이 연구해 득실을 살피지 않고서, 그냥 西法을 갖다 섞어 버무린다면, 동그라미와 네모가 서로 들어맞지 않는 격이니, 어찌 회통을 기대할 수 있겠는가? 그래서 中律 講讀 공부도 폐지할 수 없다."[36]

---

33 寄簃文存, 卷六, 政法類典序.

34 梁啓超, 論中國成文法編制之沿革得失, 文集之十六, 47-48면 참조.

35 寄簃文存, 卷六, 王穆伯佑新註無冤錄序.

36 寄簃文存, 卷六, 大清律例講議序.

梁氏는 한 걸음 더 나아가 지적한다.

"나는 西人의 법률학을 밝게 배워 펴서 우리 지구를 문명화하고 싶다." 梁氏의 華夏文化에 대한 자부심은 沈氏에 비해 결코 손색이 없다.

다음으로 둘째, 전술한 것처럼, 變法改制는 진리 본체를 회통해야 하므로, 그 변법론은 근본에 힘씀을 중시한다. 梁氏는 변법근본에 대한 의론에 특별히 정밀·세심하다. 그는 당시 일반 변법개혁론자들이 말끝마다 練兵·開礦·通商을 들먹이는 건, 근본을 모르고 지엽만 건드리는 견해라고 맹렬히 비판한다. 더욱이 당시 西人 말만 맹신해, 오직 강병만이 급선무라 외치는 일반 견해에 대해, 그는 특별히 경고한다.

"서방관리가 중국을 위해 바치는 꾀는, 실은 본국의 권리를 보호하려는 것이다." "內治가 잘 되고 工商이 흥성하며 학교가 번창하고 才智가 풍부하면, 비록 兵馬가 없더라도 강성하다. …內治가 형편없고 工商이 위축하며 학교가 시들하고 才智가 보잘것없으면, 비록 전국이 병력이라도 오히려 망한다." 요컨대, "變法 근본은 인재육성에 있으며, 인재 흥성은 학교 개설에 있고, 학교 개설은 과거제 변혁에 있다. 모든 분야에 크게 성공하려면 官制를 개혁해야 한다."(變法通議, 11-12면)

그래서 그는 '變法通議'라는 장편의 글에서 절반인 7章을 배정해 科擧·學會·師範·女學·幼學 등을 포함한 학교·교육문제 전반을 논한다.

학교와 교육이 변법에 근본이라면, 학문도 당연히 그 안에 든다. 하물며 변법의 요령이 진리 회통에 있고, 진리는 학문연구가 아니면 알 수 없지 않은가? 특히 법학의 전문성은 梁氏가 중시했다.

"학설을 채택해 法律로 삼으면 실로 법률진보에 최고 유력하다. 로마법이 능히 法界에 宗主가 된 까닭은, 채택한 학설이 많고 함축한 學理가 풍부해서다." "학설해석은 법률을 보조하는 최고 우량한 방법이다."[37]

沈氏도 법학과 그 전문성을 중시했다.

"法을 의론함은 事理의 당연함을 밝히고 그 정신의 소재를 탐구하기 위함이니, 법학의 강구를 어찌 늦출 수 있으랴?"[38]

학문의 실용성에 관하여, 그는 '學以從政'의 실용주의를 택했다. 즉, 學政一致의 전통유가사상을 이상으로 여겼다.

"古法이 흥성함은 政과 學이 한 길로, 風敎가 멀리 미치고 왕의 은택이 아래로 퍼지기 때문이다. 당시 학자는 대부분 當世得失을 궁구하고 立言에 師法이 있었다. …비록 源流는 달라도, 대개 모두 당대의 다스림을 學으로 삼고, 당대의 學을 근본으로 정치를 했다. 후세에 이르러 政과 學이 나뉘어, 배운 건 쓰임이 없고 쓰임은 배운 게 아니라서, 정치교화에 진전이 없게 되었다."[39]

"법이 있으나 지키지 않고, 學이 있으나 쓰이지 않으면, 法은 빈 그릇(虛器)이 되고 學도 위태한 말(危言)과 같아진다."[40]

沈家本이 정밀하고 廣博하게 중국 전통법제의 본의를 연구한 까닭도, 당시 법률수정 사업에 참고로 활용하기 위해서다. 법학의 전문교육도 沈氏는 강조했다.

"천하 학문은 반드시 강론한 후에 밝아진다. 하물며 전문 義理가 광박하고 科條가 번다한데, 강론하지 않고 어떻게 밝히랴?"[41]

"법률이 완성되어 그 법률을 강론하는 사람이 없으면, 시행에 반드시 걸림이 많으리니, 전문 學堂을 개설해 인재를 배양하지 않으면 안 된다.…법을 수정하려면 살피고 밝히지 않을 수 없으며, 법을 살피고 밝힘에는 법리를 궁구하지 않을 수 없고, 법리를 궁구하려

---

37 梁啓超, 論中國成文法編制之沿革得失. 文集之十六, 47면 및 60면.

38 寄簃文存, 卷六, 法學名著序.

39 寄簃文存, 卷六, 政法類典序.

40 寄簃文存, 卷三, 法學盛衰說.

41 寄簃文存, 卷六, 大清律例講議序.

면 강당을 제쳐 놓고 어찌 한단 말인가?"[42]

이밖에, 沈氏와 梁氏는 서방 선진문명을 받아들여 變法改制에 밑천으로 쓰기 위해 번역 사업을 중시했다. 변법자강이 당시 급선무가 되어 서방 선진문명의 흡수가 절실한 때, 서양 서적의 번역 사업은 확실히 노력을 절감하고 효과를 배가하는 선방편이었다. 이러한 의미에서 嚴復의 번역활동은 중국 근대화에 실로 상당히 큰 공헌을 하였다.

沈氏는 일본 근대화가 신속히 이루어진 원인에 하나는, 바로 "재력을 아끼지 않고 서양인 서적을 편역하고 서양인 학문을 연구하여, 조잡한 것은 내버리고 그 정화만 취해 전국의 精神으로 앙양하고 법률안에 灌注한 데 있다"고 인식했다.

"서양법의 宗旨를 밝히려면 반드시 서양인의 학문을 연구하고 특히 서양인의 책을 편역해야 한다."[43]

그가 번역의 전문성을 특별히 강조한 점도 눈에 띈다.

"대개 정치의 요체는 정치에 깊이 들어간 자가 아니면 알 수 없다. 정치서적의 번역은 정치에 정통한 자가 아니면 깊은 뜻을 통달할 수 없다."

법률서적의 번역 또한 마찬가지다.

梁氏도 서양서 번역을 상당히 중시했다. 그는 '變法通議'에 '論譯書' 1章을 두어 번역의 중요성을 상세히 기술했다. 그는 '번역은 실로 本原 중에 本原'이며, 번역이야말로 强國이 되는 제일 으뜸 입문이니, 번역할 저본을 선택하고 公譯의 표준을 결정하며 번역인재를 배양해야 한다고 강조했다. 심지어 "천하 學子는 어려서부터 서양 문자를 익혀야 한다"고 주장했다.

42 寄簃文存, 卷六, 法學通論講義序.

43 寄簃文存, 卷六, 新譯法規大全序.

梁氏도 법률서 번역의 중요성을 특히 강조해 눈길을 끈다.

"지금 온갖 피폐를 파헤쳐 庶政을 쇄신하려면, 응당 서양국가 章程 관련 서적을 전부 번역함이 제일 요긴하다."(變法通議, 64-76면)

이렇듯, 沈氏와 梁氏는 변법론의 구체적 실현방법론에서도 서로 공통점이 있었다. 비록 梁氏가 沈氏에 비해 이론화、系統化가 더했지만, 두 사람 모두 변법개혁사업에서 학문·교육·번역서의 중요성을 상당히 중시했고, 변법에 근원과 선결조건으로서 인재육성 문제까지 귀결했다. 변법유신은 객관적 법제를 직접적 객체로 삼지만, 그 주체는 사람이 아닐 수 없으며, 그 궁극목적도 사람에 있지 않은가?

"그 사람이 존재하면 그 정치가 일어나고, 그 사람이 없으면 그 정치도 스러진다."(其人存則其政擧, 其人亡則其政息.. 禮記, 中庸)

"사람이 道를 확충할 수 있지, 道가 사람을 키우는 건 아니다."(人能弘道, 非道弘人. 論語, 衛靈公)

4. 소결

이상 이론 관점에서 沈家本과 梁啓超의 변법론을 개관해 비교해보았다. 변법론의 구체내용은 篇幅이 상당히 방대하여 낱낱이 열거할 수 없고, 서로 다른 점만 간략히 대강 살펴보았다. 요컨대, 理는 상통하지만 事는 같지 않다. 항상적 본체로 변화를 다한다는 變法宗旨는 沈家本이나 梁啓超에게 달라질 수 없다. 議事以制의 변법사업인즉 시간·공간에 상관없이 항상적일 수 없다. 沈氏와 梁氏가 종사한 변법사업은 비록 처한 상황에 따라 체제내외의 현격한 차이가 있었지만, 그들의 愛國憂國의 忠心과 變法盡利의 信行은 결코 다르지 않다. 특히 亂世에 처한 지식분자로서 당시 대세이던 혁명론에 휩쓸리지 않고, 常理에 의지한 개혁론을 견지한 점은, 두 사람의 공통된 고상한 志行이다.

俗語에 "큰 곳에 착안하고, 작은 곳에 착수한다.(大處著眼, 小處著手.)"고 한다. 沈氏는 체제 안에서 "작은 곳에 착수한(小處著手)" 개혁에 종사했고, 梁氏는 체제 밖에 노닐며 "큰 곳에 착안한(大處著眼)" 변혁을 도모했다. 그 사업의 득실은 靑史가 평가하리라!

제3편

평화의 법과 예방법학

- 분쟁의 평화 해결과 예방

1. 머리말

근래 서양 선진 각국에서, 특히 영미법계 국가들에서, 자기네 전통 법질서의 근간인 대립당사자주의에 기초한 소송 위주의 정의 실현 절차에 대한 반성과 자각이 일면서, 소송외적인 분쟁의 평화해결 방식이 ADR(Alternative Dispute Resolution)운동으로 크게 번지고 있다. 중국에서는 공산혁명 초기부터 발전시켜온 人民調解(우리 調停) 제도가 광범위하게 시행되고 있다. 중국 人民調解는 분쟁의 자치적 평화해결을 꾀해 온 전통법문화와 법의식의 역사철학 기초 위에 세워진 법제다. 동양과 서양에서 마치 합의라도 한 듯 한 목소리로 고금을 관통하는 분쟁의 평화해결을 유난히 선호·강조하게 된 시대 조류는 참으로 미묘하고도 의미심장한 계시와 적지 않은 영향을 느끼게 하고 있다.

다행히 근래 우리 사회도 법의 영역에서, 근대 서양법 위주 법체계를 반성하고, 전통법문화를 새롭게 연구해 비판적으로 계승·발전시킬 필요성이 꾸준히 자각적으로 증대되어 왔다. 러시아·중국과 수교하면서 사회주의 중국법 속의 전통 계승성도 관심 대상이 되고, 남북한 평화협력증진에 따른 통일 한국 법질서 구상도 초미의 관심사로 떠올랐다. 우리가 중국·북한과 공유하는 전통법문화(역사철학)에 대한 연구는, 근래 한 세기 가량 서로 다른 길을 걸어온 자본주의와 사회(공산)주의의 이념 차이에 대한 연구 못지않게 필요한 시대적 요청이다.

이러한 여러 상황 요인들을 종합 고려해, 우리 전통 법문화 가운데 긍정적인 우수한 요소를 발굴하여 적극 소개함으로써, 지나치게 근대 서양법 체제로 굳어진 우리 법현실에 새로운 각성과 변증법적 발전의 계기를 제공하고는 동기와 목적에서, 전임강사 부임 직후 학술진흥재단의 신진교수연구과제를 "전통법문화의 현대적 발전"으로 정하였다. 이 주제를 확대·발전시키는 연장선상에서 "중국 근대화 혁명

시기 調解 제도의 발전"을 탐구했고, 시대를 거꾸로 더 거슬러 올라가 先秦 시대 고대 성왕과 제자백가의 철학사상도 모색해 보았다. 또 현대 중국의 人民調解 제도를 개괄 정리하여 소개함으로써, 우리(韓中) 전통법의 역사와 철학을 주 연구 대상으로 삼아 벌써 20년 가까이 공부하는 전공학자로서 사명을 조금이나마 성취하고자 한다.

분쟁의 예방과 평화적 해결은 어쩌면 법 자체의 궁극 이념 같으면서도, 한편으로 법(을 동원하기) 이전의 최선의 목표라고 할 수 있는 주제이다. 다만 본인의 능력과 관심의 한계로 말미암아, 우선 전통법의 철학사상과 역사제도의 전개로 좁혀서 이를 탐구하는 것이다.

근래 서양 선진 각국에서 소송외적인 분쟁의 평화해결 방식인 ADR 운동이 크게 번지고, 중국에서는 人民調解 제도가 광범위하게 시행되고 있다. 물론 중국의 人民調解는 분쟁의 자치적 평화해결을 꾀해 온 전통법문화와 특히 고대 성왕과 제자백가의 철학사상 및 법의식의 역사철학 기초 위에 세워진 법제이다.

유가와 묵가에서 三代 聖王으로 추앙하는 堯·舜·禹·湯·文·武는 확실히 덕행이나 예제 모두 특출하여, 사회적 갈등과 분쟁을 미연에 예방하거나 평화롭게 해소하는 도덕적 권위가 컸다. 요순임금은 착하고 훌륭한 심성과 덕행으로 몸소 모범을 보여 백성을 감화시켰기 때문에, 다툼이나 분쟁이 발생하기는커녕, 서로 양보하고 선양할 정도였다. 그러한 성왕의 道統과 德行은 공자를 통하여 숭앙되면서, 실로 수천 년에 걸쳐 중국문화의 위대한 전통으로 면면히 이어지게 된다.

周가 융성하기 이전에, 文王의 아버지 古公亶父(고공단보: 太王)는 덕망이 걸출하여, 민심을 얻고 왕조 기틀을 다졌다. 그 아들 西伯(文王)은 殷의 포군 紂(주)를 섬기고 있었는데, 선행을 널리 베풀어 제후들이 다툼을 결단해 달라고 찾아올 정도여서, 역사상 유명한 '虞芮之訟의 해결'로 제후들을 心服시켰다. 그 뒤 武王이 민심을 얻어 은을 정벌한 뒤, 周公이 통치의 근본 大法인 周禮를 제정했는데, 분쟁을 예방하고 교화를 우선하기 위한 성문법의 공포와 백성들 사이의 원수 보복을 예방하고 화해시키는 관직인 調人 제도가 눈에 띈다.

성왕들의 교화는 제자백가의 예방 철학사상에서 다시 한 번 화려하게 꽃 핀다. 無爲自然과 和光同塵의 철학자 老子는 분쟁 없는 平和와 不爭之德을 핵심으로 삼았다. 공자도 謙讓과 不爭의 덕을 禮의 본질 정신으로 매우 강조하였는데, 소송의 청취와 심판은 자기도 남만큼 할 수 있지만, 그보다는 미연에 쟁송이 없도록 만들겠다는 포부가 돋보인다. 周禮에 鄕射禮와 鄕飮酒禮는 바로 不爭之德을 수양하는 예법이며, 맹자의 '辭讓之心'은 '禮之端'이다. 유가에 不爭과 겸양의 道는 周易의 '謙'卦에 함축되어 나타난다. 兼愛를 주장한 묵자도 분쟁과 혼란을 미리 방지하고 되도록 평화롭게 해결하려고 지향했는데, 다만 침략적 공격전쟁을 막기 위한 자위전쟁은 정당한 전쟁으로 옹호했다. 이는 중국 전통법사상의 기본이 된 '刑期(于)無刑' 이념과도 상통한다.

禮記에서 禮를 제방에 비유하는 예론은, 예법의 일반예방 기능을 각별히 강조한다. 제방의 비유는, 예법의 사후 징벌 기능을 대표하는 그물의 비유, 사후 교정(치유) 기능을 대표하는 의약의 비유와 함께, 전통 법문화에 유명한 세 비유인데, 특히 사전 예방 기능에 중범을 두어 앞의 두 비유와 또 다른 중요성을 지닌다. 예란 장차 그러하기 전에 금지하며, 법(刑)이란 이미 그러한 뒤에 금지하는 것으로서, 양자가 상호 보완적으로 행해지기 때문에, 어느 하나라도 없어서는 안 된다. 예법의 사전(일반)예방 기능과 사후 징벌(특수예방) 기능이 상호 대비로 나란히 강조되는 법이론의 전통은 2천여년 법제사에서도 면면히 전승되어 왔다. 아무리 말끔한 치유라도 예방만은 못한 법이다.

"Prevention is better than cure."

2. 三代 聖王의 德行과 禮制

유가와 묵가에서 한결같이 삼대 성왕(道統)으로 추앙하는 요·순·우·탕·문·무 시대는 태평성대였고, 따라서 별다른 혼란이나 분쟁이 없던 이상사회였을 거라는 막연한 동경이 사람들 마음속에 전해 내려오는 것 같다. 아무리 성왕이 다스렸다고 한들 어찌 전쟁이나 다툼이 없었을까마는, 확실히 성왕들은 덕행이나 예제 모두 남달리 특출하여, 사회적 갈등과 분쟁을 미연에 예방하거나 평화롭게 해소하는 도덕적 권위(감화력)가 컸던 모양이다. 이제 지금까지 전해 오는 역사기록과 고전문헌 가운데 대표적 실례 몇 가지만 정리해 보기로 한다.

(1) 堯舜 성왕

堯임금은 공경과 양보로 그 빛(광명)이 사해에 미치고 천상천하까지 이르렀으며, 큰(준수한) 덕을 훤히 밝혀 九族을 화목케 하고 百官을 잘 다스리자, 천하 모든 제후국(萬邦)이 평화로이 협조했으며, 일반 백성들도 이에 화목하고 선량해졌다고 한다.(尙書, 堯典)

史記, 五帝本紀에 따르면, 요임금은 "仁은 하늘같고, 지혜는 신명 같으며, 가까이 보면 해와 같고, 멀리서 보면 구름 같았다." 그렇게 천하를 잘 다스리다가, 후계자를 물색할 때가 되자, 누가 적임인지 물었다. 이에 放齊라는 신하가 요임금의 맏아들 丹朱가 총명하다고 추천했는데, 요임금은 자기 아들이 '시끄럽게 잔소리가 많고 다투기 좋아하는데(嚚訟: 효송) 되겠느냐?'고 반대한다.

그렇게 여러 명망 있는 후보들을 군신간의 조정회의에서 엄격히 검증한 뒤, 마침내 대중들이 야인(평민)으로 있던 노총각 虞舜을 추천한다. 순은 樂官인 瞽瞍(고수) 아들인데, 아버지는 완고하고 어머니는 수다쟁이며 이복동생인 象은 오만무례한데도, 어쩌나 부모한테 효성스럽고 아우에게 우애하던지, 집안이 아주 화목하고 조금도 나쁜 짓이 생기지 않을 정도였다. 이에 요임금이 두 딸을 순한테 아내로 주면서 그 덕행을 시험해 보았다. 순이 司徒직을 맡자 五典(五敎·五倫)에 백성들이 어김없이 잘 따르고, 司空직을 맡자 百官이 잘 받들며, 司馬직을 맡자 사방 문 밖의 빈객들이 화기애애하게 공경하고, 산림정원의 관리를 맡자 폭풍우와 뇌성벽력 속에서도 어김없이 직책을 수행하였다. 마침내 요임금이 순한테 황제 지위를 물려주는데, 순은 오히려 덕 있는 사람한테 양보하였다.(尙書, 堯典 전반부)

후세 다른 문헌에는 순임금의 좀 더 자세한 효성과 덕행이 전해진다. 아버지와 계모, 이복동생이 함께 순을 죽이려고 모의하여, 한번은 곳집 지붕 수리하러 지붕에 올려 보낸 뒤 사다리를 제거하고 불을 질렀으나, 순이 삿갓으로 감싸고 뛰어내려 살았다. 또 한 번은 우물 안에 들어가게 해 놓고 바위로 입구를 막았으나, 미리 마련해 놓은 옆 구멍으로 빠져 나왔다고 한다. 그런데도 순은 부모께 더욱 지극히 효도하였다. 무엇보다 순은 덕행이 특출하여 감화력이 뛰어났다. 일찍이 歷山에서 밭을 갈 때는 력산 사람들이 모두 서로 밭두둑을 양보했고, 雷澤에서 물고기 잡을 때는 뢰택 사람들이 모두 서로 좋은 자리를 양보했으며, 황하 가에서 질그릇을 구울 때는 그곳 질그릇 가운데 일그러지거나 거친 불량품이 없었다. 그뿐 아니라, 순이 거처하는 곳에는, 1년이 지나면 사람들이 모여들어 부락이 되고, 2년이 되면 읍이 되며, 3년째면 도시가 이루어질 정도였다고 한다.(史記, 五帝本紀)

순임금은 착하고 훌륭한 덕성과 덕행으로 몸소 모범을 보여 백성을 감화시켰기 때문에, 다툼이나 분쟁이 발생하기는커녕, 서로 양보하고 선양할 정도였다. 그러한 성왕의 道統과 德行은 공자를 통하여 숭앙되면서, 실로 수천 년에 걸쳐 위대한 전통문화로 면면히 이어지게 된다.

물론 사회가 커지고 사람들이 많아지다 보면, 복잡한 인간관계에서

갈등이나 다툼이 생길 소지가 많아진다. 벌써 五教의 禮와 五刑의 法도 등장하는 것은 어쩔 수 없는 인간사회의 필연 현상이자 법칙이다.

(2) 周 太王과 文王

그리고 周가 융성하기 이전에, 文王의 아버지 古公亶父(고공단보: 太王)도 덕망이 걸출하여, 민심을 얻고 왕조의 기틀을 다졌다. 고공단보가 빈(邠)에 거주할 때 북쪽 오랑캐 狄人이 침범해 오므로 가죽과 화폐, 개와 말, 주옥을 차례로 바치며 섬겼는데, 그래도 만족할 줄 모르고 끊임없이 쳐들어와 귀찮게 하므로, 백성들이 노하여 전쟁을 하려고 결심했다. 그리자 고공단보가 한사코 만류하며 이렇게 설득했다.

> "백성들이 있어 임금을 세우는 것은 (나라를 다스리는) 이로움이 있기 때문이오. 그런데 지금 북쪽 오랑캐들이 침입해 탐내는 것은 바로 우리 땅(과 백성들)이오. 내 듣건대, '군자는 백성을 위해 존재하는 수단(땅) 때문에 백성을 해치지 않는다'고 하오. (백성들은 나한테 있으나 저들한테 있으나 뭐가 다르겠소? 백성들이 나 때문에 전쟁을 하려고 하는데, 남의 부모자식을 죽여 임금 노릇하는 건, 나는 차마할 수 없소.) 그대들 어찌 (나 같은) 임금 없는 걸 걱정한단 말이오? 나는 이만 떠나겠소."

그래서 邠을 떠나 梁山을 넘어 岐山 아래에 이주하였다. 그러자 邠人들이 "이토록 어진 사람을 잃을 수는 없다"며 그 뒤를 따라 구름처럼 모여들었고, 이웃 나라 사람들도 소문을 듣고 귀화한 이가 많았다.[1]

---

1 孟子, 梁惠王下, 제15장 및 史記, 周本紀 참조. 인용문 중 ( ) 부분은 史記 내용을 보충 편집함. 이 고사를 읽으면, 佛經(증일아함경)에 나오는 석가족의 悲話가 떠오른다. 전생에 살륙한 원한관계에 대한 인과응보 순환 고리를 끊기 위해서, 석가족은 유리왕 침입에 전혀 저항·투쟁 없이 모두 살륙당하고 땅과 주권을 고스란히 포기한 것이다. 불교 大慈悲 不殺生을 단적으로 보여준다.

그 뒤를 이은 西伯(文王)은 殷의 마지막 暴君 紂(주)를 섬기고 있었는데, 崇侯虎란 자가 "서백이 선행과 덕행을 널리 베풀어, 제후들이 모두 그를 따르는데, 장차 황제께 불리할 것입니다"고 모함했다. 이에 紂가 서백을 羑里(유리)에 감금했는데, 그를 따르던 閎夭가 염려하여, 얼른 미녀와 멋진 말과 곰, 기타 공물을 구해다가 측근 신하를 통해 주紂한테 바쳤다. 그러자 주는 크게 기뻐하여 서백을 풀어주며, "숭후호의 모함이었다"고 해명한 뒤, 서백에게 무기를 주며 정벌하도록 했다. 이에 서백은 洛水의 서쪽 땅을 바치면서, 당시 주가 자행하던 炮烙刑(포락형: 달군 쇠로 사람을 지지는 잔혹한 형벌)을 대신 없애달라고 간청하여 紂의 승낙을 얻어냈다.

이렇듯 서백이 선행을 널리 베풀자, 제후들이 다툼이 있으면 모두 서백을 찾아와 결단을 요청했다. 한번은 虞(우)와 芮(예) 두 나라에 다툼이 생겼는데, 스스로 해결할 수 없어서 함께 周나라로 향했다. 그런데 주나라 경계에 들어서자, 밭가는 농부들이 모두 밭두둑을 양보하고, 백성들은 모두 웃어른한테 양보하는 것이었다. 이를 본 우와 예 두 나라 사람은 서백을 알현하기도 전에 벌써 몹시 부끄러워져 서로 이렇게 말했다. "우리가 다투는 것을 주나라 사람들은 수치로 여기는데, (서백한테) 찾아가서 뭐하겠소? 단지 스스로 모욕을 당할 수밖에!"

그리고는 서로 양보하고 물러났다. 이것이 역사에서 유명한 '虞芮之訟의 해결'인데, 제후들이 이 소식을 듣고 서백이 천명을 받은 군왕이라고 칭송했다.[2] 이러한 덕행 교화가 老子가 말한 '行不言之敎(말 없는 교화를 행함)'이고, 공자가 "쟁송의 심리 재판은 나도 남만큼 할 수 있지만, 반드시 쟁송이 없도록 하겠다"고 피력한 예방교화의 이상이다.

---

2 史記, 周本紀 참조. 張守節의 史記正義에 따르면, 두 나라가 서로 양보한 소식을 듣고 40여 제후국이 서백에게 귀화했으며, 이때부터 西伯을 王으로 존칭하고 周나라 文王 원년이 시작된다고 한다.

(3) 周禮의 제도화

周 文王의 뒤를 이은 武王이 마침내 민심을 좇아 殷을 정벌한 뒤, 周나라가 천하를 지배하기 시작했다. 무왕의 아들 成王이 어린 나이에 왕위를 계승하게 되자, 무왕의 유촉을 받들어 그 동생(성왕의 삼촌) 周公이 7년간 섭정하면서, 周의 文物典章인 周禮를 제정하여 통치의 근본 大法(규범)으로 삼았다. 물론 주례는 주공의 독창적 制作이 아니며, 공자가 지적하고 찬탄한 대로, 夏·殷의 예법을 귀감으로 삼아, 여전히 통용될 훌륭한 근본 질서는 계승하고 시대적 융통이 필요한 부분은 수정 보완하여 찬란하게 정비된 역사문화의 결정체이다.(論語, 八佾)

요·순·우·탕 성왕이 남긴 덕행과 예법이 면면히 전승되고, 周 건국 기초를 다진 太王과 文王의 德敎도 함께 포함되어 집대성한 작품이다.

현전 周禮가 주공이 제정한 주례 원본 그대로라고 믿는 사람은 거의 없겠지만, 西周와 東周, 춘추전국시대를 거치면서 역사의 비바람에 다소간 풍화되고 퇴색된 모습이나마, 전체 大綱은 本來眞面目에 가까우리라고 기대함 직하다. 주례 전체 내용을 대강 살펴보아도, 尙書를 일관하는 三代 성왕의 덕행교화, 즉 '明德愼罰'(후대 德主刑輔)로 대표되는 예방주의 政法 사상이 주류를 이룬다. 天·地·春·夏·秋·冬의 六官 체제[3]로 분화되어, 각 관직마다 업무 분담이 세밀히 이루어진다.

특히 호구와 토지의 民政을 담당하는 地官은 법령(敎法: 民法)의 교육과 학습을 상당히 중시한다. 백성에 관한 쟁송(民訟)은 호구로 바로잡고, 토지에 관한 쟁송(地訟)은 지도(토지대장)로 바로잡되, 법을 준수하지 않으면 형벌에 처한다.(周禮, 小司徒) 각 향의 우두머리인 鄕師

3 天官의 大宰가 관장하는 六典은 治·敎·禮·政·刑·事의 명칭으로 분류되는데, 이 육관과 육전은 나중에 吏·戶·禮·兵·刑·工의 六曹(典)로 변경된다.

는 관할 향의 民政을 책임지고, 인민과 토지 및 가축에 관한 소송의 재판을 관장한다. 그 아래로 鄕大夫와 州長·黨正·族師·閭胥(염서)에 이르기까지 地官 소속 관직은 각각 관할구역 안에서 백성들한테 民政에 관한 教法을 읽혀 익히게 하는 '讀法'이 중요한 필수 직책이었다. 백성들에게 민정법령을 주지시켜, 쟁송이나 범죄를 미연에 예방하자는 교화위주의 정책인 것이다.

분쟁 예방을 위한 법사상과 관련해 우선 주목되는 것은, 천지춘하추동 육관이 각자 자신들의 소관업무에 해당하는 법전, 즉 治典·教典·禮典·政典·刑典·事典을 각각 매년 정월 길한 날에 백성이 잘 볼 수 있는 곳에 내걸어 주지시킨다는, 성문법 공포에 관한 사항이다.[4]

그래도 잘못하거나 죄악을 범하는 자는 처벌할 수밖에 없다. 그러나 먼저 禮로써 예방하여 구제하고, 그래도 죄악을 짓는 백성은 세 번 주의(경고: 讓)를 한 뒤 罰하고, 세 번 벌한 뒤 刑을 부과하고, 嘉石에 세워 치욕을 주며 노역에 처한다. 과실범인 경우 세 번 주의를 한 뒤 벌하고, 세 번 벌한 뒤 圜土(감옥)에 가둔다.(周禮, 地官, 司救)

우리 주제와 관련해, 가장 특기할 관직은 調人이다. 백성들 사이에 원수 보복을 예방하고 화해시키는 관직이 調人인데, 과실로 사람을 살상한 범죄인 경우, 피해자가 가해자한테 복수를 하지 못하도록 원한을 화해시킨다. 그렇게 화해시키는 경우, 부모와 임금의 원수는 해외로 피하게 하고, 형제와 스승의 원수는 천리 밖으로 피하게 하며, 삼촌이나 사촌형제 또는 가까운 친구의 원수는 다른 나라(제후국)로 옮기게 한다. 물론 고의 살인인 경우 나라 형벌을 피할 수 없지만, 살인자를 보복 살인하는 자도 국가적 보복을 면할 수 없다. 또 살인

---

4 周禮, 天官 大宰, 地官 大司徒, 夏官 大司馬, 秋官 大司寇 참조. 다만 春官 大宗伯과 冬官 百工에는 명문의 기록이 안 보이는데, 禮典과 工典의 기술성 때문에 공포의 필요가 없었던 것인지, 문헌상의 누락인지 불분명하다.

자체가 정의로운 경우에는 복수가 금지되며, 나라 밖으로 망명을 허용한다. 또 일반 폭행투쟁은 화해를 시키되, 화해가 안 되면 문서를 기록해 두고, 먼저 움직인(폭행한, 보복한) 자를 처벌한다.(周禮, 地官, 調人)

이 調人이 형벌을 전담하는 秋官 소속이 아니라 民政 담당 地官 소속으로 되어 있는 사실을 보면, 고의 범죄가 아니라 민간의 토지·가옥·가축 등 민생관련 분쟁으로 비화된 과실 살상 범죄를 사후에 평화적으로 해결한다는 취지(목적)의 직책임을 분명히 알 수 있다. 사전의 예방 교화를 최우선으로 치중하되, 그래도 발생한 분쟁은 教法(民法)에 따라 심판하고 바로 잡으며, 그로 말미암아 뜻밖에 비화된 범죄는, 원칙으로 각각 세 차례씩의 禮讓과 罪責을 차례로 시행한 다음 刑이나 노역을 부과하고, 과실범인 경우에는 피해자가 보복의 악순환을 계속하지 못하도록, 調人을 통해 公的으로 和解시키는 게 周禮의 기본원칙인 것이다. 이와 달리, 흉기를 가지고 마을이나 집안을 약탈하는 도적은 누구든지 이를 죽여도 무죄이고, 또 복수를 하려는 자는 朝士(관청)한테 문서로 신고한 뒤 죽이면 무죄라는 규정이 秋官 朝士에 나온다. 이는 흉악범과 고의범을 대상으로 한 일반 형사 분야로서, 앞서 민정 관련 과실범과 성격이 다르기 때문이다.

예기에는 "부모 원수는 함께 더불어 하늘을 떠받들 수 없고(不共戴天: 원수가 죽든, 내가 죽든, 하늘 아래 같이 살 수 없고), 형제 원수는 집에 돌아가 무기를 가져올 틈이 없으며, 벗의 원수는 한 나라에 함께 살 수 없다"는 내용이 나온다.[5] 원칙상 고의 범죄를 대상으로 한 유가의 禮論으로, 周禮라는 국가 실정법제와 약간 틈이 있어 보인다.

5 禮記, 曲禮上 참조. 禮記, 檀弓上과 (孔子)家語, 권10, 曲禮子貢問편도 참조.

3. 제자백가의 不爭之德과 예방철학

삼대 성왕들의 不爭之德 교화는 춘추전국시대에 들어서면서 제자백가 사상에서 다시 한 번 화려하게 꽃 핀다. 周나라 왕실 도서관장을 지냈다고 전해지는 無爲自然의 철학자 老子는 물론, 요·순·우·탕·문·무의 道統을 계승해 자기 천명으로 삼은 공자·묵자는, 자비·인의·겸애(사랑)으로 다투지 않는 겸양의 덕을 핵심 철학사상으로 강조한다.

(1) 老子의 분쟁 없는 平和

道 자체는 모습도 없고(無形, 無相) 이름도 붙일 수 없는(無名) 형이상학적 추상(본질)이므로 표현할 수도 없거니와, 현상 세계 물질로서 道에 가장 가깝다는 최상의 善인 물은, 널리 만물을 잘 이롭게 하면서 공덕을 다투지 않고, 사람들이 싫어하는 낮은 곳을 향해 수평을 이룰 때까지 줄곧 흐르는 不爭의 본성 때문에, 허물이 없고 도에 가깝다.[6]

천지자연의 도가 만물을 이롭게 하고 해악은 끼치지 않듯이, 道가 있는 聖人 또한 백성에게 두루 혜택을 끼치면서도 功名을 다투지 않는다.[7] 즉, 功을 이루고 나면 그 功을 스스로 가지려 하지 않고 물러나는 無爲自然 그 자체이다.[8] 스스로 다투지 않으면 천하 어떤 사물도 그와 더불어 분쟁하고자 도전할 수 없기 때문에[9], 다투지 않는 것만이 가장 훌륭하고 확실한 승리가 된다.[10] 인간사회에 가장 큰 紛爭은 국가 간에 戰爭인데, 戰爭 수행의 방편인 武力을 老子가 절대로 혐오하

6 老子 §8: "上善若水, … 處衆人之所惡, 故幾於道."
7 老子 §81: "天之道, 利而不害, 聖人之道, 爲而不爭."
8 老子 §2: "爲而不恃, 功成而弗居. 夫唯弗居, 是以不去."; §9: "功遂身退, 天之道."; §17: "功成事遂, 百姓皆謂我自然."; §22: "不自伐, 故有功."; §24: "自伐者無功."
9 老子 §22: "夫唯不爭, 故天下莫能與之爭."; §66: "以其不爭, 故天下莫能與之爭."
10 老子 §73: "天之道, 不爭而善勝."

고 부득이한 경우에 한하여 사용할 수 있는 必要惡으로 규정하면서, 그 경우에도 喪禮로써 대하고 있다.(제30장, 제31장) 또한 최고 兵士는 武勇스럽지 않고, 최선의 전쟁은 怒氣를 드러내지 않으며, 최상의 승리는 더불어 전쟁하지 않고, 사람을 잘 쓰는 자는 자신을 그 아래로 낮추는 자인데, 이러한 不爭의 德이야말로 예로부터 하늘에 짝하는 궁극의 道이다.[11] 따라서 나라를 다스림에도 백성들이 서로 다투지 않도록 富貴功名을 발본색원하는 것이 가장 이상적 통치방법이다.[12]

老子는 '감히 천하의 앞에 나서지 않음'을 '慈'悲 및 '儉'朴과 더불어 자기 삼대 보배로 자랑하는데, 앞에 나서지 않기 때문에 천하에 우두머리가 될 수 있다고 말한다.[13] 왜냐하면, 자신이 뒤로 물러나는 것이야말로 진실로 앞서는 방법이고, 자신을 잊고 도외시하는 것이 자신의 존재(生存) 방도이기 때문이다.[14] 특히, 물처럼 아래로 흐르면서 자신을 낮추는 謙下야말로 일반인이 싫어하는 자연의 道라고 말하면서, 바다의 위대한 포용력이 가장 낮은 謙下에 있음을 강조한다.

"바다가 모든 강물의 왕이 될 수 있는 까닭은, 바로 그가 가장 낮기 때문이다. 그래서 모든 강물의 왕이 될 수 있다. 그래서 인민의 위에 오르려면 반드시 말로써 자신을 그 아래로 낮추어야 하고, 인민에 앞장서려면 반드시 몸으로써 그 뒤에 물러나야 한다. 그러므로 성인은 (인민) 위에 군림하는 데에도 인민들이 무겁다고 여기지 않으며, (인민) 앞에 나서는데도 인민들이 해롭다고 여기지 않는다. 그래서 천하가 기꺼이 즐겨 추대하면서 싫어함이 없으니, 이는 바

---

11 老子 §68: "善爲士者不武, 善戰者不怒, 善勝敵者不與, 善用人者爲之下. 是謂不爭之德, 是謂用人之力, 是謂配天古之極."

12 老子 §3: "不尙賢, 使民不爭; 不貴難得之貨, 使民不爲盜; 不見可欲, 使民心不亂."

13 老子 §67: "我有三寶, …三曰不敢爲天下先, 故能成器長."

14 老子 §7: "聖人後其身而身先, 外其身而身存."

로 (성인이 인민과) 다투지 않기 때문이다. 고로 천하 (인민 모두)가 그와 더불어 다툴 수 없는 것이다."[15]

바로 이러한 의미 맥락에서 老子는 자고로 통치자들이 자신을 '孤'(외로운 사람) '寡'(寡人, 寡德之人: 덕이 부족한 사람) 또는 '不穀'(善良하지 못한 사람) 등으로 자칭한다고 강조한다. 이러한 칭호는 일반인이 매우 싫어하지만, 자신을 덜고 낮추는 겸허한 자는 오히려 보태주고 높여주며, 반대로 스스로 보태고 높이는 교만한 자는 도리어 덜어고 깎아내리는 것이 자연의 법칙과 인간의 심리이기 때문이다.[16] 자기와 전혀 이해관계가 없는 객관적 상황에서는, 지고 있는 자를 응원하며 약자를 돕고 싶은 것이 인지상정 아닌가? 존귀함은 비천을 근본으로 삼고, 높음은 낮음을 기초로 삼는데, 帝王의 겸허한 자칭은 바로 그러한 사물의 상대성, 진리의 역설성에 입각한 것이다.[17]

국제 정치관계에서도 老子는 이러한 겸양 원칙을 매우 강조한다.

"대국이란 강물에 하류(바다) 같아서, 천하만국이 모여들어 교유하는 천하에 암컷이다. 암컷은 항상 고요함으로써 수컷을 이기는데, 고요함으로써 아래(겸허)에 처하기 때문이다. 그러므로 강대국은 약소국에 겸허함으로써 약소국들(복종)을 취하고, 약소국은 강대국의 아래에 처함으로써 강대국(비호)을 취한다. 혹은 겸허로써 타국의 복종을 취하고, 혹은 겸허로써 비호를 취하는 것이다. 강대국이란 약소국들을 거느리고자 할 뿐이며, 약소국이란 강대국을 섬기고자 할 뿐이다. 무릇 이 양자가 서로 자기의 소망을 실현하고자 (겸양이

15 老子 §66: "江海所以能爲百谷王者, 以其善下之, 故能爲百谷王. 是以欲上民, 必以言下之; 欲先民, 必以身後之. 是以聖人處上而民不重, 處前而民不害, 是以天下樂推而不厭. 以其不爭, 故天下莫能與之爭."

16 老子 §42: "人之所惡, 唯孤寡不穀, 而王公以爲稱. 故物或損之而益, 或益之而損."

17 老子 §39: "貴以賤爲本, 高以下爲基. 是以侯王自謂孤寡不穀. 此非以賤爲本邪?"

상충)한다면, 강대국이 마땅히 더욱 겸허히 아래에 처해야 한다."[18]

국제간 정치외교 관계는 당시 부국강병으로 약육강식 겸병전쟁을 일삼던 제후국들에게 평화공존 및 상대적 우위권 확보를 위한 최선의 방도이다. 국제간 평화질서가 周왕실을 중심으로 원만히 유지되던 춘추 초반까지는, 이러한 겸양의 외교관계가 상당히 실행되고 있었다.

혼란 분쟁이 발생하지 않게 교화하는 '無爲而治'가 이상이지만, 인간 사회현실에서 직접 발생하는 혼란 분쟁을 그대로 방치할 수는 없다. 老子가 강조하듯, 혼란 분쟁의 機微가 엿보이면 확대 발전해 구체화하기 전에 미리조처를 취하는 '有爲'적 예방이 次善이다.

老子에 따르면, 어려운 일은 쉬울 때에 도모하고, 큰 일은 미세할 때 행하여야 한다. 천하에 아무리 어려운 일이라도 반드시 쉬운 데서 생기고, 천하에 어떠한 큰일이라도 반드시 미세한 데서 생기기 때문이다. 이러한 이치를 아는 聖人은 결코 큰일을 하는 법이 없으며, 또한 할 필요도 없으면서 항상 위대한 일을 이룰 수 있게 된다.[19]

> "무릇 세상만사는 평안할 때는 쉽게 유지할 수 있고, 조짐이 나타나기 전에는 쉽게 도모할 수 있으며, 취약할 때는 쉽게 가를 수 있고, 미세할 때는 쉽게 분산시킬 수 있다. 따라서 만사는 조짐이 드러나기 전에 행하고, 어지러워지기 전에 다스려야 한다. 아름드리나무도 터럭 끝만큼 미세한 싹에서 성장한 것이고, 9층 樓臺도 기초다짐부터 세워졌으며, 천리 길도 한 걸음부터 시작한다."[20]

---

18 老子 §61: "大國者下流, 天下之交, 天下之牝. 牝常以靜勝牡, 以靜爲下. 故大國以下小國, 則取小國; 小國以下大國, 則取大國. 故或下以取, 或下而取. 大國不過欲兼畜人, 小國不過欲入事人, 夫兩者各得其所欲, 大者宜爲下."

19 老子 §63: "圖難於其易, 爲大於其細. 天下難事, 必作於易; 天下大事, 必作於細. 是以聖人終不爲大, 故能成其大."

20 老子 §64: "其安易持, 其未兆易謀, 其脆易泮, 其微易散. 爲之於未有, 治之於未亂. 合抱之木, 生於毫末. 九樓之臺, 起於累上. 千里之行, 始於足下."

그러면 미연에 예방조치를 취하지 못하거나 예방에 실패하여 분쟁이 발생한 경우에는 어떻게 할 것인가? 별 수 없이 분쟁을 해결하고 죄악을 다스려야 하는데, 그 방법에는 평화적 해결로서 調停和解와 강제적 해결로서 법적 소송이 있다. 작은 분쟁이야 무리 없이 원만히 타협·해결될 수 있겠지만, 원한이 깊은 큰 쟁송은 평화적 해결 후에도 찜찜한 앙금이 남기가 쉽다. 그래도 형벌을 동원한 강압적이고 준엄한 재판에 面從腹背하는 소송보다는 평화적 해결이 낫지 않을까?

> "큰 원한은 화해하더라도 반드시 나머지 원한이 있기 마련이니, 어찌 (최상) 선이라 할 수 있으리? 그래서 성인은 왼쪽 계약서를 가지고 (계약 성립과 이행을 보증하며 분쟁의 단서를 예방할 뿐), 인민에게 주동적으로 책임을 추궁하지 않는다. 덕이 있는 자는 계약을 관장(분쟁을 미연에 방지)하는데, 덕이 없는 자는 (그 불이행과 분쟁으로 인한) 인민의 罪過를 담당한다."[21]

계약 등의 민사적 자치규범이 지니는 구속력을 담보하기 위한 公證제도의 일반 예방적 기능을 인정한다면, 법령과 형벌을 통한 國法체계의 분쟁 및 범죄에 대한 일반 예방 기능도 충분히 인정 가능할 것이다. 따라서 老子도 죄악의 규범현실을 다스리기 위한 法律제도를 부정하지는 않았을 것이라고 짐작된다. 다만, 그 법령이 통치권력을 비호하는 시녀로서 합법적 폭력으로 전락하는 정치사회적 현실을 비판한 것으로 보인다. 그래서 老子는, 비록 인민이 죽음도 두려워하지 않을 정도로 정치권력이 포악무도하면, 죽음(사형)으로써도 그들을 위협하고 통제할 수 없지만; 정치와 법령이 기본적 도덕성과 정당성을 지녀 인민이 항상 죽음(형벌)을 두려워하는 규범질서가 유지된다면, 사악한

---

21 老子 §79: "和大怨, 必有餘怨, 安可以爲善? 是以聖人執左契, 而不責於人. 有德司契, 無德司徹."

범죄자에 대해 통치권력이 체포·처형한다고 할지라도, 어느 누구 하나 감히 거역하거나 죄악을 범하지 못할 것이라고 강조한다. 그래서 범죄자를 처단하는 사법기관(司殺者)도 인정하는 것이다.[22]

(2) 孔子의 謙讓不爭 사상

사실 공자도 謙讓과 不爭의 덕에 관한 한, 언론이나 행실 양면에서 모두 老子 못지않게 두드러지게 강조한다. 우선 공자는, 외부인이 제자에게 자신의 다재다능을 칭찬하며 聖人이냐고 질문한 내용에 대해, 그 제자가 하늘이 성인을 내리실 때는 다재다능을 부여하신다고 대답했다는 대화 내용을 전해 듣고서, 자신이 어려서부터 비천한 출신으로 성장하여 비루한 일들을 몸소 많이 처리해 본 경험이 있기 때문에 잡다한 재능이 있다고 自答하고 있다. 또 관직이나 정계에 등용되어 재능을 발휘해볼 기회가 없어서 상당한 기예가 쌓였다고 술회한다.[23]

이는 자기 비하나 겸손이 아니고, 성현의 도가 천지자연의 도처럼 비천함으로 출발해, 그 기초 위에 고상함이 건축됨을 간접 암시한다. 그런가 하면, 자신을 성인 취급하는 일반인과 제자들의 숭앙을 의식한 듯, 자신은 나면서부터 아는 자가 아니고, 단지 옛것을 좋아하여 믿음을 가지고 민첩하게 배우고 구하는 사람이라고 자칭한다. 또한 자신이 가르치는 학문과 도덕은 단지 그 옛것을 서술하여 전수해 주는 것일 뿐, 스스로 창작한 바는 없다고 겸손을 보인다.[24]

그러면서 "聖과 仁은 내가 어떻게 감당할 수 있겠느냐?"며, 단지 실천궁행하고 사람들을 교화함에 싫증내거나 지침 없이 꾸준히 지속할

---

22 老子 §74: "民不畏死, 奈何以死懼之? 若使民常畏死而爲奇者, 吾得執而殺之, 孰敢? 常有司殺者殺."

23 論語, 子罕: "吾少也賤. 故多能鄙事." "吾不試, 故藝."

24 論語, 述而: "我非生而知之者, 好古敏以求之者也."; "述而不作, 信而好古."

뿐이라고 말한다.[25] 그래서 論語 전편에 걸쳐 일관 회통하는 중심 사상의 하나는, 바로 溫故知新의 부단한 學習이다.

아울러 공자는 위정자의 禮讓을 몹시 강조한다. "禮讓으로써 나라를 다스린다면 무슨 어려움이 있으며, 반대로 禮讓으로써 나라를 다스릴 수 없다면 형식적 禮法은 무슨 소용이 있느냐?"고 질책한다.[26]

공자가 네 제자에게 각자 포부를 물었다. 子路가 강대국 사이에 끼어 군대 협공과 기근까지 당하는 千乘의 국가를 친히 다스려, 그 인민들이 용기 있고 방도를 알도록 부국강병을 이루겠다고 답하자, "禮로써 나라를 다스리겠다는 사람이 말에 謙讓이 없다"고 피식 웃었다.[27]

또 조정에서 군신간 相見禮에서, 신하가 뜰아래에서 절한 후에 堂上에 오르는 것이 본디 예법인데, 이미 堂上에 올라 대등한 지위에서 상견하는 교만과 참람함이 보편화한 당시 현실 습관을 정면으로 부정하면서, 자신은 차라리 겸손한 본래 예법을 따르겠다고 선언한다.[28]

이처럼 공자는 謙讓을 禮의 본질 정신으로 매우 강조하였다. 맹자에 이르면 '辭讓之心'이 '禮之端'(예의 실마리)이라는 개념이 등장한다.

일찍이 周禮에는 鄕射禮가 있었는데, 이는 활쏘기 시합(경쟁)을 통해 무예(기량)를 연마한다는 의미도 있었지만, 그보다는 경쟁 과정에서 상호 謙讓의 예의를 통한 心性 수련에 주목적이 있었다. 즉, 올바른 경쟁 방법을 통한 不爭之德의 수양에 초점이 맞춰진다. 그래서 공자도 "군자는 경쟁이 없는데, 있다면 오직 활쏘기뿐이다. 겸양의 예를 행하고 자리에 올라 활 쏜 뒤에 내려와 술잔을 드니, 그 경쟁이 군자답도다"고 칭송하였다. 또한 "활쏘기는 과녁의 가죽을 중시하지 않는데,

25 論語, 述而: "若聖與仁, 則吾豈敢? 抑爲之不厭, 誨人不倦, 則可謂云爾已矣."

26 論語, 里仁: "能以禮讓爲國乎, 何有? 不能以禮讓爲國, 如禮何?"

27 論語, 顔淵: "爲國以禮, 其言不讓, 是故哂之."

28 論語, 子罕: "拜下, 禮也; 今拜乎上, 泰也; 雖違衆, 吾從下."

가죽의 종류와 두께는 힘에 따라 등급을 달리 하는 것이 옛날 활쏘기의 도"이기 때문이다.[29] 맹자는 여기에 부연해석을 가한다.

> "仁이란 활쏘기와 같다. 활 쏘는 자는 자신을 바로 잡은 후 發射하는데, 발사하여 적중하지 않으면, 자기보다 나은 승리자를 원망하지 않고, 다만 자신을 되돌아 살필 따름이다."[30]

즉, 군자는 不爭을 이상의 덕으로 삼는데, 예외로 활쏘기를 통해 경쟁 중에 겸양의 예법을 익히는 것이 仁을 수양하는 방도이다. 경쟁을 통한 不爭의 실현, 이것이 유가에 적극적 사고방식의 전환이며, 또한 道(眞理)의 변증법적 전환이라는 상대성이다. 이러한 예는 술 마신 후 격앙되는 血氣 속에서 그 절제를 통해 신성을 수양하고, 특히 長幼간의 위계질서와 예법을 유지하는 鄕飮酒禮에서도 찾아볼 수 있다.

유가의 이러한 不爭과 겸양의 道는 周易의 '謙'卦에 함축적으로 표현된다. 주역의 64괘 중 1卦辭와 6爻辭(효사)가 모두 길한 경우는 오직 '謙'卦 뿐인 사실이, 老子의 '부쟁지덕'에 대한 강조와 일맥상통하는 天道의 발현임을 명백히 계시한다. 그리고 '謙'卦의 彖傳 내용은 이러한 이치를 더욱 구체로 표현한다.

> "겸은 형통한다. 하늘의 도(日月)는 아래로 내려오면서 광명을 비추고, 땅의 도는 낮으면서 위로 올라간다.(수증기 복사열 포함한 地氣) 하늘의 도는 가득 찬 것을 일그러뜨려 겸허한 것에 보태 주고, 땅의 도는 가득 찬 것을 변화시켜 겸허한 곳으로 흐르게 하며, 귀신(의 도)은 가득 찬 자를 해치고 겸허한 자에게 복을 주며, 인간의 도는 가득 찬 자를 혐오하고 겸허한 자를 좋아한다. 그래서 겸허한 자

29 論語, 八佾: "君子無所爭. 必也射乎! 揖讓而升, 下而飮, 其爭也君子." "射不主皮, 爲力不同科, 古之道也."

30 孟子, 公孫丑上: "仁者如射. 射者正己以後發, 發而不中, 不怨勝己者, 反求諸己而矣."

는 존귀한 지위에 있으면 영광스럽고, 비천한 자리에 있더라도 업신여길 수 없으니, 이것이 곧 군자의 有終之美이다."[31]

또한 周易의 근본정신은 患亂과 분쟁의 낌새(機微)가 밖으로 나타나기 전에 이를 알아차리고 미연에 방지한다는 老子의 예방 철학사상과도 일맥상통한다.

"무릇 주역이란 성인이 (사물에) 지극히 심오함을 궁리하고 기미를 연구하는 방도이다. 심오하기에 천하의 뜻을 통달할 수 있고, 기미이기에 천하의 일을 성취할 수 있으며, 神이기에 서두르지 않아도 급속하면서 행하지 않아도 이르게 된다. 공자가 주역에는 성인의 도가 네 가지 있다고 말했는데, 이를 일컫는 것이다."

"공자가 말하기를: '기미를 아는 자는 신인가? 기미란 움직임의 미세한 징후로서, 길흉화복이 미리 나타나는 것이다. 군자는 기미를 보고 움직이기 때문에 하루 종일 기다리지 않는다'고 하였다."[32]

그래서 일찍이 魯나라 大司寇를 지냈다고 전해지는 공자는, 소송의 청취와 심판은 자기도 남만큼 할 수 있지만, 그보다는 미연에 쟁송이 없도록 만들겠다는 이상적 포부를 피력했다.[33] 그러나 공자가 子路를 가리켜 "한 마디 (한쪽 당사자) 말로만도 소송을 재판할 수 있다"고 평가한 점이나, 公冶長이 비록 감옥에 구금되어 있지만 자신의 죄 때문이 아니라는 도덕적 판단으로 딸을 준 사실 등은, 공자가 법과 소송의 현실적 존재와 필요성을 최소한 인정한 것을 의미하기도 한다.[34]

---

31 周易, 謙卦: "謙, 亨. 天道下濟而光明, 地道卑而上行. 天道虧盈而益謙, 地道變盈而流謙, 鬼神害盈而福謙, 人道惡盈而好謙. 謙尊而光, 卑而不可踰, 君子之終也."

32 周易, 繫辭上傳, §10: "夫易, 聖人之所以極深而研幾也. 唯深, 故能通天下之志; 唯幾也, 故能成天下之務; 唯神也, 故不疾而速, 不行而至. 子曰: '易有聖人之道 四焉' 此之謂也."; 繫辭下傳, §5: "子曰: '知幾, 其神乎? 幾者, 動之微, 吉之先見者也. 君子見幾而作, 不俟終日.'"

33 論語, 顔淵: "聽訟, 吾猶人也, 必也使無訟乎!"

유가의 이상적 인간상인 군자는, 고고한 학이나 獨也靑靑한 외솔처럼 무리(사회)를 떠나 초탈의 경지에 홀로 逍遙遊하는 신선이 결코 아니며, 다만 自矜心을 지니고 남들과 다투지 않으며, 또한 남들과 調和롭게 잘 어울리면서도 결코 패거리를 짓거나 한통속이 되지는 않는[35], 그러면서도 대중들을 일깨우고 인도하는 보살에 오히려 가깝다.

(3) 墨子

공자처럼 요·순·우·탕·문·무의 聖王之道를 自任하며 仁義를 강조하고, 특히 공자보다 더 일반 보편적 만인 평등의 사랑으로 兼愛를 주장한 묵자도, 적어도 공자만큼 不爭之德과 분쟁의 평화적 해결을 중시했을 것임은 자명하다.

더구나 묵자는 老子처럼 전쟁과 군대(병력)를 무척 싫어하여, '非攻'이라는 명칭의 상중하 세 편을 전문으로 논설할 정도이니, 가히 알 만하다. 그런데 좀 특이한 사실은, 묵자는 모든 전쟁을 비판하고 부정한 것이 아니라, 약육강식 겸병과 쟁패를 위한 침략적 공격전쟁만 비난한 점이다. 그러한 침략에 대해 자국의 존립과 안정을 확보하기 위해 부득이 대응하는 자위적 수비전쟁은 오히려 적극 옹호하면서, 또 그러한 守備戰에 필요한 각종 전술장비의 개발 및 활용방법에 관하여 후반 10여 편에 걸쳐 아주 상세히 기술하는 점이, 묵자만의 고유한 특색이다. "병력이란 상서롭지 못한 물건으로서, 군자의 물건이 아니고, 따라서 부득이한 경우에만 사용한다"는 老子의 기본 사상에 공감하면서, 마지못해 사용하는 전제조건을 자위적 수비전으로 한정하여 상세히 발전시킨 것이다. 근대 국제법(전쟁법)에서 말하는 '正戰論'에 비견

34 論語, 顏淵: "片言可以折獄者, 其由也與!"; 公冶長: "子謂公冶長 可妻也, 雖在縲絏之中, 非其罪也, 以其子妻之."

35 論語, 衛靈公: 君子矜而不爭, 群而不黨; 子路: 君子和而不同.

할 만한 철학사상이다.

묵자가 침략적 공격 전쟁을 비난하고 그러한 전쟁범을 중대한 죄인으로 처단해야 한다고 주장하는 논리는 다분히 범죄와 형벌의 형평성 원리에 근거한 인과응보 법칙이다. 어떤 사람이 남의 과수원에 들어가 복숭아나 자두를 훔치면 사람들이 비난하고 나라에서 처벌하며 손해배상을 명하는데, 이는 남을 해쳐 자기 이익을 챙긴 不仁·不義 때문이다. 남의 닭이나 개·돼지를 훔치면 비난과 처벌의 정도가 더욱 무거워지는데, 이는 남을 해치고 자기를 이롭게 한 不仁·不義가 더 크기 때문이다. 또 남의 마구간에 들어가 마소를 훔치면 장물의 가액이 더 커져, 비난과 처벌도 그에 상응하여 커진다. 이렇듯 개인의 재물을 해치는 도둑에 대해서는 천하가 모두 비난할 줄 알면서, 남의 나라를 침공해서 수많은 사람을 살륙하고 수많은 재물과 토지를 빼앗는 전쟁에 대해서만은, 유독 천하가 비난할 줄을 모르고 서로 앞 다투어 즐겨 자행한다고 묵자는 탄식한다. 마치 작은 재물을 훔친 좀도둑은 감옥에 갇히는 형벌에 처해지지만, 큰 나라를 훔친 자는 영웅으로 추대되어 제후 왕좌에 오른다(小盜者拘, 大盜者爲諸侯.)는 莊子의 힐난처럼!

나아가 묵자는, 한 사람을 살해하면 하나의 死罪가 성립하고, 열 사람을 살해하면 열의 死罪가 성립하며, 백 사람을 살해하면 백의 死罪가 성립한다고 수량적 형평성을 예시하면서, 전쟁으로 수많은 인명을 살상한 침략자의 살인죄가 얼마나 엄청나게 무거운지 분명히 폭로한다. 따라서 침략자에 대한 자위적 수비전과 침략자의 응징은 인과응보 법칙과 전쟁 억지(예방) 차원에서 정당한 것이라고 옹호하는 것이다. 예컨대, 湯이 桀을 정벌하고 武王이 紂를 정벌한 것은 공격 전쟁이 아니라, 백성의 피살이 더 이상 계속되는 것을 막기 위하여, 백성의 생명과 천하의 평화안정을 보호하기 위하여, 民心과 天命에 순응하여 부득이 행한 誅(戮)이라고 묵자는 해명한다. 孟子의 역성혁명론과 기

본 논조가 상통하는 주장이다.(墨子, 非攻 上·中·下)

이와 같은 맥락에서, 묵자는 또 정치(국가 및 군주)와 예법의 기원 및 존재가치에 대해서도, 투쟁 방지와 평화로운 질서유지의 필요성으로 설명한다. 아주 옛날에 하늘이 처음 사람을 생겨나게 했을 때는, 아직 우두머리(군주)가 없어, 사람들이 각자 독립적 개인으로 존재했다. 사람마다 각자 자기가 옳다고 생각하는 (正)義가 서로 달라, 십인이면 십의 (정)의, 백인이면 백의 (정)의, 천인이면 천의 (정)의가 아주 다양하게 공존했다. 그런데 사람들은 각자 자신의 (정)의만 옳다고 주장하며, 남의 (정)의는 그르다고 비난하게 되었다. 가벼우면 말다툼부터 시작해서, 심하면 격투까지 벌어졌다. 그래서 천하 사람들의 (정)의를 통일할 필요가 생겼고, 마침내 현명한 사람을 선택하여 天子로 내세웠다. 천자 혼자 천하를 다 다스리기 벅차기 때문에 다시 三公(삼정승)을 세웠고, 三公으로도 부족하여 그 다음에 제후를 세우고, 그 아래로 경, 대부, 鄕長 등의 관직을 차례로 두었다는 것이다. 원시 자연 상태에 百人百色, 千人千義의 혼란스런 투쟁 상태를 방지하고, 평화로운 질서를 유지하기 위해서다. 그렇게 세운 천자와 三公·제후들이 천하 국가를 다스림에는, 禮法을 제정하고 憲令을 공포하여, 상벌의 방편으로 죄악을 방지하고 징벌함은 당연하다.

그런데 천하 (정)의를 통일하는 구체 과정으로, 묵자는 상향식 절차를 예시한다. 즉, 한 집안에서 가족들의 (정)의 통일을 위해, 家君(가장)이 명령을 발하여 선행을 상주고 죄악을 벌한다. 그런데 각 집안마다 정의가 달라 분쟁과 혼란이 생길 게 뻔하여, 각 가장은 자기 집안을 대표하여 國君한테 正義를 일치시키고, 군주는 각 집안에 나라의 憲令을 공포하여 역시 선행을 상주고 죄악을 벌한다. 그렇게 나라가 통일되더라도, 천하에 수많은 나라마다 정의가 다르면, 분쟁과 전쟁의 혼란은 불 보듯 뻔한 현상이다. 그래서 각 나라 군주가 모두 천자한테

正義를 일치시키고, 천자 또한 憲令을 공포하여 선행을 상주고 죄악을 벌하여, 천하의 평화·통일을 유지한다. 그리고 천자는 마침내 천하의 정의를 총괄하여 하늘(天)에 일치시키게 된다. 그래서 결국 천하의 국가를 다스림은 한 집안을 다스림과 같고, 천하 백성을 호령하고 부림은 한 사람을 호령하고 부림과 같게 된다. 천자가 하늘의 뜻에 일치시킨다는 정의는, 다름 아닌 兼愛互利의 仁義일 따름이다. 혼란과 분쟁을 방지하여 평화 질서를 유지하며, 천하에 이익을 일으키고 천하에 해악을 제거하는 성왕의 道가 그것이다.(上同 上·中·下편)

주제와 관심은 다소 다르지만, 묵자도 老子나 공자처럼 분쟁과 혼란을 미리 방지하고, 또 되도록 평화롭게 해결하려고 지향한 점은 분명하다. 다만 침략적 공격전쟁을 막기 위해, 자위적 수비전쟁을 정당한 전쟁으로 옹호했는데, 이는 중국 역대 전통 형법사상의 기본이 된 '刑期(于)無刑'(古文尚書, 大禹謨)의 이념, 즉 형(법)은 형(법)이 필요 없고 존재하지 않는 평화로운 이상세계를 지향하며 기약한다는 유가적 이념과도 상통한다. 또, 목적과 수단의 비중이 다소 뒤바뀐 감이지만, 法家에서 법(형벌)의 필요성을 강조해, '형벌로써 형벌을 그치게 하고(刑以止刑) 사형으로써 살인을 그치게 한다(殺以止殺)'고 표방한 법치 이념도, 궁극에 법의 일반예방기능 차원에서 보면, 크게 다를 바 없다.

(4) 제방에 비유한 禮論

공자 및 유가의 예론을 종합 정리한 禮記에서 禮를 제방에 비유하는 예론은, 예법의 일반 예방기능을 각별히 강조하는 점이 특히 두드러진다. 이는 예법의 사후 징벌적 기능을 대표하는 그물의 비유 및 사후 교정(치유)적 기능을 대표하는 의약의 비유와 함께, 전통 법문화의 유명한 세 비유이다. 특히 제방의 비유는 사전 예방적 기능인 점에서,

앞의 두 비유와 또 다른 중요성을 지닌다.

"무릇 예란 혼란의 발생 원인을 금지하는 것으로, 마치 제방이 홍수 범람을 방지하는 것과 같다. 그래서 옛 제방이 쓸모없다고 파괴하는 경우 반드시 물난리가 생기듯이, 옛 예법을 쓸모없다고 제거하는 경우 반드시 환란이 생긴다. 예컨대, 혼인의 예법이 폐지되면 부부 도리가 사라지고 음란 죄악이 많아지며, 鄕飮酒의 예법이 폐지되면 장유(위아래) 질서가 사라지고 쟁투 송사가 번잡해진다.…… 그러므로 예법 교화는 (비록) 미세할지라도, 사악이 싹트기 전에 미리 방지하여, 사람들이 자신도 모르는 사이에 날로 선량해지며 죄악에서 멀어지도록 이끄는 것이다. 이러한 까닭에, 선왕께서 예법을 높이 숭상하셨다. 주역에 이르기를, '군자는 시작에 신중하나니, (처음에) 터럭 끝만큼 차이가 (나중에) 천리 격차로 멀어지기 때문이다.'고 하였으니, 바로 이를 일컬음이다." (禮記, 經解)

"공자께서 말씀하셨다: 군자의 도는 비유하자면 제방과 같다! 백성들이 부족한 바를 예방하는 것이다. 그렇게 크게 힘써 예방하여도 백성들이 오히려 넘나든다. 그래서 군자는 禮로써 덕을 예방(防衛)하고, 형벌로써 음란(죄악)을 방지하며, 명령으로써 욕망을 예방한다.… 예란 인간 감정을 바탕으로 하되, 감정에 절제 수식을 가하여, 백성에 제방을 쌓는 것이다.… 무릇 예란 백성의 음란함을 방지하고 남녀 구별을 분명히 밝혀, 백성들한테 미심쩍음이 없도록 제시하는 백성의 벼리(紀綱: 규범)이다."(禮記, 坊記; 大戴禮記, 禮察)

이처럼 禮(법)의 일반예방주의 기능을 제방의 홍수범람 예방에 견준 간명하고 적확한 비유는 禮記 전편을 통해 일관하는 핵심 禮論이지만, 특히 '坊記' 편에서 명실상부하게 집중 거론된다. 坊記 편에서는 위에서 인용한 일반론을 바탕으로, 매 단락마다 구체적인 禮의 제방 기능을 조목조목 해설하는데, 총 16회에 걸쳐 대다수 단락에서 "이렇게 백성들을 예방해도 백성들이 오히려 … 한다(以此坊民, 民猶…)"라고 결론지으면서, 하물며 예(법)를 폐지하거나 늦추면 어찌되겠느냐는 우려를 함축하고 있다. 어쨌든 그나마 예법으로 일반예방 기능을 유지함이 정말 꼭 필요하고 중요한 성인군자(국가)의 사명임을 강조하는 것이다. 이는 "사람에게 형벌을 가하는 근본(목적)이 난포함을 금지하고 죄악을 싫어함이며, 또한 그것들을 미연에 징계(방지)하자는 것이다"는 순자의 법사상으로 발전한다.[36] 그리고 이러한 예론은 漢나라 때 이루어진 大戴禮記에서 禮와 法을 구분지어 정의하면서, 역대 법제사에서 예법의 사전예방 기능과 사후 징벌교정 기능의 대비 형태로 면면히 전승된다.

> "예란 장차 그러하기 전에 금지하며, 법이란 이미 그러한 뒤에 금지한다. 이러한 까닭에 법의 적용(작용)은 쉽게 보이며, 예가 행하는 기능은 알기 어렵다. ……그러한 즉, 예, 예 운운하는 것은, 죄악이 싹트기 전에 끊어 버리며, 믿음이 미약하고 어렴풋할 때 일으켜 세움을 귀중히 여긴다. 공자께서 말씀하시기를, '소송 재판은 나도 남만큼 할 수 있지만, (그보다는 먼저) 반드시 소송이 없도록 하겠다'. 고 하신 것은 바로 이를 일컬음이다."[37]

> "무릇 예란 백성의 예방(제방)이고 刑은 예의 外表로서, 양자는 입과 혀처럼 상호 의존하는 밀접한 관계를 가진다. 예는 죄악이 싹트기 전에 금지하고, 형벌은 이미 발생한 뒤에 통제한다."[38]

> "먼저 법령을 시행하는 것은, 인민이 죄악을 범하지 말라는 마음

36 荀子, 正論: 凡刑人之本, 禁暴惡惡, 且徵其未然也.

37 大戴禮記, 禮察: "禮者, 禁於將然之前; 法者, 禁於已然之後. 故法之用易見, 而禮之所爲生難知也.

38 唐律釋文序, 劉俊文點校本 唐律疏議, 中華書局, 1983, 616면. "禮禁未萌之前, 刑制已然之後."

이며; 나라에 항상적인 형벌이 있는 것은, (범죄인) 처벌이 사사로운 노여움이 아니라는 뜻이다."(隋書, 刑法志)

"刑으로써 사후를 다스리고, 法으로써 미연을 방지한다."[39]

"사후에 금지하는 것이 勅(칙)이고, 미연에 금지하는 것이 令이다."(宋史, 刑法志)

"예는 미연에 방지하고, 刑은 사후에 금지하는 것으로서, 양자가 상호 보완적으로 행해지기 때문에, 어느 하나라도 없어서는 안 된다."(清史稿, 刑法志)

"刑으로써 이미 그러한 뒤를 징벌하고, 법으로써 아직 그러하기 전을 예방한다. 이미 그러한 뒤에 징벌하여 사람들한테 두려움을 알게 함은, 아직 그러하기 전에 예방하여 사람들한테 미리 피할 줄 알게 함만 훨씬 못하다. 그러나 형벌이 아니면 법이 시행될 수 없기에, 先王들께서 이 두 가지를 함께 사용하셨고, 그 어느 한쪽도 폐지할 수가 없었다."[40]

시대에 따라 禮와 法과 刑의 개념 사용이 다소 다르게 전개되고 있지만, 예법의 사전(일반)예방기능과 사후 징벌(특수예방) 기능이 상호 대비적으로 나란히 강조되는 법이론의 전통을 새삼 분명히 확인할 수 있다. 大學의 (가르치는 방)법에는, 아직 발생하기 전에 금지하는 것을 豫(防)라고 하고, 가능(적절)할 때 맞추어 행하는 것을 時(宜)라고 하는데, 왜냐하면 이미 발생한 뒤에 금지하면 완고히 거부하여(또는 봉능이로 후려쳐도) 가르치기 어렵고, 때가 지난 뒤에 배우면 부지런히 고생하면서도 학업을 이루기 어렵기 때문이다.[41] 사전예방과 사후 처리

39 金史, 刑法: 刑以治已然, 法以禁未然.

40 高麗史 84, 志권 제38, 刑法1: "刑以懲其已然, 法以防其未然, 而使人知畏不若防其未然而使人知避也."

41 禮記, 學記: "大學之法, 禁於未發之謂豫, 當其可之謂時, … 教之所由也. 發然後禁,

의 차이에 관하여는, 荀子가 다음과 같은 四料簡(이념형: ideal type)으로 간명하게 표현한다.

> "일에 앞서 일을 사려함은 接(捷: 민첩)이라 하는데, 민첩하면 일이 우수(훌륭)하게 이루어진다. 환난에 앞서 환난을 염려함은 豫((예비)라고 하는데, 미리 예비하면 禍(재앙)가 생기지 않는다. 일이 닥친 뒤에 사려함은 後(悔: 후회)라고 하는데, 후회하면 일이 제대로 이루어지지 못한다. 환난이 닥친 뒤에 염려함은 困(窮: 곤궁)이라고 하는데, 곤궁하면 禍(재앙)를 막을 수 없다."(荀子, 大略)

예방이론은 모든 사물에 두루 통용되지만, 특히 예법이 사회적 분쟁을 미연에 방지하며 평화를 확보하는 예방기능에도 타당하다.

4. 秦漢 시대 鄕의 嗇夫와 三老

고대 성왕의 不爭之德이 춘추전국 시대에 제자백가 철학사상으로 꽃피면서, 秦漢 이후 예법의 일반예방주의 원칙이 역대 율령 제정의 근본이념으로 면면히 계승되어 왔다. 한편 분쟁의 평화 해결, 특히 민간의 다툼 및 가벼운 범죄사건의 소송외적 해소라는 구체적 절차가 이미 周禮의 관직제도를 통해 정착되었다. 주례 調人의 調(停和)解 직책이 진한 이후 역대 율령체계에 전승되면서, 민간 분규의 자치적 평화해결이 '無訟' 의식과 더불어 중국 법문화의 독특한 징표로 발전한다. 이제 민간 분쟁의 평화 해결이라는 調(停和)解의 관점에서, 중국 역대 職官과 율령의 변천 과정을 秦漢 시대부터 차례로 살펴본다.

신상필벌과 특히 엄형중벌 위주의 철저(각박)한 法治를 바탕으로 중앙집권적 절대왕권을 확립하고 천하(중원)를 통일한 秦나라는, 국

則扞格而不勝; 時過然後, 則勤苦而難成 …."

가(군주)와 백성 사이의 권력관계를 둘러싼 법률(권리의무) 관계에서는, 유례없이 가차 없는 法治를 고수했다. 순수한 민간관계에 대해서는, 굳이 엄격히 '법대로' 강요할 필요도 없었고, 또 실익도 없었다. 秦도 縣의 하부 행정조직인 鄕에서는, 백성들을 교화하고 타이르는 직책을 감독 및 징벌의 권능 못지않게 중시했다. 50세 이상 사람 중에 수행(덕행)이 있고 대중을 善으로 잘 통솔할 수 있는 三老(관직)를 선임해 교화를 맡기고, 효자나 열녀, 재난 구휼하는 자선가 및 백성의 모범이 될 선비한테 표창(旌閭門)을 내리는 思想 통치를 병행하였다.

5천戶 이상 큰 향에는 有秩, 작은 향에는 嗇夫(색부)라는 관직을 두어, 백성들의 빈부를 살펴 조세와 부역을 형평 있게 부과하고 백성들의 선악을 분별하여 시비곡직을 平斷하며, 특히 민간 분규를 조정 화해시키는 책임을 맡겼다. 또 향 아래에 있는 里(80戶)에 책임자 里典은 민간 소송을 향의 색부나 縣의 주무기관에 제기하였다고 하는데, 그 단계에서도 조정화해가 자연스럽게 이루어졌을 것이다.[42]

백성의 효율적 통치라는 목적에서 秦의 많은 관제를 계승한 漢은, 동중서를 비롯한 유학자들을 대거 기용함과 동시에 유교를 국교로 삼으면서, 德主刑輔를 통치의 기본 노선으로 채택하였다. 게다가 가혹한 法治로 천하를 통일하고도 금방 민심을 잃어 멸망한 秦의 失政을 교훈 삼아, 禮治와 교화를 특히 중시했기 때문에, 현에 설치된 三老와 有秩嗇夫의 관직은 秦 때보다 그 책임과 사명이 더욱 무거웠을 것이다. 삼로는 뭇 백성의 스승으로서, 禮敎의 化身이자 도덕적 우상이 될 정도로 백성들한테 솔선수범의 감화력을 지녀야 했다. 그래서 덕망 있는 50세 이상의 요건 아래서도, 보통 늙어서 사직한 원로들이 선임되었다. (큰 현에) (有秩)嗇夫의 직책도 秦나라 때와 대체로 비슷했다.

42 鄧德龍, 『中國歷代官制(上)』(武漢大學出版社, 1990년) 제1판, 111-112면 참조.

한나라 때 특기할 만한 역사 기록은, 역마차 길, 관문, 나루터, 시장, 큰길 등에 설치한 종합 치안경찰 기구인 亭의 직책에도, 도적의 체포 및 방지, 통행인 검문, 여행자 숙식 제공, 역마 우편 전송 등과 함께, 민간 분규의 조정화해가 나란히 포함된 점이다.[43]

이러한 하부행정기관(嗇夫)이 민간 분쟁을 조정·화해시키는 직책은 삼국시대와 晋 때에도 이어졌고[44], 이후에도 비록 관직 명칭은 바뀌지만, 기본 직책은 크게 변함없이 유지된 것으로 보인다. 남북조 시대 北魏의 里長이나 里正, 唐 때 里正, 鄕長, 坊長, 송나라 때 甲長, 元나라 때 社長(50戶가 1社) 등이 조정화해의 직책을 이어 맡았다.[45]

5. 宋代 鄕約의 발흥

송나라 때 일어난 鄕約도 분쟁의 예방과 평화적 해결이라는 향촌자치 관점에서 아주 주목할 만하다. 그 이전에도 향약의 뿌리(源泉)가 될 만한 가르침이 있었겠지만, 가장 유명하고 우리나라에도 큰 영향력을 끼친 呂氏鄕約과 陳氏鄕約, 그리고 이 두 향약을 손질한 朱子의 勸諭榜이 대표적이다. 藍田에서 呂大防·大鈞 형제가 시행한 여씨향약의 기본 내용은 잘 알려진 바와 같이 다음과 같다.

"무릇 향약에 동참하는 자는, 덕행(선행)을 서로 권장하고(德業相勸), 잘못은 서로 규율하며(過失相規), 예의와 미풍양속으로 서로 교유하고(禮俗相交), 근심재난은 서로 구휼한다(患難相恤). 선행이 있

---

43 『中國歷代官制(上)』, 162-164면. 亭도 역시 秦의 제도를 계승한 것으로, 西漢말엽 전국에 29,635개에 이르렀으며, 10리마다 1亭씩 두고 높은 누대를 세워 공무실과 전망초소를 겸했는데, 亭長은 보통 퇴역군인 중 선임했다고 한다.

44 『中國歷代官制(上)』, 200-201면 참조.

45 江偉·楊榮新 주편, 『人民調解學概論』(法律出版社, 1998년) 제5쇄, 23면 참조.

으면 장부에 기록하고, 잘못이나 향약 위반이 있어도 장부에 기록하되, 세 번 범하면 처벌하고, 그래도 뉘우치지 않으면 추방한다."[46]

註解에 보면, 덕업상권이란 선을 보면 반드시 행하고 잘못을 들으면 반드시 고친다는 뜻이고, 예속상교는 관혼상제의 예에 서로 축하나 조문의 인사를 주고받는다는 뜻이며, 환난상휼은 수재나 화재, 도적, 질병, 사망, 고아와 노약자, 무고(모함) 당하는 억울함, 빈곤 등의 어려움에 처했을 때 서로 돕고 구해준다는 뜻이라고 풀이되어 있다. 그리고 과실은, 도의를 어긴 잘못으로 ① 술주정·도박·싸움·소송 ② 행동거지가 법도를 넘거나 어김 ③ 행실이 공손하지 못함 ④ 말에 충실과 신의가 없음 ⑤ 헛소문을 퍼뜨려 남을 모함하고 명예 훼손함 ⑥ 사리사욕이 지나치게 심함 등의 여섯 가지와 함께, 인격 수양을 하지 않은 잘못으로 ① 못된 사람과 사귐 ② 놀며 게으름 피움 ③ 동작에 威儀가 없음 ④ 일 처리에 신중하지 못함 ⑤ 씀씀이가 무절제하니 헤픔 등의 다섯 가지가 거론된다. 이러한 약속으로 향촌 자치를 하자면, 다툼이 일어날 여지가 거의 없을 것이며, 설사 다툼이 생긴다고 할지라도 금방 화해하여 풀리지 않는 일이 드물 것이다.

그리고 陳襄(상)이 仙居 현령일 적에, 산간벽지에 고루한 백성들을 교화하기 위하여, 勸學篇을 지어 제자들한테 읽힌 다음 백성들을 일깨우도록 했는데, 그 내용은 이러했다.

"아버지는 의롭고 형은 우애하며, 아우는 공경하고 자식은 효도하며, 부부간에 恩愛가 있고 남녀 간에 분별이 있으며, 자제들은 배움에 힘쓰고 마을에선 예절을 지키며, 빈궁과 환난은 친척들이 서로 구제하고 혼인과 상례에는 이웃들이 서로 부조하며, 농사와 누에치기에 게으름 피우지 않고 도적질을 하지 않으며, 도박을 배우

46 宋史권 340, 列傳第 99, 呂大防傳 참조.

지 않고 爭訟을 좋아하지 않으며, 사악한 짓으로 선량한 사람을 못 살게 굴지 않고, 부유하다고 가난한 이를 집어삼키지 않으며, 행인은 길을 서로 양보하고 농부는 논밭두둑을 양보하며(논밭두둑을 서로 다투지 않으며), 머리가 희끗한 어른이 길에서 짐을 지거나 이는 일이 없다면, 이것이 바로 예의에 합당한 미풍양속이다."

또 朱熹는 漳州에 있을 때, 진상의 권학편(향약)을 알려주면서, 榜文으로 백성들을 권장하고 일깨웠는데, 그 요점은 다섯 가지였다.

① 부모 형제의 은혜를 소중히 여기고 효도와 우애를 다하자.

② 인륜의 첫출발인 부부간에 혼인의 예법을 잘 지키자.

③ 집안과 마을에서 친하게 화목하자.

④ 벼슬아치는 분수에 만족해 사욕을 절제하고 남을 이롭게 하자.

⑤ 喪을 당하면 예법에 따라 제때 안장하자.

이 가운데 특히 세 번째 집안과 마을의 화목에 관해서는, 다투지 말라고 간곡히 타이른다.

"혹시 약간 분통이 터지더라도, 마땅히 각자 심사숙고하고 더욱이 간곡하게 다툼을 조정하여 화해해야 할지니, 섣불리 소송을 벌여서는 안 된다. (소송에서는) 설사 정당하여 이길지라도, 재산을 낭비하고 생업을 망치게 된다. 하물며 정당한 이유가 없으면, 죄를 지어 형벌을 면할 수 없으니, 끝내 틀림없이 흉악해지고 만다. 절대로 명심하고 통감하여, 어기지 않도록 경계하자."[47]

이러한 향약의 자치 정신과 내용은 후대 여러 사대부 집안의 家訓과 族規의 원천이 되었으며, 우리나라에도 조선시대에 전래되어 지대

---

47 이상 宋代 鄕約에 관한 기술은 茶山의 牧民心書, 禮典, 敎民조에서 예시로 인용한 내용을 재인용하여 요약 정리한 것임. 정약용, 『與猶堂全書』, 『第五集』, 『牧民心書』 권7, 43-46면, 경인문화사 1981년 영인본, 제5책, 462-463면 및 다산연구회, 역주 『목민심서』 Ⅳ(창작과비평사, 1984년), 11-19면 참조.

한 영향력을 발휘한 점에서, 역사상 아주 중요한 사회운동이자 도덕문화라고 평가된다. 예컨대, 明나라 때 王守仁이 시행하는 南贛鄉約이나, 중국 국민당과 공산당의 제2차 국내 혁명전쟁 시기에 梁漱溟이 제창한 鄉農學校 등도 모두 이 여씨향약을 본받아 이루어진 것이다.[48]

6. 明淸代 申明亭 설치와 향약 보급

明나라 때는 괄목할 만한 발전이 있었다. 명 태조는 대명률을 제정하면서, 민간에 里甲老人(耆老, 里老)을 두고 鄉의 호구, 혼인, 토지가옥 등 민사 분쟁과 鬪毆(폭행·싸움) 같은 경미한 형사사건을 먼저 里甲老人한테 맡겨 심리·판단하고 화해시켜 분쟁을 종식시키도록 하라고 명했다. 물론 이 명령은 대명률에 포함되지 않지만, 황제의 이 명령을 받들어 里甲老人이 직무를 수행할 '申明亭'이 설치되는데, 그 신명정의 보호가 대명률에 엄숙하게 규정된 점이 각별히 눈에 띈다.

> "무릇 신명정의 건물을 훼손하거나 현판을 훼손한 자는 곤장 1백대를 친 뒤 3천리 流刑에 처한다."[49]

짤막한 한 구절의 조항이지만, 건물을 훼손한 죄를 사형 바로 아래 형벌에 처한 걸 보면, 신명정의 비중이 얼마나 큰지 알 수 있다. 그러나 이 조항의 纂計에는 신명정의 구체적 목적(임무)과 비중이 비교적 상세히 설명되어 있다. 우선 신명정에서는 민간 소송(詞狀)감이 될 분쟁을 耆老(里老)나 里長이 수리하여 심리하는 것이 허용됨과 동시에, 불효하거나 우애하지 않거나 그밖에 죄악을 저지른 사람의 성명을 공개로 써 붙여 징계하는 일이 주 임무이다. 백성들에게 부끄러움과 두

48 『辭海(縮印本)』(上海辭書出版社, 1980년) 제1판, 728면, 呂氏鄉約조 참조.

49 大明律, 刑律, 雜犯, 拆毁申明亭조 참조.

려움을 알게 하여 감히 죄 지을 생각이 일지 않도록 경고하는 일반 예방의 목적이 다분하다. 또 나무로 만든 현판에는, 조정에서 훈시하는 권선징악의 격언을 쓰고, 또 興利除害(공리를 일으키고 해악을 제거함) 사업도 함께 게시하여 교화와 행정을 동시에 도모한다. 그래서 이 신명정이나 현판을 훼손하면, 무엄하게 국법을 위배한 중죄로 처벌하며, 아울러 훼손 자체에 대해서는 원상 복구(수리)의 민사배상 책임도 함께 묻는다. 대명률의 규정상, 일반 공공건물의 훼손은 건축비를 계산하여 일반 坐贓 죄보다 두 등급 가중한 형벌에 처하고, 또 일반 관물 훼손은 가액만큼 절도죄에 준하여 처벌한다. 그런데, 신명정과 그 현판의 훼손에 대해서 이렇듯 중형을 부과한 까닭은, 바로 국가 통치의 기본인 敎化의 현장이고 조정의 중요한 政事 시행이기 때문이다.[50]

물론 모든 사건을 신명정에서 심리하거나 화해시킬 수 있는 것은 아니다. 즉, 국법인 대명률에서 명문으로 私和를 금지한 徒刑(징역)과 流刑 이상의 중대 범죄와 간음 같은 교화 관련 풍기문란 죄는 당연히 신명정의 자치 범위 밖에 있다.

明 世宗 嘉靖(1522-1566) 때 鄕甲約에는, 신명정에서 조정 화해시킬 수 있는 사건이 구체 조목으로 열거되고 있다. ① 혼인 관계 불분명 ② 토지소유 관계 불분명 ③ 욕설·폭행 싸움 ④ 가축이 남의 논밭을 짓밟거나 농작물을 먹은 사건 ⑤ 대차기간이 3년 이상으로 원리금을 상환 안 하는 채권 관계 ⑥ 가옥이나 토지를 담보로 돈 빌려가고 담보물을 찾아갈 능력이 없는 저당(질)권 관계 ⑦ 불공정 매매로 남한테 손해를 끼친 거래 관계 ⑧ 토지 경계선 불분명 ⑨ 길 잃은 가축의 습

50 大明律集解附例(五), 臺灣 國立中央圖書館 소장 明萬曆浙江官刊本의 영인본, 臺灣學生書局, 1970년 초판, 1863-1865면 참조.

득 반환 문제 등이다.[51]

리갑노인은 本 鄕里 사람 가운데서 공평 정직하고 남들의 존경을 받는 원로 3人 내지 10人으로 추대되어 관청에 정식으로 등록되는데, 민간의 사소한 분쟁이나 경미한 형사사건은 반드시 먼저 리갑노인의 심리판단을 거친 뒤에야, 비로소 정식으로 관청에 소송을 제기할 수 있었다. 그렇지 않은 고소는, 시비곡직을 떠나 먼저 곤장 60대를 친 뒤, 다시 리갑노인한테 돌려보냈다. 말하자면 '申明前置주의'이다.

당사자가 스스로 고소한 경우에 한하여 신명정에서 처리에 나서며, 본인이 참아버리고 고소하지 않은 사소한 민간사건을 리갑노인이 소문으로 듣고 주동(직권)으로 찾아가 입건해서는 안 된다. 본인 의사에 반하여 문제화하는 리갑노인은, 신명정을 거치지 않고 직접 고소한 당사자와 마찬가지로 곤장 60대를 맞는데, 게다가 금품 수수가 있는 경우 뇌물죄로 처벌된다. 신명정의 처리절차에는 리갑노인 뿐만 아니라 里長, 甲首도 나이순으로 착석하여 공동 참여하고, 다른 마을과 관련된 사안은 해당 마을의 리갑노인 등과 공동으로 상의하여 처리한다. 또 해결하기 곤란한 사건이나 가족 친척들이 서로 침범한 윤리강상 사안 같은 경우, 주변 여러 마을이 함께 회동해 중지를 모으기도 한다. 처리 방법은 마을 공동의 합의제 형식으로 되었다. 당일에 매듭을 못 지은 경우에는, 귀가 후 다음날 속개하고, 감금이나 구류는 금지되었다. 심리한 결과, 양 당사자가 화해를 원하면 그대로 화해가 성립하고, 그렇지 않은 경우 관청에 정식으로 고소할 수 있었다.[52] 조정화해를 선행절차로 요구하되, 소송청구권을 제한(박탈)하지는 않는다.

그러다가 명 世宗 때 천하에 鄕約을 시행하라는 칙명이 내려지면서,

---

51 呂新吾實政錄 권5, 楊雪峯, 明代的審判制度, 黎明文化事業公司, 1981 3판, 237면.
52 皇明制書上, 戶部敎榜文 규정 내용을 明代的審判制度 238-241면에서 정리함.

리갑노인의 명칭도 約正·約副·約贊·知約 등으로 대체되었다. 그러나 조직은 신명정과 비슷하였고, 마을에 덕망 있는 원로들을 선임하는 원칙도 같았다. 사실 신명정 제도의 정신도 過失相規, 德業相勸, 禮俗相交, 患難相恤의 이념을 내세운 鄕約의 鄕民自治主義 정신과 똑같이 일치한다. 따라서 명나라 중엽 이후 향약을 통치이념의 善方便으로 널리 권장·보급하면서, 신명정 제도를 鄕甲約 체계로 대체한 것은, 느슨해진 조직 기강을 되세우려는 행정 혁신의 일환으로 이해될 수 있다. 명초부터 백여 년 지속되는 과정에서, 국가 기강 해이와 사회경제 혼란을 겪으면서, 신명정의 민간 다툼 처리에도 적지 않은 이완과 폐단이 속출하였을 것이다. 이에 기존의 명칭과 제도로는 구태의연한 타성을 벗어나기 어렵다고 판단한 통치권력이, 鄕約이라는 새로운 이름과 모습의 자치조직으로 중흥의 기풍을 진작하고 싶었을 것이다.

그러한 시대적 배경과 맥락은, 鄕甲約의 무대 설치와 화해 진행 절차에도 엄숙하게 반영된다.

우선 한 탁자의 맨 앞에 '天地神明紀綱法度'라는 和事牌(사건을 화해시키는 신명 위패)를 높이 세우고, 그 다음에 "부모께 孝順하고, 웃어른을 존경하며, 마을에 화목하고, 자손을 잘 가르치며, 각자 분수 맞게 생업에 충실하고, 나쁜 짓은 하지 말라"는 4字 6句의 聖諭(황제 유시)를 안치한다. 그 옆에 約正과 副約 등이 엄숙히 자리한다. 그 다음으로 또 다른 탁자 위에 '善簿', '和簿', '改簿', '惡簿'의 장부를 올려놓고, 그 옆에 約講(향약 낭독인)과 鄕史(향약 기록인)가 자리한 뒤, 里長과 당사자 및 마을 사람들이 위패를 향하여 꿇어앉는다.

관계자들이 모두 자리를 정돈하면, 약정과 약부가 먼저 위패를 향해, "일 처리가 공정하지 못하면, 자신과 가족이 화를 당할지어다!"라고 맹세(선서) 한 뒤, 머리를 네 번 땅바닥에 조아려 절한다. 그리고 증인과 당사자들이 위패를 향해, "사실 거론이 공정하지 못하면, 자식과 가족이 화를 당할 것이니, 공정하게 사실대로 말하겠습니다!"고 맹세한 뒤, 역시 머리를 네 번 조아려 절한다. 그런 다음 약정과 약부가 당사자들한테 심리판단에 心服하겠느냐고 물은 뒤, 國法과 天理와 人情을 참작하여 鄕史와 협의하여 판단한다. 판단이 내려지면, 이제는 약사가 위패를 향해, "사안 기록이 공정하지 못하면, 자신과 가족이 화를 당할지어다!"고 맹세하고, 똑같이 머리를 네 번 조아려 절한 뒤, 그 사실 결과에 따라 해당 장부에 기록한다. 그런 다음, 참석자 전원이 함께 천지신명께 맹세하고, 질투(불평)의 혀를 놀리지 않기로 다짐한다. 양 당사자가 화해로 분쟁을 종식시키길 원하는 경우, 이를 허락하고 和簿 안에 기록하며, 관청에서도 더 이상 묻지 않는다. 화해 조건을 당사자가 받아들이지 않는 경우, 정식으로 관청에 고소할 수 있다.[53]

물론, 신명정이나 향갑약의 화해 처리 제도는, 司法 정책상 쟁송 부담을 줄이고, 특히 濫訴나 越訴를 방지하려는 목적의식도 다분했다. 또 넓은 지역 오랜 기간에 걸쳐 시행하는 과정에서, 현실적 부작용이나 폐단도 적지 않아, 중간에 거듭 강조하여 강력 시행을 천명하기도 하고, 더러는 예외적 변통을 허용하기도 했다. 공동체 구성원간의 쟁송 없는 평화로운 자치 사회를 이루고자 한 궁극적이고 본질적인 이상을 과소평가해서는 안 되고, 또 구체적 실현의 한 善方便으로 제도화되어 시행된 신명정과 향약 자체도 긍정적 평가를 받아야 한다.

大明律을 거의 그대로 베껴 답습한 淸律도 申明亭 제도를 계승하여, 鄕里 농촌사회의 교화와 안정에 마을 원로의 自治 역량을 최대한 활용하였다. 조금 눈에 띄는 발전이라고 한다면, 律註 내용이 明代보다 좀 자세히 구체화한 부분이 있다는 점이다. 동네 사람 가운데 不孝나 도적·간음 등 죄악을 저지른 자는, 그 성명과 함께 범행 "事跡"을 판

53 『呂新吾實政錄』 권5, 『明代的審判制度』, 238-241면에 인용된 내용을 정리함.

자에 적어 공시함으로써 징계를 보인다. 동시에, "그 자의 羞惡之心(수오지심: 부끄러워하는 마음, 義의 실마리)을 자극하여, 그가 스스로 개과천선하면 판자를 제거한다." 일반예방 기능과 함께 범인에 대한 특별예방 기능도 뚜렷이 명시된 것이다. 아울러 특별히 明文으로 부가된 내용은, "마을 사람들의 호구·혼인·토지 등에 관한 작은 사안은, 마을 원로(里老)들이 여기 신명정에서 분쟁을 화해하게끔 잘 타이르고 설득(勸導解紛)하도록 하노니, 이것이 곧 교화와 훈계를 펴서 밝히는(申明教誡) 법제이다"는 구절이다.[54]

일상 민간 분쟁이나 가벼운 형사 범죄에 관하여, 마을 원로 중심으로 자치 해결하되, 특히 당사자들이 화해하도록 권유하고 인도하는 調(停和)解 기능을 명확히 강조한 점이 두드러진다. 그리고 청대에는 州縣 이하에 설치된 행정조직으로 保甲제도가 있었는데, 호구·혼인·토지 등 민간 분쟁에 보갑의 관여를 일체 금지하였으며, 이러한 사안이 정식 소송(詞訟)으로 제기되면 해당 州縣 담당관이 직접 심리 재판하여야 하며, 鄕里에 그 처리를 위임할 수 없도록 규정하였다. 보갑은 里老와 다른 행정조직인데, 소송을 빌미로 중간에서 농간이나 위세를 부리지 못하도록 아예 배제한 것이다. 그런데도 실제상 보갑도 里老나 마찬가지로 민간 분쟁 해결을 조정하는 게 다반사였고, 州縣에서도 鄕里에 자체 해결하도록 제소된 사안을 곧잘 되돌려 보내어도, 상부의 징계 처분을 받는 경우는 드물었다고 한다.[55]

---

54 大淸律例會通新纂 권32, 刑律, 雜犯, 拆毁申明亭조 律註. 文海出版社(대만) 영인본, 제9책, 3271-3272면 참조; 또한 沈之奇撰, 懷效鋒·李俊 點校本, 大淸律輯註(下), 法律出版社, 2000, 934-935면 참조. 본문 기술 내용 중 " " 부분은 明律註에 없고 새로 추가된 것임을 나타내기 위한 필자의 강조임.

55 鄭秦, 『淸代司法審判制度硏究』(湖南敎育出版社, 1988), 224면 참조.

7. 역대 판례에 나타난 재판 중 화해 권유

지금까지 주로 縣 이하 말단 행정조직인 鄕里의 자치적 또는 調停적 분쟁해결을 살펴보았다. 이제 정식 재판으로 최하급심을 관할하는 州縣의 소송에서, 재판관이 직접 조정자로 나서는 소송 내 조정, 즉 法院調停에 관하여, 현전하는 역대 명판례를 중심으로 살펴본다.[56]

① 송나라 때 장제현(張齊賢) 승상이 중서성(中書省)에 있을 때였다. 친척 가운데 재산 분할이 균등(공평)하지 못하다고 서로 다투는 자들이 소송을 벌였는데, 나중에는 궁궐 안에까지 들어왔다. 조정 황제 앞에까지 상소하여, 전후 10여 차례 재판이 계속되었지만, 끝내 서로 승복하지 못하고 불만이었다. 이에 장제현이 황제께 아뢰었다.

"이 사안은 다른 사안들처럼 어사대에서 판결 낼 수 있을 것 같지 않습니다. 청컨대, 신이 나서서 스스로 해결해 보겠습니다."

황제가 허락하자, 장제현은 두 소송 당사자를 불러 물었다.

"그대들은 모두 각자 자기가 나누어 받은 재산이 상대방보다 적다고 불만 아닌가?"

두 사람 모두 "그렇습니다"고 대답하자, 장제현은 두 사람에게 각자 진술이 사실이라고 다짐하도록 확인서를 작성하라고 명하였다. 그런 뒤 두 관리를 두 당사자 집으로 보내, 서로 집을 맞바꾸어 이사 시켜주도록 지시했다. 甲의 가족은 乙의 집으로 이사 들어가고, 乙의 가족은 甲의 집으로 이사 들어가게 맞바꾸었다. 물론 집에 딸린 재물과 논밭은 전혀 손대지 않은 채, 집과 함께 송두리째 맞바꾸도록 분할 재산 문서를 서로 교환시켰다.

이에 소송이 마침내 끝났다. 이튿날 장제현이 보고서를 작성하여

56 이하 鄭克 편저, 졸역, 『절옥귀감(折獄龜鑑)』, 한국학술진흥재단 학술명저번역총서 동양편 4(소명출판, 2001년 제1판)에 실린 사례들을 인용함.

황제께 아뢰자, 황제가 크게 기뻐하며 칭찬하였다.

"짐은 정말로 경이 아니었다면, 이 사안을 결판 낼 수 없음을 벌써 알았노라."(司馬光 승상이 지은 涑水紀聞에 나온다.)

이와 비슷한 사안으로, 송나라 증조(曾肇) 內翰이 지은 王延禧朝議墓誌에 나오는 이야기이다. 왕연희가 岳州 沅江 현령일 적이었다. 형제가 재산을 분할하는데, 아우가 약하여 나눠 받은 논밭이 처지자, 균등(공평)하지 못하다고 소송을 제기하였다. 왕연희가 형을 나무랐더니, 형은 끝내 '균등하다'고 우겼다. 왕연희는 즉시 두 사람이 나누어 가진 논밭을 서로 맞바꾸어 갖도록 명령하는 판결을 내렸다.

그랬더니 이번에는 형이 州에 항소하였다. 항소를 받은 주지사는, 항소 이유와 원심 판결을 보더니, 빙그레 웃으며 말했다.

"이 판결은 張詠 尙書가 재판했던 방법이니라."

② 송나라 때 王罕 大卿이 潭州 지사일 적이었다. 어떤 주민이 자기 친족들과 재산 다툼을 벌였는데, 재판을 하고 나면 다시 제소하기를 반복하여, 전후 10여 년이나 계속 질질 끌었다. 그래서 왕한이 하루는 쟁송 관계자들을 모두 법정에 불러 모아 놓고, 이렇게 타일렀다.

"여러 친족들은 모두 동네 부자들인데, 저렇게 끈질기게 소송을 걸어 따지고 드는 게, 괴롭고 싫지도 않소? 지금 저 버릇없는 사람이 춥고 배고파 스스로 살아 갈 수도 없고, 또 재산 분할 문서가 명확하지 않은 점이 있어, 오래도록 확정 판결을 내리지 못하지 않소? 그러니 친족들이 조금씩 자금을 각출하여, 저 사람에게 멀리 이사하도록 비용을 대준다면, 앞으로 무슨 근심이 다시 있겠소?"

친족들이 모두 울먹이며, 왕한의 분부를 따르겠다고 답했다. 사실은 친족들도 처음에 관리의 심문에 답변할 때부터, 이렇게 하자고 제안하고 싶었지만, 차마 그렇게 할 수 없었다고 말하는 것이었다. 마침내 소송을 건 사람에게, 옆의 州로 이사하도록 비용을 대주었는데, 그 뒤로 소송이 완전히 그쳤다.(王珪 승상이 지은 王罕墓誌에 보인다.)

생각건대, 엄하고 현명하게 재판하는 기술은, 物情을 자세히 관찰하고, 사건의 본체(事體)를 적절히 처리하는 데 있다. 이 사안에서 재산을 다투는 자는, 추위와 배고픔에 떨고 있으며, 재산을 나누어 준 친족들은, 끈질긴 소송의 괴로움에 시달리고 있다. 이런 상황에서, 이치상 옳고 그름을 어찌 깊이 따지고 가릴 수 있겠는가? 정말로 그런 대로 괜찮은 정도라면, 타협 방안의 지시를 따르지 않을 이유가 없다.

그래서 친족들이 조금씩 갹출하여, 소송 제기자를 멀리 이사하게 조치하였다. 그래서 친족들은 손실이 그리 많지 않으면서도, 끈질긴 소송에 불려 다니는 괴로움을 완전히 벗었다. 또 재산을 다투던 자는 적지 않은 보조를 얻어, 춥고 배고픈 설움을 풀게 되었다. 그 결과 주민들의 소송도 그치게 되었다. 이 어찌 물정을 자세히 살피고, 사건의 본체를 적절히 처리한 재판이 아니겠는가?

혹시라도 소송을 자꾸 걸어 따지고 드는데 분노하여 엄벌로 다스렸더라면, 物情도 손상되고 사건의 본체 또한 해쳐졌을 것이다. 이런 것을 엄하고 명쾌한 판결이라고 칭송한다면, 이는 크게 잘못된 것이다. 진정한 군자 같으면, 비록 깊숙이 훤하게 관찰하고 굳세게 의연히 결행할지라도, 넉넉하고 자재로운 가운데 이치에 딱 부합하여, 물정이나 사건의 본체에 전혀 손상이 없을 것이다. 이러한 것이 엄하고 현명한 판결의 모범이 아니겠는가?

③ 南齊 竟陵王 소자량(蕭子良 : 武帝의 둘째 아들)이 會稽 태수일 적이었다. 山陰 현에 孔平이란 사람이 소자량에게 찾아와, 자기 형수가 자기에게서 쌀을 팔아가면서 지불하지 않은 돈(쌀값)을 갚지 않는다고, 소송을 제기하였다. 이에 소자량은 크게 탄식하였다.

"옛날 (東漢 南陽군에 살던) 高文通은 (태수가 거듭 초빙하는 관직을 사절하기 위하여 일부러 짐짓) 과부가 된 형수와 논밭을 다투는 소송을 벌였다는데, 그 의도는 정말 이와는 크게 달랐다!"

그리고 그에게 대신 쌀값을 갚아주었다. (南史 蕭子良傳)

④ 隋나라 郎茂는 처음에 衛州 司錄에 임명되었는데, 유능하다는 명성이 나서, 얼마 안 되어 衛國令에 발탁되었다. 그 지방에 사는 張元預는 사촌 동생 張思蘭과 화목하지 못한 사이었다. 부하인 丞과 尉는 그를 엄하게 처벌하자고 요청했으나, 랑무는 이렇게 말했다.

"장원예 사촌 형제는 본디 사이가 안 좋아 미워하고 싫어하는데, 지금 바로 그 죄명으로 이들을 처벌한다면, 원한과 분노의 감정이 더욱 깊어질 것이오. 이는 백성을 교화하는 본의에 맞지 않소."

그리고는 縣의 원로들을 시켜, 두 집을 서로 번갈아 방문하며 도탑게 타이르도록 당부하였다. 그렇게 발길이 끊이지 않고 왕래하며 타이르자, 장원예와 장사란은 각각 참회하는 마음이 일어, 스스로 현(관가)에 나아와 머리를 조아리고 죄를 벌해 달라고 요청했다. 그래서 랑무는 친족 간에 도의로 잘 타일렀다. 그 뒤로 둘은 서로 화목하게 가까워졌고, 주위에서 그들의 우애를 칭송할 정도에 이르렀다. (北史 郎基傳에 나오는데, 랑무는 그 아들이다.)

이와 비슷한 사안으로, 梁나라 륙상(陸襄)이 파양(鄱陽)군 內史일 적이었다. 彭씨와 李씨 두 집안이, 이전에 있었던 분쟁으로 말미암아, 서로 誣告하기에 이르렀다. 그러자 륙상은 두 사람을 함께 안방으로 불러들인 다음, 호되게 꾸짖기는커녕, 단지 부드럽고 온화한 말로 타이르고 서로 화해시켰다. 두 사람은 모두 그 은덕에 감동하여, 각자 자신의 잘못을 깊이 뉘우쳤다. 이에 륙상은 두 사람을 위해 특별히 술과 음식을 마련하여, 맘껏 즐겁게 먹고 마시게 했다. 그리고 술자리가 끝난 뒤에는, 두 사람을 한 마차에 함께 실어 집까지 데려다 주었는데, 그 때부터 두 사람은 아주 가까워졌다. (南史 陸襄傳에 나온다.)

생각건대, 성씨가 다른 남남끼리 더욱 멀어져, 서로 誣告하기에 이른 원한 감정도, 오히려 화해시켜 가깝고 다정하게 타이를 수 있거늘, 하물며 같은 핏줄 친족들끼리 화목하지 못한 사이야 말할 게 있겠는가? 또 남남끼리 원한 관계도 오히려 함부로 호되게 꾸짖기 어렵거늘, 하물며 친족끼리 불화를 대번에 엄한 법으로 처벌할 수 있겠는가?

전에는 마을 원로나 집안 어른들이, 서로 다투는 사람들을 불러다가 타이르고 화해시키면서, 함께 술을 마셔 풀어 버리도록 和解酒를 권하곤 했다. 물론 지금도 같은 친구들 사이 오해나 감정은, 다른 친구가 나서 중재하고, 화해의 술자리를 만드는 경우가 종종 있다.

풀리면 人情인 마음이, 맺히면 怨恨이 된다. 맺힌 원한 관계를 푸는 데는, 인정에 맞고 가까운 방법이 효과적이다. 술은 그 관계를 원만하게 완성시키는 촉진제가 될 수도 있다. 얼음을 칼로 쳐서는 녹이기 어렵고, 오히려 날카로운 모만 만든다. 따뜻한 불(열)에 쬐어야, 스르르 녹아 부드러운 물로 되돌아간다. 인간관계 감정도 물과 비슷하다.

⑤ 송나라 張詠 尙書가 재자 益州 시사를 맡았을 때다. 어느 시아비지가 며느리에게 일을 시키자, 며느리가 분부에 따르지 않았다. 이에 크게 화난 시아버지는, 며느리 미리기락을 싹둑 잘라 버렸다. 그리고는 "내가 너를 노비로 만들어 부리겠다"고 소리쳤다. 그 아들(며느리 남편)이 밖에서 돌아와 이 모습을 보고는, 크게 소동을 피웠다. 이에 그 지역 아전이 사건 조서를 작성하여, 그들을 모두 州에 회부하였다. 이즈음 어떤 사람이 아들에게 충고하였다.

"시아버지가 며느리 머리 좀 잘랐기로소니, 무슨 대수로운 죄가 되겠소. 그러나 아들이 만약 아버지를 붙잡고 늘어지면, 자네 죄는 결코 가볍지 않을 걸세!"

관청에 이르러 장영이 캐묻자, 시아버지는 이렇게 답변했다.

"며느리가 스스로 자기 머리를 잘라 놓고, 나를 물고 늘어집니다."

그 아들도 비슷하게 진술했다.

"아내가 스스로 자기 머리를 잘라 놓고, 시아버님께 죄를 덮어씌우고 있습니다."

두 父子 답변을 들은 장영은, 금방 거짓말하는 줄 알아차리고, 그 자리에서 압송 문서(구속 영장) 뒷면에 이렇게 판결문을 적었다.

"비록 자식이 아버지 죄를 숨겨준다고 하지만, 어찌하여 그가 진술하는 말이 뒤바뀐단 말인가? 웃어른(시아버지)에 대해 죄를 끝까지 추궁할 수도 없지만, 그렇다고 아랫사람(며느리)에 대해 죄를 억지로 만들 수도 없다. 지금 죄상으로 며느리를 처벌한다면, 며느리가 다시는 시아버지를 봉양하지 않을 게 틀림없다. 별도로 조서를 작성해 다시 올리도록 하라. 이들은 모두 훈방한다."

장영은 부하 관료들에게 말했다.

"다섯 가지 喪服 범위 안에서, 비속친의 존속친에 대한 죄가 몹시 무거우니, 백성을 다스리는 관리들이 마음을 다해 신중을 기해야 하오." (李畋 虞部가 지은 忠定公語錄에 보인다.)

이와 비슷한 사안으로, 송나라 王質 待制가 荊南 지사일 적에, 어떤 노파가 자기 며느리는 자기에게 봉양을 소홀히 한다고 고소해 왔다. 그러나 며느리 답변은 사정이 달랐다.

"시아버지께서 돌아가신 뒤, 시어머니께서 재혼하셨습니다. 그러나 형편이 곤궁해지자, 다시 아들네 집으로 되돌아오신 것입니다. 그리고 제가 봉양하고 섬김에 조심하지 않은 것도 없습니다."

이에 왕질이 이렇게 훈계하였다.

"시어머니가 비록 선량하지는 않지만, 그렇다고 그대는 남편도 돌보지 않는가?"

그리고는 자기 집안사람 옷을 갖다가 노파에게 입혀 주고, 또 관청 창고 쌀을 꺼내 주면서, 모시고 돌아가서 잘 봉양하라고 타일렀다. 그러자 시어머니와 며느리 모두 감동하여 울면서 물러갔다.

생각건대, 이들 사안에서 시아버지와 시어머니가 모두 이치상 옳지 못하다. 그렇지만 집안 식구끼리 의리상, 마땅히 아랫사람(비속)을 책망하여야 하는데, 다만 다짜고짜 법으로 다스려서는 안 된다. 그래서 그들 죄를 용서해주면서, 잘 봉양하라고 타이르고 훈계한 것이다.

唐律(宋刑統) 鬪訟律에 따르면, 자손이 조부모나 부모를 고소·고발한 경우에는 絞刑에 해당한다. 또 자손이 조부모나 부모 가르침이나 명령을 어기거나, 능력이 있는데도 봉양을 제대로 하지 않은 경우, 조부모나 부모의 고소가 있으면, 徒 2년에 처한다고 규정되어 있다.

한편, 시부모가 자손의 아내(며느리나 손자며느리)를 구타하여, 허리(척추)가 부러지거나 사지 중 하나가 못쓰게 된 廢疾에 이르게 한 경우 곤장 1백대, 두 눈이 모두 멀거나 사지 중 둘이 못쓰게 된 篤疾에 이르게 한 경우 徒 1년, 사망에 이르게 한 경우 徒 3년, 고의로 살해한 경우 流 3천리의 형벌에 각각 해당한다.

전통시대 친족 사이 법률문제를 재판함에는, 율령에 규정된 國法뿐만 아니라, 공자를 비롯한 성현의 古典으로 대표되는 天理, 그리고 일반 백성들의 본능 감정을 헤아리는 人情이, 서로 잘 중용 조화를 이루도록, 현명한 통찰력과 판단력이 요구되었다. 법조문을 자구대로 해석하다 보면, 성현(고전)의 원래 뜻에서도 크게 벗어나고, 人情과 民心에도 크게 어긋나는 상처투성이만 남길 수 있다.

⑥ 後漢 때 仇覽이 蒲鄕의 亭長일 적이었다. 陳元이라는 사람이 어머니와 단둘이 살았는데, 그 어머니가 아들을 불효하다고 고소해 왔

다. 이에 구람이 크게 깜짝 놀라며 탄식했다.

"내가 최근 진원의 집 앞을 지날 때 보니, 집 안팎이 깨끗이 정돈되어 있고, 때맞추어 땅 갈고 김매고 있었소. 이 사람은 결코 나쁜 사람이 아닐 텐데, 교화가 제대로 이루어지지 못한 탓인 게 틀림없소. 어머니가 과부로 정절을 지키고, 어린 아들 하나만 곱게 기르면서, 힘들게 고생하다가 늙으셨거늘, 어찌 하루아침 분함을 이기지 못하여, 자식을 불효죄라는 패륜에 빠뜨릴 수 있겠소?"

이 말을 들은 노모는 감동하고 깨달은 바가 있어서, 눈물을 흘리며 물러갔다. 나중에 곧 구람은 몸소 진원의 집을 찾아가, 그 어머니랑 아들과 함께 술을 마시며, 인륜과 효행에 대해 禍福의 인과응보를 비유로 들며 타일러 주었다. 그 뒤 진원은 마침내 훌륭한 효자가 되었다. (後漢書 仇覽傳에 보인다)

이와 비슷한 사안으로, 당나라 韋景駿이 貴鄕 현령일 적에, 어떤 어머니와 자식이 서로 소송을 벌여왔다. 이에 위경준이 말했다.

"이 현령은 어려서 부모를 여의고, 늘상 스스로 마음 아프게 여기고 있다네. 그런데 그대는 천만다행으로 어머니를 모시고 있으면서, 효도를 잊고 있단 말인가? 백성을 교화함이 충분치 못한 것은, 바로 이 현령의 죄일세."

그리고는 목 메이게 울며 눈물을 흘리고는, 아들에게 孝經을 건네주며, 효도의 큰 뜻을 익히도록 타일렀다. 이에 어머니와 자식 모두 감동하고 깨달은 바가 있어서, 스스로 앞으로 새 출발하겠다고 다짐했는데, 아들은 그 뒤 정말 효자가 되었다. (唐書 韋景駿傳에 나온다)

또 송나라 때, 薛奎 參政이 益州 지사일 적에, 한 부인이 자기 아들을 불효죄로 고발하였다. 잡아다가 캐물으니, "가난해서 봉양할 힘이 없다"고 대답하는 것이었다. 이에 설규가 자기 봉급을 선뜻 꺼내 주며, 생업을 마련하라고 당부한 뒤, 돌려보냈다.

두 번째 사안은, 세 번째 사안에서 설규가 봉급을 꺼내 주며 생업을 마련하라고 당부한 것과, 근본정신은 같다. 만약 정말로 법으로 다스리기로 했다면, 아들의 죄가 결코 가볍지 않았을 것이다.[57]

부모의 자식 사랑은 무조건적 본능이라지만, 어떠한 이유에서든지 한 순간 노여움이나 서운함으로, 자식을 '不孝'죄로 엄벌에 처한 부모가 적지 않았다. 사랑이 깊을수록 미움과 원망도 비례해 커지는 법이다. 부모 자식 간이나 형제자매 간에, 사랑과 우애 대신 원망과 반목의 골이 깊어지는 것도, 인간 감정의 본래 속성 탓이다. 그런 친족 간에 원한 감정을, 권위 있는 제3자가 객관적으로 자연스럽게 풀어준다면, 그 은덕이 얼마나 크겠는가? 이전에 민사소송에서 家事사건은 반드시 調停을 먼저 거치도록 규정한 뜻도 여기에 있으리라!

⑦ 송나라 任布 樞密副使가 越州 지사일 때다. 어떤 주민이 술에 잔뜩 취해 자기 할아버지를 몹시 욕하자, 할아버지가 화가 나서 손자를 고소했다가, 나중에 크게 후회하여 법정에서 통곡하는 것이었다.

"이 늙은이는 자식도 죽고, 오직 손자를 의지해 살아갑니다."

임포는 특별히 손자를 용서해 풀어주고, 황제께 상소문을 올려 자책하며 사정을 아뢰었다. 조정에서도 더 이상 묻지 않았다.

생각건대, 손자가 할아버지를 욕하면, 법률상 죄가 사형에 해당한다. 그런데 이를 특별히 용서해 풀어 주었다면, 法理상 마땅히 사유를 밝히고, 스스로 책임을 져야 한다. 이 사안도 교육을 제대로 못 받은 손자를 긍휼히 형기고, 형벌 사용을 신중히 유보한 예이다.

이밖에도, 茶山 정약용이 牧民心書 禮典 教民 장에서, 聽訟(민사소

---

57 鄭克 편저, 졸역, 『절옥귀감(折獄龜鑑)』, 531-533면에서 인용함. 구람과 위경준과 설규의 세 사안은, 茶山 정약용이 쓴 牧民心書의 禮典, 教民장에 인용 수록되어 있다. 『國譯 牧民心書』 Ⅳ(창작과비평사, 1984년), 20-22면 참조.

송 심리)이나 斷獄(형사소송 재판)으로 백성의 시비와 죄를 가려내 처벌하기 전에 먼저 교화를 베풀어야 한다는 사전 예방을 강조하기 위하여, 역대 유명한 사례들을 소개하는 가운데 중국 측 사료를 적지 않게 인용하고 있는데, 이들 역시 위에 든 사안들과 비슷한 정신기풍을 확인할 수 있는 좋은 참고자료가 된다.

8. 淸代 지방 민사재판상 調處和解

이러한 지방관의 소송 내 화해 권장 경향은 明淸代에 이르기까지 중국 전통시대에 두드러진 공통 특징의 하나인데, 특히 현전하는 대량의 判牘(민사재판 기록) 사료를 실증적으로 연구한 청대 민사 재판 실무에서도 확연히 드러난다. 잘 알려졌듯이, 唐律을 비롯한 明淸律 등, 刑律 중심의 중국 律令 체계는 민사에 관한 규정을 대부분 戶律에 포함시키고, 그 위반에 대해서는 경중에 따라 笞(치: 회초리)나 杖(곤장) 및 徒刑 등 형벌을 부과하는데, 특히 州縣에서 자체 처리(自理)할 수 있는 笞杖을 직접 시행하면서 당사자 간에 화해(합의 해결)를 유도하는 경향이 강했다. 책임 추궁의 징계와 당사자 합의를 결부시켜, 사건을 조기에 원만히 매듭짓는 것이 지방관청의 1차적 재판원칙인 셈이다. 경우에 따라서는 笞杖의 체벌 대신에 벌금이나 배상을 물릴 수 있었는데, 吏部處分則例에는 그렇게 추징한 벌금을 도로나 교량 등 공공건설 비용에 충당한다는 규정도 있다.

이러한 州縣自理의 민간 분쟁은 심리 종결(結案)시 판결(문)의 형식도, 보통은 역시 당사자 간에 自願和解(합의해결) 신청을 재판관이 批准하는 형식을 취한다. 즉, 당사자가 다툼을 달게 끝맺겠다는 취지로 '甘結'을 먼저 제출한다.

"아무개(당사자)는 이제 어떠어떠한 사안에서 (지방관의) 현명한 신문 판단의 은혜를 받자와, 다툼 대상인 재산(권리)은 어떠어떠하게 매듭짓기로 하고, 이 몸은 귀가하여 분수를 지키고 편안히 지낼 것이며, 다시는 감히 시끄럽게 다투거나 말썽을 부리지 않을 것이며, 이러한 甘結(기꺼운 매듭)이 진실함을 다짐합니다."

대체로 이러한 형식의 청원문이 작성 제출되면, 그 밑에 재판관이 '그렇게 끝맺는 걸 허락하기로 결재한다(批准結)'고 적는 것이다. 게다가 당사자의 감호인이나 근친·善隣 등이 保釋 종결을 청원하는 保狀을 구구절절이 적어 올리면, 재판관이 특별히 허가하거나, 만약 다른 사람들한테 경종을 울릴 만한 사안인 경우, 제1차에 허가하지 않고 재차 보식 간칭을 하면 그때야 단단히 훈계한 뒤 허가하기도 하였다. 따라서 경미한 1심 재판은 명분만 재판 같지, 실질이나 판결문 형식 등은 모두 당사자의 自願和解이고, 재판관은 그 권한과 위엄을 적절히 부려 소송을 억제하면서 화해를 유도하고 촉진하는 소송 내(법원) 조정자 노릇을 하는 것이다.(淸代司法審判制度硏究, 207-212면)

淸 仁宗 嘉慶 22년(1817) 2월 17일 順天府 寶坻縣 厚俗里에서 발생한 楊氏 형제의 토지분쟁 사안을 실례로 소개한다. 형 楊璞 및 그 아들 楊景震과 아우 楊瑋 및 그 아들 楊景仁이 3畝(무) 토지의 소유권을 둘러싸고 다투었다. 아우가 왜 자기 땅을 빼앗으려 하느냐고 따지자, 형은 원래 자기 땅이라고 우겼다. 그렇게 옥신각신 서로 지지 않으려고 다투자, 옆에서 지켜보던 아들들이 혈기가 끓어올라 함께 끼어들어, 아우 아들이 형 아들을 나무 몽둥이로 때려 상처를 입혔다. 주위 사람들이 달려들어 말리고 달래 현장 싸움은 멈췄지만, 토지 소유권은 해결되지 않아, 3월 11일 형제가 각각 현에 고소장을 제출했다. 당시 보지 현감이 출장 중이라, 典史가 대신 소장을 수리하고 아전을 보내 증인을 소환했다. 3월 19일 심리가 열리자, 당시 현장 목격자 魏連生과 張金梁 등을 비롯해, 해당 토지의 인접자 袁樂生, 양씨 형제의 당

숙이자 양씨 집안 족장인 楊士化 등이 모두 출석하여 증언하고, 당사자도 서로 변론하였다. 그 결과 밝혀진 사안의 진상은 분명했다.

원래 양씨 형제가 8畝의 전당 토지를 공동 경작하면서, 형이 5畝, 아우가 3畝를 점유하였다. 나중에 땅의 원주인 李씨가 빌린 돈을 갚으면서 땅을 되찾아가려 하자, 형이 8무 토지 전당계약서를 모두 내주기로 하고 그 돈을 전부 받아 챙겼다. 그 사실을 안 아우가 동의하지 않자, 형은 따로 3畝의 땅을 아우에게 代償으로 주었다. 그리고는 씨 뿌리는 봄이 되자, 아우한테 준 땅이 아까워 형이 나와 파종하려다가, 아우와 대판 싸움을 벌인 것이었다.

3월 29일 재차 신문하였으나 진술에 번복이 없자, 典史(재판관)는 두 사람한테 한바탕 훈계와 책망을 내렸으나, 아직 직접 판결을 내리지는 않았다. 그와 동시에 堂下에서는 監生 袁怡와 생원 李謙光 및 현장에 출석한 李輝 등이 아주 열심히 긴장감 넘치는 調停을 벌였는데, 최후에 쌍방이 합의에 도달하였다. 이에 감생 원이가 4월 초이레에 현에 稟呈(품정)을 올렸다.

> "저희들은 양씨 형제와 모두 친근한 우의가 있는지라, 이들이 사소한 원인으로 형제간에 무기를 잡고 갈라서는 것을 차마 볼 수 없습니다. 관가에서 양씨 형제를 함께 불러 그들 재산 분할 상태가 모두 분명하게 드러나, 이 점은 서로 다툼이 없습니다. (경진이) 가벼운 상처를 입었으나 이미 깨끗하게 나았고, 다행히 청렴한 나으리의 신문을 받자와, 그들 모두 부끄러워하며 합의하고, 그 아버지 및 숙부와 함께 고개 숙여 잘못을 시인하고 있습니다. 양박 형제도 모두 참회하고 형제간에 원래대로 화목해졌습니다. 본래 저희들은, 하늘같은 어르신께서 백성을 자식처럼 사랑하시고 사건을 잠재워 사람을 평안케 하시는 지극한 뜻을 우러러 왔기에, 이에 어리석음과 외람됨을 무릅쓰고, 어질고 현명하신 어르신께서 저희 모두의 진실

한 마음을 굽어 살피시어, 골육(형제)의 우애를 온전히 지키도록 은혜를 베푸시고, 형벌만은 면해 주시길 간청 올리는 바입니다."

이에 그날로 허가(비준)한다는 재결을 받았다.

"이치가 명백하므로, 형벌 신문은 면제하고, 사안 취소를 허가한다. 그러나 양경진 등 당사자가 甘結文을 작성해 올리도록 하라." (淸代司法審判制度硏究, 216-218면)

이상과 같이 州縣 自(體處)理의 사안은 정식 소송으로 제기된 경우에도, 원칙상 소송을 가라앉히고(息訟) 당사자 간에 화해하도록 타이르고 유도하는 게 보통이었다. 이러한 소송 내(법원) 조정은 鄕里 차원의 민간 자체 조정과 달리, 일단 관청에 끌어들여 국가 사법기관의 권위 있는 지휘와 감시를 받기 때문에, 아무래도 당사자의 순수한 자발적 합의보다는, 직접 간접의 心理 강제가 수반되기 마련이다. 달게 끝맺겠다는 '甘結' 신청서도, "관청 어르신의 뜻을 받들어 끝맺음(依奉結得)"을 명문으로 표현하듯이, 화해로 甘結하지 않으면 관청의 어떠한 처분을 받을지, 일반 백성은 두려워하지 않을 수 없는 형편이다. 주현에서 때로는 화해를 촉진시키기 위해, 아예 소장 수리를 불허하여, 소송이 일기 전에 부질없는 고소를 풀어버리기도 한다. 따라서 비록 율령에 명문 규정은 없지만, 주현에서는 소송이 접수되면 심리 판결에 앞서, 먼저 당사자가 화해하도록 유도하는 일종의 조정전치주의가 일반 관행이었다고 볼 수 있다. 하물며, 지방관의 정기 평가(考課) 시 행정업적 항목에 민형사 소송의 처리 능력이 중요 표준으로 포함되어 있었으니, 더욱 짐작할 만하지 않은가? 그래서 王輝祖의 佐治藥言에는 이렇게 적혀 있다.

"민사소송 가운데 심리 재판해야 할 사안은 10분의 4·5도 안 된다. 이웃 간에 말다툼이나 혈육 간에 사소한 의견 다툼 때문에, 한때 혈기를 참지 못하고 어리석게 소송을 제기한 경우나, 그렇지 않으면 못된 자들이 중간에게 농간을 부린 경우가 대부분이다. 정말 차분한 감정과 현명한 비유로 간곡히 타일러 당사자들이 뉘우치고 깨닫는다면, 모두 수시로 풀어지고 취소될 수 있는 사안들이다. 더러는 수리를 허가한 뒤 친지나 이웃들의 調處로 소송 취하를 간청하는 경우가 많은데, 양 당사자가 이미 화목을 회복했다면, 官府는 마땅히 긍휼히 여겨 화목을 보호해야 하며, 소송을 가라앉힐 수 있다면 곧 가라앉혀야 한다."(淸代司法審判制度硏究, 219면)

이러한 주현의 화해 유도는 堂上에 권위만 앞세워 독자적으로 진행되지 않고, 앞의 사안에서처럼 堂下에 민간(이웃·친지) 차원의 화해 설득도 동시에 병행하여, 여하튼 분쟁이 소송상 판결을 거치지 않고 평화롭게 해결되는 데 최우선 목표가 있는 것이다. 그러다 보니, 특히 혼인 문제에 관해서는, 전통 윤리도덕 관념에 비추어, 부녀자의 자유의사가 사실상 무시(억압)되는 결과로 귀착되는 경향이 있었다. 당률 이래로 전통 율령은, 부부가 서로 화목하지 못해 쌍방 이혼하길 원하는 경우에는 국가에서 간섭하지 않는다는 명문 규정을 두고 있다. 하지만 가부장제적 권위를 옹호하는 통치이념상, 국가는 이혼 자유를 방임할 수는 없었다. 그래서 시부모와 남편의 모진 학대를 이기지 못해 친정으로 도망한 나이 어린 부녀자를 시집에서 내놓으라고 소송을 제기한 사건에서, 현감이 애써 심리하고 調處한 결과, 시어머니와 남편은 앞으로 괴롭히지 않고 잘 가르치겠다고 다짐하고, 아내는 시부모와 남편의 가르침을 잘 듣겠다고 다짐하며 화해하는 걸로 매듭짓기도 했다. 정말로 화목하게 잘 살아갔는지 알 수 없지만, 요즘 법관념과 이혼 의식으로 보면, 어린 부녀자의 인권은 안중에 없고, 집안싸움을 관청에 끌고 나와 소란을 피우지만 않는다면 된다는 일방적 미봉책이 아닌가 의구심도 들 것이다.[58]

9. 사대부 訓示와 家訓에 나타난 소송 금지

이상과 같이, 고대 성왕과 성현들의 不爭之德과 無訟 사상의 오랜 전통에다가, 국가 행정조직과 사법기관의 調處 우선주의 제도 및 정책까지 가세하면서, 일반 백성들 사이에도 소송은 불길(凶)하며, 따라서 되도록 피하고 평화롭게 해결해야 좋다는 법의식이 아주 널리, 아주 깊이, 그리고 아주 오랫동안 뿌리 박혀 내려왔다. 이는 민간에 전해오는 속담이나 처세교훈, 특히 명문 사대부가 중심이긴 하지만 여러 가문의 家訓과 목민관의 훈시 등에 두루 잘 나타나 있다.

명말 청초의 朱柏廬(1617-1688)가 남긴 朱子家訓은 세상에 아주 널리 퍼진 대표적 가훈인데, 이런 구절이 실려 있다. "집안에 거함에는 쟁송을 삼가라. 쟁송하면 끝내 흉하다.(訟則終凶 : 周易) 세상에 처함에 수다를 조심하라. 말이 많으면 반드시 실수한다."[59]

인욕과 양보로 다툼과 싸움을 피해야 한다는 無訟과 調停和解 의식을 잘 대변하는 이러한 가훈도 전한다.

> "자제들이 밖에서 다투거나 싸우는 경우, 설사 이치에 올곧고 바를지라도, 다만 인내할 만한 일이거든, 참고 용서하며 더불어 다투거나 싸우지 않는 게 좋다(착하다)고 권하고 밀려야 한다. 만약 이치에 굽고(맞지 않고) 잘못했다면, 반드시 엄하게 훈계해야 마땅하

---

58 앞의 『清代司法審判制度硏究』, 226-227면 참조. 아버지가 딸을 한 청년에게 시집보내기로 許婚한 뒤, 남자가 가난하다는 이유로 파혼하자, 이미 서로 사랑한 남녀가 떨어지기 싫어하여 함께 도망했는데, 아버지가 붙잡아다가 남자를 두들겨 패고 혼인을 물렸는바, 딸이 남자의 아내 명의로 현에 소장을 제출하여 혼인을 인정해 달라고 청구하자, 현감은 부끄러운 줄도 모르고 불법이 극에 달했다고 심하게 꾸짖으며, 딸을 아버지한테 되돌려 주고 남자는 따끔하게 처벌한 사안도 있다.

59 졸역, 『운명을 뛰어넘는 길(了凡四訓)』, 불광출판부, 2000재판, 195면 참조.

다. 만약 血親의 감정에 이끌리거나 체면(자존심) 때문에 오히려 잘못을 두둔하고 감싼다면, 도리어 스스로 체면을 손상하고 자제를 망치며 헤아릴 수 없는 큰 화근이 될 수 있으니, 명심해야 한다."[60]

"민형사 소송 사건은 큰 억울(원통)이 풀리지(씻기지) 않아 일어난다. 예컨대, 부모 원수처럼 하늘 아래 함께 살 수 없거나, 형제 원수처럼 한 나라에 살 수 없는 경우 같으면, 관가에 고소하지 않으면 그 원통함이 풀릴 방법이 없으므로, 내 감정을 펴기 위해서 부득이 소송을 제기하는 것이다. 그러나 호구·혼인·토지 같은 사소한 일은 누가 옳고 누가 그른지, 친족이나 동네에서 스스로 調(停和)解할 수 있다. 설사 다소 불평스럽더라도, 참고 양보해 일을 끝마치는 게 좋다. 그래야 법정까지 끌고 가서 원한을 더욱 깊게 맺고 집안이 망하도록 재산을 소모하는 더욱 큰 재앙은 면할 수 있다. 옛말(周易)에 '소송하면 끝내 흉하다' 하였으니, 교훈으로 삼아 경계할 일이다."[61]

사실, 사람들은 대개 조그만 이익이나 편의를 먼저 차지하려는 욕심에 눈이 어두워, 옥신각신 말다툼하고 싸우기 시작해서, 和氣를 해치고 心神까지 손상하기 마련이니, 실로 작은 것을 탐해 큰 걸 잃는 꼴이다. 작은 편의를 남에게 양보하고 큰 걸 온전히 지키는 편이, 적은 손실로 마음과 정신의 큰 안락을 지키는 비결이라고 한다.[62]

---

60 (中華民國) 行政院 文化建設委員會 主編, 族譜家訓集粹, 聯經出版事業公司, 1984, 35면 참조. "子弟忿爭於外, 縱於理爲直, 但可忍耐, 仍宜勸其容忍, 勿與忿爭爲善. 而於理爲曲子, 務必嚴爲之誡. 若爲親情, 爲體面, 而護其短, 仍自傷體面, 自毁子弟, 每肇不測之禍."

61 (中華民國) 行政院 文化建設委員會 主編, 族譜家訓集粹, 聯經出版事業公司, 1984년 초판, 90-91면 참조. "獄訟之事, 爲大寃不白而起. 如父母之仇, 不共戴天; 兄弟之仇, 不與同國. 不告於官, 則無以白其寃而伸吾之情, 乃訟以不得已者. 若戶婚田土, 事屬細微, 孰是孰非, 則宗族里黨, 自可調解; 設稍有不平, 亦忍讓了事, 庶免拖延法曹, 結怨逾深, 耗財破家, 爲禍更大. 古云: '訟則終凶', 可以爲戒."

불행히도 이웃에 사납거나 간교하고 사기 치는 못된 사람과 함께 살게 되는 경우에는, 최대한 참고 포용하며 사는 게 좋고, 천만번 부득이한 경우라도 다른 사유를 칭탁하여 집을 팔고 다른 좋은 이웃이나 마을로 이사할지언정, 함부로 가벼이 소송에 휩쓸려서는 절대 안 된다고 경고하기도 한다. 옛 속담에 "백만 전을 주고 집을 사고, 천만 전을 주고 (좋은) 이웃을 산다.(百萬買宅, 千萬買隣.)"는 명언이 전해오듯이, 이웃 선택은 정말 신중해야 한다고 한다.[63]

그밖에도 수많은 가훈들이 소송을 경계하고 분쟁의 평화 해결을 촉구하는데, 종족 간에 다툼이 생겨 화해할 수 없는 경우 우선 집안 어른한테 알려 처리해야 하며, 그러지 않고 곧장 관가에 고소하는 자는 (시비곡직을 불문하고) 祠堂에 불러 엄중히 책망하고 집안 제사에 몇 년간 참석 정지를 명하고, 家規에 따라 징계한다는 내용이 보통이다.[64]

"자기 마음과 소송하면 상서롭고, 남과 소송하면 재앙 온다(訟心者祥, 訟人者殃)"는 속담과 함께, 口訣 가요 같은 긴 속담도 눈에 띈다.

"민사소송은 일으켜선 안 되나니,	詞訟不可興
집안 재산 이로부터 기울어지리.	家業從此廢
비록 1만 병졸을 이긴(얻는)다 해도,	雖贏一萬兵
자기 또한 3천 기마쯤은 잃는다네.	自損三千騎
訟師(律師)는 지휘봉 살래살래 흔들며,	訟師搖輭椿
증인도 본디 후한 답례 치러야 하지.	干證素厚幣
어디에 착한 아전(옥졸) 있으리오?	那有善公差
결백한 서리 또한 찾을 수 없는 걸.	亦無白書吏

62 (中華民國) 行政院 文化建設委員會 主編, 族譜家訓集粹, 87-88면 참조.

63 (中華民國) 行政院 文化建設委員會 主編, 族譜家訓集粹, 89면 참조.

64 앞의『清代司法審判制度研究』, 223면 참조.

법관의 판결은 알 수 없나니,	官斷不可知
시비곡직은 매양 자기 뜻대로 정하지.	曲直每任意
간교하게 부추기고 허위로 무고하면,	刁唆與誣告
그 마음보 더욱 나쁘고 못된 자일세.	心術尤不義
성질 좀 참고 재산도 아끼게나.	忍氣而惜財
그대 꼭 마음에 새겨두길 권하네."[65]	勸君須切記

淸 宣宗(道光 : 1821-1850) 때 四川에 한 지방관이 '백성들한테 소송 그만두길 권한 告示'에 더욱 자세하고 명확히 잘 나타나 있다.

"금전 빚이나 토지나 분묘 등으로 말미암은 일체 사소한 말다툼은, 본디 백성들 사이에 항상 있는 일로서, 그 나름 일정한 도리가 있는 법이다. 만약 정말로 남한테 속임이나 업신여김을 당한다면, 단지 노숙하고 공정한 친지나 이웃한테 알려, 그대 대신 이치를 밝혀주도록 요청하여 평화롭게 다툼을 그치면 그만이지, 결단코 관가에 고소하여 소송을 벌이면 안 된다. ……설사 그대가 백 분의 백 옳다고 쳐도, 꼭 성질을 참아야 한다. 本官의 말을 마음속에 꼭 꼭 기억하라. 단지 친지한테 알려 다툼을 풀면, 설사 약간 손해를 본다 할지라도, 결국 관가에 고소하는 것보다는 훨씬 유리할 것이다…… 본 현감도 본디 강서성에 한 백성인데, 우리 집안은 2백 년 동안이나 감히 고소하여 소송을 벌인 적이 한 번도 없으나, 알게 모르게 상당히 많은 이익을 보았으니, 이 또한 단지 성질을 잘 참은 이점(보답)일 따름이다. 그대들은 내가 이토록 간곡히 일깨우는 苦衷을 정말 헛되이 저버리면 안 된다."[66] (참고로, 소송 벌이는 걸 중국어

65 史襄哉편, 『中華諺解』(上海文藝出版社), 영인본, 酉集 4면, 10450-10454번 참조.
66 劉衡, 庸使庸言, 앞의 『淸代司法審判制度硏究』, 222면에서 재인용.

로 "打官司"(관청을 친다)라고 하는데, 백성이 관청에 도전하는 건 달걀로 바위 치기 식이라는 어감이 다분한 표현이다.)

그런데 이러한 충고는, 맨 위에서 황제께서 친히 내리신 거룩한 유시로부터 직접 하달된 사항이기도 하다. 清 世祖(順治 : 1644-1661) 때 반포된 聖諭 6條가 聖祖(康熙 : 1662-1722) 때 聖諭 16條로 확충되고, 다시 世宗(雍正 : 1722-1735) 때는 聖諭廣訓으로 재천명되면서, 州縣官이 매달 초하루와 보름 두 차례에 걸쳐 몸소 백성들한테 직접 강연하여 집집마다 훤히 알도록 요구했다. 그 가운데 강희제의 성유 16조에 다음과 같은 내용이 들어 있다.

① 효도와 우애를 돈독히 하여, 인륜을 중시하라. ③ 마을 이웃들과 화목하여, 쟁송을 일으키지 말라. ⑧ 법률을 배우고 익혀, 어리석고 완고함을 깨우쳐라. ⑨ 예의와 양보를 생활화하여, 풍속을 순화시켜라. ⑫ 허위와 무고를 멈추어, 선량한 백성을 보호하라. (16) 원한과 분노를 풀어, 생명을 애지중지하라.

과연 전통 중국사회는, 황제로부터 서민에 이르기까지, 시종일관 "예의 작용(법의 목적)은 평화가 존귀하다(禮之用, 和爲貴)"는 공자 말씀과, "날카로움을 누그러뜨리고 분쟁(얼크러짐)을 풀어라(挫其鋭 , 解其紛)"는 老子 가르침을 두루 익히고 실천하는 데, 정치 교화와 인격수양의 최고 최우선 목표를 두었다. 오로지 소송이 없고(無訟) 형벌이 필요 없는(無刑) 이상사회를 지향하면서, 분쟁을 미연에 예방하고, 어쩔 수 없이 생긴 다툼은 소송 이전에, 또는 소송 진행 중이라도 되도록 당사자 간에 합의를 이끌어내 평화로이 해결하려고 최선의 노력을 다해 왔다. 그로 말미암아, 개개인의 자유와 권리가 더러 무시되고, 실질적 정의가 때로는 침해되는 부작용과 역기능도 적지 않았을 것이다. 그럼에도 불구하고, 사회 전체의 평화와 안녕 유지라는 예법 규범의 궁극 목적에 비추어 보면, 역시 失보다는 得이 많지 않았을까?

10. 우리나라 역사와 전통

삼국시대 중국 율령 체계를 도입한 이래, 적어도 1500년 이상 역사는 우리나라도 기본상 中國法系에 속해 왔다. 또 고려 말 성리학을 도입하여 조선 시대 국교로 삼은이래, 5백년 이상 우리 전통은 유교 이념의 지배 아래 놓여 있었다. 이러한 역사 배경을 감안하면, 우리나라 경우도 분쟁의 예방과 평화적 해결의 법문화는, 중국과 본질상 크게 다르지 않을 것으로 일단 추정할 수 있다. 하물며, 인간이 정치 사회적 동물이고, 사회 있는 곳에 법이 있으며, 법의 궁극 이념(목적)이 분쟁 없는 평화로운 질서 유지임을 상기한다면, 이는 더더욱 자명한 사실일 것이다. 게다가 우리 한겨레는 예로부터 평화를 사랑하는 백의민족임을 자부해온 터이다. 殷의 현인 箕子가 피난 와서 교화를 펼쳤는가 하면, 孔子 같은 성인도 東夷를 찬탄하며 거주하고 싶어 동경한 땅이라고 하지 않은가?

물론 고구려 같이 성질이 사납고 급하며 기력이 강해 전투를 좋아한 부족도 있긴 했지만, 고조선과 그 후예들은 한사군이 설치되어 풍속이 조금 각박해지고 법령도 60여조 가량으로 불어날 때까지는, 箕子의 8조 법률 교화만으로 충분하여, 서로 남의 것을 훔치지 않고, 집 대문을 닫는 장치도 없었으며, 부녀자는 貞信을 지켜 간음도 없었다고 하니[67], 공자가 뜻을 품은 大同세계에 가까운 이 같은 태평사회에서, 민간의 사소한 다툼이나 쟁송을 상상하기란 쉽지 않을 성싶다. 그리고 고구려에서는 엄형중벌 덕분인지, 길에 떨어진 물건을 줍는 사람이 없었다고 하니, 남의 것을 빼앗거나 훔치고 다툴 일이 별로 없었을 것이며; 신라에서는 국가 조정의 일을 반드시 대중이 함께 더불어 의논하되, 한 사람이라도 이의를 제기하면 그만두는 만장일치제 '和白'

67 後漢書, 권85, 東夷列傳 참조.

이 운영되었다고 하니, 민간사회에서도 平和로운 合意를 숭상하였을 것 같다.[68] 또 비록 불교 철학과 관련된 일이지만, 元曉 대사가 주창한 '和爭' 사상은 불교를 국교로 신봉한 신라와 고려시대까지, 불교뿐만 아니라 국가 정치사회 전반에, 적지 않은 지도적 영향력을 끼쳤을 것으로 짐작된다.

그러나 인구가 많아지고 사회가 점차 복잡해짐에 따라 범죄와 분쟁이 많아지고, 그에 대한 처벌과 해결, 나아가 예방의 필요성이 대두됨은, 어느 국가에서나 필연적인 보편 현상일 것이다. 그래서 고려사 형법지에서도 중국 역대 禮論과 형법지의 법이념의 전통을 본받아, 법과 형벌의 궁극 이념과 목적을 대조해 천명함으로써, 사후 징벌보다는 사전의 일반 예방을 훨씬 더 중시하고 강조하였다.[69]

민사 분야에서도 권리를 보호하고 분쟁을 예방하기 위한 公的 證明(立案 등) 제도가 일찍부터 시행되었는데, 아마도 좁은 땅에 높은 인구 밀도 탓인지, 우리 조상들의 권리 의식은 생각보다 훨씬 높았던 것 같으며, 현전하는 다량의 고문서가 조금씩 정리되고 연구되면서, 그러한 사실도 점차 밝혀지고 있다. 지금도 우리나라 사람들의 고소·고발 사건이 이웃 일본이나 중국에 비해 훨씬 많다고 하는데, 언제부턴가 우리 조상들은 확실한 권리 분쟁의 해결을 위해 소송의 길을 선택하는 경향이 강했던 것 같다. "訟事는 敗家亡身"이라는 것을 알면서도, "牙山이 깨어지나 平澤이 무너지나", "백두산이 무너지나 동해수가 메워지나" 해보자 할 정도로 벼르는 것은, 어쩌면 당사자와 官司(법원) 사이에서 다툼을 중재(조정)하는 적절한 제도나 관습이 없었기에 비롯된 전통으로 추정되기도 한다. 여하튼 구한말에 일본인 재판보

68 唐書 권220, 東夷列傳 참조.

69 高麗史 84, 志권 제38, 刑法1: "刑以懲其已然, 法以防其未然, 而使人知畏不若防其未然而使人知避也."

좌관들이 우리나라에 와서, 거의 모든 권리 분쟁이 소송으로 제기되는 것을 보고, 한국인은 권리 의식이 높다고 평가하는 자도 있었다.[70]

그렇지만, 역시 소송이란 시간상이나 경제상, 또는 정신상이나 사회 인간 관계상으로, 막대한 대가를 치르는 고비용 전쟁으로 인식되었다. 그래서 "訴訟은 敗家亡身"이란 속담이 和解를 강력히 권고하고 있는데, 특히 "(원수) 척 사지 말라"는 경구도 심오한 역사적 교훈을 함축하고 있다. '척'은 한문으로 '隻'인데, 소송의 한 당사자를 뜻하여(전통 중국에서는 '曹' 또는 '造'라고 부르며, 나중에 原告·被告라는 용어도 등장함), '척 사다' 척 지다'는 본디 소송 당사자가 된다는 뜻인데, 원수가 된다는 의미로 변했다. 그래서 '척' 앞에 '원수'라는 단어를 관용적으로 붙이기도 한다. 이웃이나 친척과 사소한 다툼이 생길 경우 평화로이 해결할 수 있는 友好 관계를 평소 유지하되, 좀 더 자기에게 유리하게 따지겠다고 소송을 제기해 상대방 원한 감정을 사지도 말고, 또 상대방이 평소 품어 온 원한 감정으로 자기를 상대로 기필 소송을 제기하는 일이 없도록 처신을 잘하라는 두 측면 의미를 포함한다.[71]

물론 우리나라에서도 향약이 잘 시행된 지역이나 양반 同姓村(集姓村) 같은 공동체 안에서는, 중국의 家訓이나 族規 같은 강력한 공동체 자치규범이 존재하여, 분쟁이 아예 생기지 않게 하거나, 생기더라도 되도록 내부에서 자치적으로 해결하도록 요구했을 것이다.

예컨대, 보은 현감 張旅軒(顯光)이나 현풍 현감과 영남 관찰사를 지낸 金世濂 등은 향약을 잘 시행하여 고을을 아주 잘 다스렸다고 한다. 또 茶山도 목민심서 禮典의 敎民 조에서 중국의 여러 향약 실례들을 상세히 소개하면서, 옛 鄕黨州族의 전통인 향약을 잘 시행하는 걸 우

70 朴秉濠, 『韓國의 傳統社會와 法』(서울대학교출판부, 1985년) 초판, 253면 참조.
71 박병호, 『한국의 전통사회와 법』, 251-254면 참조.

선 권장하고 있다. 구체 방법으로는, 呂氏향약과 陳氏향약, 그리고 朱子榜論文 및 오륜행실도 가운데, 선행·미담 수십 조목을 정선하여 한글로 정서한 뒤, 수십 권을 베껴 각 고을에 배포하고 고을마다 80-120人의 자제들을 선발해 겨울 농한기(입동 후 경칩 이전) 120일 동안 10일마다 강습시키고, 그들한테 백성들을 일깨우게 한다는 것이다. 특히, "향약 중 금지하는 조항으로 분쟁하거나 소송하는 자가 있으면, 목민관(수령)이 친히 장부에 기록하여, 금지조항을 많이 범한 고을은 담당 자제들을 벌책하고, 적은 고을은 포상하며", 또 수령이 몸소 고을을 순방하며 선행을 포상하고 죄악을 다스리라고 권장한다. 그러나 결단코 고을 토호나 간사배들이 향약의 권한을 잡아 남용하는 일이 없도록 방지해야 한다고, 특별히 주의를 준다. 특히, 뜻만 높고 재능이 부족한 수령이 기필코 향약을 시행하려고 고집하는 경우, 향약의 폐단이 도적의 해악보다 심할 것이라고 경고한다. 토호나 鄕族들이 約長이니 憲章이니 행세하며 실권을 잡고, 公員·直月 등의 졸개들을 거느리며 鄕權을 전횡하여, 백성들한테 위세를 부리면서 술과 곡식을 공공연히 요구하고, 트집이나 약점을 잡아 뇌물이나 향응을 받기 일쑤이다. 또, 분쟁과 소송을 판가름 낸다고 설치는데, 수령이 제소된 訴狀(訟牒)을 향약에 위임해 조사 보고토록 명하면, 더더욱 권세를 믿고 설쳐대며 간사한 농간을 일삼기 마련이다. 실제로, 당시 보성군에서는 學宮(향교)에 출입하는 校派와 향약을 주관하는 約派 사이에 실권 투쟁이 그치지 않아, 도내에서 풍속이 가장 흉악한 곳이었다.

따라서 향약도 경솔히 시행할 것이 못되며, 심사숙고하고 정성 들여 궁리 설계한 다음, 시행해야 한다고 다산은 경책한다. 그러면서 다산은, 李珥가 당시 향약의 조속한 실시를 주장하는 許曄 등 뭇 신하들과 대항하여 논전을 펼친, 향약 시행 여건 미성숙론의 경위에 대해 상세히 인용 소개하고 있다. 요점은, 전란과 기근으로 도탄에 빠진 백성들이 추위와 굶주림에 허덕이는 판인데, 무슨 禮義 교화가 먹혀들겠느냐는 것이다. 의식이 족해야 예절을 아는 법인데, 굶주림으로 탈진해 미음도 제대로 소화시키기 어려운 위장에, 제아무리 좋은 진수성찬인들 억지로 먹이면 피와 살이 되겠느냐는 논지였다. 게다가 約正이나 直月 같은 향약 책임자를 제대로 얻기 어려운 현실에서 향약을 강행하면, 토호들이 향약을 빌미로 서민들한테 적지 않은 폐해를 끼칠 것이 뻔한데, 구체적 시대 상황을 고려하지 않고, 그저 옛 미풍양속만 흠모하여 무조건 맹종하는 것은, 통치의 도에 본말과 완급이 있는 줄 모르는 어리석은 선비의 잘못된 생각이라고 탄식한다.72

그리고 이어서 다산은, 教民의 또 다른 강령으로, "먼저 가르치지 않고서 죄악을 저지른 뒤 형벌에 처하는 것은, 백성을 그물질하는(속이는) 짓(罔民)"이라는 맹자의 교훈을 내세운다. 즉, 비록 흉악한 불효자라도 일단 가르치고 나서, 그래도 고치지 않으면 처형하며; 형제가 우애하지 못해 시끄럽게 쟁송을 벌이면서도 부끄러운 줄 모를지라도, 우선 그들을 가르치고 죽이지는 말라고 권한다. 그리고 중국과 우리나라에서 전해오는 약 30건 판례를 소개하면서, 부모나 이웃이 자식을 불효죄로 고소한 경우나, 형제간에 재산 다툼으로 소송을 제기한 경우에, 엄중한 형벌 대신에 감동적인 훈계를 베풀어 쟁송을 풀어버리고, 지극한 효성과 우애를 다하도록 교화한 모범을 보여주고 있다. 그 중 대표적인 두 사례만 소개한다.

金必振이 原(厚)城 현감일 때, 사람들이 李仁을 불효죄로 고발해 와 먼 곳에 유배를 보냈는데, 그 아버지가 여러 차례 찾아와 아들의 불효죄가 억울하다고 하소연했다. 관청에서는 불효죄(패륜)가 중대하기 때

72 정약용, 『與猶堂全書』 第五集, 『牧民心書』, 권7, 42-46면, 경인문화사, 1981년 영인본, 제5책, 461-464면 및 다산연구회, 역주 『목민심서』 Ⅳ(창작과비평사, 1984년), 11-20면 참조.

문에 어떻게 봐 줄 수가 없었는데, 하도 통사정하기에, 李仁이 불효하다고 증언하는 20여 명의 동네 사람들은 다시 조사해 보니, 대부분 조정 관리이(었)거나 그 친족들이었다. 그래서 사실대로 적은 다음, 漢나라 때 仇覽(香)의 고사를 인용하면서, “당시 사안에서 어머니가 자식을 불효로 고소했는데도 곧장 법대로 처형하지 않은 것은, 용서의 아량이 법률보다 우선하고, 교화가 형벌보다 시급하기 때문이었습니다. 부자간에 恩情이 갑자기 깨뜨려지지 않아야 함은, 인륜과 풍속을 돈독히 순화하는 뜻이 그 안에 있기 때문입니다.”고 道에 보고하였다. 이를 본 관찰사가 옛날 선량한 관리의 기풍이라고 찬탄하면서 조정에 보고를 올려, 마침내 용서를 받게 되었다.

弼善(侍講院의 正4품 관직)을 지낸 尹烇이 익산 군수일 때, 형제간에 소송을 벌인 자가 있었다. 윤군수가 아우한테 왜 소송을 벌이느냐고 꾸짖자, 아우는 부친의 재산을 나눠주지 않기 때문이라고 답했다. 그래서 형한테 왜 재산을 안 나눠주느냐고 꾸짖자, 형은 부친의 명(유언)이라 어길 수 없기 때문이라고 답했다. 이에 윤전은 형한테, “네 아우가 진실로 죄가 있긴 하지만, 아우를 자식 취급하지 않은 네 부친도 잘못이다. 옛 사람들은 (부모가 임종에 정신이 혼미한 상태에서 내린) 어지러운 명령(亂命)은 듣지 않았나니, 네 재산도 아우한테 나눠주어도 괜찮다. 너희들은 마땅히 여덟 가지 중죄로 처벌해야 하나, 제대로 가르치지(교화하지) 못하고 처벌하는 것은, 나 또한 부끄럽게 여긴다.”고 훈책한 뒤, 인륜을 잘 일깨워 돌려보냈다. 그러자 이튿날 찾아와 재산을 나누겠다고 자청했다.[73]

---

73 정약용, 『與猶堂全書』(경인문화사) 영인본, 제5책, 464-466면 및 역주 『목민심서』 Ⅳ, 20-30면 참조. 그러나 다산도 己巳(순조9년, 1809)년과 甲戌(순조14년, 1814)년의 기근에 불효자보다 형제간에 우애하지 않은 자가 훨씬 많았던 목격담을 실례로 들면서, 형은 새로 논밭을 사들이면서 옆에서 굶어 죽어 가는

그리고 다산은 목민심서 刑典의 첫 번째 聽訟 조에서도, 수령이 민간 소송을 청취하여 심리하는 근본은 誠意에 있고, 성의의 근본은 愼獨에 있으며; 그 다음으로는 자신을 규율(절제)하여 (솔선수범으로) 훈계하고 일깨우며 백성들 억울함을 풀어주면 역시 소송이 없도록 할 수 있다고 강조한다. 그러면서, 대학에서 "聽訟은 나도 남만큼 할 수 있지만, 반드시 소송이 없도록 하겠다"는 공자 말씀을 인용한 부분을 재인용하여 상세히 부연 설명한 뒤, "聽訟은 소리와 낯빛을 드러내 백성을 교화하는 것이고, 無訟은 내가 밝은 덕을 품고 있기에 큰 소리로 낯빛을 바꿀 필요가 없이 저절로 교화가 이루어지는 것이다" 라고 양자의 근본 차이를 밝히고 있다. 천하에 수없이 많은 백성들을 집집마다 찾아다니며 입씨름과 혀 놀림으로 일일이 가르칠 수는 없는 노릇이기에, 성인의 도란 至誠으로 독실과 공경을 다하여 천하가 저절로 평안해지도록 하는 것이, 공자가 아예 '소송이 없도록 하겠다(使無訟)'고 피력한 포부의 진정한 의미라고 한다.[74]

이쯤 되면, 성인의 말씀을 빌어, "내가 함이 없으되 백성이 저절로 교화되고, 내가 고요함을 좋아하되 백성이 저절로 올바라지며, 내가 일이 없으되 백성이 절로 부유해지고, 내가 욕심이 없으되 백성이 절로 질박해진다"[75]고 일깨우며, 不爭之德과 無爲而無不爲(함이 없으면서도 행해지지 않음이 없음), 行不言之教(말함이 없는 교화의 시행)를 강조한 老子의 無爲自然之道에 거의 일치한다고 볼 수 있겠다. 그러나

아우한테 쌀 한 톨 주지 않는 놀부 같은 자들은, 수령이 마을에서 몇 명씩 붙잡아 가차 없이 엄벌에 처하면, 민심 회복에 향약보다 훨씬 탁월한 효과가 있을 것이라고 역설한다.

74 『與猶堂全書』 영인본, 제5책, 508면 및 역주 『목민심서』 Ⅳ, 244-246면 참조.

75 老子 第57章 : 故聖人云 : 我無爲而民自化, 我好靜而民自正, 我無事而民自富, 我無慾而民自樸.

현실 세계는 그런 이상적 도덕 정치만으로는 교화가 불가능하기에, 그래도 기필코 소송을 고집하는 경우에 주의하고 따라야 할 심리 재판의 구체 방법들을, 다산은 無訟의 근본정신 위에 조목조목 상세히 예시하며 해설하는 것이다.

따라서 율령 체계로나 윤리도덕(철학사상)으로나, 중국 문화의 영향을 절대로 받아온 우리 전통사회도, 분쟁의 예방과 평화적 해결의 역사문화에서 역시 중국과 大同小異했다고 보아도 괜찮을 것이다. 大綱 근간은 일반적 보편성을 공유하면서, 細目의 지엽(현상)들은 지역과 민족에 따른 예외적 특수성을 다채롭게 나타냈다. 우리 역사 문헌자료가 아직 충분히 정리·연구되지 못한 상황에서, 필자의 寡聞淺見과 시간상·체력상·지면상 여러 요인이 복합되어, 우리 역사 문화전통을 좀 더 구체적이고 실감나게 상세히 소개할 수 없어 아쉽고 안타깝다. 앞으로 좀 더 폭 넓고 깊이 있는 연구가 계속 활성화되길 기대한다.

11. 맺음말

지금까지 동아시아 다양한 고전 및 법제사에 나타난 분쟁의 예방과 평화적 해결을 지향한 철학사상과 전통법문화의 궁극 이념(목적)을 살펴보았다. 사실 이러한 법이념은 꼭 우리 전통법에만 고유한 특징이라고 할 수는 없다. 법 자체가 사람들 사이에 다툼을 미리 막고, 적어도 평화롭게 해결하기 위해 존재하는 수단이기 때문에, 사회적 동물인 인간이 함께 모여 이루어진 사회에 반드시 존재하기 마련인 법규범이라면, 동서고금을 막론하고 모든 사회에 모든 법이 분쟁의 예방과 평화적 해결을 제1차적 임무이자 궁극의 목표로 삼기 마련이다.

예컨대, 로마의 12表法에도 소송보다는 당사자 간에 和解를 우선 인정하고 권장하는 내용의 명문 규정이 전해온다. 즉, 소송의 양당사자가 사건에 관하여 和解하면 법무관을 이를 선언하고, 화해하지 않는 경우에 비로소 民會場이나 법정에서 오전 중에 사건 개요를 진술하는데, 쌍방이 출석하여 함께 변론을 다한다. 그리고 채무자도 채권자와 和解하는 권리가 있었고, 和解되지 않은 경우에 비로소 60일간 구금되고 법무관에 引致되어 재판을 받았다고 한다.[76] 무엇보다도 법의 민족이라는 로마인들에게도 소송은 손쉬운 일상사가 아니어서, 被護人에 대한 소송상 원조를 중요한 사회적 의무로 삼았고, 법적 분쟁을 소송 이외에 중재계약과 같은 다양한 방식으로 해결하려 한 史實이 특히 주목된다.[77] 그리고 근래 미국을 비롯한 영미법계 나라에서 크게 주목받는 ADR도 최근에 비로소 생긴 제도는 아니고, 미국에도 18C말 이미 상사중재가 제법 시행된 역사 경험이 있고, 스웨덴이나 기타 북유럽 국가들의 역사에서도 소송외적 분쟁해결 機制의 전통이 상당히 뿌리 깊이 존재한다고 한다.

그러나 역시 우리 동아시아 전통 법문화만큼, 분쟁을 미리 예방하고 소송 이전 또는 소송 밖에서 평화로운 해결을 강렬히 지향하고 실천해온 역사 전통은 세계 어느 곳에서도 유례를 찾아보기 힘든 독특한 문화임에 틀림없다. 우리는 근대화 백여 년 동안, 처음에는 식민지배와 군정체제의 타율적 강요에 의해서, 나중에는 시대적 대세라는 근대화·세계화의 논리에 따라 자의 반 타의 반으로, 근대 서양법 체계를, 그것도 일본식으로 충실히 모방하고 답습해 왔다.

마치 나일론이 질기고 값싸며 편리하다니까, 무명과 모시나 삼베는 거추장스런 촌놈 옷감이라고 모두 내팽개쳤듯이! 음식은 어떠한가? 식민지 수탈과 전란 속에 굶주림과 영양실조에 허덕여온 우리 부모와

76 十二表法 제1表 제 6-7조 및 제3표 제5조 : 최병조, 『로마법연구(Ⅰ) - 법학의 원류를 찾아서』(서울대학교출판부, 1995년) 초판, 8면 및 11면 참조.

77 최병조, 『로마법강의』(박영사, 1999년), 초판, 515-522면 참조.

조부모 세대의 비참한 민생고 경험 때문인지, 보릿고개가 채 잊히기도 전에 굴러들어온 경제성장과 세계화 덕분에, 고 단백、고 열량의 영양 식단을 선진강대국의 비결(피와 살)로 착각하고, 햄버거와 우유, 피자 등 육식 위주의 인스턴트식품을 무분별하게 먹어대고 있다. 그러나 불과 반세기가 못되어, 자연 섭리에 어긋나는 인위적 의식주가 우리 육신 건강뿐만 아니라 정신 건강에도 크게 해롭다는 사실을 알아차리게 되었고, 그로 말미암은 온갖 성인병과 문명병을 치료하고 나아가 예방하기 위해서는 전통적인 자연 의식주가 절대 필요하고 효과적이라는 진리도 깨닫게 되었다. 그래서 천연 섬유와 황토방과 무공해 자연식품(특히 채식)이 새로운 각광을 받기 시작하였다.

우리 정신생명과 사회생활을 영위하는 데 필요한 법제도, 마찬가지로 비슷한 획기적 전환기에 처한 것이 거의 분명하다. 法治主義와 法의 지배(rule of law)라는 선진문명의 자부심과 긍지 아래 철저한 대립당사자주의 소송절차에 전적으로 의존하는 법체계가, 알고 보니 법의 궁극 목적인 실체적 정의 실현을 제대로 보장해 주지 못할 뿐만 아니라, 분쟁의 원만한 평화 해결도 못 가져다주면서, 시간 지연과 비용 체증 등으로 당사자는 물론 국가 司法기관에도 막대한 부담만 가중시켜, 한 사회가 감당하고 지탱하기 어려울 만큼 심각한 수준에 이른 느낌이다. 고소·고발의 남용과 이혼(특히 재판상 이혼)의 급증 등만 보아도, 당사자 간에 자치적 평화해결보다는 국가 司法기관에 의지하여, 그것도 소송(재판) 절차를 통해 '깨끗이(확실히)' 결판 지으려는 경향이 참으로 강해졌음을 알 수 있다. 이처럼 비정상적으로 왜곡된 법문화를 올바르게 啓導하여 진정으로 정의로우면서도 평화로운 선진 법치국가를 이루기 위해서는, 근대 서양법체계의 한계와 단점, 폐단을 뚜렷이 직시하고, 서양 선진국들이 스스로 반성하고 혁신하려는 ADR 운동의 정신과 방법 등을 폭넓고 깊이 있게 연구하여 귀감으로 삼음과 동시에, 아울러 우리 조상들이 수천 년 지켜온 훌륭한 법문화 전통을 시대정신에 비추어 비판적으로 연구하고 창조적으로 계승 발전시켜 역사적 교훈으로 삼아야 할 것이다. 그렇게 동서 법문화와 古今 法制 정신을 균형 있게 연구하고 통합시킬 때, 비로소 溫故而知新의 스승과 正反合의 변증법적 발전이 명실상부하게 이루어질 것이다.

"분쟁의 평화 해결"이란 주제로 수행한 후속 연구는 아래 참조.

▸ "중국 근대화 혁명 시기 調解 제도의 발전", 대한변협, 人權과 正義, 통권 제326호, 2003.10. 85-104면.
▸ "中國法의 調解 制度", 한국법정책학회, 法과 政策研究, 제7집 제2호, 2007.12. 557-588면.

| 책 꼬리에(跋文) |

詩經 大雅 蕩편에는, "하늘이 뭇 생명을 내리셨는데, 통치 명령(운명)에 誠信이 없어, 처음은 있지 아니함이 없는데, 끝이 있기는 참 드물다.(天生烝民, 其命匪諶, 靡不有初, 鮮克有終.)"는 탄식이 나온다.

論語에는 공자 제자 子夏가 "시작이 있고 끝(맺음)이 있음은 오직 성인뿐인가?!(有始有卒者, 其唯聖人乎!)"라고 찬탄한 말이 나온다.

1992년에 박사학위 청구론문 제1초고를 起草해 제출했다가 퇴짜 맞고 묵혀둔 지 30년 만에, 지난해와 올해 2권의 방대한 책으로 묶어 펴내 初志一貫 宿願을 완성하니 감개무량하고 시원하다. 결국 박사학위 론문 원고로 3권의 저술이 탄생한 것이다. 화엄경에 "초발심시변성정각(初發心時便成正覺)"을 되새겨 보아도, 처음 起草할 때 활기 발랄한 생동감과 명민한 령감을 지금 어찌 생생히 기억이나 하겠는가?

불초한테 생명 유전자를 물려주시고 대학 입학과 동시에 별세하신 先親과 40년간 행상으로 불효를 물심양면 뒷바라지해주신 慈親께 모든 공덕을 회향하옵고, 지금까지 有形·無形으로 지도편달을 아끼지 않으신 여러 스승님과 선지식들, 지도교수 박병호 선생님과 론문 심사위원 심헌섭·송영배·최종고·심희기 선생님께도 깊이 감사드린다. 그간 장학금으로 학문연구의 명맥을 잇게 해주신 公私 인연과 20년 넘게 연구교육의 자리를 제공해준 전남대와 졸저를 발행해준 출판사 인연에도 감사한다.

흔히 끝은 끝이 아니라 새로운 시작이라고도 한다. 세간에선 '有始

有終'을 귀하게 여기지만, 출세간 종교 차원에선 '無始無終'을 말한다. 周易 64괘 중 맨 마지막이 화수미제(火水未濟: ☲☵) 괘인 이유도 다 끝나지 않았다는 상징이라고 풀이하기도 한다.

드디어 나도 30년간 固執스레 애착한 원고 보따리를 다 풀어 내려놓고, 이제 가볍고 상쾌한 새로운 출발을 내디뎌야 하리라. 육중하고 끈질긴 學業의 業障을 벗어던져 버리고, 도약의 발판을 힘차게 박차고 무한한 허공을 자유자재 노닐고 싶다. ………

전통법에서 天人合一

天道와 人法

Heaven Road(Natural Dharma) & Human Law

인쇄 2023년 2월 15일
발행 2023년 2월 22일(150부 한정판매)

글쓴이 연정淵靜 김지수金池洙
펴낸이 정성택
펴낸곳 전남대학교 출판문화원
등록 1981. 5. 21. 제53호
주소 61186 광주광역시 북구 용봉로 77
전화 (062) 530-0571~2 **마케팅** 530-0573
팩스 (062) 530-0579
홈페이지 http://www.cnup.co.kr
전자우편 lotusbud44@gmail.com, cnup0571@hanmail.net
글쓴이 블로그 네이버: "天人大同典堂"
티스토리: "寶積念佛堂" https://lotusbud44.tistory.com/
글쓴이 유튜브 "明鏡止水 寶積 명경지수 부적"
https://www.youtube.com/channel/UCJLLMrXSZPfcAni3oY4P4uw

값 25,000원

ISBN 978-89-6849-941-8 (93300)